希臘怪物揚尼斯

永不放棄的MVP

THE IMPROBABLE RISE OF AN NBA MVP

GIANNIS

從路邊攤小販到NBA總決賽MVP
身處逆境幽谷，他決心成為照亮眾人的耀眼太陽

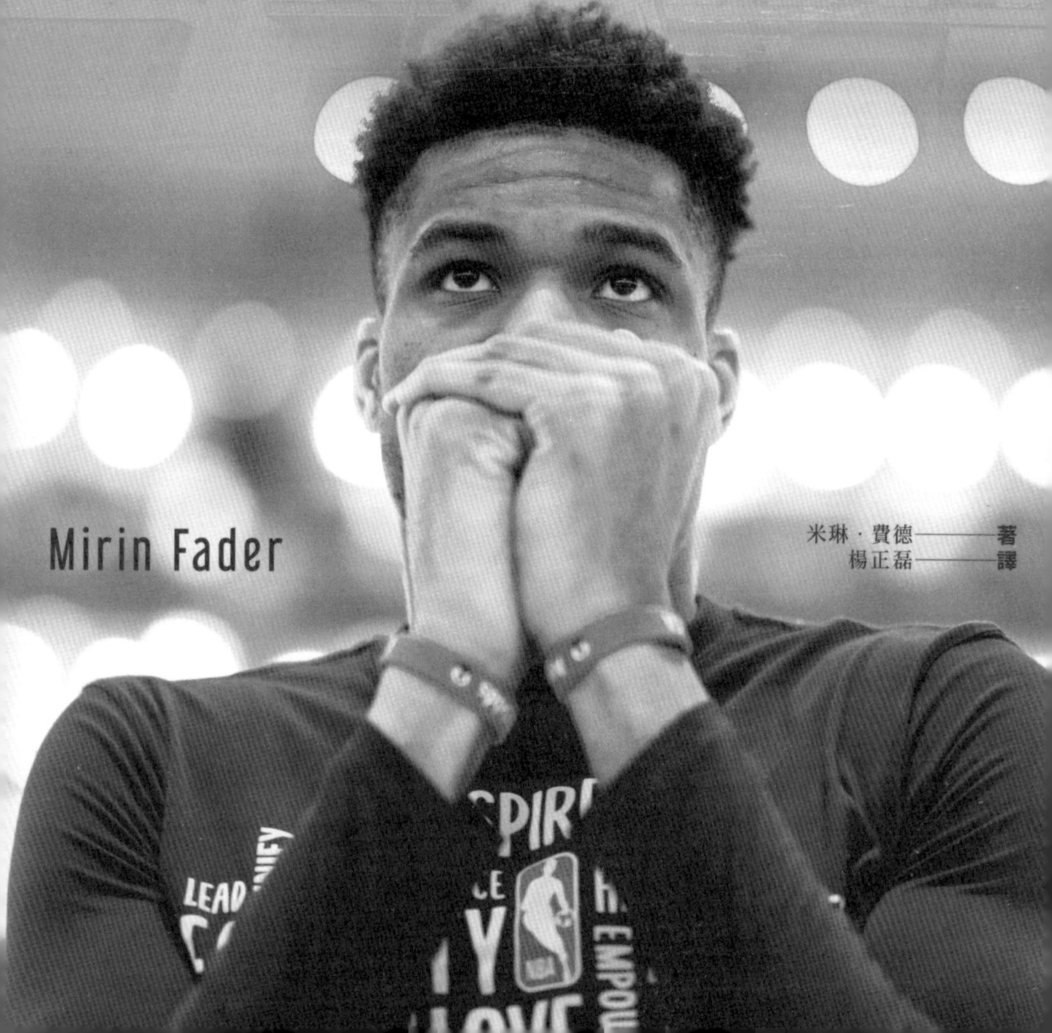

Mirin Fader

米琳．費德——著
楊正磊——譯

目錄

推薦序 下一個世代的絕對MVP 熱血NBA作家 HBK／5
序／9
第一章 飢餓／19
第二章 夢想／49
第三章 國籍／93
第四章 發現／127
第五章 美國／175
第六章 孤單／223
第七章 希望／249
第八章 重聚／279
第九章 強勢／303
第十章 明星／341
第十一章 失去／377
第十二章 身份／401
第十三章 怪物／419
第十四章 MVP／447
第十五章 家／471

推薦序　下一個世代的絕對ＭＶＰ

／熱血ＮＢＡ作家　ＨＢＫ

ＮＢＡ每到一個時代交替點時都會英雄輩出，正所謂長江後浪推前浪，永遠都不缺看板人物去扛起聯盟。八〇年代有「東鳥西魔」、九〇年代有「籃球之神」、二〇〇〇年後則是有「東艾西柯南麥北卡」、石佛、狼王等等這些魅力無窮的傢伙承接火炬，並在之後陸續交接給勒布朗、杜蘭特、柯瑞等人，由他們建構新的群雄並起盛世。

不過轉眼間上述那批招牌人物也都漸漸到了生涯尾聲，ＮＢＡ又即將到了改朝換代的時刻，嶄新的世代即將來臨，像二〇二一年總冠軍賽是近十年首度沒有勒布朗或柯瑞，這就是一個最好的例子。

只是對於我這種看球已經三十年以上的老人來說，必須承認新一代的年輕球員對於我的吸引力不像過往那些老球員那般強烈，除了現在球風與以前普遍不同外，重點態度與精神都不再像以前那樣容易引起我的共鳴。

然而我得說這是我的問題！畢竟球迷的確也得順應潮流去調適心情與思考模式，得跟著時代前進而非墨守成規認為一定以前比較好，只是在個人喜好上，年輕的球員確實比較難讓我感動，能夠帶著滿滿的情感去支持。

但也並非沒有這樣的人選出現，假始現在要在聯盟找一個能給我這樣感覺的新世代巨星，那在我心中非揚尼斯·阿德托昆波莫屬！他是擁有Old School態度與魅力的新星，在當今可謂是相當罕見！除此之外他還有令人欽佩的追夢故事。

二〇二一年賽季揚尼斯相當振奮人心地帶領密爾瓦基公鹿一路過關斬將奪下總冠軍，這可是這座城市睽違五十年的奪冠榮耀！讓他繼「天鉤」賈霸後，成為另一個足以做為圖騰級別的傳奇。

且最讓人津津樂道的還是在那爭冠過程中，揚尼斯真的完全克服前兩個賽季被對手處處防守針對的失敗與挫折，看得出他很努力不懈的在提升自己的能耐，甚至在冠軍系列賽的聽牌戰繳出不可思議的五十分十四籃板五阻攻的怪物成績，就連常常被譏笑的罰球都在那關鍵之役有著十九投十七中的超水準演出，證明其具備超巨心理素質，讓所有質疑者是心服口服。

說到做到一直是很酷的人格魅力！尤其當做到的那件事情是被視為難以攀爬的高度。很多人都會放下豪語，也懂得全力以赴，可是實際能真正攻頂完成終極挑戰的人卻是寥寥無幾。

當年科比・布萊恩陸續給了揚尼斯發起兩項挑戰，起初都被外界認為是一個遙不可及的事情！首先是奪得年度MVP，即使揚尼斯很爭氣地拿下年度最佳進步獎，讓人看到他有著無限的潛力，但說實話，那時哪有多少人會相信這小子可以爬到MVP的高度？就連我自己都不例外，然而科比卻慧眼識英雄的認為他有這可能性。

結果揚尼斯僅花兩年的時間就完成挑戰，而更令人嘖嘖稱奇的是，他還成為歷史上第十二位能蟬聯MVP殊榮的超級巨星，從二〇一〇年開始就他與勒布朗和柯瑞能達到的高聳成就。

接著科比給的挑戰為奪下歐布萊恩盃，揚尼斯也再次從挫敗中成長蛻變，無懼壓力說到做到，克服自己球技上的短板，發揮其優勢，進化成更有主宰力的領袖，在二十六歲的年紀就攀上聯盟最高點，完成了夢寐以求的籃球夢。

再盤點揚尼斯籃球生涯琳琅滿目的個人榮耀，從最早的年度最佳進步獎，再到年度MVP、年度最佳防守球員、明星賽MVP與總冠軍賽MVP，他可說已達成個人獎項的大滿貫，未來肯定預約籃球名人堂，成為歷史級別的傳奇籃球員。

接著把以上這一切套在一個在加入NBA前，都完全不曾經歷過高強度聯盟比賽過的希臘小子，甚至連籃球鞋都要與哥哥分享著穿，孩童時代處在非常貧困的環境，靠著就是追逐夢想，永不停歇的氣勢與態度去呆呆向前衝，這都無疑讓揚尼斯的籃球生涯增添更多迷人的風采，有著滿滿勵志的故事。

最後最讓我驚喜的是，即使揚尼斯已榮耀滿載，都似乎未曾失去初衷！不管面對任何比賽、何種處境，不論身處在高峰或低谷，都始終保持最強的鬥志與信心在面對挑戰，披荊斬棘，沒有任何阻礙能讓其停下腳步，已連續好多年都能在球場上看到他又在某些環節上得到進化，讓人很難不喜歡這位聯盟新世代扛霸子。

揚尼斯的故事告訴我們，出身與處境永遠不是最大問題！命運由自己書寫、未來由自己所掌控。現在回顧與拼湊起來，他能如此成功絕非偶然，努力、堅韌、信念和樂觀，造就了讓對手聞風喪膽、讓支持者引以為傲的希臘怪物（The Greek Freak）。

所以對我而言，揚尼斯·阿德托昆波就是新世代擁有最迷人態度的球員之一！其故事絕對值得一看。

序

揚尼斯·阿德托昆波（Giannis Antetokounmpo）跟他家人沒有太多的時間，必須在日落之前搬出目前居住的公寓，再一次，他們繳不出房租；也再一次，被趕了出去。

雅典的索普利亞，當時揚尼斯全家住的地方，房東衝進公寓，告訴他們只有一天，最多兩天，必須要打包東西走人，這次，阿德托昆波全家沒有那麼幸運了。

薇諾妮卡（Veronica Antetokounmpo），揚尼斯的媽媽，告訴兄弟們準備收拾，薩納西斯（Thanasis Antetokounmpo）是四個兄弟當中最大的，再來是揚尼斯，寇司塔斯（Kostas Antetokounmpo）還有艾力克斯（Alex Antetokounmpo），他們安靜地配合，完全沒問為什麼，因為不想增加爸媽的壓力，兄弟們點點頭，然後開始收衣服。

在他們收完所有的東西之後，揚尼斯跟他的兄弟們看了看彼此，然後一起望向廚房裡那個巨大的冰箱，同時想：「這麼大個我們該怎麼處理？」查爾斯（Charles Antetokounmpo），他們的爸爸，看了看四周，尋找有沒有東西可以拿來做槓桿，抬起冰箱。

寇司塔斯，那時候才九歲，看到了一個滑板車，立刻大喊：「我們可以用滑板來搬運冰箱！」揚尼斯那時十二歲，跟爸爸對了對眼之後，也都認為沒什麼其他更好的方法了，不如試試看吧！查爾斯說著，就跟兩兄弟準備把冰箱抬到滑板車上。

應該不可能吧，巨大的冰箱放在小小的滑板上。

看起來超可笑的。

但同時，揚尼斯抬起了一邊，寇司塔斯跟查爾斯抬起了冰箱的另外一邊，他們真的把冰箱用滑板車運出了公寓外面。

雖然才十二歲，但揚尼斯已經習慣搬家了，常常不知道未來幾天會發生什麼事情，他只知道不能害怕，也不能哭。那些年紀更小的弟弟們還要靠他，跟他學習。「他會告訴我們，並且解釋為什麼要搬家的理由。」寇司塔斯回憶著，儘管揚尼斯當時也只是個孩子，但他異常平靜且嚴肅地跟弟弟們說，一切都會沒事的，而他們也全部都相信揚尼斯。

冰箱被一路推著走，揚尼斯也一路小心翼翼地確保它不要撞壞，距離借宿的朋友家，他們還有一哩路要走，接下來再好好想想下一個租屋地點在哪。

大家努力護著冰箱，維持著平衡，希望不要從滑板上面掉下來，他們不在乎路上人們怎麼看，怎麼評論。天氣很熱，氣溫很高，太陽光直直照在一家人的背上，他們努力地滾著、推著，冰箱不斷地搖晃，好幾次感覺就快要從滑板上面倒下來了，特別是經過小碎石子路，還有那些不平坦的人行道。

終於，到了朋友的家，他們放鬆地喘了一口大氣，肩膀痠了，手也僵了，天也已經黑了，在電梯裡面，全部人站在冰箱旁邊，心裡都不敢相信，這個小小的滑板居然達成任務，一路過來沒有壞掉。

＊　＊　＊

薇諾妮卡永遠不會忘記那幾個在希臘的晚上，永遠記著那種不確定感，那種身為母親，必須要展現出的韌性與力量。她不能讓小孩子知道媽媽很害怕、很擔心，絕對不能表現出來。有時候，薇諾妮卡還必須等孩子睡了，大約十一點左右出門，為的就是跑好幾個地方，想辦法賣一些小飾品來賺錢，因為她知道，孩子們需要這些錢來買食物吃。

為了生存，你必須去做那些一定要做的事。

薇諾妮卡說：「如果你當了爸媽，為了孩子們，你就必須想辦法生存下去。」她的朋友都叫她薇拉，跟老公查爾斯在一九九一年從奈及利亞的拉格斯移民到希臘，尋求更好的生活。

她抓著每天戴在身上的白色手腕帶，相信著上帝。上帝會幫助我們，一定要堅強，不要失去希望。薇諾妮卡認為，她和揚尼斯現在一起住在密爾瓦基的富裕社區，近三百坪的豪華住宅，還有小兒子艾力克斯，揚尼斯的女朋友瑪麗亞・里德斯普利格（Mariah Riddlesprigger），大家聚在一起，是上帝的恩典。

她的兒子，一位六呎十一吋的NBA球星，世界頂尖的籃球運動員，身價好幾千萬美金，這是幾年前他們沒有辦法想像的。當時在索普利亞，薇諾妮卡、查爾斯、揚尼斯、還有弟弟們，禮拜天必須穿上整理乾淨的二手衣，用充滿自信的大微笑去見出租公寓的房東們，因為要想辦法讓房東相信，他們一家人租得起，他們是有錢的。

薇諾妮卡忘不了那種感覺。「我們不會因此改變，因為你知道很多人過不了這樣的生活，我們不會因此過上更奢華的日子，我們依舊是我們。」

雨滴落在揚尼斯家外面高聳的樹木上，跟著樹枝形成的天然雨棚，滑落到大門前。這社區相當寧靜，窗戶外面還可以看到一對老夫妻，正在邊散步邊遛著他們的西施犬。

瑪麗亞打開門，那時是二〇一九年的六月份，天氣有點悶熱，他們家裡養的金德利犬米拉（Mila），跳上跳下的，幾乎快要壓倒狗欄了。

「米拉只是想打招呼。」瑪麗亞說。除了狗墊上面印了一個大大的A之外，裡面還有個標示寫著，「家庭」、「把憂慮轉化成禱告」。

艾力克斯在樓下的地下室，坐在沙發上看著四核心平面電視，這邊有撞球檯、空氣曲棍球台、手足球、桌球台、爆米花機、一些散落的籃球還有許多獎盃。除此之外，有一些還沒有處理完的箱子，因為他們幾個月前才搬到這。之前他們住在市中心，離揚尼斯所屬的公鹿主場費舍廣場（Fiserv Forum）非常近，從揚尼斯被公鹿在第一輪第十五順位挑中的二〇一三年之後，一家人一共搬了五次家。

很多事情都不一樣了。揚尼斯用黑色相框保存了每個重要時刻，包括二〇一三年希臘雜誌的內頁，標題是「美國夢」。艾力克斯笑著說，「每次往返希臘的時候都會想到這標題。」還有時尚雜誌封面、運動雜誌封面，甚至有一個希臘室外球場的畫像，過去兄弟們都在那邊打球，「一切就是從這裡開始的。」

當時，他們常常需要餓肚子，查爾斯有時候甚至一兩天沒吃東西。「我們必須好好利用今天，」查爾斯常這樣告訴兒子們，「誰也沒有辦法保證明天會如何。」揚尼斯看到爸爸的犧牲奉獻，所以他也開始效仿。把掙到的一、兩塊歐元換成優格或是可頌，然後假裝自己吃過了，把食物給弟弟們吃，他會餓著肚子睡覺，雖然胃一直在叫，但能幫到家裡，他很滿意。

他們被房東趕出去的次數已經多到記不得了。「很多次，」艾力克斯嘗試去算有幾次，但後來還是說，「很多次。」寇司塔斯可以清楚記得有三次，但這三次之前，記不清楚的也是很多次，這麼多年來的難過、沮喪，累積下來，剩下的只有那份感受而已。

什麼樣的感受？艾力克斯記得緊張、害怕，當房東衝進他們的屋子，大喊大叫地要他們搬走，他還記得爭吵、催繳房租，父母不斷地拜託：「再給我們一點時間，不好意思，再寬限一點時間。」

＊＊＊

揚尼斯常常想起那些艱苦的日子，不過現在他不用擔心沒地方住、沒食物吃了，艾力克斯也是。

令揚尼斯更開心的是，小弟現在跟他過去同年紀所居住的環境完全不同，現在艾力克斯在美國，唸的是私立學校。「當你的人生完美，擁有一切事物的時候，很難有動力去努力，我當時沒得選擇，我必須努力去拚。」揚尼斯說。

一直到現在，揚尼斯還是想著：「一無所有、搬家、犧牲。」

或許他一輩子都會這樣。

讓揚尼斯這麼努力、這麼拚命的原因，是他很怕隨時身邊的一切就會消失，再一次一無所有。公鹿助理教練賈許・歐潘漢莫（Josh Oppenheimer），同時也是他的好友說：「我認為這是他一直努力練習的動力來源。」

這也是球季結束之後，六月中的下午，揚尼斯依舊在密爾瓦基市中心球場訓練的原因。他眼神專注，臉上沒有一絲的笑容，他很少這樣的。面對人生中重要的籃球，他就像是那個在索普利亞街頭賣太陽眼鏡的孩子一樣，盡全力把貨賣出去。

每回合的進攻他都參與，也不太休息，要別人告訴他該停下，或是被下令離開訓練場，他才會停止，拚命的程度就像他隨時會被球團裁掉一樣。

「敬業態度來自於我們所經歷的過去。」揚尼斯說。

這也是他不能容忍十七歲弟弟懶散的原因。艾力克斯算在地備受期待的學生，某一天下午正在訓練，手上戴著「上帝在此」的手腕帶，這是獨一無二的，因為他媽媽用聖水祈福禱告過，他用揚尼斯比較喜歡的方式開始，先慢跑，而不是衝刺。

艾力克斯開始運球，雙腳像剪刀一樣快速打開合併，同時做出胯下運球，展現他七尺二寸的過人臂展，靈活的六尺七寸身材，充滿速度，或許是他哥正在看著。弟弟努力表現給揚尼斯看，揚尼斯也的確看到了年輕版的自己，一個更瘦版的自己。

艾力克斯開始展示三分線外的投射功力，以及上籃的柔軟手感，柔軟到揚尼斯肩膀緊繃了起來，覺得時間不能再浪費了。從小到大，他餵弟弟吃飯、保護他、教導他，幾乎就像爸爸一樣。「去看艾力克斯打高中比賽比我打東區冠軍戰還要緊張，」揚尼斯邊說，一邊觀察艾力克斯下一個漂亮的跳投。

兄弟倆在一起，整個球場感覺就像被他們包了一樣，在這裡，他們不用去想去擔心，那些憂傷、壓力、金錢、失敗的事。

「我們只需要多一點時間。」

揚尼斯跟艾力克斯在希臘說話的時候，駑鈍但真心、嚴肅而溫暖，感覺一切都幫他兄弟們計劃好了。揚尼斯也要確保，最小的弟弟只要夠認真，全力以赴，他就可以進入最高殿堂ＮＢＡ，跟薩納西斯（公鹿）和寇司塔斯（湖人）一樣，而且不只是上場，而是成為主力球星。「我百分之百認為，艾力克斯可以打得比我更好。」

除了為密爾瓦基拿下ＮＢＡ總冠軍和替希臘拿下世界冠軍之外，讓所有的兄弟們進入美國職籃是揚尼斯最大的夢想，寇司塔斯回憶起來：「這很瘋狂，就像做夢一樣，十年前，我們根本還沒開始打球咧！」

揚尼斯試著教導所有的兄弟，特別是艾力克斯，紀律以及專注，不要因為球場外的人事物而分心。「只有我，」揚尼斯指著自己胸膛，「還有你，」指著艾力克斯的胸口，「沒有別人，就只有我跟你。」

他常常提醒艾力克斯過去的辛苦，包括那些不確定且黑暗的夜晚，他也告訴艾力克斯，在兩萬人客場球迷前比賽的感覺，希望提前讓弟弟準備好，因為他知道，小弟可能很快會面臨這樣的考驗。

「別想那麼多！」揚尼斯大喊，「只有我和你。」

艾力克斯點點頭，知道哥哥純粹為他好，沒有人這麼努力督促他，也沒有人會像哥哥那樣大聲喝采。「相信我，」揚尼斯常常這樣說，「我懂你的感受，你可以的。」

兩兄弟的相處時光也幫了揚尼斯不少，在訓練完之後，揚尼斯內心柔軟了，他和弟弟開心地大笑，是發自內心的愉悅，而且會笑到肚子痛跟流眼淚那種。

有時候，揚尼斯看著弟弟，不自覺地感到驕傲、充滿愛、同時也擔心，他希望可以一直保護艾力克斯，陪著他經歷所有事情，一切的一切：他希望小弟可以了解，人生中偶爾會有失敗，但必須勇往直前，繼續努力。他希望小弟學會不要管他人怎麼看，並且聰明地選擇朋友，懂得與媒體相處，照顧好自己身體，多喝水，少喝點檸檬口味的開特力，了解基本功的重要性，需要時可以哭泣釋放壓力，尊重比賽，尊重自己，還有永遠不能忘記的：照顧好咱們的母親。

第一章　飢餓

揚尼斯六歲的時候，就開始在街上幫家裡賣東西賺錢了。跟著媽媽薇諾妮卡，還有哥哥薩納西斯，他們會去附近比較貧窮的社區，設法用一或兩塊歐元買些便宜的商品，然後去郊區的有錢人社區，賣三到四塊歐元。

他們常跑去不同的海灘，特別是高級渡假的那種，像阿里莫斯海灘（Alimos Beach），希望那些有錢的觀光客看上他們的商品而消費。揚尼斯會一手牽著媽媽，另一手揮舞著商品，用肉肉的臉頰跟甜甜的微笑，期待有人覺得他可愛而買單。

揚尼斯其實一開始不知道自己在幹嘛，為什麼要買賣東西，到底家裡情況有多糟，他不是很清楚，但是他感覺到狀況並不好，因為常常餓肚子，也看到冰箱、儲藏室，都是空的，什麼東西都沒有。有時候，他們沒賣出幾樣東西，賺的錢不夠買吃的，就必須一直待到深夜，他感受到：

「把手上的東西賣出去，其實就是有沒有東西吃，其實就是能不能活下去。」

在揚尼斯眼中，媽媽從來沒有累過，好像永遠都那麼正面積極，就算狀況再怎麼糟糕，就算老公小孩都要餓肚子了，薇諾妮卡也永遠抬頭挺胸地堅持著。「上帝是仁慈的。」她告訴家人，永遠要保持信念，因此她幾乎什麼東西都賣，太陽眼鏡、手錶、玩具、衣服、光碟、皮包、任何東西。

小兒子艾力克斯出生後，薇諾妮卡去哪都帶著他，從禮拜三一大早起床，到索普利亞的萊克市場開始，那是個位於市中心的室外市集，人們買賣著各式各樣的商品，包括食品、草藥、茶葉、優格。很多人在那邊擺地攤販賣飾品，因為沒有合法的註冊商店。

再過幾年，薇諾妮卡必須要去到更遠的地方尋找更多的商品，但她不想要離開小艾力克斯太長時間，所以兩人變成了二十四小時的共處夥伴。「整個雅典都去過了，有時候一離家就三天，艾力克斯是我的寶貝，不能丟下不管。」

街頭買賣的生活，也不是她想要的，但薇諾妮卡沒有太多的選擇。身為一個黑人移民者，要找穩定的工作不容易，更何況前幾年才剛發生二〇〇八年金融海嘯，景氣是自一九三〇年代之後最差的，銀行倒閉，股票慘跌，整個歐洲經濟衰退相當嚴重。

當時很多希臘公民找不到工作，像查爾斯和薇諾妮卡這樣從外地移入的人，找工作更是難上加難。根據統計，歐聯有兩千一百五十萬的人口失業，高達百分之四十的希臘年輕人沒有收入，很多人付不起醫藥費，甚至連睡覺的地方也沒有，因此生病、死亡，用「家破人亡」來形容一點也不為過。

對於當地白人公民已經夠難生存了，更何況一個從奈及利亞移民過來的黑人女性，根本無法想像，但薇諾妮卡撐過來了，即便被當作外來者，還是穿梭在希臘的街道跟教堂，為的就是養大她的孩子們。

工作上，許多希臘人也不尊重薇諾妮卡過去在奈及利亞的經歷，她在其他人眼中，不過就是一個必須餵飽孩子的黑人媽媽。「我之前做過秘書，在辦公室上班，也在大公司工作過，但在希臘，沒有人承認，他們不在乎。」薇諾妮卡無奈地說。

＊＊＊

一九九一年年初，查爾斯和薇諾妮卡，帶著一九八八年出生的三歲大兒子，法蘭西斯（Francis Antetokounmpo），在奈及利亞的拉哥斯街頭，不知道要往哪去、該怎麼辦。當時的奈及利亞非常不安全，國家相當不穩定，除了從一九六〇年獨立以來，發生過六次政變和三次總統刺殺事件，一九六七到一九七〇還經歷內戰，就是比亞弗拉獨立戰爭，略估造成近三百萬人死亡。

一九八〇年代，奈及利亞國家的經濟快速起飛，靠的是他們引以為傲的石油出口，佔了整個國家總出口的百分之九十五，但是當能源和油價狂跌，政府反而積欠了高達兩百一十億的外債；

加上當時亞伯罕・巴班吉達（Ibrahim Babangida）才在一九八五年政變中掌權，奈及利亞內外皆亂，經濟部報告上面直接寫著，「瀕臨破產」。

來自約魯巴族的查爾斯，以及來自伊博族的薇諾妮卡，越來越不確定他們的未來，感覺在這個國家，不太可能找到工作了。

薇諾妮卡很喜歡唱歌，曾經當過唱片合聲歌手，演唱過一些傳統歌曲。她喜歡惠妮・休士頓（Whitney Houston）、席琳・狄翁（Celine Dion）、還有雷鬼音樂，但在奈及利亞，並沒有太多的機會。查爾斯則是一位非常有天份的職業足球員，兼具速度、爆發力、和強悍的心理素質，但一樣沒有好舞台展現長才。

要離開家，去開啟未知的人生，這一切對夫妻倆來說實在不容易，他們不知道該去哪，也不知道可以找誰幫忙，奈及利亞是從小到大的家，這真的太困難了。

一九九一年，帶著唯一剩下的信念，他們啟程了。

夫妻倆決定前往德國發展，法蘭西斯先留在奈及利亞給祖父母照顧。原因是查爾斯有機會在德國職業俱樂部踢足球，他們預想可以在這裡久待，好好發展，希臘一開始完全沒有在計畫內，但沒想到抵達不久，查爾斯就嚴重受傷，選手生涯宣告結束，兩位黑人移民要用別的方式生存根本沒有機會，因此被迫離開德國。

再一次，他們又啟程了。

這次決定前往希臘。

這是許多歐洲移民會考慮的地方，國家繁榮、人民飽受照顧。他們鎖定了索普利亞（Sepolia），一個位於雅典市中心北邊的城市。一九九二年，薇諾妮卡生下了薩納西斯，全名叫做雅薩納西歐斯（Athanasios），是爸爸查爾斯從希臘文中長生不老（Athanasia）選出命名的；一九九四年，揚尼斯出生；寇司塔斯則是九七年；最小的艾力克斯是二〇〇一出生；四個黑人小孩，在一個大部分都是白人的國家生活著。

「我們一直被認為是外來者。」艾力克斯說。

薇諾妮卡跟查爾斯替四個小孩取了希臘名，主要希望能幫助兄弟們融入當地的學校和社會，但即便如此，全家人，包括爸媽在內，還是被視為非法移民者。因為不像美國，當地出生即可獲得公民身份，希臘出生並不會自動成為合法國民。

不過同時，他們的非洲家族名也維持著：阿德托昆博（Adetokunbo），在約魯巴族語的意思是「遠渡重洋的國王」；揚尼斯的中間名：烏哥（Ugo），在伊博族語的意思是：「上帝之冠」。

索普利亞，一個人口眾多、充滿移民的城市，除了非洲之外，阿爾巴尼亞、巴基斯坦、阿富汗、孟加拉，這些國家的人都想來這，找工作、找機會、找更好的未來，查爾斯和薇諾妮卡也是如此，但很快他們就發現，移民人數太多造成競爭激烈，機會不如預期。

「原因是這裡房租便宜。」

諾提斯・米特拉奇說，他是希臘的移民庇護部長。

「這邊很適合移民們工作，在固定的區域跟街道上，進行商品買賣。」

阿德托昆波一家人居住的附近鄰里，有許多五、六層高的公寓建築，搭配每層都有的室外陽台，一號線地鐵（也稱為電車）穿梭在街道中，人行道走下一層即可搭乘。因為範圍狹小，跟首都比起來，這裡比較多小間的咖啡店，公園跟運動中心較少。

另外，這裡車位非常小，稍微大一點的車子很難停，也因為人口稠密，住家幾乎沒有隱私與安全性，大部分人都沒有合法居留證明或是取得公民身份和稅號。

「一切都在走路可到的距離。」艾力克斯回想著。「大家都互相認識，因為真的住太近了。」

薇諾妮卡大部分的工作是擔任保母跟幫忙打掃。有段時間，她在索普利亞火車站當清潔人員，忙了一整天回到家，又累又痠痛，但依舊沒有被擊倒，繼續忙碌。

「我是媽媽，孩子們需要我。」薇諾妮卡說，「我必須賺錢，把一切都給他們。」

查爾斯則當起修水電的雜工，艾力克斯還記得爸爸也做過洗衣工人，想盡辦法打零工賺取生活費。

揚尼斯當時也感受到父母的辛苦，常常在一整天的工作之後，掩飾疲累與疼痛。「他們每天工作就是為了我們，我爸爸坐在餐桌上，微笑著看著我們吃，還常常告訴我們，不用擔心，他不吃沒關係，但他要確保他的孩子們能吃飽。」

接下來，他們又被房東趕了出去，必須要再次打包搬家，去下一個同樣狹窄擁擠的地方。他們身上的錢通常只剛好讓家裡的燈亮著，常被迫做出艱難的決定。

「揚尼斯說他媽媽必須把結婚戒指賣掉，才有錢買東西給孩子們吃。」揚尼斯的好朋友，同時也是二〇一五到二〇一六年時的好隊友，麥可・卡特威廉斯（Michael Carter-Williams）說，「他真的是一無所有。」

＊＊＊

揚尼斯試著學習成為一個充滿說服力的小販。

他知道怎麼讓人家喜歡他，覺得他可愛，進而跟他買點東西。這是從媽媽那邊學來的，一開始薇諾妮卡還不讓他跟，但揚尼斯很堅持，「不，我要跟妳一起去。」

揚尼斯很固執，會不死心地努力嘗試賣出手上那些不是必需品的東西，他會一直問問題，有種他是史上最佳銷售員的感覺，當然，媽媽才是最厲害的，但他不放棄，韌性十足，會不斷用提問的方式讓客人提高買慾。

「您需要這副眼鏡。」

「不用。」

「這眼鏡超棒的；可以幫你這樣喔！」

「不了，謝謝。」

「為什麼不買呢？」

超級堅持的揚尼斯，不肯接受對方的答案是不。

沒辦法也無可奈何，因為他的家需要他這樣。有時候揚尼斯會一個人坐在長板凳上，看上去寂寞且無助。路過的人們會施捨一些食物、衣服、甚至零錢給他，但大部份的時間，他是跟家人一起的。剛開始從家裡附近鄰里賣，後來全家會一起跑到比較遠的地方賣，有時一次就是七天，甚至兩週，他們幾乎走遍了希臘。

暑假的那幾個月，他們會開五個小時、或十個小時的車，四處尋找，揚尼斯會一路看著車窗外那些他從來沒聽過的景點，然後抵達目標的海灘。

偶爾，他們會放自己一個下午的假，讓孩子們在陽光下坐在沙灘上幾個小時，就幾個小時，不用去擔心錢夠不夠，只要感受腳下的沙跟清涼的藍色海水，兄弟們一邊游泳，一邊大肆開心地笑，那是真正可以感受到快樂，真正放鬆的時刻。

之後，全家人繼續前往下個鄉鎮，買賣、睡覺、移動、買賣、睡覺，沒有停歇地，不斷移動、買賣、睡覺，雖然辛苦，但他們一直努力著。

努力著為彼此尋找快樂。

＊　＊　＊

十一歲的時候，揚尼斯的夢想是成為職業足球員，他的偶像之一是法國傳奇前鋒，蒂埃里・亨利（Thierry Henry），同時也想跟父親一樣，盤球過人，射門得分。每次踢球，揚尼斯都全力以赴、全神貫注，好像真正在比賽一樣。

這是爸爸查爾斯教的，他常常跟孩子強調時間的重要性，善用每一分每一秒。

「確保時間花下去是值得的。」

「該做的事就不要浪費時間等待，今天能完成，為何要等到明天？現在就去做吧！」

讓兄弟們去接觸運動，不只是因為查爾斯本身是運動員，另一方面是希望兒子們遠離毒品跟其他負面影響。查爾斯的職業足球生涯因為傷勢提早終結，但揚尼斯可以走出完全不一樣的路，爸爸也這樣期盼著。

小弟艾力克斯說，「我很確定，爸爸希望我們兄弟全部都去當足球員。」

爸爸常提醒孩子們，受傷是職業運動的一部份，全力拼戰也是職業運動員應有的態度，所以一定要照顧好身體。

有一次，薩納西斯打球打到手指瘀青，不知道怎麼處理，查爾斯拿了熱毛巾，耐心地熱敷和按摩，從手指按到手掌，讓瘀血慢慢散開。他用的是鳩鳩治療法*，「別擔心，我也受過一模一樣的傷。」查爾斯告訴兒子。

剛開始踢球，事情沒有那麼順利，兄弟們被教練退隊，原因是他們實在太瘦了，沒有足夠的肌力去完成訓練或比賽。但他們兄弟之間還是保持練習，不斷想辦法進步。

有次兄弟們拚得異常激烈，但不是踢足球，而是打乒乓球，激烈到每個兄弟都受傷流血；要不然就是接力賽跑，測測誰能用最短時間完成。

不過，揚尼斯還是最愛足球，他期待著，夢想有朝一日成為超級巨星，這項運動對他來說速度夠快，也很有吸引力，他跟哥哥弟弟們常放學後到家裡附近的球場踢球，週末的時候，爸爸也會加入。

查爾斯那時四十幾歲，身體依舊強壯，力量速度兼具，父子們會找些十八歲左右的年輕小夥子來比賽。「天啊，這些小子想攻破我們大門！一起電爆他們吧！」寇司塔斯說。

有時候，薇諾妮卡也會一起踢，她擔任守門員；揚尼斯跟薩納西斯是前鋒，寇司塔斯是防守中場；艾力克斯還太小，沒辦法勝任特定位置，但也會跟著到球場一起吶喊加油。

「我們都很厲害。」寇司塔斯說。

家族過去的長輩們，不管男女，身材都是高高的，充滿運動細胞，媽媽薇諾妮卡過去是田徑選手，非常喜歡比賽，最擅長的項目是跳高、跳遠、以及兩百公尺短跑。她曾經和寇司塔斯玩鬧地打鬥過幾次，兒子見識過她的戰鬥力，寇司塔斯大笑地說，「她壯得跟鬼一樣。」

查爾斯和薇諾妮卡用心培養兒子們的企圖心和運動家精神，常常利用打掃房間或是做家務，讓兄弟去比賽，揚尼斯是最常贏的那一個，因為他實在是太認真了。

爸媽告訴孩子們，永遠尊敬其他人，特別是家族跟長輩，奈及利亞有句諺語是這麼說的：「愛你的父親，愛你的母親，你將會長命百歲。」

揚尼斯永遠記得，父親曾經教他有關尼爾森．曼德拉（Nelson Mandela）的事蹟，如何成為一個無私的人，甚至犧牲自我利益去幫助他人，這深深影響了揚尼斯。他看到爸爸查爾斯就是這樣的人，常為了全家煮了一大碗義大利麵，但整天下來幾乎沒吃，因為要讓兒子們先吃飽。

查爾斯是揚尼斯的偶像。

每次臉上都掛著笑容，讓人感受不到查爾斯沉重地扛著辛苦的家計，他常跟陌生人打招呼，非常有禮貌，不說絕對不知道背後的壓力如此巨大。

「非常慈愛的人，好老公、好爸爸、一位好好先生。」薇諾妮卡笑著說，「他教給孩子們最棒的東西就是，如何去愛。」

兒子們都感受到父母的愛，他們不斷禱告，相信上帝會眷顧他們，期待平靜的那一刻到來，

＊　西非古老精神治療，用唸咒語方式，讓病患有被保護的感受。

那一刻，薇諾妮卡不需要工作一整天，不必在腰痠背痛的情況下，還要絞盡腦汁想下一餐該怎麼辦。

＊＊＊

一家人在梅勒提奧斯教堂借住，一座位於索普利亞的希臘正統教堂，一八七二年建造完成，小小圓頂的深黃色半透明窗戶，風格從外部看起來很樸實；走進建築內部，會發現天花板很高，樹枝形狀的吊燈懸掛著，搭配一些教會圖案在上面；光線微弱，視線有些模糊，還能夠聞到蜂蠟跟焚香的味道。

教徒當中明顯可見，阿德托昆波全家是少數黑人家庭的其中之一，但因為孩子們要上主日學*，所以一家人常常到教堂報到，他們跟牧師伊凡傑洛．蓋納斯（Evangelos Ganas）很熟，兄弟們全都在這邊受洗，揚尼斯和艾力克斯是二〇一二年十月二十八號完成的，一個在希臘很特別的日子，說不日†。

有時候教堂會發一些食物跟物品，盡可能去幫助教徒們。牧師蓋納斯收了兄弟們，因為他們都是希臘孩子也同時是黑人，他看到揚尼斯的雙眼，老是好奇地四處打量，有點害羞但保持禮貌，雖然揚尼斯生活中飽受打擊，不過表情充滿光明與正面，他感受到兄弟們的天真與期望，薇諾妮卡則是一位盡全力照顧全家的好媽媽。

待在教堂裡，一家人感受到寧靜，起碼這幾個小時，他們不用擔心那些在外面必須面對的生活壓力，他們結交了朋友，鄰居們都感受到這幾個兄弟謙虛有禮。

蓋納斯永遠記得這些互動，他不求回報地幫助揚尼斯，傾聽訴苦，給予食物，他知道一個人的能力有限，但還是持續做著，也確實幫助了揚尼斯。幾年前，希臘當地媒體報導了他，並且想用「拯救揚尼斯的希臘牧師」為標題，這點讓蓋納斯很困擾，客氣地拒絕了。

「我沒有拯救任何人，只有耶穌可以。」蓋納斯認為，「我愛揚尼斯和他家人，想到他在這裡成長，來我們教堂受洗，擁有在索普利亞的種種回憶，我感到非常開心。」

「我依舊為他禱告。」蓋納斯一邊說著，一邊想到揚尼斯那雙無邪的雙眼，不奢求、不索取，而是不斷祈禱著、努力著生存下去。

＊　＊　＊

---

* 星期日特別針對兒童進行宗教教育的課程。

† 一九四〇年十月二十八號，前希臘總理伊安尼斯・麥塔愛司（Ioannis Metaxas）拒絕義大利獨裁主義者班尼東・慕索里尼（Benito Mussolini）的要求，不讓義大利軍隊從邊界進入希臘。

教練史派羅・凡林尼提斯（Spiros Velliniatis）表示他真的聽見上帝跟他說話，告訴他一定要好好訓練這三位黑人男孩，那時他還不知道他們的名字：揚尼斯、寇司塔斯、艾力克斯（薩納西斯那天不在），也不知道他們會成為籃球明星，看起來只是幾個喜歡玩鬼抓人遊戲的小孩罷了。但凡林尼提斯，這位雅典的學生籃球教練，仔細打量了十三歲的揚尼斯，發現了一些特別的地方。

「聽起來不可思議，但神聖的上帝真的在跟我說話。」

凡林尼提斯發現，揚尼斯的四肢修長而柔軟，而且好像不會累，衝刺完了又衝刺，感覺樂在其中，但似乎又帶有專注跟認真。

「我一輩子都在找這樣的球員。」

凡林尼提斯把揚尼斯看成跌跌撞撞的少年莫扎特，聽起來有點荒謬，也真的有些荒謬，因為揚尼斯根本還沒長大，也不是那些一看就有籃球細胞的神童或是天才。但是，每次凡林尼提斯一提到他，好像坐了時光機器回到當下，說故事說得相當起勁，而這個故事名稱很吸引人：失敗的教練與窮困潦倒的少年，一段扭轉貧窮成為籃球巨星的傳奇故事。

凡林尼提斯往男孩們走去，然後問看起來很內向的揚尼斯。

「你是哪裡人？」

「奈及利亞。」揚尼斯說。

「你是運動員嗎？」

「不是。」

「你爸媽是做什麼的呢？」

「我媽媽當保姆，我爸爸在車庫工作。」

凡林尼提斯知道對黑人來說，在索普利亞機會不多，推測出這位男孩的父母親工作並不穩定，「如果我幫你爸媽找到一份月薪五百歐元的工作，你願意替我打籃球嗎？」

揚尼斯傻住了，他看看哥哥和弟弟，大家都不敢說話，表情變得非常疑惑，心裡都想：「這個人是誰？他想要幹嘛？」但過了幾分鐘，猶豫了一小陣子，揚尼斯內心已經一半答應了，凡林尼提斯跟他說，請爸媽來遊戲區聊聊。

「那時，揚尼斯做了改變人生的重大決定。」凡林尼提斯表示。

凡林尼提斯堅信，這一切都是奇蹟，是宇宙交給他的新任務，畢竟自己的夢想已經破滅了，多年來的失敗跟挫折，包括挑戰ＮＢＡ美國職業籃球聯盟（National Basketball Association）不成功，年輕時被心愛的女人拋棄，他沒有目標，沒有計劃，沒有地方可以去，更別談什麼夢想。

這就是人生，你盡全力去嘗試，然後接受失敗。

但是，找到揚尼斯讓他感受到一個全新的開始，上帝在跟他說話，眼前這位男孩與眾不同。

凡林尼提斯的故事聽起來很不可思議，的確很神奇，但當時很少有人看得出揚尼斯的潛力。

他骨瘦如柴，乾扁得像條鐵軌，在球場上只會一次又一次的走步犯規。

然而，最近幾年來，凡林尼提斯與揚尼斯建立關係的方式，造成他和阿德托昆波一家人之間出現裂痕，而裂痕還在繼續擴大，他們現在幾乎不說話了，凡林尼提斯宣稱非常受傷，感覺自己被欠了一些東西，一些補償。「百分之七。」，他特別提到，因為當揚尼斯一家人什麼都沒有的時候，他給了錢、食物、機會和希望。

畢竟，他確實「發現」了揚尼斯：遞給他一個橘色的籃球說道，「你為什麼不試試呢？看看你喜不喜歡？」

＊　＊　＊

某種程度上，凡林尼提斯被揚尼斯吸引了，因為他一生都覺得自己像個局外人，來自混合的背景，一半希臘人，一半是德國人，然後在希臘長大。

「成長的過程真的很艱難，兩邊社會都融入不了。」他說。

對於移民團體，以及他們所遭受到的困境，凡林尼提斯感受到某種連結，不知道為什麼，儘管他是白人，他們是黑人，而且他從來沒有面對過，也永遠不會知道，那種被歧視和遭遇的不平等待遇是什麼感覺，但他還是抱著希望，去幫助他們進入希臘籃球隊，並且繼續尋找才華橫溢的黑人移民，包括後來成為第一個在希臘議會上發言的非洲希臘人，同時也是希臘饒舌歌手印卡（MC Yinka），本名叫伊曼鈕．歐雷印卡．阿佛磊楊（Emmanuel Olayinka Afolayan）。

「我們是第一代移民的孩子，第一代非洲裔希臘人。」阿佛磊楊說。他一九八一年出生於希臘，父母來自奈及利亞人，七〇年代時移民，他一生中的大部分時間都沒有紙。阿佛磊楊熱愛籃球，但沒有太多的上場機會，他結交了許多朋友，包括薩納西斯在內。

薩納西斯會到阿佛磊楊在阿提卡廣場的家中與阿佛磊楊的妹妹維多利亞（Victoria）一起閒逛，這讓他感到被接納，尤其是因為薩納西斯很快就學會說希臘語，不過，同學們還是對他有些種族歧視。「他們對待移民的方式有點搞砸了，」阿佛磊楊說，「作為八〇年代的非洲裔希臘人，我就像一個異類外星人。」

凡林尼提斯指導薩納西斯，並且幫助他在加多帕蒂西亞的球隊飛馬聯隊效力。「凡林尼提斯看到非洲社區有許多人才，同時也很欣賞他們。」阿佛磊楊說，「他想幫忙這些人，因為很多人才被埋沒了，這些人沒有獲得應有的權利。」

這些移民們無法獲得公民身份，因此，某些條件下，他們無法加入球隊。根據凡林尼提斯的說法，當時的希臘法律，禁止十五歲以上的無證移民在沒有贊助商的情況下參加有組織的體育競賽。

「在這個社會裡，我們不被當人看。」阿佛磊楊說道。

因為從貧困區引進頂尖人才，凡林尼提斯成為了雅典當地受人尊敬的教練。

「他嘗試在石頭堆中尋找鑽石，想要被指導的鑽石。」希臘體育記者哈里斯·斯塔夫魯（Harris Stavrou）接受訪問時表示。

「他主要的工作，是尋找運動場上的天才球員。」希臘教練史提凡諾斯·德達斯（Stefanos Dedas）說，「不是技巧純熟的，不是有天份的，也不是射手，而是身材體能出色的人，更高也更長的人。」

凡林尼提斯加入了位於佐葛拉夫市的菲拉里提克斯籃球隊，成為教練塔奇斯·席瓦斯（Takis Zivas）的助手。席瓦斯急需人才，而菲拉里提克斯的規模，不算大也不算小，算是一個較為平庸的籃球隊，他們需要一些意想不到的驚喜。

因此，當凡林尼提斯在索普利亞的遊樂場發現揚尼斯兄弟們時，他就想：我要去幫助他們。他非常興奮，一直想著這些男孩們如何幫助菲拉里提克斯球隊一飛沖天。

但最大的問題是，揚尼斯當時，根本不想和籃球有任何關係，他討厭籃球。

＊　＊　＊

由於父親是一位出色的足球員，揚尼斯的心依然在足球上。

十三歲的他，還是想要成為足球職業選手，那時對籃球的興趣是零，儘管選擇打籃球，在教練跟球隊所提的條件下，似乎可以幫助家裡支付開銷，但他無法想像自己完全致力於這項運動，反而是街頭買賣推銷還比較能專注一些。

凡林尼提斯不願意放棄，他懇求著。

「給它一個機會，」凡林尼提斯記得他這樣跟揚尼斯說，「為了你的家人。」

家人，是揚尼斯願意跟這個不讓他們兄弟獨自玩耍的奇怪男人說話的唯一原因，他想跟薩納西斯一樣，所以當打籃球意味著他可以擁有更多機會和薩納西斯一起玩時，揚尼斯決定試試看，他和凡林尼提斯達成了一項協議：嘗試一下，打一個月的時間，球隊會在經濟上提供協助。

薩納西斯熱愛籃球，但揚尼斯一直懇求哥哥和他一起踢足球。但就算這樣，揚尼斯還是不能放棄這筆錢，因為他們需要吃飯。

但是，還有很多問題要面對。

首先，球隊在一個完全不同的社區，距離很遠。體育館所在的佐葛拉夫市大約十英里路程，他們必須從學校出發，走路二十分鐘到火車站，搭上火車，然後轉到另一列火車，地鐵二號線（紅線），然後步行二十分鐘之後，再搭二三〇路公車，才能到去球隊的體育館練習，這大約需要五十分鐘。

再來，揚尼斯和薩納西斯需要一個贊助商，因為希臘法律禁止十五歲以上的無證移民，在沒有贊助商的情況下參加比賽。薩納西斯才快要十五歲，所以凡林尼提斯還必須幫他們說服官方單位，讓他們下場打球。

克服以上的難題，凡林尼提斯成功了，他開車帶阿德托昆波兄弟們去左葛拉夫市，進行第一次球隊練習。

球隊在一個小型體育館裡練習，或可說如寇司塔斯描述的那樣：一個小屁體育館。它空間很小，東西幾乎擺滿；室內很熱，因為空調常常故障，潮濕到從牆上都可看到水滴滑下來；沒有熱水，淋浴間老舊還會漏水；瓷磚也褪色，觀眾席也只有約五百個座位，體育館也只有兩個標準籃框跟幾顆籃球。

「這不像美國的球場。」席瓦斯教練說，他的朋友樂塔瑞斯．查馬庫皮斯（Lefteris Zarmakoupis）為他翻譯。

「這不是一個很好的體育館，但基礎設施都有。」前隊友喬格斯．柯達斯（Giorgos Kordas）則這麼說。

當十三歲的揚尼斯和兩個兄弟寇司塔斯和薩納西斯走進來的時候，席瓦斯不確定會發生什麼，但身為教練，依舊保持開放的態度，並緩和了期望。揚尼斯很年輕，需要時間來成長，沒人知道這孩子是誰，也沒人知道他兄弟是誰。

「我們必須看看，看他們能不能夠駕馭籃球。」席瓦斯認為。

揚尼斯和兄弟們興奮地環顧著空蕩蕩的球場，以及幾顆小皮球。

「很明顯，他們從來沒有進入過有管理的籃球場。」菲拉里提克斯球隊的助理教練格里苟瑞斯・梅拉斯（Grigoris Melas）說，他目前在雅典，揚尼斯所創辦的阿德托昆波兄弟學院執教。

教練們看著年輕的揚尼斯在場上跑來跑去，他那麼薄，那麼瘦，看起來就像有人拍拍他的肩膀就會摔倒一樣，席瓦斯心裡想了一個字：影子。他在腦筋裡一遍又一遍地重複著這個字，影子、影子、影子。

「他真的就像一個影子。」席瓦斯說。

因為揚尼斯安靜而低調，他是那種會稍微駝背來融入其他人當中的高個子球員，彬彬有禮，對人友善，但對任何人都不太說話，因為他還是不想待在那裡。

他想去外面，去踢足球。而且一開始，揚尼斯籃球打得並不好。他的資源有限：第一次投籃，是用一顆足球在一個壞掉的籃框上嘗試。「揚尼斯每個月都能拿到五百歐元，但他不知道如何運球，」凡林尼提斯回憶著，「他什麼都不知道。」

這是真的！揚尼斯不懂籃球，不會運球，他的手好像在他的腳前，會一直絆倒自己，球看起來是從他的膝蓋滴下來的，他會不小心帶球走步。「我感覺到他很困惑，就像我們所有人一樣，」寇司塔斯笑著說，「他的第一場比賽就走超多次步。」

那最大的弱點是什麼？「幾乎所有東西都是弱點，」柯達斯說，「他一開始沒有那麼厲害，不過充滿熱情。」

揚尼斯本能地全力奔跑，但他就是不知道該往哪裡跑，年紀大一點的球員會刻意低位要球，隨心所欲地單打他。

他落後了，十三歲才開始接觸跟學習籃球，不論過去還是現在，都被認為晚了、慢了。所以，席瓦斯觀看的次數越多，他就越相信：揚尼斯還沒做好準備，當時他還沒準備好打籃球。

看著揚尼斯纖細的身材，齊瓦斯知道為什麼了。「他沒有吃到需要的營養，」席瓦斯認為，「這就是他那麼瘦的原因。」

有些家長開始抱怨，覺得球團何必花錢在一個技巧太差、沒什麼潛力的小孩子上。凡林尼提斯告訴他們，要給揚尼斯時間進步，不用對有需要的孩子過於苛刻。

「希臘人不了解那些家庭跟孩子們經歷些什麼。」他說。

有一次，薩納西斯某場比賽打得不好，後來凡林尼提斯帶他去了一家希臘餐廳，他記得，薩納西斯一共吃了八組雙層麵包加烤肉串，食物量超大。那次，凡林尼提斯的朋友和他們一起吃，「我後來跟朋友說，現在你明白了：不是這些孩子沒有天賦，而是這些孩子一直在挨餓。」

席瓦斯保持著耐心，他的首要任務是確保揚尼斯繼續上場比賽，很明顯地，他還有一長段路要走，必須補充身體的營養，學習比賽的規則。

揚尼斯打法粗糙，但他依舊能作出一些貢獻，席瓦斯發現，揚尼斯永遠不會當短跑訓練的最後一個；以及無論如何，他都會在失誤後衝刺回來的方式；還有一次兩次出手落空後不放棄，第三次拿下分數的樣子，然後第四次進攻，他會更加強硬，更加執著。

「從一開始，他的決心就非常明顯，」席瓦斯說，「這是他與生俱來的能力。」

揚尼斯經常與隊友賽里歐斯．康斯坦提諾斯（Tselios Konstantinos）進行一對一的鬥牛，康斯坦提諾斯是一位射手，但揚尼斯從沒停下防守，「他為每一分而戰，」康斯坦提諾斯說，「他擁有絕對堅強的意志。」

有一天，凡林尼提斯叫球員們靠牆站成一排，然後儘可能地做靠牆深蹲，大腿痠痛加上小腿顫抖，五分鐘左右，每一個人都撐不住而倒了，但可怕的揚尼斯沒有倒下，他持續了七分鐘。

＊　＊　＊

經濟方面，即使在球隊的幫助下，阿德托昆波一家依然在財務上掙扎著，不過，他們不是唯一有困難的，由於金融危機的特殊時期，許多希臘人都過得很艱難，不僅僅是移民而已。

隨著緊張局勢進一步升級，越來越多的黑色和棕色人種移民來到希臘，逃離專制政權和政治動盪。希臘公民將經濟窘境歸咎於新移民的抵達，而且似乎沒有任何緩解的跡象，第二波影響隨後襲來：二〇一二年初，三分之一的希臘人生活在貧困平均線以下，最低工資降低了百分之二十二，超過兩萬人無家可歸。

沒有證明文件，查爾斯和薇諾妮卡被迫只能打黑工，但收入遠遠不夠。凡林尼提斯記得，他越來越關心這個家庭，並開始自掏腰包補貼，即使自己也沒有多少錢，但他想幫忙，他和男孩們天天相處，花時間訓練他們，教導他們比賽的基本觀念。

「他太愛我們了，我不知道這份愛是哪裡來的。」揚尼斯後來告訴密爾瓦基媒體，「我其實沒那麼了解他，但他真的幫了我們非常多。他就像我的第二個父親一樣。」

某天早上，凡林尼提斯帶著揚尼斯去該地區的一個國家訓練營待了幾天，凡林尼提斯的朋友喬格斯．潘德拉齊斯（**Giorgos Pantelakis**）正在訓練營執教，他目前是希臘女子強隊奧林匹亞科斯的教練。他開著豐田汽車去接揚尼斯，然後遞了一個三明治，揚尼斯驚訝又感激，也慢慢開始敞開心扉，聊起兄弟們和身邊的一切。

「就他的年齡而言，他非常成熟，」潘德拉齊斯說。「他只是個十三歲的孩子，但說起話來卻像個二十歲的小伙子。」

不過到了體育館，潘德拉齊斯就意識到，揚尼斯在球場上的成熟度，還需要很長的時間來培養。「他非常弱，」潘德拉齊斯說，「你無法想像這傢伙未來會成為超級巨星。」

很明顯地，揚尼斯還是有些優勢，包括硬漢精神：他可以兇猛地搶下籃板；人家在休息喝水時，他會一遍又一遍地練習那些不熟悉的動作；比賽中，其他孩子把他撞倒，他倒在地上的時間只有一到兩秒而已，然後立刻彈起來繼續打。

「他不像訓練營裡其他孩子那麼壯，但他比每個人都多嘗試了百分之兩百。」潘德拉齊斯深深記得。

訓練營每天早上八點開始，第一天結束後，揚尼斯禮貌地問教練們，

「我可以早點來練習嗎？」

從那以後，他每天都會提前四十分鐘出現，然後一整天下來都沒離開籃球館，其他孩子在中間休息或去游泳時，揚尼斯繼續練習。

「他看到不擅長的東西，就會嘗試十幾次，」潘德拉齊斯說，「他不會輕易放棄。」

由於自己投入的時間，加上凡林尼提斯和其他教練花在他身上的時間，揚尼斯進步飛速。

「沒有奇蹟，沒有秘訣，」凡林尼提斯說，「你沒辦法自己學算數，必須有人教才行。」

潘德拉齊斯告訴未婚妻有關揚尼斯的事，告訴她揚尼斯不是很會打籃球，但她必須來訓練營，看看他打得有多賣力、多認真。她所看到的就是：揚尼斯每一次投籃都不進，後來其他球員乾脆不防守，讓他投籃。

「鏘鏘！」「鏘鏘！」「鏘鏘！」

揚尼斯不斷打鐵。

比賽結束後，她看到揚尼斯走到場邊。

他開始練習灌籃！是的，就是灌籃！就算他連上籃都不太會。

感覺揚尼斯身上有某種東西燃燒著，讓他越跳越高，他會從罰球線開始練習腳步，試著控制節奏慢下來。他一次又一次的失敗，有時連控球都控不好。接下來的五天裡，他跳了失敗，再跳又失敗，除非扣到籃，不然他不會離開。

訓練營的最後一天，他終於成功了，應該算扣籃吧？他用力把球送進籃框，用指尖將球勉強扣入，這不算真正的扣籃，但揚尼斯笑了，為自己感到驕傲。

不過，當離開籃球館時，那種興奮感就消失了，因為他還是必須擔心接下來的生活。

＊＊＊

揚尼斯和兄弟們無法天天參加菲拉里提克斯球隊的訓練，最多一周兩到三次，因為他們必須工作來幫助家裡，特別是週末，要長途跋涉到城外販賣他們的商品。

生活的不固定，有時候連教練也無法預測兄弟們什麼時候會出現：他們會離開一個月，回來一個月，失蹤兩個月，又回來一個月，尤其是揚尼斯，他工作時間最長。這樣情況下，揚尼斯在訓練時，常常沒有真正專注在籃球上，他人在那裡，但心不在那裡，他腦袋裡想的是買賣、賺錢、活下來。

球隊管理層認為需要和揚尼斯的家人談談，雖然很難說服查爾斯和薇諾妮卡，因為全家人的工作量太大了。

「孩子們和菲拉里提克斯球隊一起打了六年球，」席瓦斯說。「這期間，我們見到查爾斯和薇諾妮卡不到十次。」

球隊試圖以各種想得到的方式幫助阿德托昆波一家，球隊總經理揚尼斯．司米里斯（Giannis Smyrlis），同時也是一家清潔公司的老闆，他為查爾斯和薇諾妮卡介紹了大樓的清潔工作，但夫妻倆沒有接受。

席瓦斯一直在努力，他在冰箱裡存放了很多食物，還清出讓揚尼斯兄弟們睡覺的地方。每次練習之前，也會問他們：今天吃飯了嗎？他會給孩子們留一個優格和一個可頌麵包，盡他所能去做任何事情來讓男孩們保持一定的營養，起碼足以通過訓練。

隊友們慢慢了解到兄弟們正在經歷的難關，揚尼斯在球隊中的好朋友克里斯托斯．薩羅斯特洛斯（Christos Saloustros）也開始注意揚尼斯沒有吃東西。他會關心地問，「你還好嗎？餓不餓？要不要吃點東西？」揚尼斯會搖頭。「不，我沒事。」

「但可以感覺得到他們故意說謊，」薩羅斯特洛斯說，「從他們的眼裡，你看得出來他們很餓。」

薩羅斯特洛斯目前效力於希臘籃球隊帕里斯特利，他和揚尼斯依舊是好朋友，無論揚尼斯拒絕多少次，他都會幫揚尼斯帶食物，他很擔心他的好麻吉，整個球隊都是。

尼可斯·基卡斯（Nikos Gkikas）是揚尼斯在球隊中另一個好朋友，他記得訓練前吃零食的時候，小艾力克斯會非常專注地看著他，那時基卡斯就完全意識到兄弟們的辛苦程度。「從一開始，我們就知道，」現在效力於雅典AEK的基卡斯說，「我們看到了四個瘦得要死的黑人隊友。」

有一次，隊友康斯坦提諾斯請媽媽做了一碗雞肉飯給揚尼斯，一個月後，康斯坦提諾斯又帶了一碗，他記得揚尼斯看到了說，「哇，我記得這道菜，超級無敵美味。」康斯坦提諾斯笑著回憶，「對我來說，這是最簡單的一餐，所以當下的反應是，什麼鬼啊？那他每天吃什麼？我完全不知道。」

沒有人會知道揚尼斯吃什麼，他從來不會說，因為不想讓其他人知道，然後覺得他很可憐，他只想要上場，想要全力去比賽。助教梅拉斯說，「他從來沒有向我或其他球員要過任何錢。」

直到有一天下午，梅拉斯才明白揚尼斯一家人有多辛苦，他注意到揚尼斯因為訓練而筋疲力盡，彎著腰、大口喘氣、快虛脫的感覺，他沒辦法繼續訓練了。「那真的不像揚尼斯，我感受到他是多麼的飢餓和虛弱。」梅拉斯說。

接下來，揚尼斯昏了過去，癱倒在地板上。他沒有吃早餐，一整天都沒吃任何東西，每個人都衝到他身邊，席瓦斯派了幾個人去拿食物。從那時起，每個人都開始問揚尼斯是否要吃點東西，特別是梅拉斯，他每次訓練都確保隨身攜帶一些零食給揚尼斯，也經常給揚尼斯一些零錢去買可頌麵包。「這是我的錯，應該要早點幫助他跟支持他的。」梅拉斯說。

揚尼斯會不斷地衝刺和拚搶，再衝刺和再拚搶，籃球還不能完全算他的心靈避難所，只能算一個方便他分心不去想太多的運動。當運球切入時，當賣力衝刺時，他都不用擔心飢餓。飢餓，對他來說，是可以學著忽略淡化的；飢餓，對他來說，是可以暫時隔離的。

直到訓練結束，他無法繼續衝刺了，無法繼續分散注意力了，他會回家，咬緊嘴唇，裝著像兄弟們需要的領袖一般，裝著好像他已經吃過了，這樣食物就可以給他的兄弟們吃，而揚尼斯，繼續假裝他的肚子沒有餓得咕嚕咕嚕叫。

第二章　夢　想

揚尼斯總是希望跟薩納西斯一樣。

他們是除了人還在奈及利亞的法蘭西斯之外，年紀最大的兩個哥哥，不管薩納西斯在哪，揚尼斯都跟著，薩納西斯說什麼，揚尼斯也跟著說。

「沒有人是無敵的。」薩納西斯告訴揚尼斯。「就算世界最高的鐵塔也可以被夷為平地。」十三歲的揚尼斯不斷思考，重複地默念。把這樣的意志轉換到球場上，全力去防守薩納西斯，哥哥那時比他高大、比他壯碩，他完全打不過，但也學到寶貴的一課：不需要屈服於任何人。

薩納西斯有時候會用犯規動作，像是低位單打時把手肘架在弟弟的背上，粗暴地訓練揚尼斯，這些都是跟他們父親學來的。有一次，查爾斯看到薩納西斯跟鄰居在打球，讓對手打起來非常輕鬆，馬上把薩納西斯叫到身旁來說，「你這樣打法不對，不能讓對手有喘息的空間！如果你想變強，就先調整對於每一顆球的態度。」

因此，兩兄弟都擁有強大而堅毅的意志，但是個性卻大為不同。

薩納西斯喜歡熱鬧，揚尼斯喜歡安靜；薩納西斯常靠直覺反應，揚尼斯做決定前比較深思熟慮一些。但他們兩個總是知道另外一個人怎麼想的、會怎麼做。「我覺得他們兩人像一個拳頭一樣，團結也同時互相啟發。」過去二十歲以下國家隊隊友麥可利斯・坎普里帝斯（Michalis Kamperidis）這樣說，到現在他跟兩兄弟都還是好朋友。

很多人都知道，阿德托昆波一家裡最有天分的就是薩納西斯，揚尼斯只是薩納西斯的弟弟，緊跟在身邊的小跟班而已，這對揚尼斯來說完全沒問題，因為從小他就把哥哥當作是偶像。

薩納西斯看出揚尼斯的潛力，當然也知道還有一長段路要走。「這不是那種，我看他打球就知道，這小子以後會成為球星，不是這樣的。」薩納西斯說，「但我們相信彼此。」

薩納西斯從來沒有對弟弟失去信心，也沒有讓揚尼斯覺得永遠打不贏，況且，揚尼斯還太瘦，沒有什麼對抗性，他還在學習怎麼碰撞，跟對手身體接觸後去挑戰籃框，當時大部分都是先閃躲，非常害怕其他人碰到。

另外，很多時候，兄弟倆都沒辦法一起上場打球，因為他們必須分享同一雙球鞋，家裡只能夠負擔起一雙普通球鞋的支出。揚尼斯必須穿兩雙襪子，才能勉強使用哥哥十五號大的鞋子，然後比完賽後再把鞋交給薩納西斯，哥哥打的是高年級組，基本上兄弟常常在禮拜二的晚上，連續出賽。

沒有多久，球鞋就被他們穿壞了，但沒差，對他們兩個來說沒關係，鞋底脫落，照穿，鞋帶壞掉，硬綁，反正兄弟倆會想辦法繼續穿下去。

＊＊＊

幾乎所有的東西，都是兄弟們一起共用。

從T恤、球褲、長褲、到襪子。「揚尼斯不能穿的，我來接手；我不能穿的，艾力克斯就接手。」寇司塔斯說。

四兄弟也睡同一個房間，兩個睡上下鋪，兩個睡沙發床，因為艾力克斯跟寇司塔斯年紀比較小，體重比較輕，所以薩納西斯會強迫他們去睡比較不穩固的雙層床鋪，雖然兩個弟弟們不太喜歡，但哥哥說的，他們都會照做。

「我們家幾乎每樣東西都是大家的，沒有人可以獨有。」艾力克斯說。

「這也是為什麼，基本上我們不太會爭吵。」

「當你沒有獨自擁有任何一件東西，所有物品都是大家的，有什麼好爭的呢？」

兄弟們會平分食物，通常是一份烤肉串，每個人都咬了一口，然後再遞給下一個，就當天一些好笑的事邊聊邊吃。寇司塔斯回憶說，他們總能找到值得開心的事，因為學會了想要和需要之間的差別：停止思考他們想要什麼，也停止去想他們沒有的，他們專注於自己所擁有的，並且表示感謝。「你可能認為你的處境很糟糕，其實你旁邊的人情況更糟。」寇司塔斯說。

父親查爾斯和母親薇諾妮卡教導他們珍惜當下所擁有的，盡全力讓孩子們感受到滿足。

「我的父母把一切給了我，自己卻一無所有，」艾力克斯說，「如果你問我想要什麼，我會說這個或是那個；但如果你問我需要什麼？我會說除了家人，其他的都不需要。」

全家人都知道，如果他們有彼此陪伴，一切就會好起來的。有人總是願意傾聽，提供建議，一起歡笑，在經歷所有痛苦和不確定性的情況下能有家人陪伴，都是幸福快樂的。

有時候，在一起玩了幾個小時之後，男孩們會前往位於佐葛拉夫的菲拉里提克斯籃球館進行訓練，他們常常沒錢買公車票，所以他們走路過去，往返一共二十英里，這至少要花兩個小時，玩耍之後就更難做到了，因為他們經常是餓著肚子去練習，路上他們會邊走邊開玩笑，每一步都像在玩遊戲，感謝一雙有力行走及跳躍的腿，讓他們繼續前進。

「只要我們在一起，總是很開心。」寇司塔斯說。

當薇諾妮卡煮飯做菜的時候，她會將靈魂投入到每一道菜中，任何一種米飯，尤其是富富（fufu），這是一種傳統的非洲作法，她會搭配燉菜或湯汁，孩子們都很喜歡，喜歡一起吃飯，就是在一起的感覺。

薇諾妮卡不是唯一一個會做飯的人，「我爸以前做飯比我還媽好。他是超級高手，」寇司塔斯斯笑著說，「他的招牌菜是鮮肉餡餅。」

偶爾，在薇諾妮卡不工作、不做飯、或不需要計劃下一趟旅程的難得時刻，她會和孩子們在外面打打籃球，兄弟們會輪流挑戰她，看看誰三分球投得比較準，她唯一不能做的就是扣籃。

看到母親開心地笑著，即便只有短短一個小時，對兄弟們來說，那是誰也奪不走的幸福時光。

＊＊＊

大約十三歲的揚尼斯和大約十五歲的薩納西斯，開始在沒有父母陪的情況下，自行到街上販賣商品。第一次單獨去時，他們在陽光下連續走了五個小時，也玩得很開心，開玩笑、打個小架、生對方的氣、和好、繼續開玩笑。那一天，他們賺了將近一百五十塊美金，數字驚人，查爾斯和薇諾妮卡既高興又驕傲。

然後隔天，兄弟倆會嘗試再做一次，再挑戰一次，有時他們只賺十塊美金，只賣了一個玩具跟一支手錶，但只要足以讓那天不餓死，就會被認為是美好的一天。

經過一整天的工作後，薩納西斯有時會看著揚尼斯說：「我們來為自己人生做點什麼吧！這樣我們就不必再這樣過生活了。」

薩納西斯開始尋找結交一些新朋友，然後把揚尼斯留下照顧寇司塔斯和艾力克斯。所以，就算當時揚尼斯還很年輕，他也自然而然地成為弟弟們的領袖，感覺起來也比實際年齡大，無論揚尼斯說要去哪裡，寇司塔斯和艾力克斯都跟著，沒有反駁，沒有疑問，他們尊敬也相信揚尼斯。

揚尼斯沒有告訴寇司塔斯和艾力克斯，一家人當時的生活有多辛苦，他不會告訴弟弟們：「我們沒有食物。我們明天付不起房租。你不能和朋友出去玩，因為我們必須工作賺錢。」這些事情他會想到，但他不想讓弟弟們感到害怕、感到痛苦。

揚尼斯會用眼神表示正在發生的事情，他會給艾力克斯和寇司塔斯一個表情，這個失望的表情是用來提醒艾力克斯想要一些東西時，不要隨便開口，比如電玩遊戲機，揚尼斯的臉會繃緊，他深褐色的眼睛，會銳利地傳達訊息：「你知道我們做不到。」

所以，艾力克斯和寇司塔斯慢慢學會停止詢問和隱藏要求，揚尼斯也這樣做了，他最想要一台電視，但隱藏起來不說，父親查爾斯常告訴他，「保持渴望，但絕對不要貪婪。」

「我們家感情好到有點不真實，你家不會吵架嗎？你家不會起爭執嗎？我們家還真的沒有吵過什麼大架。」艾力克斯說，「我們家最大的問題是經濟壓力，我們能做的只有想辦法站穩，然後跟上周圍的環境變化。」

他們沒有失敗的選擇，他們必須通過考驗。然而，揚尼斯會努力確保這一點，盡一切力量來達成，為了就是確保不必再看到艾力克斯失望喪氣的表情。

「你知道我們不能再讓家人失望。」

＊ ＊ ＊

兄弟們練球大都以菲拉里提克斯球場為主，但真正的樂趣發生在外面，索普利亞的崔頓那斯室外球場，距離他們家只有幾分鐘的路程，旁邊還有些商店，所以這裡成了他們的秘密基地，有時候朋友會來找他們打球，如果隔天全家不需要出發進行長途銷售的話，一群人會在暑假期間打到太陽下山才罷休。

在那裡，他們不必擔心沒錢，他們只要開心地打球就好，然後取笑看誰投了籃外空心麵包球。「他們非常喜歡，」薇諾妮卡說。「他們超級喜歡打籃球。」她一直都知道兒子們會有所成就。雖然無法確定是打籃球還是踢足球，但看著他們，她就看到了光明的未來，她也從不強迫孩子去做任何事，而是想幫助他們去做任何他們喜愛而選擇的事。

除了母親，他們喜歡父親加入一起打球，查爾斯當時大約四十三歲，可以灌籃，他這輩子從來沒有打過籃球，也真不知道怎麼打。他會到處亂跑，然後一直運球違例，但不知道為什麼，他總是可以卡位到籃下，然後把球直接灌進，讓孩子們為之驚嘆。

當查爾斯無法跟兒子們一起玩時，他會鼓勵他們；當孩子打得不好時，他會用安慰的口吻告訴他們，「明天又是全新的一天。放下過去，繼續努力。」

兒子們全都認為，查爾斯是世界上最成功的人，就算有時他的口袋裡連一塊歐元也沒有。

＊＊＊

想成為菲拉里提克斯球隊的領導者，揚尼斯還有很長段路要努力，他無法真正融入球隊，雖然他身高明顯高於所有人，然後手臂很瘦長，在他的臂展下可以聚集兩到三個隊友，但他還在學習所有基本功。連在學校打半場比賽，同學們也不會選他同隊，這促使揚尼斯希望變得更強、更優秀，強到他可以選擇不和這些同學一起打球。

不過，揚尼斯的確展現出潛力：天生的運動天賦，在開放進攻時具有創新精神，這在當時相當難得，因為希臘人在半場比賽中，比較傾向於打組織，靠著傳球、傳球、再傳球，來獲得最佳出手的空檔。

然後，揚尼斯和其他同齡球員之間有非常明顯的差異。「很多人甚至不知道他叫什麼名字，就只能說：你必須來看看菲拉里提克斯隊上那個高個子黑人，我們沒看過像他這樣的球員。」帕那辛奈科斯十八歲級球隊的前助理教練亞力山卓斯・崔加斯（Alexsandros Trigas）這樣說，他們曾經跟揚尼斯打過比賽，而崔加斯現在是運動二四的體育記者。

揚尼斯有機會在席瓦斯的球隊下茁壯成長，因為齊瓦斯執教體系中，不打傳統的希臘籃球，他希望球隊能夠發動快攻，在攻防轉換中展現速度，盡可能製造更多的出手次數。「他給了球員們很多自由，」現在執教於以色列哈普霍隆球隊的希臘教練德達斯說。「席瓦斯希望打快節奏的比賽，而希臘籃球不是，在希臘，我們喜歡打大個子出來打擋拆戰術。」

席瓦斯沒有硬把球員塞進他的體系中，而是根據不同種類的球員去打造新的體系，同時，席瓦斯很嚴格，注重紀律。他傳授球員基本技術，包括如何在靠到籃框附近時完成投籃，如何正確運用轉身，但到了比賽中，他就讓球員自由發揮，展現創造力。

「他與其他教練不同，因為他信任球員，」揚尼斯的前隊友康斯坦提諾斯說，「他讓球員在場上做想做的事。」

揚尼斯的高度和速度非常適合席瓦斯的快速即興系統，他從搶下籃板開始，然後下球起飛推進，他不需要把球傳給控球後衛；因為他就是控球後衛，有的時候他是小前鋒，或者當大前鋒，席瓦斯不會逼他打特定的位置。

然而，席瓦斯並沒有讓揚尼斯完全自由發揮，因為年輕球員是需要指導的，席瓦斯很樂意扮演這個角色，就像父親一樣，他幫助揚尼斯擺脫困境，多說話表達。

「他像對待自己小孩一樣對待我，」揚尼斯後來告訴運動二四的記者，「是他讓我愛上了籃球。」

不過當時，他還沒有百分之百愛上籃球。

席瓦斯無法掌握揚尼斯的行蹤，一開始他很有耐心，而揚尼斯則是離開一陣子之後回來，然後又離開，然後又再次出現，他知道揚尼斯一家人正在經歷些什麼，但隨後揚尼斯消失的時間越來越長。有一次，仍然是球隊助理教練的凡林尼提斯四個禮拜都找不到揚尼斯時，「他不會再回來了。」凡林尼提斯說。

投資揚尼斯應該是一次失敗的嘗試，凡林尼提斯這樣想著，這個男孩大概永遠放棄籃球了。席瓦斯勸他不要放棄，再做些努力，於是他跑到揚尼斯家，尋求最後一次機會，還特地帶了一本書：足球傳奇迪亞哥．馬拉度納（Diego Maradona）的傳記，他知道揚尼斯仍然希望能成為職業足球員，所以當他在市場看到這本書的時候，不得不買下它送給揚尼斯。

揚尼斯開門請凡林尼提斯進來坐，他把書遞給了揚尼斯。「這就是你，」凡林尼提斯指著書本的封面，「你是籃球界的馬拉度納。」

揚尼斯靜靜地聽，一開始也沒說什麼話，馬拉度納跟他似乎有著天壤之別，倒是凡林尼提斯一直講，不斷試圖說服他重返籃球場。

「籃球會給你更好的生活品質。」

「你真的不用害怕離開球隊的任何後果，回來打球就對了。」

這番說服，真的讓揚尼斯回來了，雖然凡林尼提斯不確定揚尼斯是不是受到那本書的影響，但這不重要，重要的是他回來了，同時，席瓦斯也感受了揚尼斯的決心也回來了，「他一直都很專注，而且保持熱情。」

有多熱情？熱情到他又開始嘗試灌籃了。

之前在國家訓練營那次「灌籃」對他來說還不夠，這次，他想完成真正的灌籃，扎扎實實灌進去的那種。每次訓練完畢後，揚尼斯都會花好幾個小時練習，先在罰球線附近抓住球，然後嘗試把腳步踩穩方便加速，跟之前一樣，他不是弄亂腳步，就是起跳的位置太遠，或者是只能輕輕地把球放進去，都不算成功，但是，他沒有放棄，一直努力嘗試，終於，完成了一次真正的灌籃，揚尼斯為自己感到驕傲。

不過，他在攻防上卡位的能力，還是因為太瘦而掙扎著，一般情況下，對手可以徹底碾壓當時的揚尼斯。「他真的很虛弱，」菲拉里提克斯的隊友基卡斯就說。「這是他最大的問題，他是來拚鬥的，但對位時常常是六十公斤對上一百公斤，所以從一開始，這就是一場非常艱難的挑戰，不過他從沒有想過放棄。」

有一次，菲拉里提克斯和帕那辛奈科斯十八歲級的球隊比賽，這是兩家俱樂部的傳統對決，特別是當時對方陣中，有一位球員名叫瓦西里・查羅拉波波洛斯（Vasilis Charalampopoulos），被認為是那個年齡層最有才華的球員之一，目前他為奧林匹亞科斯效力。

揚尼斯經常被教練安排防守他，有時還要守另外一位也挺傑出的球員，喬治斯．迪亞曼塔科斯（Georgios Diamantakos），身高將近七尺，比賽中，迪亞曼塔科斯一次又一次低位單打揚尼斯。

「揚尼斯沒有那麼強壯，對抗性比較不足，」現在效力於阿波羅帕翠斯的迪亞曼塔科斯這麼說，「但進攻端，我們跟不上他，他跟跳舞一樣四處飛奔。」

揚尼斯抓下了籃板球，自己開始推進，甚至做出了歐洲步，這後來成為他的招牌動作之一。但是，迪亞曼塔科斯還是按照自己的打法給予壓力，這讓揚尼斯鬥志更高昂，他開始反擊，盡可能嘗試封阻對手投籃。「那是他的天賦，也是我們有所顧忌的：修長的雙臂。你根本不知道他什麼時候起跳的？這可怕的延展性。」迪亞曼塔科斯說。

至於防守，當其他球員抱怨必須一直放低重心，一直來回衝刺的時候，揚尼斯反而充滿熱情，能真正去享受其中帶來的成就感，因為防守是他能控制的，他知道怎麼控制強度，展現出自己多在乎比賽。

而且他比剛開始打球時更投入了，當初他一度不想在籃球場附近被抓回去練球，現在完全不同：上午九點球隊的訓練結束後，大家都回家休息、吃飯，然後下午五點回球場進行當天第二段訓練，他們每次回到球場都看到同樣的畫面：「揚尼斯沒有離開球場，還在訓練。」菲拉里提克斯的隊友兼好朋友薩羅斯特洛斯說。

揚尼斯如此認真的態度也影響了其他球員，現在效力於希臘籃球俱樂部拉里薩，過去非拉里提克斯的隊友坎普里帝斯就說，「他真的非常努力，讓我也想更加努力。」

慢慢地，隊友們之間熟了起來，他們發現揚尼斯為人正直、善良、聰明、勤奮，有時還怪的很搞笑。

「他會講一些很怪很冷的笑話。」薩羅斯特洛斯邊笑邊說。

「我們很喜歡他，因為他內心就是個小男孩，他對人很真誠，也不會在乎看起來是不是很酷。」薩羅斯特洛斯繼續說到，「他真的可愛又搞笑，你還不能隨便回應喔，如果你跟他說，『好了啦，揚尼斯，別鬧了』，他就會用其他方法讓你再一次捧腹大笑。」

另外，大家很驚訝揚尼斯是如此地有禮貌，跟隊友講話或是談話中聊到他們時，揚尼斯會習慣加上「先生」兩個字，像是克里斯托斯先生、尼可斯先生，隊友告訴他不用，因為大家都是相同年齡，不需要那麼制式，但他很堅持，認為這是一種尊重，這也是為什麼，他常用複數形態，比如我們、你們，和其他人說話，在希臘，這是另一種尊重長輩的表示。

揚尼斯還經常做一些沒被要求的事情，像是訓練之後拖地。

他看到球場很髒，充滿灰塵，就會拿拖把，將場地從上到下，從左到右，整個拖過一遍，他沒有在隊友們或是教練們面前這樣做，直到有一天，其他人無意中看見他在拖球場地板，都嚇傻了。但揚尼斯不想邀功，只是想表明他很關心這個團隊，因為這些夥伴不僅要照顧他，還要照顧他一整個家庭。

他花了些時間才向隊友們敞開心扉，真正地去信任他們，揚尼斯通常不輕易信任家人以外的人，因為他是黑人移民，身處在白人居多的國家，在這裡，警察經常巡邏，逮補非法移民，所以從小他就學會保密，盡可能低調，以防萬一。

「即使到現在，他也可能也只信任五到十個人，」基卡斯說。「你所經歷的事物塑造了你的性格，這不會隨著時間而出現改變。」

「但揚尼斯並不害羞，」薇諾妮卡微笑著說。「我兒子只是需要點時間，來弄清楚誰可以信任。」

基卡斯有感覺，揚尼斯在認識一年以後慢慢開始相信他了，他也幫忙照顧兩位弟弟，寇司塔斯跟艾力克斯。

有時候他會給弟弟們五塊歐元，去索普利亞市場買烤肉串、優格、水果或是一些想吃的東西；或者，他會要求兩個弟弟幫忙買開特力（Gatorade）運動飲料，其實他不一定要喝，只是以買運動飲料為藉口，讓他們去市場買點食物給自己吃罷了。

不過，寇司塔斯和艾力克斯很認真看待大哥哥的交代，他們堅持每次都將基卡斯要的東西，毫無差錯地從市場買回來，還確保收據都留好，雖然基卡斯從來沒有要過，但兩個弟弟不希望被誤會。「我只是給了他們一些小錢，然後說，『這是你的。』」基卡斯說，「他們是有自尊心的，永遠不會接受別人的施捨。」

但基卡斯完全不在乎他們怎麼想，他不斷把東西跟揚尼斯和弟弟們分享，純粹只是希望他們練完球後，可以不要餓著肚子回家，尤其是小艾力克斯，想到艾力克斯看著他吃飯時的眼神，基卡斯就有點難受。

基卡斯也不是很有錢，隊上沒有一個人是，但他與薩羅斯特洛斯、坎普里帝斯以及其他隊友，甚至隊友的家人們，都盡可能地提供幫助。他們會給他一些舊的耐克籃球鞋、T恤或是球衣。

「我們了解他們的狀況，也看到這幾個兄弟有潛力成為偉大的球員，但他們在金錢上碰到了些麻煩，所以我們想辦法提供了所能幫忙的一切，讓他們的日子可以過得好一些而已。」基卡斯說。

薩羅斯特洛斯的媽媽會在練球前，偷偷塞一根香蕉或是一罐開特力給揚尼斯，「我們盡可能跟他分享所擁有的一切，很多人都想要幫忙，但不是因為大家看好他會變成現在這樣鼎鼎大名的球星，而是因為他性格討人喜歡，揚尼斯就只做他自己。」薩羅斯特洛斯這樣認為。

坎普里帝斯的母親則會做揚尼斯喜歡的米飯、義大利麵，還有甜點小餅乾，還有最受歡迎的希臘醬汁烤肉丸（soutzoukakia）。他和揚尼斯越來越麻吉，因為他們個性很像，都很安靜，都很耐操，他也慢慢開始聽揚尼斯談論起家裡的情況，以及心中的恐懼，「我們關心支持著彼此。」

坎佩里帝斯說。

球隊沒有人是因為想要一些回報而去幫助揚尼斯，「我們是一家人，」基卡斯說。「他也是人，人都有需要幫忙的時候，我們會給他協助，這些都是發自內心的，因為我們愛揚尼斯。」

「我代表我的隊友和我，即使揚尼斯沒有進入美國職籃，我們依然會這樣做。」基卡斯繼續說道。

當球隊比賽獲勝時，他們會去佐葛拉夫市的一家烤肉小酒館慶祝，吃烤肉串和捲餅，揚尼斯喜歡包酸黃瓜、番茄和洋蔥的豬肉口袋捲餅，他一般會吃上兩個，再搭配一罐可樂。

但是，這些來自隊友或隊友家人的愛心食物，還是沒辦法解決所有問題，揚尼斯還是盡可能地把食物或錢給他的父母、他的兄弟們，日子還是過得相當辛苦。

＊＊＊

有天下午，一個名叫拉曼·拉納（**Rahman Rana**）的孩子走進體育館，是凡林尼提斯找到他的。他來自巴基斯坦，這跟在街上找到揚尼斯的方式很像。凡林尼提斯認為拉納有潛力，因為他有六尺高，於是就問他是否有興趣為菲拉里提克斯效力打球，拉納心想試試也無妨。

然而，不知道為什麼，揚尼斯和拉納初次練習就看對方不順眼，接下來好幾個禮拜的訓練中，他們會刻意在球場上針鋒相對，並開始互噴垃圾話。拉納知道，揚尼斯比他強很多，這讓他更惱怒。

但是，當這兩位男孩慢慢開始了解彼此，嘗試交談之後，再加上另一位黑人隊友安椎安・寇尼亞（Andrian Nkwònia），三個人反而變得形影不離，還開始稱兄道弟了起來。

拉納和揚尼斯破冰的共同話題是什麼呢？

「種族歧視。」

拉納記得揚尼斯被稱為「小黑」，還有人會嗆，「滾回你的國家吧！」

拉納則被別人叫「巴基仔」。有些人說得很難聽。

「你聞起來像大蒜。」

「你聞起來像狗屎一樣。」

「回你的國家去吃咖哩吧！」

「那邊的人對他真的很不友善。」拉納說，他還會聽到有些同學取笑揚尼斯和媽媽去街上賣東西，「我們都被視為次等公民，在社會上格格不入，所以慢慢地就混在一起了。」

和揚尼斯一樣，拉納也很窮，他經常餓著肚子來練球，拉納的爸爸四十歲時不幸中風，還無法領取養老救濟金，他家一天只能賺十塊美金左右，所以不得不像揚尼斯家人一樣分配少量的食物，並且想辦法維持住一整天；更糟糕時，還必須犧牲買食物的錢來付電費。當揚尼斯看到拉納辛苦的處境和自己一模一樣時，就覺得可以信任拉納了。

認識了整整一年後，揚尼斯才告訴拉納有關法蘭西斯的事，他哥哥人還在奈及利亞，某天聊天時就突然聊到了這件事。

「跟你說，薩納西斯不是最年長的，」揚尼斯告訴拉納，「我們有一個大哥，名字叫法蘭西斯，他還在奈及利亞。」不過揚尼斯沒有過多地談論，也沒有進一步解釋，拉納推測法蘭西斯是因為經濟考量，所以跟祖父母留在非洲，但也無法確定原因。

兩人越來越熟後，拉納邀請揚尼斯到他家，拉納的媽媽準備了一些義大利麵和莎莎醬給他們吃。不過，換拉納去參觀揚尼斯家的老公寓時，他超級震驚，原本認為自己處境已經很艱難了，但沒想到揚尼斯的情況更糟，眼前兩張破舊的沙發，是教堂慈善捐贈給他們的。

「帶你看看我的房間。」揚尼斯告訴拉納。這是一個空房間：只有一張床，一條毯子，和他的籃球獎牌。揚尼斯看了看四周光禿禿的牆壁和空蕩蕩的房間，告訴拉納，他的夢想是有朝一日，可以擁有一台自己的電視，一套自己的桌椅，然後會買一堆書放在書架上。

然而，薇諾妮卡總能想辦法生出些食物給拉納，就算這表示她自己會沒任何東西可吃，這就是揚尼斯一家招待客人的方式。

「你餓了嗎？」揚尼斯會在練習前問拉納，然後把他辛苦賺來的可頌麵包剝一半，「吃吧，我們馬上就要練習了。」

「揚尼斯真的是一個好人，」拉納說。「他犧牲太多了，總是確保大家沒事，而不是像他那樣挨餓。」

沒練球時，他們會在索普利亞附近散步，並且談論未來的目標跟夢想，像是離開這裡去更好的地方發展，過上不同的生活。揚尼斯經常說，他想在希臘最高級別A一聯賽打球，或是去歐洲聯賽的其中一支球隊效力，他想效仿最喜歡的球員，希臘傳奇人物狄米崔斯・迪亞曼提帝斯（**Dimitris Diamantidis**），一名左撇子、腦筋靈活、傳球優先的組織後衛，現在是帕那辛奈科斯球隊的總經理。

「籃球是揚尼斯忘記一切的唯一方式。」拉納說，「我們比賽的時候他告訴我，很高興現在不用煩惱那些問題了。籃球給了他努力活下去的理由。」

放假的時候，揚尼斯、拉納和寇尼亞會一起探索這座城市，試著讓腦袋切換模式，放空休息一下。他們在雅典衛城*（Acropolis）附近閒逛，然後合力去爬海拔約九百英尺的力卡貝圖斯山，登上雅典的最高點，透過松樹欣賞美麗的景色，三個人默契十足，他們感受到團隊合作的重要性，同時也感受到另一種生活方式，一種更多采多姿的方式，在那裡，好像回到了十九世紀的聖喬治教堂，一個大型圓形劇場，而三人分別是著名音樂家準備在此演出，包括雷・查爾斯

* Acropolis希臘語意思是位於高地的城邦，雅典衛城為世界文化遺產。

（Ray Charles）、鮑伯・迪倫（Bob Dylan），以及布魯斯・男孩・金（B.B. King）。

他們三個合影留念：娃娃臉的揚尼斯穿著淺藍色馬球衫，比著象徵和平的手勢；拉納穿著海軍藍襯衫一臉傻笑；寇尼亞則穿著灰色T恤，表情有點嚴肅，並睜大著眼睛指著鏡頭，他們希望照片拍起來很酷，但當時心裡他們都高興地不得了。

當揚尼斯和朋友在外面，或者在球場上的時候，他不必像在家裡那樣，假裝一切都沒事：當父母問他今天過得怎麼樣的時候，他必須努力微笑回應；當房東來敲門的時候，他必須解釋，「房租晚一點就會付給你！我們只是在等薪水下來！我們保證會付錢！」有那一點點的短暫時刻，在打球或跟朋友閒晃時，他可以忘記正在經歷的一切，可以忘記他經常要到晚上十一點，才會吃一天中的第一餐，所以他一直想辦法分散注意力，確保自己總是有事做。

早上訓練告一段落之後，揚尼斯和朋友一起去了個地方，一個叫做「公共場所」的科技商店，位於雅典市中心的憲法廣場，這裡設計精美，室外區的桌子搭配了橘色的遮陽篷，感覺很高檔，揚尼斯幾人走進來時，沒有人質疑他們，或是問為什麼來這裡，好像他們很有錢，屬於這種高檔的地方，超爽的。

商店有一台電玩遊戲機，可以供客人免費試玩，他們一玩就可以玩兩到三個小時。他們最喜歡的遊戲是國際足球聯盟，也希望家裡有一台遊戲機，不過在那幾個小時裡，這家商店就是他們的家。

他們有地方可以去就會去，只要不在家就好。拉納說：「他不能一直在家裡，因為那會讓他非常沮喪。」因此，揚尼斯練球後會在外面待到很晚，然後找個地方坐著，拉納看得出來他很受傷，揚尼斯平常都不說，把感受隱藏在心裡，直到真的撐不住了，才會卸下心防，釋放情緒，讓眼淚流出來。

「我看著我媽，」揚尼斯會邊啜泣邊跟拉納說，「我想關心她，我看到了她努力為我們爭取一切東西，而我什麼都做不了，那感覺很無助，我覺得整個被打敗了。」

有時薩納西斯來找他們，確保兩人安全沒事，他發現揚尼斯和拉納坐在長板凳上聊天時，會過去拍拍弟弟的背，嘗試安慰。「別哭了，不要為任何人流眼淚，我們一定會成功的。」薩納西斯這樣說。

＊　＊　＊

不知不覺地，揚尼斯開始變壯，變得更高，動作也更協調了，他培養出優異的球場視野，觀看了大量的歐洲聯賽，沉浸於鑽研那些球員的比賽技巧。他還是很瘦，但已經慢慢知道如何智取對手，再加上他的手臂夠長，雙手夠大，運球也越來越流暢，總能搶到球之後就發動攻擊。

由於展現出足夠的潛力，揚尼斯在青年隊時，已經可以跟男子成人代表隊一起練習了。離開球隊一段時間的康斯坦提諾斯，回來後發現了一個完全不一樣的揚尼斯，現在一場比賽可以打三十分鐘。

「揚尼斯？這個小伙子是揚尼斯？」

康斯坦提諾斯回來的第一天走進球場時，這樣對席瓦斯說。

「是啊，是揚尼斯，別小看他喔。」席瓦斯笑著回答。

康斯坦提諾斯不敢相信，「我去練球，然後看到他，他真的非常、非常高，我第一個反應是，哇，什麼鬼？到底發生了什麼事？」

好幾次攻防，揚尼斯會做一些令人吃驚的動作，比如用左手蓋掉對手投籃，或者，比那些身材嬌小的後衛更快速地推進。

「他真的非常高，我認為從那刻開始，大家都知道他是會打球的。」柯達斯說。

揚尼斯很喜歡去防守那些最出色的球員們，並且用他獨特的方式跟成人隊交手，他能控制節奏，觀察防守，然後強行運球切入挑戰籃框。

「每個人都很驚訝。」薩羅斯特洛斯說。

揚尼斯不斷訓練再訓練，技巧變得越來越全面，可能今天他防守控球後衛，明天他又跑去守中鋒，他明顯成為了一個對位上的大麻煩。很多對手試圖用比較嬌小黏人的後衛打快攻擾亂他，或者用高大身材的內線球員打低位來壓迫他，但揚尼斯越來越懂得鞏固自己的位置，不像以前那麼容易被吃掉。

「一開始我們甚至沒有注意到他，」帕那辛奈科斯十八歲級球隊的助理教練崔加斯說，「但後來球探報告中的所有內容都在講他。」

揚尼斯開始獲得一些信心，薩羅斯特洛斯記得有天揚尼斯告訴他：「我會一直進步，一直到我成為最棒的那個。」他不是自大、傲慢，而是堅定、專注，「他從來沒有停止努力。」

還有一次，揚尼斯、拉納和寇尼亞本來計畫參加一個派對，準備去認識一些女生，他們非常期待。原本打算練完球之後去，但沒想到訓練結束後，揚尼斯還想繼續練投籃，拉納就問他，為什麼不按一開始計劃的去參加聚會。

「當我打籃球的時候，當我在球場的時候，練習這些動作、扣籃、投籃，這就是我的女朋友了，我忘記了那些女生，我忘記了一切，我就是不想離開。」揚尼斯這樣說。

「我們覺得他很奇怪，」拉納說，「但揚尼斯就是這樣，即使自己的訓練結束之後，他還是會留下來參加另外一場訓練。」

艾力克斯開始注意到，其他人談論他哥哥的方式起了變化。

「揚尼斯太厲害了！」他在外場練投的時候，會有陌生人這樣跟他說。

艾力克斯聽到時情不自禁地笑，因為他從小就知道。對他來說，揚尼斯就是一位希臘神，「我和揚尼斯是最好的朋友，沒有其他人比我更了解他。」

大家也慢慢開始稱讚艾力克斯的球技，但他並沒有其他特別的感覺，因為揚尼斯從他開始打球就一直告訴他要相信自己，哥哥總是不斷地鼓勵弟弟們，總是耐心地教他們。「我們從來沒有等待別人告訴我們，說我們真的有潛力，」艾力克斯說，「我們都知道彼此能做什麼，因為我們每天都在努力競爭。」

當時，他們不知道希臘以外的其他球員有多好、有多厲害，揚尼斯對美國球員了解也不多，美國職業籃球（NBA）是一個他們無法了解的聯盟，感覺是遙遠而抽象的。

「我們沒有網路，我們看不到美國職籃的比賽。」寇司塔斯說。

他們不知道任何球隊或球員的名字，直到有人開始在球場上說，說他們讓人想起了某些優秀球員，甚至是傳奇球星。

「你很像朱利斯．歐文（Julius Erving），J博士。」有人這樣說揚尼斯，兄弟們會微笑著點點頭，說聲謝謝，但隨後會一臉疑惑地看著彼此，心裡想著但不敢大聲說出來：「J博士是哪位啊？」

等到大家打完球都走了，他們才會找一家網咖，湊個三塊歐元去上個兩個小時的網路，查查J博士到底是誰。查到後，他們會觀看這名球員的精彩好球，當然也包括其他偉大的球星，像是艾倫．艾佛森（Allen Iverson）。

揚尼斯愛上了艾佛森，他的換手運球、他的熱情奔放、他的認真態度，他那矮小的身體卻能在禁區殺進殺出，以及他像跳舞一般的持球切入，突破防守。

「寇司塔斯！」揚尼斯會說。「看看AI*！看看他這動作！哇，這傢伙沒有人可以守得住！」

寇司塔斯同樣超喜愛艾佛森，「我們每天都會看AI的精彩剪輯，是每天喔！他非常小一隻，但這就是讓我們喜歡他的原因，就是因為這傢伙那麼小，還能一直不斷地得分，根本沒有人擋得住！」

兄弟們不想只學艾佛森打球的方式，他們也想看起來跟偶像一樣，有一天，他們回家問薇諾妮卡：「媽，能幫我們綁像艾佛森一樣的辮子嗎？他是費城七六人隊的球星。」薇諾妮卡笑了出來，但揚尼斯和寇司塔斯是認真的，他們不是開開玩笑而已，所以，薇諾妮卡花了一整天的時間，把他們的頭髮都編成了辮子頭。

他們花在網咖的時間越多，發現的籃球明星也越多，他們一度被勒布朗．詹姆斯（LeBron James）迷住了，看著詹姆斯幾乎打遍場上所有的位置，以及那能夠硬切過防守者到籃下的運動能力。

---

* 艾倫．艾佛森的綽號，取自於全名的兩個英文首字母。

不過，找到科比・布萊恩（Kobe Byrant）和凱文・杜蘭特（Kevin Durant）才是真正改變揚尼斯一切的關鍵。

他想跟科比一樣有創造力，跟科比一樣勤奮；同時，想跟杜蘭特一樣瘦高，跟杜蘭特一樣全方位，他特別崇拜杜蘭特的時候，KD＊才剛成為俄克拉荷馬雷霆隊的明星，揚尼斯每天在塞波利亞第五十三高中放學後，都會花時間研究。

他會練習杜蘭特的動作，尤其是換手運球後的急停跳投，「他會在練球時急停跳投，並且大喊『KD』！」常和揚尼斯一起看精華影片的坎普里帝斯笑著說。

二〇一〇年八月，揚尼斯有機會親自見到他的偶像了，當時杜蘭特飛往希臘，參加了在雅典購物中心舉辦的耐克活動，那裡搭造了兩個籃球場，一位DJ正播放五角（50 cent）和尼歐（Ne-Yo）的《生個寶貝吧》（Baby by Me）和吉姆・瓊斯（Jim Jones）的《我們高飛》（We Fly High），而希臘孩子們擠在球場上，驚嘆地看著杜蘭特展現神準的三分球，揚尼斯和他菲拉里提克斯的隊友也在人群中觀看，當杜蘭特繞著球場近距離跟球迷擊掌時，揚尼斯既高興又緊張。

活動結束的幾個小時後，揚尼斯又到了佐葛拉夫球場，開始練球前，揚尼斯走向梅拉斯助教，表情興奮到好像快要爆炸一樣，飄飄然地大聲說：「教練！我要成為新的杜蘭特，一位NBA的球星，然後擁有自己的簽名鞋！」

他知道，距離這樣的目標，還有很長的一段路要走，他還不夠強壯，還不夠有能力，但他相信自己有一天會達成。這就是為什麼球隊去克里特島進行比賽並完成訓練後，所有人都離開了球場，除了揚尼斯。

當隊友們發現揚尼斯不在車上時，球隊巴士已經離開了球場，然後隊友才意識到：他一定還在球場上，試圖去練好某一個動作。後來，他滿身汗地回到了大巴上，到了旅館後隊友叫他去洗澡，但揚尼斯根本不在乎臭不臭或髒不髒，他只在乎何時可以回到球場上，再好好練一練這個動作。

＊＊＊

揚尼斯開始注意到，好朋友拉納在訓練中變得猶豫不決，該投球時反而傳出去，打法也有些膽怯。揚尼斯有天告訴他：「我看到了你的潛力，看到你的天賦，但你害怕表現出來。」

教練們對拉納的印象沒有那麼深刻，他們覺得是一個好孩子，但是籃球方面可能沒有太好的前途，他好像一直害怕著什麼。

「我沒有什麼自信。」拉納說。

＊凱文・杜蘭特的綽號，取自於全名的兩個英文首字母。

不過，揚尼斯會一直要求教練讓拉納盡可能地上場比賽，因為他相信他的隊友。

「你是一個很棒的球員，但你沒有享受比賽。」揚尼斯這樣跟拉納說。「如果你沒有享受比賽，那就不可能成功，真正愛籃球才能打好籃球。」

拉納感到驚訝，為什麼揚尼斯能講出比實際年齡大這麼多的成熟想法，因為這樣，拉納想跟揚尼斯學習，他看到了揚尼斯與女孩交談時輕鬆自在，拉納則是害羞和焦慮，雙腿有時還會發抖，他覺得自己是雅典最醜的男生，而揚尼斯懂他，知道他什麼時候會陷入負面情緒。

「好好清楚看你自己！」揚尼斯告訴他。「兄弟，你比我帥耶！」

「不，兄弟，我才沒有。」

「看看你，頭髮那麼好看，我們走吧，我們去和這個女生聊天吧！你就會知道，沒有人認為你醜。」於是，他們倆走到幾個女孩面前，揚尼斯說：「我旁邊這傢伙是不是還不錯？」

揚尼斯甚至幫助拉納克服了對游泳的恐懼。

「我在這，你不會淹死的。」揚尼斯告訴拉納，他拉著好朋友的手，慢慢地帶到了位於雅典南部著名卡沃里海灘（Kavouri）的水中，揚尼斯想告訴他的好麻吉，勇於嘗試新事物，不但不會失敗，甚至可能玩得很開心。

「他一直支持著我。」拉納說。

這就是揚尼斯。

有一天，揚尼斯感受到拉納像往常一樣肚子餓了，他們就一起去揚尼斯的教堂，因為他們經常在樓下為沒有錢的孩子提供免費食物，還有遊戲讓教友們玩。起初，拉納有點抗拒，不確定他是不是可以順利進去，因為他是穆斯林教徒。

「為什麼？來啦！」揚尼斯說。

「我們不會禱告，就是去拿點吃的，我會告訴牧師你是基督徒，這樣就可以得到免費的烤肉串啦！」

「嗯，好吧。」拉納說。

兩人在教堂樓下打乒乓球，牧師走到拉納面前說：「哈囉，請問您是哪裡人？」

拉納開始緊張，雙腿開始發抖，他想要擠出一些話，但不知道要說什麼，這時揚尼斯插話了，「喔，他本地人啊！跟我一樣很窮，他很謙虛，是基督徒！一個非常虔誠的基督徒！」

拉納正想著要不要坦白說出真相，但牧師點了點頭，「好的，我去拿一些烤肉串給你們吃。」

等到牧師走後，兩個人才放聲大笑，「就跟你說了吧！兄弟，你要相信我。」揚尼斯告訴拉納。

＊＊＊

又要搬家了，這次阿德托昆波一家人搬進了位於索普利亞市中心，位於一個十字路口交叉處，一棟不起眼，棕色灰泥的半地下室公寓，在靠近天花板的高牆上有扇百葉窗，透過窗戶往外看，可以剛剛好看到街道的景色。

房東狄米崔歐斯・凱提費利斯（Dimitrios Katifelis）主要是出租給來自非洲國家，或是保加利亞，以及阿爾巴尼亞的希臘大學生和移民。

二〇〇九年七月二十九號，凱提費利斯跟查爾斯、薇諾妮卡簽了租約，租金是每月兩百五十塊歐元。幾個月後，一位叫做帕諾斯・普羅寇斯（Panos Prokos）的雅典律師接到凱提費利斯的電話，說查爾斯遲交房租。

普羅寇斯記得，他以嚴格的律師語氣，寫了一封信給查爾斯，信中表示簽約人必須履行合約上的義務，結果，薇諾妮卡打了通電話給普羅寇斯，詢問她和查爾斯方不方便去他的辦公室，當面拜訪與討論。

薇諾妮卡的冷靜，讓普羅寇斯留下了深刻的印象，「不是說查爾斯不好，只是很明顯的，她是這個家庭的女主人。」

查爾斯很友善，很有禮貌，甚至一直面帶微笑，的確很像一個家的支柱，但普羅寇斯似乎很清楚，薇諾妮卡才是這個家庭的核心。他們麻煩普羅寇斯跟凱提費利斯溝通，希望房東能多點耐心，當時他們在街上的市場工作，東西賣得不好，收入也不多，薇諾妮卡說他們一家有四個男孩子要養，這是普羅寇斯和凱提費利斯不知道的。

普羅寇斯把消息告訴了房東，而房東也同意等，等到這家人能夠獲得一些收入來支付房租；但等待對所有人來說，既漫長又痛苦，揚尼斯一家人盡力了還是遲交房租。

二〇一〇年九月，房東凱提費利斯別無選擇，只能再次打電話給他們，因為六月、七月、八月和九月的房租都還沒交，房東打了好幾次電話，但阿德托昆波一家人都沒有接聽，普羅寇斯只能按照法律提出訴求，要求查爾斯履行他的財務責任。

幾天後，查爾斯和薇諾妮卡再度拜訪了普羅寇斯，又表明了他們一直奮鬥著、掙扎著，目的就是維持住生計，普羅寇斯能夠了解他們的苦衷，這對父母似乎正在盡最大的努力，並且真心想回到可以正常付房租的生活軌道上。

這期間，媽媽薇諾妮卡比過去任何時刻都更加拚命，有時候，她工作完回到家明明很累很虛弱，但依然會洗孩子們因為練球而濕透的髒襪子，因為不洗，兄弟們隔天就沒有襪子穿了。她盡量不讓家人看到她有多疲倦，她想表現得很快樂，更確切地說，她希望孩子們能用這方式記得媽媽都是面帶微笑的，這樣才能有開心的青春回憶，而不是現在這種痛苦掙扎的辛苦往事。

幾個月過去，一家人克服重重困難，辛苦地回到正常交租的軌道上；但沒有多久，另一場乾旱期又來了。

二〇一一年九月，房租已經逾期未繳三個月，凱提費利斯請普羅寇斯再發律師函，而這一次，薇諾妮卡帶來了十九歲的薩納西斯和十六歲的揚尼斯，查爾斯因為有工作在身，無法出席。

普羅寇斯可以看出兄弟們是運動員，但真正印象深刻的是他們態度正面且積極，包括希臘語說得非常好，談吐相當有禮貌。「他們是認真、有紀律、令人尊敬的孩子，」普羅寇斯說。「他們明確地知道自己想擁有什麼樣的人生。」

薩納西斯和揚尼斯告訴律師，他們最想獲得希臘公民身份，他們唸的是希臘學校，他們的朋友是希臘人，在各方面都已經希臘化，另外，他們喜愛籃球。

薩納西斯說，因為家裡有時候在非法的戶外市場賣東西，所以如果警察臨檢這些雅典街道上未經許可的市場時，他可以靠著過人的體力躲過警察追捕；揚尼斯則說，他最無法忍受的就是晚上沒吃，肚子不斷發出聲音而難以入眠。

「我真的很感動，」普羅寇斯說，「我看到兩個純真的年輕人，展現出成熟和受人尊敬的一面，他們值得多一次的機會。」

一般來說，這種積欠房租的狀況不太可能被寬容而延期，但在律師普羅寇斯的幫忙之下，一家人有更多的緩衝時間去賺錢了。不過普羅寇斯堅持認為這只是舉手之勞罷了，「我不想大肆宣傳，這是我送給揚尼斯的一個非常小的禮物，是他感動了我，這樣他的胃就不會因飢餓而感到不舒服了。」

凱提費利斯也是出於類似的原因而提供協助，「我們做了能力所及的事情，我們不富有，沒有很多錢，但他們是好人，我們必須幫忙。」他說。

房東跟律師並不是唯一提供協助的陌生人，有一位名叫瑪瑞塔．史高妲（Marietta Sgourdeou）的希臘女子也熱心助人。她是一位受人尊敬的女演員，常在雅典的史塔摩斯劇院演出，揚尼斯兄弟們都親切地叫她「乾媽」。

她會邀請男孩們到她家作客，位置在雅典郊區格利法達，她會做飯請揚尼斯他們吃，隊友和同學們不確定他們怎麼認識史高妲的，但都記得他們很常去她家，史高妲也與阿德托昆波一家人很熟。

她帶領兄弟們接觸了音樂和文學，帶他們參加了著名作曲家米基斯．提奧多拉奇斯（Mikis Theodorakis）的音樂會，在那裡他們遇到了瑪莉亞．霍絲（Maria Hors），霍絲是奧運聖火儀式的傳奇編舞家，在一九三六年第一屆有電視轉播的奧運會上演出。

薩納西斯和揚尼斯也慢慢認識更多有關希臘的文化和古劇，包括俄羅斯作家多思斯托耶夫斯基一八八〇年的著名小說《卡拉馬佐夫兄弟》等書籍。而且，史高妲的善意幫助還從揚尼斯身上延伸了出去，有一次揚尼斯帶拉納一起去作客，她也一樣做了熱騰騰的飯菜，因為史高妲認為拉納也需要，這兩個孩子一定整天都沒吃東西。

「她是我見過的最好的女人，」拉納說，「她給了揚尼斯很多愛，我當時覺得，一個白人希臘女人怎麼會是揚尼斯的乾媽？怎麼可能？誰會為我們做付出這麼多，尤其我們是黑人社區來的，我完全不敢相信。」

＊＊＊

揚尼斯．錫卡斯（Giannis Tzikas）是一位頭髮灰白、戴著黑框眼鏡的老人，他常常看到揚尼斯和兄弟們走在狄拉齊奧街上，錫卡斯開的奇沃拓司咖啡館（Kivotos Café）就是在這條街上（現在還是）。這是一條狹窄的街道，有中等高度的建築、咖啡廳、還有一些商店，像是服飾店、電器店、美髮沙龍和麵包店，錫卡斯的店在兩條街道的交叉口，一個樹林茂密的角落。

錫卡斯注意到他們從來不會獨自一人，會一直互相陪伴，兄弟們總是在街上開玩笑，互相打鬧；他也可以從身上的穿著看出，這一家人沒有什麼錢；不過揚尼斯跟薩納西斯在經過咖啡館的時候會點頭打招呼：「你好。」「早安。」這樣的舉動，讓錫卡斯開始對這兄弟檔產生了好奇心。

有一天，揚尼斯跟兄弟們一起走進了奇沃拓司咖啡館，這店名在希臘語中是「方舟」的意思。這是一個美麗的地方，戶外桌的空間是用棕色柵欄圍著，搭配可以遮擋陽光的白色罩棚，咖啡廳的牆壁是大型落地窗，可以直接看到室內的深色木質酒吧。

牆壁上掛著許多希臘籃球國家隊的照片，多到幾乎看不到牆壁油漆是白色的，旁邊還有四顆籃球放在一個櫃子上，一看就知道老闆是個超級籃球迷。

「你們打籃球嗎？」那天錫卡斯這樣問他們。

兄弟們點了點頭，雖然艾力克斯已經露餡了，因為他背著一顆籃球。

「籃球看起來總是比艾力克斯大。」現年六十六歲的錫卡斯說，而他女兒瑪麗亞・德里帕（Maria Drimpa）在一旁幫忙翻譯。

在這間錫卡斯擁有二十多年的咖啡館裡，現在有揚尼斯穿NBA球衣的裱框照片，還有希臘國家隊十三號球衣，以及揚尼斯二〇一八年NBA明星賽的戰袍；揚尼斯的黑白半身像放在一排酒瓶上方，旁邊還有一堆照片：二〇一四年，揚尼斯身上是印著白藍色「HELLAS」的希臘國家隊襯衫，手臂搭在錫卡斯肩上；二〇一五年，薇諾妮卡微笑著坐在一輛紅色汽車中；還有，二〇一八年，揚尼斯在國家隊比賽後，伸手抓住錫卡斯的合照。

雖然現在像一家人，但那時，錫卡斯只不過是看到四個需要幫助的男孩而已，隨著彼此越來越了解，這位咖啡館老闆看到了他們的禮貌，嘴上總是說著謝謝。

錫卡斯給男孩們三明治、香蕉、蘋果和水，有時還會準備新鮮果汁，或是他們最喜歡的：草莓奶昔。而這些都是因為錫卡斯自己父親也來自一個貧窮的家庭。

「我知道飢餓的感覺是什麼。」錫卡斯說。

當地有些希臘人，特別是白人，漸漸注意到錫卡斯不斷地幫助這個家庭，他們對此不太高興。

「有些人對我說：『你為什麼要餵養黑人小孩？』」錫卡斯說，「當揚尼斯兄弟們走過時，這些人還厭惡著會說：『看看這些黑人小子。』」

而揚尼斯會繼續走，不予理會，也沒有什麼好說的，他們只想活下去，所以面帶微笑，好像沒有聽見一樣。

「有很多種族主義者，這種觀念讓事情在這裡，變得既複雜又困難。」但錫卡斯想法不同，「我不在乎他們的膚色。」

有一天，男孩們問錫卡斯，能否可以在咖啡館工作，因為他們需要錢，家裡的情況越來越糟了。「那時我們陷入大低潮，」艾力克斯說，「身為家庭的一份子，我們必須為自己需要的東西工作；在要求別人幫忙之前，必須嘗試每一個可能的機會，所以如果你看到我，或是我的家人，去向某些人要求協助，那就意味著，我們已經盡了一切努力去爭取，但就是做不到，才真的需要協助，我們不是想要，我們是需要。」

錫卡斯拒絕了，他不希望這些男孩們在那裡工作，但如果他們可以更固定地去練球，錫卡斯會幫忙提供食物，他希望揚尼斯好好打球，因為他看到了無限的未來。

「你將成為一名籃球運動員。」錫卡斯告訴揚尼斯。

「如果揚尼斯在這里工作，他會沒有時間，他會放棄籃球，」錫卡斯說，「我不想看到這樣的情況發生。」

他們很感激錫卡斯的用心良苦，因為身為一個老闆，根本沒有理由這樣做。

艾力克斯說，「我們很幸運能碰到這樣的人，直到今天，他還對我們說：真希望當時能提供更多的幫助。」這段記憶讓錫卡斯想到就面帶微笑。

某一天，錫卡斯的妻子卡特琳娜．德里帕（Katerina Drimpa）帶著揚尼斯來咖啡館裡拍照。「你長大後，會成為一名偉大的籃球運動員，而你會忘記我們。」揚尼斯茫然地盯著她，差點以為老闆娘說的會成真。

「不，不會的！無論我去到哪裡，我都不會忘記你們。」

＊＊＊

揚尼斯繼續頻繁地跑網咖，觀看NBA的相關影片，特別是配了勵志口白，描述那些努力認真，不找藉口的球星，奮鬥到最後而拿下總冠軍的精華片段，例如「一點一滴」（Inch by Inch）中，NBA巨星們一個個在螢幕上一閃而過，揚尼斯為之著迷。

「德維恩．韋德（Dwyane Wade）切入挑戰籃框！」

「一點一滴，一球一球，直到我們完成目標。」這是東尼．達瑪托（Tony D'Amato）的聲音，艾爾．帕契諾（Al Pacino）在《挑戰星期天》中飾演的角色。「我們現在在地獄，各位，相信我，我們大可留在這裡，被他們繼續痛扁，或者，用我們的方式反擊回去。」

「科比．布萊恩比賽前閉上雙眼……凱文．賈奈特（Kevin Garnett）拍打胸膛。」

「人生就是一場錙銖必較的遊戲，再小的失誤都可能讓你失敗。」

揚尼斯繼續看另外一部影片，叫做「成功之前不要停下來」。裡面有杜蘭特和詹姆斯，拿著藥球在跑步機上衝刺。

「當你想要成功的慾望跟想要呼吸一樣時，就一定會成功。」

揚尼斯開始做夢，是真的做夢，他必須不斷想著自己就是那個螢幕上的超級球星，雖然他還不太了解這些球星，但他知道，他想跟他們一樣上場，然後跑得比他們快，戰勝他們，在美國，在那個舞台。美國職籃，不再是個抽象的概念，對他來說，除了家人之外，他腦袋裡只想著NBA，這夢想變成了一切。

薩羅斯特洛斯記得有一次，揚尼斯一邊看著球星的精華影片，一邊指著芝加哥公牛隊的球衣跟他說，「看到那件球衣了嗎？」

「看到了。」

「有一天，我會穿上其中一件NBA球衣。」

還有一次，揚尼斯指著希臘國家隊球衣告訴薩羅斯特洛斯，「看到那件球衣了嗎？我會穿上它，球衣的背面會寫著阿德托昆波。」

薩羅斯特洛斯想起這件事就笑了，這種信心在揚尼斯身上慢慢醞釀，沒有大肆宣揚，沒有自大狂妄，比較像是一種低調的自信。

球隊訓練時，揚尼斯會讚美隊友的球鞋，特別當新的科比鞋出現時，他都會說，「這雙鞋很棒！」然後再轉身悄悄地對薩羅斯特洛斯說，「有天我會擁有很多雙這樣的新鞋，相信我。」

當時，NBA球星賈許．史密斯（Josh Smith）造訪希臘，揚尼斯到了現場並要了簽名，他近距離感受到史密斯非常巨大，也知道自己還不夠水準跟他較量，至少當時還不行。

之後，科比也到希臘參加活動，造成相當大的轟動，當時揚尼斯和凡林尼提斯一起去現場，欣賞科比的精湛球技，像是投籃假動作、底線跳投、轉身後仰跳投。當下，揚尼斯問助理教練，「科比賺了多少錢？」凡林尼提斯回答，「一年大約有兩千五百萬美金。」

一想到一家人生活過得多麼掙扎，揚尼斯心想，「我必須進入NBA，我必須努力，去賺科比的錢。」但內心深處，他不知道自己能不能做到。

＊　＊　＊

當揚尼斯開始編織自己的夢想時，他的兄弟們也跟著開始做，就像揚尼斯開了一個遊戲間，讓所有人的思緒都能進入其中漫遊，夢想、願望，一一會在遊戲間實現。

艾力克斯和寇司塔斯漸漸開始要求對方，因為他們看到揚尼斯在輸掉比賽時有多失望，以及如何在比賽結束後，向助理教練梅拉斯詢問他的個人數據，並思考如何才能表現地更好，比賽隔天，還會觀看錄影帶，並且討論如何提升防守與火鍋封阻能力。

「揚尼斯總是負責防守對方陣中最好的球員，」梅拉斯說，「他不喜歡坐在板凳上，總是要求更多的上場時間，他會發聲提醒，有時都快要變成教練了。」

這種好勝心影響了家裡的兄弟們，大家都變得更有企圖心，他們都開始早起看NBA的比賽，揚尼斯告訴他們，這就是夢想——不僅僅是他的夢想，也是薩納西斯的夢想、寇司塔斯的夢想、艾力克斯的夢想。

如果他能成功，那他們都會成功。

查爾斯常跟揚尼斯和薩納西斯說，「照顧好你的兄弟，不管做什麼，都要好好照顧你的兄弟。」男孩們一直記得父親說的每一個字。當爸爸不工作時，都會去現場觀看他們的比賽，並且感到自豪，查爾斯會熱情地為兒子們加油，尤其是小艾力克斯，「上啊！艾力克斯！上！」

查爾斯沒想到，艾力克斯像哥哥們一樣認真喜愛上了籃球，他那時還很小，身材看起來一點也不像其他哥哥，但是當艾力克斯告訴父親，他真的很想打好籃球的時候，查爾斯點頭表示贊同，「不要保留，全力以赴吧！」

當其他孩子們說打球只是好玩而已，揚尼斯兄弟們都會覺得很有趣。「我們會回答，喔，好，沒問題，我們打籃球也是為了好玩，但打球的原因可能跟你們天差地遠。」艾力克斯說。

「我們只是需要更多的時間。」——母親的話總是在他腦海裡。

看著揚尼斯進化，獲得了更多關注，艾力克斯感受到那顆橘色皮球帶來的潛力和痛苦，那顆球可能是美好的一天，也可能是糟透的一天，也可能是擁有和沒有的差別，有些夜晚，他們用那顆球做的夢想，似乎變得遙不可及。

揚尼斯完全不會這麼想。

他督促所有人進行訓練，尤其是艾力克斯，他開始告訴最小的弟弟，有一天會比他更好，那時艾力克斯不太敢質疑哥哥，不過看著揚尼斯的身材，然後再看看自己的身材，心裡不禁想著：怎麼可能？

同時，隨著球技的提升，艾力克斯的信心膨脹了起來，認為自己比其他孩子高大，球打得也比別人好。揚尼斯不能容忍這樣的想法，雖然只是一個青少年，但揚尼斯有一個目標，就是將家人從一個大陸帶到另一個大陸，這份決心是無法動搖的，所以他不允許弟弟得意忘形。

有一天，揚尼斯告訴艾力克斯，這個世界上的其他國家，包括美國，有更多擅長打籃球的球員，那些人是真正的高手，比揚尼斯還強，比他們兄弟中任何一人都厲害。

「外頭還有更多的籃球強者，」揚尼斯說，「你必須繼續練習進步。」

因此，有時候，揚尼斯會整天泡在體育館裡，「他可以待超過十個小時。」基卡斯說。其他隊友都離開了，而他可能是沒東西吃，也可能沒有坐公車的錢，有時更只是練到真的深夜了，揚尼斯會在完成球隊訓練後，繼續完成男子成人球隊的訓練，然後自己再去健身房鍛煉，或是在球場上不斷練投、練投、再練投。

他會一直練到過了晚餐時間，原因之一是回家的公車車次也不多，有時候乾脆留在球館過夜，留在那個只有籃網、三角錐、和一堆籃球的地方，繼續練習，不斷練習，他可以聽見父親的催促聲就在耳邊。

當練到手臂痲了，或是太累而沒辦法繼續投籃時，揚尼斯會在一般球員們做伸展操的籃框後方，找到一張破舊的藍色軟墊，躺上去並喬好一個舒服的位置，他不需要枕頭，也不需要被子，他只要閉上眼睛，稍微睡一下，邊睡邊夢想著美好的事情發生。

＊＊＊

聖誕節的前一天，移民小孩和青少年經常參加卡蘭特*（kalanta）的活動，他們會前往雅典的高檔社區，在商店或是人們家中唱聖誕歌曲，這樣就有機會賺到一點錢。

揚尼斯告訴拉納，「我想幫家裡買一台電視和一台電動遊戲機。」這是他最想要的兩件東西，他和寇司塔斯還有艾力克斯一組，而拉納和寇尼亞一組，兩批人想比看看，誰能帶最多錢回家。

揚尼斯這組先開始賺錢了，因為他堅持要在早上六點鐘就出發唱歌，一路唱到下午五點，這過程中什麼都沒吃。沒有停下來休息一秒鐘，沒有任何事能阻止他。

揚尼斯成功賺到了八百歐元，買下了電視和遊戲機，媽媽薇諾妮卡感到非常驕傲，爸爸查爾斯也是。

每次查爾斯看電視的時候，他都因為擁有這台設備而感到光榮，他們可以隨時隨地觀看任何想看的節目，一邊看他會一邊對揚尼斯微笑，因為兒子明白了努力工作的真正意義。

＊　卡蘭特在希臘語意指頌歌，是當地傳統聖誕節活動之一。

第三章 國籍

「回家吧！猴子們！」

揚尼斯十六歲左右，菲拉里提克斯前往了距離雅典約四百公里的克里特島參加比賽，當地球迷對菲拉里提克斯的球員們懷有敵意，還特別針對揚尼斯和薩納西斯。

那無情的感覺很不舒服而痛苦，現場觀眾將水瓶、汽水罐、甚至硬幣丟到場上。賽後，揚尼斯和薩納西斯都哭了。

「他們的心被打碎了，」拉納說，「那是最悲傷的一天，這些人是多麼歧視，完全的種族主義者，我們已經不斷努力，希望能被這個社會接受，但他們一直拒絕著我們。」

拉納眼中，揚尼斯好像完全不在乎，裝作沒聽見的樣子，但其實內心還是相當難受的，就像他唱聖誕頌歌幫家裡買電視的那一天一樣：揚尼斯走進一家咖啡店準備獻唱，結果老闆直接用掃把趕他出去，好像他身上有毒一樣，出去時還加上讓人更丟臉的話：「我們不要你這種人來，你沒資格唱希臘聖誕頌歌。」

因為揚尼斯又高又瘦，所以很多人以為他成年了，有時候俱樂部或夜店會放他和薩納西斯進去。拉納記得揚尼斯說過，某一天晚上，他和薩納西斯兄弟倆跑去夜店晃晃，然後揚尼斯跟幾個女孩在門外聊天，沒想到有一個白人走過來挑釁地說：「看看這個黑人小鬼！」

幾分鐘內，沒講幾句話，這白人和揚尼斯就動手打起來了，那人還大喊：「我希望你們這群猴子滾回自己的國家！」薩納西斯衝了出來，發現揚尼斯被壓倒在地上，那人掐著弟弟的脖子，薩納西斯立刻飛撲過去，把那人從揚尼斯身上拉開，然後補上一拳，警告對方別再動手。

他願意為弟弟做任何事。

＊＊＊

儘管種族歧視的情況不停發生，但兄弟倆還是受到許多鄰居、朋友、以及同學的歡迎，他們是索普利亞第五十三高中唯一的黑人學生，但他們每個禮拜天都會跟學校同學和家長聚會，薇諾妮卡記得一家人都感到被愛。

籃球隊的隊友們人也都很好。「我們對待他，就像對待陣中的每個人一樣。」基卡斯這樣說。的確，他們說著同一種語言，去的是同一個教堂，在一樣的人行道上慢跑，搭乘一樣的交通工具，就是索普利亞的紅線地鐵，去終點前的第三站。

「揚尼斯比希臘人更像希臘人，」前希臘國家隊隊友，綽號「戒指王」的老將尼科斯・席西斯（Nikos Zisis）說，他目前效力於雅典AEK，「揚尼斯熱愛這個國家。」

但不是每個人都對他們這麼好。

「我們跟其他移民受到一樣的對待，」艾力克斯說，「不是很好的對待。」

艾力克斯開始注意到，有些人會跟他們打招呼，有些人沒有；而有些人甚至連正眼都沒有看他們。

「在他們眼中，我們就是低一個層級。」艾力克斯說。「我們住的鄰近社區做得很好，沒有讓我們感覺種族歧視是一個問題，但並不表示，每個社區都會這樣做。」

揚尼斯兄弟都知道，他們晚上不能獨自去某些地方，就算一起去，他們依然會被當成威脅或是搞事的目標，有些白人義務警察喜歡在街上找移民恐嚇，尤其是黑色和棕色人種，長得像兄弟的孩子們。

金色黎明（Golden Dawn），一個種族主義、暴力的新納粹希臘政黨，他們會追捕、搶劫、甚至謀殺移民，尤其是來自南亞、非洲、以及中東的移民，他們鎖定了不同的社區，像是索普利亞，還有附近的基普塞里和阿基歐斯潘特列蒙等住宅區。

金色黎明的目標，保守說法是恐嚇，嚴重時是拿石頭扔或用棍棒毆打，他們認為，所有移民都應該立即驅逐出境，離開希臘。他們甚至會毆打那些看起來不像希臘人的白人，比如阿爾巴尼亞人，而警察通常會刻意忽視。

金色黎明成員會大喊著：「外國人，離開希臘！希臘是希臘人的！鮮血、榮耀、金色黎明！」從阿德托昆波家走路大約十分鐘，可以到聖潘特列蒙教堂，教堂前廣場中央的地上寫著一條信息：「我們將清理這個廣場。」這是金色黎明政黨想要做的事，目標清除國家的黑色和棕色人種，以及任何不是純白希臘人的人，他們的口號是：擺脫污穢之地。他們認為黑人不是希臘人，甚至不是人。

阿德托昆波一家人都知道，晚上也盡量不在街上走，但有時真的沒辦法，因為長時間的練球，回家的時間勢必比較晚，他們會提高警覺，因為真的不安全。

「有點嚇人，」寇司塔斯說，「這些事情我們一直記在心裡，所以深夜獨自走路時，必須特別小心，要隨時保持警覺。」

他們眼睛看著前方，肩膀微微向後，頭不停左右旋轉，保持高度警覺，一點也不能鬆懈。他們不怕出門，因為許多朋友的尊重與敬愛，讓他們感到安全，但種族歧視的威脅是一直存在的，恐懼感也不曾消失。

「他們想讓我們害怕恐懼。」寇司塔斯說。

尼可拉斯・麥可羅萊克斯（Nikolaos Michaloliakos），一位二十二歲的希臘男子，在一九八

○年創立了金色黎明黨派，他的父親喬治斯．麥可羅萊克斯（Georgios Michaloliakos）是一支叫做安全營的部隊成員，該部隊由納粹武裝，同時，喬治斯還是希臘憲兵隊的長官，算是地方警察的高層。

年輕的麥可羅萊克斯是在一個支持共產黨次文化的環境中長大的，二十歲的時候就開始製造炸彈，據二○一二年希臘紀錄片《清潔工》的電影製片人康斯坦提諾斯．喬格西斯（Konstantinos Georgousis）所說，麥可羅萊克斯將炸彈放在播放蘇聯電影的電影院中引爆。

一九七九年，麥可羅萊克斯在監獄關了十三個月之後，創辦了金色黎明組織會，強調他們支持一九六七至一九七四年間統治希臘的軍事獨裁政權，而金色黎明出版的雜誌封面上有象徵納粹的萬字符*，表示讚揚希特勒和白人至上主義者。

一九九三年，金色黎明註冊為政黨，徘徊在希臘政治的邊緣，二○○九年，全國大選投票中，金色黎明沒有任何影響力，僅獲得當年百分之零點三的選票，而激進左翼聯盟贏得了百分之四點六的選票，不過事情也發生了變化。

跟歐洲許多國家一樣，希臘國內開始支持右翼，二○一○年，金色黎明一時之間得到大量民眾的推崇，麥可羅萊克斯因此當選，成為雅典市議會議員，還有鏡頭捕捉到他行納粹禮，而當他

* 象徵納粹主義的標示符號卐。

被記者提問，是否相信納粹大屠殺時，他說：「我認為所有歷史都是由勝利者寫下的。」

近年來，金色黎明黨開始自稱為「民族主義者」，公開活動場合中，他們不會讚揚納粹意識形態，為的是在政治上更受歡迎。不過很明顯地，該政黨是絕對主張推動納粹主義的：在組織的集會上，成員們演唱了在德國被禁止的納粹國歌*（Horst-Wessel-Lied）；在官方總部販售希特勒自傳《我的奮鬥》；政黨的旗幟上有一個類似萬字符的符號；自稱「秩序黨」，同時煽動對清真寺和猶太教堂的縱火攻擊。

「許多希臘人錯了，他們以為金色黎明只是一個極端的組織，並不代表真正的暴力，」電影製片人喬格西斯說，「暴力就是他們的代名詞，你不可能加入金色黎明，然後不使用暴力，這就像說，你可以不用打球，就成為一名籃球運動員，非常荒謬。」

喬格西斯深入地研究金色黎明，在二〇一二年選舉前那段時間仔細地觀察他們，當時金色黎明在議會三百個席位中獲得了驚人的十八個，以百分之七的得票率排在第三。

當時，希臘經濟相當糟，失業率高達百分之二十五，年輕人的失業率則超過誇張的百分之五十，政府允許超級市場可以用折扣價來銷售過期食品，短短兩年多的時間，家用油的價格已經成三倍，金色黎明將問題歸咎於猶太人和移民，稱他們為社會的「寄生蟲」。

「一旦我們擺脫了這三百萬的移民人口，金融危機就可以解決，這些寄生蟲喝我們的水，吃我們的食物，呼吸我們的希臘空氣，」二〇一二年金色黎明公職競選候選人艾利寇斯・普洛瑪利提斯（Alekos Plomaritis）這樣認為，「他們是骯髒、未開發的次等人類，我們應該把他們變成肥皂，或是用他們的皮製造物品。」

因為地緣關係，希臘是尋求庇護者和計劃移居西北歐州者的熱門入境點，但移民問題讓局勢變得異常緊張。金色黎明主張的理念，在工人階級地區，像科斯，越來越被接受，這些地方和索普利亞一樣，到處都是難民，當時住那裡的一位五十歲的希臘婦人告訴了《紐約時報》，「移民是低等但大量的，過不了多久，我們希臘人反而會變成這個土地上的少數民族。」

喬格西斯拍攝了政黨領導人，他在鏡頭上說：「移民聽到金色黎明四個字，他們就會恐懼和顫抖。」喬格西斯還紀錄了政黨成員恐嚇孟加拉國選民，撕毀他們的選票，以及在揚尼斯家附近鄰里的街道上，嘲笑並稱阿富汗移民為狒狒。

金色黎明那年選舉佔了百分之七的議會席位，喬格西斯拍下了支持者在晚上慶祝歡呼的畫面，麥可羅萊克斯站在陽台上大喊：「我們為一個完全屬於希臘人的希臘而戰！」而且越喊越大聲，「下次會是百分之十七，然後百分之二十七，總有一天，我們會統治整個國家！」

移民政策相關研究指出，二〇一二年，移民人口只佔希臘的百分之十左右，但他們一直被針對著。某天下午，大約五十名金色黎明成員騎著摩托車，手持木棒，衝進了金色黎明最大的據點

＊　一九三〇到一九四五年期間，納粹黨的黨歌。

之一尼凱亞市，他們亮出類似萬字符的牌子，向移民店家的老闆吼叫著：「希臘經濟問題都是你們造成的！限你們七天內關閉，要不然就直接燒掉你們的店，而且連你們也一起燒掉。」一位叫穆罕默德．厄凡（Mohammed Irfan）的合法巴基斯坦移民在接受《紐約時報》採訪時這樣說。

根據《泰晤士報》報導，還有另外一個例子，由喬格斯．傑梅尼斯（Giorgos Germenis）率領，四十位金色黎明成員在晚間來到拉菲那鎮，他們命令「黑色皮膚商人」出示營業許可證。當時，人權觀察組織（HRW）也有報告指出，這樣類似的事件並不少見，提醒人們，希臘部分地區的仇外暴力現象值得關注。

菲爾．尤佩伯（Favor Ukpebor）是一位年輕的黑人希臘籃球運動員，他認識阿德托昆波一家人（他是艾力克斯的朋友，他姐妹們是揚尼斯的朋友，他的媽媽和薇諾妮卡在戶外市場賣鞋）。尤佩伯記得近距離看過金色黎明，他們多次穿梭在他住的社區，邊走邊大喊：「鮮血！榮耀！金色黎明！希臘是屬於希臘人的！」

尤佩伯母親來自奈及利亞，她很擔心兒子出門，因為聽說金色黎明正在謀殺當地移民，尤佩伯也很怕，他很常是球隊中唯一的黑人球員，也因為膚色關係，在學校常被欺負，他慶幸自己沒有被金色黎明攻擊過。不過，他的妹妹，在公車上差一點被一名金色黎明的成員襲擊，好在司機出手干預，讓當時才七歲的妹妹逃過一劫，非常可怕。

這種恐懼，是揚尼斯經過一整天的訓練之後，除了身體上的疲憊之外，心理上還必須面對的，他盡量不被吞噬，但見過幾次金色黎明的暴力行為後，很難完全放下。

＊　＊　＊

基卡斯是揚尼斯的好朋友之一，但他不願意分享揚尼斯受到歧視的故事。

「如果我告訴你真相，會有問題，」基卡斯說，「簡單來說，對於揚尼斯和他的兄弟們，就是黑人，這裡真的不是一個友好的城市，而揚尼斯埋在心裡不說，那是因為他愛希臘。」

另外，講述這些事蹟肯定會引起強烈反彈，某些希臘人會嚴正否認的事實，就是希臘人喜愛著、支持著揚尼斯，但對待那些看起來像揚尼斯的人，依舊非常惡劣。

金色黎明，不僅僅是一個極端而邊緣的少數團體而已，一直到今天，種族歧視和反移民意識依然存在，這是無法否認也令人不舒服的真實現象。

「每個國家，或多或少都存在種族歧視，這是一定的，但在希臘這裡很少，非常非常少，所以沒什麼問題。」寇司塔斯．米薩斯（Kostas Missas）就這麼說。他在二〇一三年擔任希臘二十歲級的國家隊的教練，帶過揚尼斯。

希臘國內籃球圈似乎都認同這樣的說法：「種族沒問題。」

「希臘沒有種族主義上的大問題，」希臘籃球總會總經理寇司塔斯．科西斯（Kostas Kotsis）

表示，「揚尼斯從不抱怨，也不談論，我們為他感到驕傲，所有希臘人都以揚尼斯為榮，有了揚尼斯，我們可以挑戰一切不可能，他是我們心目中的英雄。」

但那時候，他還沒有被當成英雄。

基卡斯記得，有一次揚尼斯和家人一起出去散步，有輛汽車停在他們面前，擋住了他們的路，他們都嚇傻了，過了幾秒，趕快轉身開始逃跑。「因為這情況很有可能是金色黎明的人，」基卡斯說，「這些人隨時準備獵殺。」

「揚尼斯跟我講這些故事的時候，他會笑，即使情況很緊張他也會笑，」基卡斯說。「其他人應該都嚇到快瘋了，或者想：我他媽來這麼危險的地方做什麼？但揚尼斯會說，『管他們去死』，如果他害怕，那就永遠不會從索普利亞來到佐葛拉夫，他每次練球比賽，都是冒著生命危險去的。」

還有一次，揚尼斯從籃球館走回家，他看到遠處有金色黎明的支持者在示威抗議，大喊大叫，他馬上改走一條路線，安全地快跑回家。「克里斯托斯，我真的很害怕，因為如果他們在路上發現我，誰知道會發生什麼事。」薩羅斯特洛斯記得揚尼斯告訴過他。「他其實有點緊張，想著如果某天，他自己一個人經過這些成員，感覺真的有點恐怖。」

薩羅斯特洛斯很細心，沒有問太多問題，希望大家相處起來是舒服的，讓揚尼斯覺得是被接受的。因為本來就是，他的隊友沒有歧視他。「每個隊友都尊重他。」康斯坦提諾斯說。任何人在球隊上會被叫到的名字只有一個，就是「甜甜圈」，因為助理教練梅拉斯習慣用可愛的稱呼和所有球員溝通，氣氛會比較輕鬆一些。

「我不想讓揚尼斯想到這些事，」薩羅斯特洛斯說。「我希望他全心專注於籃球，並且保持愉快。」

但是，薩羅斯特洛斯沒辦法改變某些人對揚尼斯的看法。

「很多希臘人害怕黑人，」希臘體育記者亞尼斯．薩拉齊斯（Yannis Psarakis）說。「許多人害怕與黑人接觸或一起外出，已經有好幾十年都這樣了，並不是現在或這幾年才發生的，這在希臘真的非常非常正常。」

索普利亞有許多黑人孩子被籃球隊找去打球，這些球員和揚尼斯一樣，有時會感到很邊緣。「這不正常，你懂我的意思嗎？」前國家隊教練佛提歐斯．卡齊卡里斯（Fotios Katsikaris）說，「當然，對於這些孩子來說，有時會不太舒服，他們心裡會想：這個社會跟人們怎麼去接受他們？」

在希臘久住的黑人也不例外，有些甚至是一九八〇年代或是更早就遷移到希臘的人。

尼寇斯．迪吉．歐杜比頓（Nikos Deji Odubitan）就是典型的例子，他是權利平等多元世代的創辦人，該組織倡導政府應該為希臘第二代移民，合法提供公民身份和法律保護，歐杜比頓一九八〇年代在基普塞里長大，是當時為數不多的非洲黑人家庭之一。

和揚尼斯一樣，父母親也是奈及利亞移民，歐杜比頓是在雅典出生和長大的，一開始，他被凡林尼提斯找去成為第一批黑人球員之一，球隊文化一度讓他覺得被接受了，直到他慢慢長大，成為一名少年，才發現「種族歧視」的存在。

警察攔住他，要求出示證件。「只因為我是黑人，」歐杜比頓說，「這是我開始意識到自己跟其他人不一樣的時候。」那時，他甚至不懂警察說：「給我看你的文件。」是什麼意思，他還在想，還有點困惑的時候，就被帶上警車了，當晚他是在警察局過的，一直到早上父母才來接他走。

「我一直被關著，直到他們確認我沒做什麼犯罪的事情，」歐杜比頓說，「這在希臘很常見，所有黑人小孩或年輕人都可能會碰到。」

被警察拘留的經驗，讓他慢慢了解到自己出生在一個不承認他身份的國家。「我從小就沒有國籍。」歐杜比頓說，高中畢業後，他被警察拘留的次數超過五次，所以他非常能夠理解揚尼斯可能會面對的問題。

「老實說，我們希臘人有嚴重的種族問題，」希臘體育記者斯塔夫魯說，「揚尼斯也不想說什麼，他只想專心打好籃球。」

的確，一個十幾歲的青少年能做什麼？能說什麼？

他只想努力活下去，獲得其他人認可，希臘籃球系統由一群看起來跟他不一樣的球員組成，揚尼斯只能奮力往上爬，包括經理、教練、球員，都不像他，其中還有一些人否定他們黑色人種的付出。

揚尼斯鍛鍊出強大的心智，為自己是希臘人又是非洲人而驕傲，他夢想著幾年後，可以光明正大地舉起希臘國旗，也就是二〇一三年三月二十五日*，為國家慶祝獨立。當菲拉里提克斯籃球隊在尋找一名舉旗的球員時，揚尼斯自告奮勇，笑容燦爛地問教練可否讓他擔此重任。

「我的看法是，他想證明自己和其他希臘白人一樣，有希臘人的感覺。」菲拉里提克斯助理教練梅拉斯說。

穿著球隊的紅色夾克、黑色褲子，還有黑白配色的耐克球鞋，揚尼斯走在隊友們面前，高了其他人快要三十公分；他抬頭挺胸，雙手緊握旗桿，讓希臘白藍旗幟在風中旋轉，同時驕傲地邁步向前。

那一刻，揚尼斯感到光榮，但是他不知道，有個年輕孩子在人群中一直看他，並且崇拜著他，那是比他小七歲的伊曼紐．蓋得文（Emmanuel Godwin），同樣出生在雅典，父母也都是奈及利亞人，蓋得文剛開始接觸籃球，母親賣衣服賺取微薄的薪水，一家人努力試著在沒有公民身份的情況下維持生計。

---

* 每年三月二十五日為希臘國慶，也稱為獨立紀念日。

蓋得文光榮地看著揚尼斯舉著國旗，然後他聽到人群中的有人小聲地說：「哇！這個黑人怎麼會在這裡？為什麼我們不讓白人球員拿國旗啊？」這一點都不意外，因為他已經習慣這些對自己相當不友善的眼神，以及種族歧視的對話。

在火車上，有一次售票員告訴他，應該離開這個國家；他記得走在街上時，白人希臘女性會緊緊抓著錢包；「這些事每天都在發生，」蓋得文說，「一直到現在都一樣，你可能坐在火車上，旁邊明明有空位，但有些人還是站著，因為他們不想和黑人坐在一起。」

因此，就算揚尼斯籃球越打越出色而受到關注，但聽到揚尼斯面臨與他相同的待遇時，蓋得文沒有特別驚訝。「揚尼斯碰到的就是他們對待這裡所有黑人的方式，如果你不是有名的黑人，那就是個悲劇。其他人會說：為什麼這個老黑在這裡？為什麼他吸的空氣和我的一樣？這傢伙是個黑人，他會弄髒我的椅子。」

蓋得文幾乎參與了揚尼斯當時的每一場比賽，他只是坐在觀眾席，不可思議地看著一個長得像他的人，如何靠著籃球走出這間體育館，走出這座城市。「我一直在關注他，他不知道這是我的動力來源。」

蓋得文的哥哥們是揚尼斯和薩納西斯的朋友，所以不得不跟著訓練，他和艾力克斯變成了隊友，為席瓦斯和菲拉里提克斯小隊效力。

所有男孩訓練後都混在一起，也會在訓練前鬥個小牛之類的，薩納西斯和揚尼斯會堅持給蓋得文一些吃的，儘管那是他們一天中唯一的一餐。「他們有一個規矩：即使所剩不多，也必須一起分享。」

就連查爾斯也對蓋得文很友善，有一次告訴他：「如果你喜歡某件事，就努力做下去，一直努力不要放棄。」

「職業道德，他試圖把這個觀念教給我，」蓋得文說，「即使我不是他小孩。」

有一天，蓋得文鼓起勇氣對揚尼斯說：「有一天我會跟上你的腳步的。」他很想直接說，揚尼斯是一切啟發與動力的來源，但真的不太好意思開口。

「繼續加油。」揚尼斯回答。

在揚尼斯的鼓勵下，蓋得文更加努力練球，揚尼斯能夠用其他人沒辦法懂的方式去理解，不僅因為他是黑人，也因為他沒有國籍。

「大約十五年的時間，我們沒有任何人權。」希臘非裔歌手阿佛磊楊說，他藝名是MC印卡，也替凡林尼提斯打過球。阿佛磊楊曾經被警方拘留超過八小時，後來花了好幾年的時間，才得到了一張允許他旅行的身份證，「你的畢業論文是一場漫長的馬拉松。」阿佛磊楊說。

殘酷的事實就是，白人希臘人不必像阿佛磊楊、蓋得文、揚尼斯，或其他黑人移民的孩子一樣，承擔難以忍受的恐懼，就是他們的父母親，隨時都可能被驅逐出境。

＊＊＊

小時候，揚尼斯常會擔心有一天醒來，爸媽都不在家了，警察可能已經找到他們，抓了他們，然後把他們驅逐出境。

揚尼斯十幾歲時，如果放學回家而媽媽遲到了，他腦海裡就開始充滿各種可能性，把每一個可怕的場景都假設過一遍，他會想像著並問自己，這是我爸媽被驅逐出境後的日子嗎？

揚尼斯不擔心自己被驅逐出境，因為他實際上沒有護照，不是奈及利亞的護照，也不是希臘的護照，他無法遭到驅逐出境，因為在書面文件上，他不屬於任何地方。

可怕，想想看如果真的發生了該怎麼辦？

他會不經意地想時時刻刻依附著兄弟們，但他們其實也有類似的惡夢：事情如果發生了該怎麼辦？怎麼知道父母在哪裡？要怎麼照顧自己？應該打電話給誰幫忙？之後要住哪裡？焦慮不安的感覺無時無刻包圍著他們。

走在街上看到警察時，揚尼斯可愛、傻氣的性格就會消失，他會保持高度警覺，抓著同樣在希臘被視為有色人種且沒有身分證件的拉納說，「快走！我們走！我們必須趕快離開，警察會抓住我們，然後打我們一頓！你瘋了嗎！」拉納回憶說，無論他們會延誤多少時間，揚尼斯會完全改變路線，因為他們或他們的父母，只要遇到一次就會毀掉他們的生活。

揚尼斯兄弟們很幸運，因為他們有朋友。但他們的父母親要交朋友就困難多了。他們必須小心人在哪裡、在做什麼、和誰在一起，他們無法信任很多人，因為他們是非法移民。

揚尼斯知道其他人可以打電話叫警察來抓他們，鄰居也可以告訴警察，他們家太吵，這樣警察就會出現並要求他們出示文件，這一切就結束了，而家人確實被警察攔住了幾次，每次發生這種情況時，薇諾妮卡會說她把文件忘在家裡了，警察總是看她可憐而放她走，揚尼斯感到上帝與他的家人同在。

男孩們從小就知道他們沒有國籍，看到朋友們有身份證和護照時，小時候的揚尼斯和兄弟們就會爸媽：「為什麼我們沒有護照？為什麼我們沒有身份證？為什麼我們不能像同學那樣去旅行？」他們不明白。

查爾斯和薇諾妮卡盡量表現不擔心的樣子，「爸媽最擅長讓我們覺得沒有任何問題。」艾力克斯說。

通過烹飪富富和其他最好吃的奈及利亞菜，父母親向兒子們灌輸了他們是從奈及利亞來的，除此之外，還有日常的穿著方式。薇諾妮卡熱愛時尚，喜歡用黑色和白色髮帶編織頭髮，也經常穿著她最喜歡的服裝─奈及利亞烏布盧烏庫人的白色傳統連身裙。

儘管如此，沒有身分證明還是影響了揚尼斯。

有一次，球隊需要前往愛琴海塞爾邁灣的港口城市，塞薩洛尼基（Thessaloniki）參加比賽，所有人都必須坐飛機。揚尼斯很高興有這個機會造訪其他城市並比賽，但最後，因為他沒有身份證或護照而不能去，那天早上練球後，大家在前往機場之前，薩羅斯特洛斯告訴他：「不好意思，但下個禮拜六，你又可以上場了，別擔心。」

揚尼斯沮喪到了谷底，就算薩羅斯特洛斯一直說沒關係，一周後他一定會再次比賽打球，但揚尼斯心情還是難以平復而哭了出來，薩羅斯特洛斯擁抱了他，向他保證這不會影響他打職業的機會。「你職業生涯會打相當多比賽，這只是一場而已。」

對揚尼斯來說，這不只是一場比賽而已。

無能為力的情況下，他不知道能做什麼，於是抓了一個球，開始運球、開始投籃，而他的隊友們則前往機場，揚尼斯這兩天幾乎都待在球館裡投籃，試圖把痛苦和失望投到九霄雲外。

他不是唯一一個，伊提諾薩．艾瑞班奈基（Etinosa Erevbenagie），一名希臘黑人籃球員，當時也是揚尼斯的朋友，他也在為沒有身分證件而掙扎。他九歲時隨父母從奈及利亞移民到希臘，和揚尼斯一樣，他夢想著在希臘打A一級別的聯賽。

艾瑞班奈基是帕納辛奈科斯青年隊的球員，比揚尼斯小一歲，在球場上展現出很強的爆發力，他有優異的傳球視野和籃球智慧，沒有揚尼斯的高大身材，他只有六尺高，但技巧純熟，對比賽充滿熱情。「在歐洲的白人世界裡，籃球給了我一個身份。」艾瑞班奈基說。

他認為自己是非洲裔希臘人，完全薰陶在兩種文化中，但沒有多久，他開始感受與希臘白人同齡人不一樣的待遇。十三歲的時候，一場比賽中，其他家長們開始在看台上大喊一些有關種族主義的話，起初他不太明白內容是什麼，但他記得那種感覺：痛苦、屈辱。「因為膚色，我被那些人任意霸凌攻擊，這就是種族歧視，真的很傷人。」教練告訴他不要擔心，那些家長有一天會看著他打出名堂來，但沒有身份讓艾瑞班奈基的夢想變得困難。當時，他和揚尼斯面臨相同的難關：有天賦和決心，但沒有機會，父母親似乎每天都在工作，但不足以支付賬單。

艾瑞班奈基認為揚尼斯很有天賦，「他有堅決和進取心，有點像是有人要霸凌欺負的話，他是不會在任何事情上面退縮的。」他們在戶外鬥牛時感受到一種熟悉感，加上兩人有共同的黑人希臘朋友，所以變得更加親近。「我們這一代所有在雅典的非洲人，都彼此認識。」艾瑞班奈基說。

每次打球鬥牛的時候，都會有些好玩的事情：一次誇張進球、一個失誤、或一次犯規爭吵，兩人互使眼色、做些鬼臉，或是用奈及利亞皮欽語*交流。皮欽語是一種混合語言，以英文為底而衍生出來的，奈及利亞人民常常使用，例如「你好嗎？」會變成「哩耗嗎？」。

揚尼斯和艾瑞班奈基這樣對話有個特別目的：白人這樣就聽不懂他們在說什麼。

在希臘正規籃球聯賽中，看不到太多的希臘黑人，能找到像揚尼斯這樣可以在比賽中用皮欽

＊　皮欽語在奈及利亞廣泛使用，用詞受到葡萄牙語和當地語言影響。

語交流的奈及利亞裔希臘球員，讓艾瑞班奈基感受到存在，「我可以放鬆一點，」他說，「這些對話是發自內心的。」

兩人在比賽中，常會互相用皮欽語說「看你自己！」，只要其中一個人發現另一個人出現有趣或是尷尬的球，就會說這句，意思是：「看看你，開心快樂了嗎？」。他們球打越多，艾瑞班奈基就越感覺到，揚尼斯會做一些讓他想起奈及利亞的事情，有點像是：嘿！開開玩笑，別誤會，我們都是來自奈及利亞的希臘人。

和揚尼斯用皮欽語進行交流，讓艾瑞班奈基感到身上依舊擁有與非洲息息相關的傳統，這是他在白人世界生存時不能感受到的。「不管喜不喜歡，我的根已被切斷，」艾瑞班奈基說，「但是有家鄉味的對話，用那種語言，感覺很特別。」

＊＊＊

席瓦斯是一位富有同情心的教練，「他熱愛少數民族，也歡迎移民加入。」基卡斯說，「如果是其他球隊，教練肯定會把他們踢出去。」基卡斯記得薩納西斯告訴他之前有位教練很不友善，「你是隻猴子，永遠不會成功；你不適合籃球，去嘗試些別的東西吧！」

「一些背景不好的黑人，特別是家裡財務不健康的，那些教練根本不感興趣，」基卡斯說，

「沒有人會像席瓦斯教練投入那麼多的時間。」

席瓦斯把揚尼斯當成球隊核心，這並不是一個容易的決定，因為陣容調整期間，球隊會冒著輸掉一些比賽的風險，但席瓦斯專注於球員的培養與發展，輸贏擺在其次，這讓揚尼斯從犯錯中學習成長。

席瓦斯不會放棄，他知道揚尼斯的家人正在承受痛苦，恐懼感也從來沒有消失，每次練球前，他都記得問揚尼斯：「你今天吃飯了嗎？」

「如果在其他球隊訓練，揚尼斯一定會放棄籃球，因為教練會跟他說：『唉！同學，你為什麼缺席練球呢？只是因為那些人用石頭攻擊你而已嗎？』」基卡斯說，那些人，指的是金色黎明。

索佛克里斯．舒塞尼提斯（**Sofoklis Schortsanitis**），一位傳奇的希臘籃球員，也栽培了揚尼斯。

舒塞尼提斯綽號叫「寶貝俠客」或「大索佛」，出生於喀麥隆，父親是希臘人，母親是喀麥隆人，一家人住在希臘的卡瓦拉。舒塞尼提斯長到六尺十寸，體重高達三百四十五磅，曾經入選成為希臘國家隊，幫助希臘在二〇〇六年國際籃總舉辦的世界錦標賽上獲得銀牌，二〇〇九年歐洲籃球錦標賽也獲得銅牌。

他是經典傳奇希臘籃球隊的一員，曾經在二〇〇六年世界錦標賽的四強賽中爆冷擊敗星光熠熠的美國國家隊，當時美國隊由勒布朗．詹姆斯、卡麥隆．安東尼（Carmelo Anthony）和德維恩·韋德領軍，輸掉比賽後美國隊球員滿臉尷尬，知名杜克大學的K教練麥克·舍沙司基（Mike Krzyzewsk）是那年帶隊總教練，賽後訪問時甚至唸不出每位希臘球員的名子，只能用背號來稱呼，因為他不想唸錯發音而不尊重任何球員。

揚尼斯和家人看了那場比賽，當時揚尼斯才十一歲，被這個長得像他的球員圈粉了！「寶貝俠客！」揚尼斯很驚訝：一個黑人是希臘代表隊的其中一份子！我們能做到！擊敗美國？舒塞尼提斯給了希望，或許他也可以成為一名職業籃球員，並代表希臘出賽。

大索佛回到雅典，幫特拉維夫馬卡比球隊效力，一年後遇到了薩納西斯，薩納西斯想要一起訓練學習，剛好大索佛不喜歡單獨練球，所以答應了。後來，薩納西斯帶上了揚尼斯，大索佛第一次見到揚尼斯時感到震驚，因為這孩子太專注了，面無表情的樣子好像悶悶不樂。

大索佛還曾效力於希臘最著名的A一球隊之一，奧林匹亞科斯隊，揚尼斯在A二打球時，想跟偶像一樣跳到A一級別。「舒塞尼提斯對揚尼斯來說，就像神一樣。」現在執教哈普霍隆球隊的希臘教練德達斯說。

大索佛與許多希臘球員不同，不只因為他是黑人，還因為他的體型，他比對手重很多，可以低位單打任何球員。「他加入國家隊具有歷史意義的，是一件大事。」前希臘國家隊教練卡齊卡里斯說。

揚尼斯和大索佛後來成為朋友，他鼓勵揚尼斯繼續鍛鍊，揚尼斯相當喜愛且尊敬這位前輩。

「索佛是球迷的最愛，」前球隊分析師，現為奧林匹亞科斯助理教練史提凡諾斯・崔安塔菲洛斯（Stefanos Triantafyllos）說，「每個人都愛他。」

好吧，或許不是每個人。

「根據希臘種族理想化的標準，我們不認為舒塞尼提斯是希臘人。」金色黎明的公關代表艾列斯・帕納裘塔羅斯（Elias Panagiotaros）在二〇一二年告訴當地的媒體頻道。

主持人接著問：「你們是支持種族主義，還是只是打擊非法移民？」

「相信種族差異並不是一件壞事，」帕納裘塔羅斯說，「請見諒，但這是雅利安人種的主張。」

「看在上帝份上，你還要我們怎麼做？就像我們不應該搞混北京犬和拉布拉多，上帝將他們創造成這樣，就應該保持原樣，不管黑色、黃色或紅色，都是他們的榮耀，但我們就是不覺得他們是希臘人。他們不是希臘人。」帕納裘塔羅斯說。

被問到大索佛的時候，金色黎明創辦者麥可羅萊克斯也再次強調，「我們希臘人沒有黑色皮膚的。」應該不久後，麥可羅萊克斯會把箭頭指向揚尼斯。

＊＊＊

固執，是家人和朋友在描述揚尼斯球場上表現的唯一用詞。

「這是一種家庭特徵。」艾力克斯說。

這意味著揚尼斯不會放棄，即便他輸得很慘、即使他的身體承受不住，固執倔強的個性讓他相信在球場上，每個人都是平等的。

「上帝創造了那麼多人，你有什麼比我更特別？」揚尼斯會這樣想，他也記著哥哥薩納西斯說的：「沒有人是無敵的，就算世界最高的鐵塔也可以被夷為平地。」

他相信自己做得到，所以一直不斷地磨練，同時也告訴兄弟們，「如果上帝創造了一樣的我們，那麼你我就是平等的，唯一能讓我比你更出色的關鍵就是心態，如果我的心態能夠一直堅持著，那你就贏不了我。」

「揚尼斯最棒的是什麼？固執。」艾力克斯說，「他最差的是什麼？也是固執。」

揚尼斯從小到大都是那麼固執，「就像小朋友，可愛的固執。」如果男孩們打了一場比賽並且拚到最後冠軍戰，那麼揚尼斯就必須是贏家，要不然他們就會重新開始再打一場。

隊友們也開始注意到，揚尼斯在球場上，不再是只被挨打的瘦高個兒，現在他被推就會推回去，有時還會主動攻擊。

那個時候，揚尼斯與尼可斯．帕帕斯（Nikos Pappas）來了場一對一單打，帕帕斯是當時該地區最好的球員之一，後來成為帕那辛奈科斯的明星球員，現在效力於波蘭聯賽的斯特梅綠山城隊。

「我賭你得不了分。」帕帕斯在賽前說。

揚尼斯回答：「不，不可能。」

果然，帕帕斯電爆了揚尼斯，戰況很慘烈，但揚尼斯非常固執，他想繼續比，直到得到第一分，但失敗了，帕帕斯以三三比〇完封獲勝，在所有隊友面前這麼不堪，對揚尼斯來說是種恥辱，「他賽後哭了。」希臘體育記者喬治・高瓦瑞斯（George Kouvaris）說。

還有另一個例子，這次對手是一個比他重二十幾公斤的傢伙，戰況也是一路碾壓，揚尼斯又哭了，因為他輸了，但他一直想辦法回擊。「揚尼斯差點跟對方打起來，因為他無法接受被這樣暴打狂電。」基卡斯說。基卡斯把揚尼斯拉到場邊。

「嘿！兄弟，不要因為這樣失去自己的打法，好嗎？」

「不要因為打不過而失去水準，不要這麼瘋狂，你不能失去風度。」

「你是對的，」揚尼斯說，「是我的錯。」

揚尼斯冷靜了下來，吸了幾口氣，擦了擦眼淚，但這絕對不是他最後一次因為渴望成功而哭泣。

哭泣不奇怪也很正常，這是揚尼斯展現熱情的方式，他會因為無法做好某個動作或是扣籃而感到沮喪，但也會一次又一次不斷地嘗試練習，直到完美無缺，就算如此，他有時還是會覺得自己沒有達到心中理想的標準。「揚尼斯從小就對自己很嚴苛。」艾力克斯說。

很多比賽結束後他會哭，他會向席瓦斯教練要攻守數據表，如果看到籃板太少，命中率太低，尤其是球隊如果又輸了，他就會到角落裡偷偷流下幾滴眼淚。

＊＊＊

某天，揚尼斯上課缺席，索普利亞公立學校第五十三高中的下午哲學課，教室位置在建築物的三樓，可以清楚地看到相鄰的籃球場。他的老師亞力山卓斯・米斯提留格勞（Alexandros Mistilioglou）在教室沒看到他，意識到揚尼斯只可能去一個地方，於是向窗外望去，果然看到揚尼斯一個人在大太陽下練習投籃，其他學生開始喊他進來上課。

「他來上課，然後呢？」老師對學生們說，「也許只有這顆籃球能救他，將來有一天，他會有所成就。」米斯提留格斯心裡想：書本裡，他可能找不到解決辦法，但在籃球方面，也許有機會。

米斯提留格斯在高中二年級和三年級時教過揚尼斯，他認為揚尼斯穩重、成熟、謙虛、友善，從來不抱怨，臉上總是帶著微笑，但似乎沒有花太多時間在讀書學習上。他可以感覺到，揚尼斯家財務有問題，也知道這是揚尼斯常缺課的原因之一。

一天下午，揚尼斯在學校辦公室偷拿糖果吃，而且盡可能多拿了一些，老師看到了但沒有說什麼，他知道揚尼斯的心思總是在別的地方。

米斯提留格斯說：「毫無疑問，貧困讓他無法好好讀書，因為他連要活下去的基本條件都沒有。」

揚尼斯很矜持保守，保守到沒有人懂他，他幾乎沒有說話，但還是一樣受歡迎。「其他孩子都喜歡他，老師們也愛他。」第六十二小學的助理校長阿佛帝特・班地（Afrodite Pandi）記得揚尼斯和他的兄弟們，謙虛、內向、很喜歡運動，受到同學尊重和喜愛，也不惹麻煩。優阿娜・柴查羅普露（Ioanna Zacharopoulou）是一名語言、數學、歷史和環境研究的老師，她在第六十二小學教過四年級的揚尼斯，她記得揚尼斯充滿企圖心。

「揚尼斯很希臘化。」高中數學老師說；高中的物理老師則記得，揚尼斯以前常常把手掌放在量角器旁邊來顯示他的手長，揚尼斯的指甲會超出量角器，同學們就會開心地大笑。

身材外貌長得跟其他人不一樣，不是他的錯，但有時真的很辛苦。

＊ ＊ ＊

某些程度上，揚尼斯的生活正在改善，菲拉里提克斯俱樂部幫助他們家搬到佐葛拉夫市，這樣就離籃球館更近更方便。許多當地人也都在幫助他們，確保他們有些食物吃，揚尼斯漸漸開始相信，自己和家人可以過更好的生活，只要夠努力，加上一點運氣，他就能實現。

但他不能鬆懈，不能讓任何人看到軟弱，他會教他的兄弟們，讓球員或人們分出高下的關鍵，就是當心態放鬆時能夠趕快調整回來，這是人的本性，但揚尼斯會不斷提醒哥哥和弟弟們，頭腦必須盡快回到他所說的「殺手模式」。

揚尼斯保持著固執，他會在訓練時想起父母親，想起他和兄弟們分享的食物，想起薇諾妮卡怎麼懇求查爾斯吃飯。「查爾斯，你也得吃點東西。」媽媽這樣說，但爸爸會搖頭，「不，先讓孩子們吃。」而揚尼斯不想讓爸爸失望。

「他時時刻刻保持百分之百的專注，」薩羅斯特洛斯說，「揚尼斯想，即使被金色黎明追趕，即使會餓肚子，即使沒有鞋子可以穿，他也會成為世界上最好的球員。」

因為家裡又冷又潮濕，導致薇諾妮卡健康出了問題，媽媽去看醫生時，就需要揚尼斯的幫忙，當時大約十七歲的他雖然有些害怕，但看到爸爸查爾斯盡力顧好家裡的大小事，揚尼斯也更花心思去照顧弟弟們，確保兄弟們能準時上學和練球。

薇諾妮卡當時需要住院，但醫院不允許訪客過夜，這時揚尼斯會躲在浴室裡，直到每個人都離開之後才出來，睡在媽媽房間外的椅子上，他不會離開母親的。

隨著時間與經驗增加，他越來越堅定，揚尼斯告訴父母，他決心要打好籃球，來確保一家人可以過上更好的生活，確保薇諾妮卡不必整天提心吊膽，害怕被警察攔下，害怕去交朋友。

「我會為妳做到的，」揚尼斯告訴媽媽，「這樣妳就不會生病，可以好好享受生活。」

在康復過程中，薇諾妮卡不舒服了幾天，小艾力克斯會走到床邊，用甜美的聲音唱歌給她聽，畢竟，他的好嗓音是從媽媽那裡得到的，他喜歡在學校參加戲劇表演，所以如果歌聲能讓她感覺舒服點，就算只有幾個小時，身為兒子也很樂意那樣做。

「他做了一首歌，然後唱給我聽，」薇諾妮卡笑著說，「即使過了很多年，我仍然記得，我告訴他，『艾力克斯，還記得你為我唱歌的時候嗎？有一次我感覺不舒服的時候，在希臘的時候？』他知道媽媽感覺不舒服。」

揚尼斯一邊祈禱媽媽沒事，早日好起來，一邊開始加倍關注小弟艾力克斯在籃球場上的表現，一開始他又胖又慢，底角三分球空檔出手還會打中籃板側邊，哥哥們會嘲笑他體力很差，打幾分鐘就喘得上氣不接下氣。「我們過去常取笑他，」揚尼斯說，「家裡每個人都很瘦，我爸、我媽和哥哥，但艾力克斯小時候很胖，而且動作很遲鈍，跟不太上我們。」

夏天，球場的大門會鎖起來，所以唯一要打球的方式就是爬過去，大門有十一尺那麼高，艾力克斯因為怕高而感到恐懼，但越過去有點像是一種儀式。「當你能夠自己爬上大門越過它時，對我們來說是件大事。」寇司塔斯說。

艾力克斯一次又一次地掙扎著爬了過去，大門的鐵絲割傷了他的手臂，不只一次讓他流血和留疤。「看到這個嗎？」艾力克斯指著手臂說。「當時留下了這個傷痕，現在有點褪色了。」聽得出來，他為那些傷疤感到自豪。

那時候，他只是不想被笑而已，想跟哥哥們證明自己並不軟弱，可以做到被要求的任何事情。因此，他每天都去挑戰，但還是無法獨立爬過，其他人不得不幫他，終於某一天，他爬過去了！「好！」他們尖叫著。「艾力克斯，你做到了！」他跟哥哥們都感到驕傲。不過他還是矮小的，還是其他人有段差距，但他有心，而且很多，他會奮力飛撲去拚搶，然後起身拉拉衣服再繼續。

如果快攻中無法跟上對手，艾力克斯就會拉人犯規，輸球的時候他會哭，朋友們都覺得有點情緒化，但他只是充滿熱情，就像哥哥揚尼斯一樣。他的運球不錯，但投籃很糟糕，有時候在底角投球，好像球要空心入網時身體一樣向後靠，噹啷！結果球會彈到籃板後方去。

家裡打二對二的比賽沒有太多懸念，因為組合是：寇司塔斯和艾力克斯，對上揚尼斯和薩納西斯。

艾力克斯希望薩納西斯跟他一隊，因為當時薩納西斯是最強壯、最有運動能力的，但還是要按照規則來打球，揚尼斯和薩納西斯總是勝利的一組。

「艾力克斯肌力還不足，」寇司塔斯說，「但他真的很有競爭力。」

然而，艾力克斯在希臘的第一場比賽太過緊張，以至於每次接球時都把球傳出去，根本沒有嘗試瞄準籃框。「太糟了，」艾力克斯說。「我試著去克服緊張，但太害怕搞砸了所以……因為我知道接下來很長段時間我會打籃球。」

因為哥哥、因為不想讓他們失望、因為想成為他們，即使世界還不知道他們，但在艾力克斯心中，他們已經成名了。哥哥們是他的英雄、他的啟發、他的模範：看著薩納西斯戰斧式完成雷霆萬鈞的扣籃，他想知道自己能否擁有那種運動能力；看著揚尼斯有力且精確的切入步伐，他會知道自己能否有這種堅韌的態度進攻；看著寇司塔斯快攻中如此完美地判斷對手動作而蓋火鍋，他會更想知道自己是否夠快、夠聰明，能夠做出那樣出色的防守。

艾力克斯被激勵了，才八歲的他被寇司塔斯用食指轉球的方式吸引住了，於是他日復一日地練習，失敗了很多次，還轉到指甲折斷，但努力沒有停過，在可以轉球之前，絕對不會停下來。

* * *

揚尼斯需要護照，才能為希臘的兩支頂級球隊，奧林匹亞科斯和帕那辛奈科斯效力。照規定，球員在歐洲各地參加聯賽時，如果想跟任何一支球隊簽約，只要不是球隊所屬國家的身份，都必須當作外國球員，也就是洋將，洋將名額通常會留給有天份的、經驗豐富的，或是可能打不到NBA但還算好手的美國球員，把這個名額留給揚尼斯這樣沒有經驗的人？「他們不想為一個年輕小伙子這樣做，賭太大了。」揚尼斯二十歲級國家隊教練米薩斯這樣認為。

奧林匹亞科斯和帕那辛奈科斯常在爭奪歐洲聯賽的冠軍，實力自然不在話下，所以陣中的洋將位置競爭激烈，加上大部份人都不太認識揚尼斯，他打的Ａ二級別沒有電視轉播，所以沒有被球隊鎖定。

「那個時候，揚尼斯只是個無名小卒。」三十五年資歷的資深記者尼可斯・帕帕多加尼斯（Nikos Papadojannis）那樣回憶著，他現在是希臘體育網站的專欄作家，多年來一直在報導揚尼斯和薩納西斯。「沒有什麼人看好揚尼斯將來會成為籃球巨星。」

前帕那辛奈科斯二十歲級代表隊的助理教練特崔加斯記得，當時職業隊很有興趣網羅揚尼斯。「教練們真的很喜歡他，但因為身份問題，並不是很容易。」但即使有身份證明文件，球團也沒有正式提供合約報價，那時的揚尼斯還不夠強到可以到Ａ一去拚戰。「在希臘，大家都沒有耐心，球隊需要即戰力，就算球員有天賦也不一定能獲得時間好好栽培。」

希臘的球隊通常會等待球員自我成長，然後再提供職業聯賽的合約，希臘籃球總會總經理科西斯說：「老實說，投資一個年輕人未來打歐洲聯賽，對球隊來說有非常大的風險；第一順位是贏球，不是投資。」

所以揚尼斯留在了Ａ二，比賽強度很低，很多球員都三十、三十五歲了，有些球員比賽前還會在球場外面抽煙，還有人體重超標，身材走樣，「水準一點都不高。」前國家隊教練卡齊卡里斯說。

雖然如此，揚尼斯還是在聯賽中打球而有所進步，比賽中裁判幾乎不吹犯規，所以球員必須想辦法在被不斷推擠時，找到更有效的得分方法。「他們沒在客氣的，」揚尼斯的朋友，現任帕那辛奈科斯隊長優尼斯．帕帕佩特奧（Ioannis Papapetrou）說。「一個十幾歲的年輕孩子，和三十幾歲、有經驗的球員一起打球，他必須找到生存的方法，我認為這幫助揚尼斯意識到，他需要練得更強壯、更有對抗性。」

很少有人會去看A二的比賽，但有次球隊去雅典郊區打客場，觀眾們開始注意到揚尼斯，然後朝著他喊一些難聽挑釁的話語。「打客場比賽，就會出現種族歧視問題，」席瓦斯說，「最嚴重是在特里卡拉。」

特里卡拉球隊想要報仇，因為本賽季兩隊第一次交手，菲拉里提克斯大贏了十七分。特里卡拉擁有許多優勢：他們是更大的球團，更有錢的俱樂部。

熱身時球迷開始鼓譟，講一些侮辱的話，甚至還有人吐口水在球場上。然後，坎普里帝斯聽到一些種族歧視的話是針對揚尼斯來的。

揚尼斯試著裝作沒聽見，繼續熱身，但這樣的客場壓力下，菲拉里提克斯開局手感冰冷，落後特里卡拉的分數越來越多，球迷的吶喊聲變得更大，紛紛開始發出像猴子一般的叫聲，而且越來越吵。

「這不是什麼新鮮事，」席瓦斯說，「他已經習慣了。」

最終，球隊輸了三十幾分，賽後球員們垂頭喪氣，不想說話，揚尼斯連一個字都不想講。

第四章　發　現

二〇一二年十一月，寇奈爾．大衛（Kornél Dávid）開始從歐洲球探那邊聽到揚尼斯．阿德托昆波這個名字，作為一名ＮＢＡ國際球探，大衛還不確定這名球員是不是真的那麼好，雖然他聽到了一些，但大都是傳聞耳語罷了，過去很多案例都是雷聲大雨點小，奇怪的是，這次讓當時在鳳凰城太陽球團工作的大衛，有個特別的感覺，他有點好奇這個十七歲的新人到底是誰。

許多球星十三歲前就確定了未來要走籃球這條路，揚尼斯在這個年齡才開始定期接觸籃球。「他的名字出現得比較晚，一般來說，有潛力的球員早已經在打青年錦標賽，或是在十六歲級跟十八歲級的比賽中大放異彩了。」大衛說，有趣的是，他現在是密爾瓦基公鹿隊的國際球探，就是揚尼斯的球隊。

大衛自己ＮＢＡ職業生涯效力於克里夫蘭騎士、多倫多暴龍、底特律活塞以及芝加哥公牛，作為唯一一個在ＮＢＡ打球的匈牙利人，他知道如何在聯盟中生存，但是揚尼斯呢？

嗯……他距離美國職籃還很遠，真的很遠。

有時候，揚尼斯看起來像個田徑明星，隨時準備加速衝向籃框攻擊，其他時候則是猶豫不決，或是很快把球傳給隊友，盡量去避免一些碰撞。但是，球探大衛看到了一些值得欣賞的優點：六尺九寸的身材、優異的運動能力和高度籃球智商。

大衛不太懂為什麼希臘A二級別的球員，一個個看起來像老掉牙的業餘選手，挺著一個大肚子，鬍子也沒刮乾淨；然後菲拉里提克斯還會遇上連籃板都碰不到的對手，更別說強力灌籃了。他想知道為什麼揚尼斯沒有在A一等級的俱樂部打球，比如奧林匹亞科斯或帕那辛奈科斯，「後來，我發現這是因為他沒有公民身份。而且起步比較晚。」

不過，大衛依然對這個又高又瘦的孩子很感興趣，於是決定親自來希臘看看揚尼斯，「一切都很難說。」大衛這樣想。

＊＊＊

大衛一度找不到佐葛拉夫籃球館，好像刻意隱藏起來不讓他找到，當然最後他找到了，卻以為來錯地方了，因為場館看起來像一個高中體育館，很小，超級小，而且「很髒。」大衛說，他認為上次油漆工粉刷牆壁肯定是十年以前的事，「那是個非常糟糕的球場。」而且沒有空調，相當悶熱難受，空氣中瀰漫著汗水的鹹味。

大衛坐在吱吱作響的觀眾席椅子上觀察，這場比賽幾乎沒有球迷，球員的球衣沒有號碼，而且還是不同的顏色，所以大衛甚至不能確定，他看的是一場真正的籃球賽，揚尼斯的隊友看起來比他老很多，大衛在跳球開打前，還看到有幾人在外面抽煙。

「這比賽水準太糟了，」大衛說，「我從沒見過這麼低水平的希臘聯賽。」

一場比賽下來，大衛還沒把握去評價揚尼斯的分數，但他看到揚尼斯可以快速突破發動快攻，強勢靠近籃框把球放進；也注意到他的延展度令人難以置信，雖然有點不協調；還不到射手的準度，但願意嘗試一些遠距離投籃。

揚尼斯盡量聰明地打球，他可以運球，可以從高空中搶下籃板，但是不會低位背框攻擊，因為他還太瘦弱；有時他會被撞，倒在地上，但總能馬上站起來，立刻衝刺回來，似乎永不氣餒。

儘管球技有些粗糙，大衛還是對揚尼斯印象深刻。

那天晚上，大衛回到飯店，在筆記本上寫下：天賦，身高臂展，運動能力，機動性強，乾瘦但很能跑，球技隨著年齡而有明顯進步，不佔球權，無私，模板可能像魔術強森（Magic Johnson），不知道為什麼在這裡打球，為什麼身邊沒有更好、更優秀的人才呢？

在無名場館打無名聯賽的無名小卒，會是下一個魔術？不會吧？大衛也知道這種比較似乎有點牽強，應該說太牽強了，但是揚尼斯的身高加上運球能力，真的可以期待。「他離傳奇還很遙遠，」大衛說，「但我認為，這小子有機會成為某號人物。」

大衛很興奮的原因之一，是比賽中沒有看到其他球探。「我是第一批試著研究他是誰的人之一。」那時候的時間點是二〇一二的冬天，二〇一三年六月的選秀大會就在眼前了，而揚尼斯沒有出現在任何一支NBA球隊的追蹤名單裡，大衛似乎挖到了一個秘密寶藏，必須在任何人發現之前保護好。

＊＊＊

薩納西斯最近與馬魯西球團簽約，進入希臘最高層級的聯賽，球團給了薩納西斯幾盒的免費籃球鞋，其中一個盒子裡，放著一雙紅白配色的科比四代，薩納西斯帶回家給揚尼斯看，他知道弟弟一直很想要這雙鞋，但這次，薩納西斯不太想和過去一樣跟兄弟們共享。

但哥哥還是照顧弟弟的，薩納西斯給了揚尼斯另外一雙，有點醜感覺很笨重的球鞋，揚尼斯腳上穿著，但心裡還是想著科比籃球鞋，所以當薩納西斯睡覺，或是沒人注意時，揚尼斯會穿著科比去練球，藉由這種方式讓自己感覺離NBA夢想又近了一些，薩納西斯發現後很生氣，因為他也愛科比鞋，他不想揚尼斯把鞋子穿壞或弄髒。

這時爸爸查爾斯介入了，「那是你弟弟，」查爾斯對薩納西斯說，「你必須分享鞋子，如果弟弟想穿，就讓他穿吧。」

穿著這些華麗籃球鞋而感受到的榮耀很短暫：薩納西斯連一場比賽都還沒為球隊打，球隊就出現無法拯救的財務問題，加上薩納西斯沒有公民身份，所以沒有資格參加任何比賽，只能痛苦地跟難得的希望說再見。「這是我們第一次看到一點小小的成功，」艾力克斯說，「先讓我們充滿希望，再讓我們徹底失望。」

二〇一二年秋天，揚尼斯首次和希臘經紀公司代表合作：喬治斯．迪米卓普洛斯（**Georgios Dimitropoulos**）和喬格斯．帕努（**Giorgos Panou**）。

帕努是前希臘國家隊助理教練，曾參與二〇〇六年對美國的歷史性勝利，他一開始先幫薩納西斯談約，後來也知道了揚尼斯，發現這個十四歲的小伙子有潛力，就四處詢問：「這孩子是誰？」

薩納西斯後來將揚尼斯介紹給帕努，他們約在雅典市中心的一家飯店，一邊吃著漢堡和薯條，帕努一邊跟揚尼斯說，「明年你可能會成為一名NBA球員。」

「那個NBA？」揚尼斯說，「我在電視上看到的那個NBA？」

帕努開始慢慢跟揚尼斯變熟，也漸漸跟其他人一樣，注意到他吃得不多，帕努希望從長遠的目標來計畫，所以建議他必須調整，開始跟兄弟們用不同的飲食方式。帕努帶揚尼斯去看了專業的醫學營養師，做了進一步檢查，結果醫生很震驚，揚尼斯的肝臟因為長期飲食習慣不良，受到了很大的損傷，醫生一開始還以為，帕努帶來的是一個經常喝酒的七十歲老人。

不過帕努繼續相信並幫助揚尼斯，把他引薦給經紀人艾力克斯・薩拉西斯（Alex Saratsis），他們寄了電子郵件給了NBA和歐洲聯賽的球探，附加了揚尼斯的比賽畫面，一個長達九分四十六秒的集錦，並寫著：「我這裡有位秘密新秀，還沒有什麼人知道他。」

經紀公司還把影片發給幾位不太感興趣的美國大學教練，沒什麼太大影響，因為NCAA*規定，大學運動員沒有薪資，所以大學聯賽並不在揚尼斯的選項當中。

西班牙東北部的球隊薩拉戈薩，對揚尼斯展現出高度興趣，二〇一二年十月，薩拉戈薩體育總監兼球隊總管的威利・維拉爾（Willy Villar）與揚尼斯的經紀人交換了電子信箱，然後他看了揚尼斯的比賽影片。

「這個影片的畫質蠻糟糕的。」維拉爾說，但越看影片，他就越感興趣，關鍵可能是因為揚尼斯不可思議的延展性，可以三次運球就直衝禁區灌籃得分，而且看起來輕鬆寫意，感覺不用花太多力氣，就可以覆蓋那麼大的範圍，維拉爾從來沒看過球員條件像揚尼斯這樣的：年僅十七歲，身高六尺九寸，以及無限的可能性。

維拉爾告訴經紀團隊，他想用最快的速度去雅典看揚尼斯，即便公司表示揚尼斯沒有身份證明，維拉爾依舊興致高昂，沒有被嚇到。

一個禮拜後，維拉爾抵達佐葛拉夫，測試了揚尼斯的低位進攻、跳投和運球，揚尼斯輕鬆而熟練地在三角錐來回運球，維拉爾對這高個小子的敏捷度感到驚訝，「他表現太棒了，我一生中沒有見過這樣的球員。」維拉爾說，目前他在西班牙拉斯帕馬斯的賀寶芙卡納利亞球隊擔任總經理。

同時，維拉爾有點懷疑，想知道這是不是某種陷阱或玩笑，揚尼斯或許是那種專門在網路上拍影片，但其實不知道如何打五對五籃球比賽的表演者，他懷疑揚尼斯不是真正懂籃球，也不知道如何掌控自己的身體，也許他錯看了這位潛力球員。

不過看到揚尼斯對上帕那辛奈科斯的比賽後，這些懷疑就完全消失了，那場揚尼斯打得相當聰明，控制節奏得宜，整場轟下四十四分和十二個籃板，維拉爾既滿意又驚訝，「他很用心去打比賽。」並注意到揚尼斯好像有用不完的體力，不明白為什麼當時沒有其他人簽下他。

「我的感覺是，怎麼可能我認為他不錯，但世界上沒有人和我一樣？沒有人看出這傢伙的潛力嗎？」維拉爾說，「我從來沒看過這年紀有這種潛力的球員，懂得靈活地運用他的雙手跟身體。」

目前效力於鳳凰城太陽的克羅埃西亞球員達力歐．沙里奇（Dario Saric），被認為是當時歐洲的頂級球員之一，維拉爾看到揚尼斯對上帕那辛奈科斯的比賽後發誓，揚尼斯比沙里奇更好，

---

* 美國國家大學體育協會。

儘管這一切聽起來很不合理，但維拉爾相信自己沒錯，「現在想起來還是很奇特，如果有人說我瘋了，也很合理。」

不過，維拉爾的計劃還是先緩了緩，他相信揚尼斯會很出色，但未來會變怎樣沒有人知道，「我不知道他能否成為一名偉大的球員，但我很確定他有很大的潛力，相信我，是成為兩屆NBA最有價值球員那種潛力，那時當然很難去想像。」

維拉爾當時只知道，他必須把揚尼斯簽到薩拉戈薩，因為這年輕小伙子不但有潛力，還很有禮貌，維拉爾參觀了一家人住的公寓，揚尼斯很害羞，也沒多說什麼，但他一次又一次地說：「非常感謝，真的非常感謝你。」感激之情溢於言表。

那天晚上，維拉爾和揚尼斯經紀人去共進晚餐。

「我跟他們說，我這輩子都想要阿德托，」維拉爾說，阿德托是當時他給揚尼斯的綽號，就是家族名字阿德托昆波的縮寫。當時是十月份，他們達成了口頭協議，一旦揚尼斯年滿十八，就是十二月，會立刻與薩拉戈薩簽約，但麻煩的是，揚尼斯沒有身份證明文件。

「這肯定是個大問題，但首先，我們需要得到球員認可，接下來再想辦法找到解決方案。」

目前看起來，維拉爾的確可以享受簽下史上最划算歐洲球員的事實：二〇一二年十二月，揚尼斯簽下一份為期三年，價值三十二萬五千美金的合同，還有第四年，三十二萬五千美金的球團選擇權。

揚尼斯既興奮又緊張，把這消息告訴了席瓦斯，席瓦斯覺得揚尼斯應該有更多的選擇。「不用擔心，」席瓦斯告訴揚尼斯，「因為你肯定會在NBA打球。」

任何一支NBA球隊要在選秀會上選揚尼斯，就必須跟薩拉戈薩購買權利。這時，揚尼斯又驚又喜，因為有支球隊會給他一個機會，他衝到奇沃拓司咖啡館告訴錫卡斯，「我好開心！」揚尼斯尖叫著，「我要離開這裡了！我要賺三十多萬！他們會給我車，給我房子！我要帶家人一起去！」錫卡斯為他高興得差點哭出來，那天，揚尼斯連坐公車的錢都沒有，三十多萬美金聽起來就像童話故事一樣。

那天稍晚，帕努和迪米卓普洛斯告訴揚尼斯，如果他真的決定去西班牙打球，那必須找個地方自己住。

「不好意思，你說的自己找地方住是指？我們會一起去的。」揚尼斯說的是他和他的媽媽。

「你是個年輕人，」經紀人說，「在那你會玩得很開心，為什麼要帶著你媽媽呢？」

揚尼斯開始哭泣，把合約撕了說，「我哪兒也不去。」

帕努非常驚訝，於是把所有人都請到車上，坐在後座上的薇諾妮卡試著安撫還在難過的揚尼斯，「別哭，別擔心，」媽媽說，「你會幫助所有人的，我們知道，你想幫助每個人，別擔心太多，放心去打球吧。」薇諾妮卡也很難過，因為兒子要離開了。

如果媽媽不去，揚尼斯也絕對不會去。他對帕努說：「你以為現在有錢了，我就會忘記我的母親和我的家人嗎？你絕對不能忘記這一點。」

帕努跟揚尼斯道歉，並說他是開玩笑，不用擔心，但揚尼斯還是很堅決，他的夢想是否近在咫尺不重要。沒有他的家人，一切都沒有意義。

＊＊＊

當時，密爾瓦基公鹿隊的總經理約翰．哈蒙（John Hammond）坐在辦公室裡，副總經理傑夫．威特曼（John Weltman）走進來說：「嘿，希臘有一位年輕球員受到很多關注，我認為他絕對值得讓我們跑一趟。」

哈蒙不記得是威特曼還是戴夫．巴布卡克（Dave Babcock）說的，巴布卡克綽號「巴克先生」，是公鹿隊的資深球員人事副總裁，他是第一個發現揚尼斯的人，當時的其他工作人員記得，是巴布卡克先將比賽影片帶回球探部門的，但不管怎麼樣，威特曼跟巴布卡克兩人，都在網羅揚尼斯上幫助了球隊。

公鹿隊助理影像處理師羅斯．蓋格（Ross Geiger）那一年負責分析選秀影片，他與選秀網站專家強納森．吉佛尼（Jonathan Givony）約好見面，包括總經理哈蒙、副總經理威特曼，還有當時籃球分析部的經理強．尼寇斯（Jon Nichols）都一起去了，地點在一家密爾瓦基的墨西哥燒烤餐廳，吉佛尼給了他們一個光碟，裡面儲存了揚尼斯四場比賽的精華。蓋格記得，「吉佛尼談到揚尼斯時，明顯展現出高度的興趣，但沒有太過頭。」

吉佛尼在二〇一三年六月和揚尼斯進行首次的媒體採訪。

「我的名字是揚尼斯．阿德托昆波，」一個娃娃臉面對鏡頭自我介紹。

吉佛尼問問題時，揚尼斯很專注，深褐色的雙眼一直盯著吉佛尼，幾乎沒有眨過，偶爾眼中會閃過好奇的光芒；他似乎了解問題中的每一個字，雖然他英文不是很好。

「你是什麼類型的籃球員？」

「我是一名全方位球員，」揚尼斯說，「我可以跳，我可以投，我可以傳球，我可以在球場上做任何事情。」

「你的目標是什麼？」

「我想成為一名NBA球員。」

「五年後你會成為什麼樣的球員呢？」

「我會……我將會……」揚尼斯想了想，停了一下，「我會比現在強很多，球場上所有能力都變得更厲害。」

公鹿隊有一些揚尼斯的比賽畫面，但並沒有太多，也沒辦法從希臘A二聯賽查到任何可用的進階數據或是其他潛在記錄。「這是個未知領域，」前公鹿隊影像處理師寇迪．羅斯（Cody

Ross）說，「他很突出，擁有那種獨特的X因子，就像一隻準備奔跑跳躍的羚羊，這樣的特質讓我們著迷。」

不過，由於揚尼斯的對手遠不如NBA等級，所以他很難被評分。「我必須執行多項計劃，但幾乎不可能，」一位現在為另一支NBA球隊工作的前公鹿隊工作人員說，「因為太多不確定的因素了。」

儘管如此，公鹿隊還是對揚尼斯印象深刻，就算他偶爾會直接撞上三名防守球員，或有時無法百分百控制好身體。「還是可以馬上看出他對比賽的感覺很好，」哈蒙說，「他有那個天份。」

這不是一見鍾情，而是一見就有興趣。「我們知道這風險蠻大的，」前公鹿隊工作人員說，「這是一次嘗試揮棒。」公鹿隊也必須要出棒。

哈蒙和公鹿隊的理念是：「我們密爾瓦基公鹿不可能簽下一個勒布朗，明星球員不會想來密爾瓦基打球，所以每隔一段時間，我們就必須試試看能不能走運，某個時間點，我們就必須在選秀會上積極出手，希望有所收穫。」

但是，總經理哈蒙希望能夠在出棒揮擊之前，親自到希臘去看看這個孩子。

* * *

二〇一三年三月一個安靜的早晨，哈蒙抵達了佐葛拉夫。他看到球館外有一名教練在摩托車上抽煙，有些窗戶是破的，走進去看到揚尼斯，本人看起來感覺更高，接下來他看到了揚尼斯的手掌，直徑長達十寸，大得有點誇張，這雙手讓揚尼斯可以像地板將軍一樣，穩穩地控制著球上籃。

哈蒙找個位子坐了下來，一位當地教練拍了拍他的肩膀說，「往上看，他的家人在上面。」哈蒙抬起頭並伸長脖子，看到薇諾妮卡、查爾斯、寇司塔斯和艾力克斯在看台上歡呼。「天哪！他全家人都在這，」哈蒙心想，「你可以感受到這個家庭的凝聚力。」他找到了揚尼斯的教練席瓦斯，然後一一詢問揚尼斯的家人，像是他們住哪，以及個別的工作是什麼。

哈蒙開始腦力激盪，哪個NBA球員是揚尼斯的模板呢？他先想到了賈奈特，揚尼斯能變成那樣嗎？那樣的力量、那樣的強度？他不知道，真的不知道。「很難預測他的潛力。」

哈蒙知道，一旦揚尼斯成為超級巨星，未來眾家媒體就會將這個希臘小伙子的經歷寫成吸引人的童話故事，然後讚賞哈蒙眼光獨到、識人一流，可以看出揚尼斯是MVP的料，但情況並非如此，實際跟夢想差得遠了，「我不想為了讓故事更精彩，而把自己包裝得比本人更好或是更聰明。」哈蒙說。

哈蒙並不是球場裡唯一一個NBA球隊總經理，自從球探寇奈爾．大衛造訪後，消息已經傳開，其他球隊也都收到球探通知。席瓦斯記得當時有二十八位美國職業球團代表到現場，其中許多是總經理：波士頓賽爾提克的籃球運營總裁丹尼·安吉（Danny Ainge）；休士頓火箭的達利爾·莫瑞（Daryl Morey）；亞特蘭大老鷹的丹尼·費里（Danny Ferry）；奧克拉荷馬雷霆的山姆·普雷斯提（Sam Presti），以及丹佛金塊的馬賽·尤基利（Masai Ujiri）。

菲拉里提克斯的球館似乎沒有足夠位子讓大家坐，教練們拿出折疊椅，但還是不夠，他們不得不去多買一些椅子來，「我們不敢相信，這種情況怎麼可能發生？」當時希臘國家隊的助理教練埃斯特瑞奥斯·卡里瓦斯（Asterios Kalivas）說，「我們有些球員在A一聯賽打，完全沒有人來看，這真的太扯。」

當時經紀人告訴揚尼斯，那些來看他的人全是NBA球團代表，揚尼斯還不相信，因為這幾乎是不可能的事。

「以希臘過去的標準來看，」席瓦斯說，「這超難得的。」

「我認為希臘永遠不會再發生這樣的狀況。」薩羅斯特洛斯說。

「這非常難看到。」希臘籃球總會總經理科西斯說。

「這就是他媽的NBA！」基卡斯說，「大概有二十個人拿著戰術板，還有一個眼鏡很酷的人，比賽結束後，這個戴眼鏡的走出球場，上了一輛十公尺長的豪華轎車，我們邊看邊想：這台是哪國來的車啊！感覺眼前的畫面就像一部電影，一部好萊塢的電影！」（基卡斯後來發現那個人是一位總經理。）

喬治斯・迪亞曼塔科斯，前帕那辛奈科斯的球員，幾年前曾經在禁區打爆揚尼斯的他，也想把握這次機會。「對我來說，NBA是一個夢想，」迪亞曼塔科斯說，「我心裡想，一定要好好打，因為如果我能蓋揚尼斯火鍋，也許球探們就會看到我。」

球探們來看揚尼斯，是因為他運動能力強，而且跟注重基本功的歐洲聯賽比起來，他的球風更適合美國職業籃球。一般來說，只要國外有值得培養的人才，不管球員在哪裡，NBA國際球探就會花時間去看看，就算要到一個破舊不堪，有一個籃板還沒籃框的佐葛拉夫籃球館。

球探們做了很多研究，而且遇到充滿天賦的球員時，馬上能夠察覺出來，消息也會傳很快。從「嘿！你聽過這個小伙子嗎？」到買下機票飛過去，即使這張機票可能只是浪費時間跟金錢。「很多時候，球探都是空手而回。」曾經在俄羅斯，烏克蘭，和中國執教過的前NBA助理教練鮑伯・唐沃德二世（Bob Donewald Jr.）這樣說，他現在是德州理工大學的助理教練。

就揚尼斯的案子來說，雖然某種程度上他還是個無名小卒，但球探們不是飛到希臘去「試試看能發現什麼」，而是已經認定這名球員擁有才華跟潛力，重點是，「他倒底有多好？」

「揚尼斯是個謎，」希臘國家隊教練卡齊卡里斯說，「你不能說他是一個超級大天才，真的很難去評估風險大小。」

何謂風險？因為沒有護照，揚尼斯無法來美國參與球隊測試。「在選秀會上冒險去選一個不知道從哪裡竄出來的人，這不是常見的事情。」大衛說，「沒有公民身份，護照申請延誤，這些狀況都讓他變得很謎樣，老實說，球探怎麼去評價一個不能出國的人？」

＊＊＊

練球結束後，揚尼斯的經紀人開車載著哈蒙在雅典四處繞繞，後座上，哈蒙告訴他們，「我不知道會發生什麼事，但揚尼斯的生活即將發生重大變化。」

艾力克斯也能感覺到，終於，他一直以來都知道揚尼斯很棒，現在其他人也終於知道這一點了，這一切真的在發生，他們一直祈禱，努力的機會真的來了。「揚尼斯那時還只是個孩子，一個沒人知道的孩子，但我知道。」艾力克斯笑著說，因為他想起了當初跟球探們的對話。

寇司塔斯記得哈蒙走到他和艾力克斯斯面前說：「嘿，你們很有天份，從哪裡來的？」那時寇司塔斯和艾力克斯不太會說英文，也不知道說什麼。

寇司塔斯先回應，「我們就是打籃球的。」他笑著想起他的失態、他的緊張、他的興奮，「我沒有回答到哈蒙的問題，」寇司塔斯說，「我只記得看到這些椅子上的球探們，心裡想：這些美國人到底是誰？」

哈蒙似乎對兄弟倆都很感興趣，他看著艾力克斯在場邊的小框投籃，「哎唷，這小朋友以後會很不錯的！」哈蒙用濃重的中西部口音說。

基本上，總經理不允許與球員交談，但是揚尼斯去洗手間或裝水經過時，哈蒙低聲地對揚尼斯說：「你不錯！很棒！繼續加油！」

揚尼斯有些緊張，因為他想要的所有，需要的一切，都取決於這些測試、這些比賽中的表現，他試著告訴自己忘記壓力，好好享受，只要開始熱身，緊張的感覺就會消失了。

「他非常專注，」坎普里帝斯說，「他知道每個人都來看他，他也每天都百分之百地準備自己。」揚尼斯告訴自己要開心地打，享受比賽並且做自己，「他一點也不怕，」寇司塔斯說，「因為一切都是熟悉的籃球。」

揚尼斯很友善，會向球探們點個頭，有時還點了很多下。賓州聖法蘭西斯大學的助理教練艾瑞克·泰勒（Eric Taylor）當時去看另一名球員測試，他記得揚尼斯走到面前跟他握手，看著他的眼睛，有禮貌地說：「很高興見到您，非常感謝您的到來。」

揚尼斯很感激球探來看，但同時也擔心他們的看法。有一場比賽，揚尼斯認為他打得不好，寇司塔斯在更衣室看到揚尼斯一副快氣到哭出來的樣子，就問：

「你幹嘛這麼生氣？」

「拜託，有NBA球探耶！我這場打得不好。」

「你得了三十分耶！而且球隊也贏球了啊！」

「不，我打不好。」

還有一場比賽，揚尼斯攻下二十一分，外加十個籃板，但是賽後他想到那些可以做得更好的部份，他又哭了，「他知道自己能力在哪，」艾力克斯說，「這就是他對自己不滿意的原因。」

揚尼斯不能鬆懈，也不能失敗，因為這夢寐以求的一切都如此接近，只有等到球探都離開了，他和薩納西斯一起回到球場單獨投籃，他就不用在乎，才可以真正玩得開心。其中一次，薩納西斯要揚尼斯站在禁區圓圈頂端，打算跳過他去扣籃，揚尼斯穿著破舊的德瑞克·羅斯（Derrick Rose）公牛隊球衣，雙手遮住了眼睛，薩納西斯果然從他身上跳了過去，雙腿打開的樣子就像喬丹的標誌，成功越過揚尼斯六尺九寸的身高，將球扣了進去，他們開心地笑了好久。

＊ ＊ ＊

隨著比賽跟測試增加，球探們發現評估揚尼斯越來越棘手，因為A二聯賽的水準太差了，很難去想像如果對手是NBA等級的球員會變怎麼樣。席瓦斯本人看起來很不像教練，他穿著T恤和褪色牛仔褲，配上黑色運動鞋，騎著摩托車來到球場。

「有一個球探告訴我，這是一場難看的高中球賽，根本是個笑話，然後他就離開了。」一個到希臘觀看揚尼斯比賽的前NBA副總經理說，「還有另外一位教練告訴我，他們是大學教練，看著這個高中生粗糙的球技，還需要磨練，最少三年。」

揚尼斯在Ａ二聯賽中沒有辦法主導比賽，他還是很瘦，大概只有一百九十六磅，球探們不確定他會打什麼位置。賽爾提克球員人事總監奧斯汀・安吉（Austin Ainge）說：「他是一個超級瘦的小伙子，運球很好，有幾個令人印象深刻的精彩好球，但還不是一個有效率的球員。」他和父親丹尼・安吉一起到佐葛拉夫評估揚尼斯。

「天賦就擺在那邊，」奧斯汀說，「但還有很長的路要走。如果他可以再長高三寸，並且增加四十磅，那評估就會變得更容易。」

賽爾提克隊的工作團隊三月底再次回到希臘，前往距離雅典約五小時車程的沃洛斯，觀看客場比賽，當丹尼找了個位置坐下時，竟然有粉絲開始對他叫囂，還用希臘語罵了些髒話。

這種敵意在希臘很常見，因為籃球就是宗教信仰，尤其是奧林匹亞科斯對上帕那辛奈科斯的比賽中，經常有信號彈扔進場內。「一開始我被嚇個半死，」曾在帕那辛奈科斯打球的傳奇希臘裔美國籃球員尼克・卡拉塞斯（Nick Calathes）說，他現在效力於西班牙的巴塞隆納，「超級瘋狂的，如果這發生在ＮＢＡ，應該每個人都會被警察抓。」

前奧林匹亞科斯前鋒，美國籃球員凱爾・辛斯（Kyle Hines）是薩納西斯的朋友，他就曾經被鞭炮、打火機、甚至是一塊玻璃洗水槽的碎片打中過。

「每場比賽都像是系列戰第七場，」現在效力於米蘭奧林匹亞的辛斯說，「在這裡，當籃球員從子宮裡生出來時，要嘛是奧林匹亞科斯的小孩，要嘛就是帕那辛奈科斯的小孩。」

前洛杉磯湖人隊後衛賈許．鮑爾，曾經在奧林匹亞科斯球隊效力，也是薩納西斯的朋友，他被硬幣砸過，甚至被小刀捅傷過。他記得有一場賽前，觀眾爭吵太嚴重，警方動員了兩百名警察到現場維持秩序。「我打過NBA總冠軍賽，但我從沒碰過在希臘打球那樣的經驗，」鮑爾說，「有人還想要搶劫我們。」

一九九三年，二十五歲的帕那辛奈科斯球迷喬格斯．卡內奇斯（Giorgos Karnezis），在希臘A一冠軍決賽第四戰結束後，回家的路上遇刺身亡，他穿著帕那辛奈科斯球隊顏色的衣服，開車被奧林匹亞科斯球迷攔住，其中一人刺傷了他；另一個例子是，二〇〇七年，在雅典附近的帕亞尼亞，帕那辛奈科斯和奧林匹亞科斯的球迷約好見面鬥毆，將近四百人出現，其中帕那辛奈科斯的粉絲，年僅二十二歲的麥可里斯．菲羅普洛斯（Michalis Filopoulos）被刺死，希臘政府在兩週後，決定暫停所有職業運動的比賽。

所以，粉絲們在沃洛斯狂噴安吉並不罕見，這些人的原因很有趣：他們把誤以為安吉是對手的總經理，當發現安吉原來是賽爾提克的高層時，他們就改口高喊：「湖人隊！湖人隊！」安吉才知道發生了什麼事，哭笑不得。

揚尼斯的隊友們不敢相信，安吉不但跟到沃洛斯，而且第二天還回到佐葛拉夫，繼續觀察球隊練球。基卡斯很緊張，但還是鼓起勇氣走到安吉面前打招呼，後來在五對五的比賽中，基卡斯錯過了一次空檔出手三分球的機會，安吉事後過去告訴他：「三分線不是用來裝飾的，你應該要勇於出手。」那是基卡斯年輕時最美好的時刻之一。

但最終，賽爾提克團隊決定放棄揚尼斯。「他絕對是一個值得投資的選擇，」安吉後來告訴波士頓先驅報，「但不是那種百年難得一見，可以成為聯盟最佳球員的那種類型。」

那時公鹿隊其實也沒有完全被說服，他們沒有打算用第十五順位的選秀權去挑選揚尼斯，反而是亞特蘭大老鷹隊，在第十七和第十八順位上鎖定了他，總經理丹尼．費里在二月份造訪佐葛拉夫時，很欣賞揚尼斯。

費里是一九八九年選秀榜眼，也是前騎士隊總經理，他喜歡揚尼斯那麼努力地打球，展現出驚人的能量，以及對比賽的熱愛。競爭力、專注、謙虛，時常試著做出正確的決定，重點是，他做了一些教練教不來的事：簡單到位的傳球，飛撲到地板上搶球，以及失誤之後全力衝刺回防。

「他的體格很奇特，」費里說。「你見過數以萬計的人才，所以當看到揚尼斯的身材跟全面技巧之後，你隱約可以發現勒布朗或魔術的影子。」

費里一直非常謹慎地評估與分析，因為他確實看到揚尼斯的巨大潛力，但當時沒有人想得到揚尼斯會變成世界上最好的球員之一，「沒有人可以預料到這一點。」

費里不確定揚尼斯能不能夠將比賽強度提升到NBA明星的等級，但他認為，揚尼斯有先發球員的實力，甚至有可能入選明星賽。費里賭上一切去選揚尼斯，相信這位年輕人很適合老鷹陣中優異且勤奮的球員，像是艾爾．霍福德（Al horford）和凱爾．考佛（Kyle Korver）。

二〇一三年四月，費里派了老鷹隊幾位高級職員前往希臘：國際球探洛澤・米洛薩夫傑維奇（Lojze Milosavljevic）、副總經理韋斯・威爾科克斯（Wes Wilcox）、籃球運營總監麥可・麥克尼夫（Mike McNeive）和助理教練肯尼・亞特金森（Kenny Atkinson）。

＊＊＊

亞特蘭大或密爾瓦基球團針對揚尼斯所研究的計畫，其實揚尼斯自己了解並不多，因為那時，他正為失去冠軍而自責著。

那是他一生中最大的一場比賽，二〇一三年四月二十七號，對手是基菲西亞，如果贏球，球隊有機會在A二賽季最後一場比賽中升級到A一，一共有二十位左右的NBA球探出現在球館內，擠在最左邊一個用絲帶裝飾的小區域，有個約十二、三歲的孩子一邊看著，一邊敲著鼓。這個球場大約可以容納四百人，但看台上擠滿了人，好像可以感覺到旁邊人的體溫。

距離NBA選秀會還有兩個月的時間，這也是揚尼斯大展身手的關鍵比賽，基菲西亞是很有經驗的球隊，但揚尼斯所屬的菲拉里提克斯沒有被嚇倒，比賽你來我往，雙方卯足全力，一路打進延長賽。

菲拉里提克斯最終在三次延長賽中，以八一比八九輸掉比賽，錯過了晉級A一的機會，揚尼斯遭到嚴密看管，他整場的節奏掌握不佳，只投進了一顆三分球和一次罰球，得到四分，另外搶下九個籃板，打了三十八分鐘後犯滿畢業。

「球探們有點失望，但他們理解揚尼斯所承受的壓力，也依然看到了他的潛力，」前希臘教練德達斯說，「美國人喜歡注重潛力；我們希臘人則等待球員變得成熟。」

菲拉里提克斯陣中的球員，包括揚尼斯，比賽結束後都哭了。「揚尼斯無法承受，」薩羅斯特洛斯說，「沒有人能承受。」那場比賽一直是教練席瓦斯心中的創傷，當他講到當時的吹判不公平時，聲音小到幾乎聽不見。

揚尼斯和兄弟們難過到了極點，因為比賽結果對他們影響更大。「那場比賽真的有可能改變我們的生活，」艾力克斯說，「看到他們輸球後的反應，看到他們難過不已的表情，我也超想哭的。」

由於揚尼斯同時參加了成人和青年隊的比賽，他還有幾場年輕球隊的比賽要打，他在下一場青年隊的比賽得到了三十五分，但不幸扭傷了腳踝，教練告訴他不要再比，太冒險了，但想到這麼多球探飛來都是為了要看他，揚尼斯超級沮喪，但他知道，自己的未來要自己保護。

「這可能是他第一次，開始像職業運動員一樣思考，」薩羅斯特洛斯說，「他長大了，不再是個孩子。」

不過，令人煩惱的問題還是在那：沒有公民身份證明，揚尼斯無法成為職業球員。

經紀人，教練，以及希臘籃球總會一直四處積極遊說，特別是揚尼斯・優安尼迪斯（Giannis Ioannidis），這位傳奇的希臘籃球員，後來成為奧林匹亞科斯的教練，也是希臘國家隊的教練。

優安尼迪斯被眾多人認為是希臘有史以來最好的教練，當時他擔任體育文化部副部長，他解決揚尼斯的身份問題，就像他在球場上一樣：謹慎而精確，一步一步穩穩地嘗試打破它。

當時，希臘總理安東尼斯・薩馬拉斯（Antonis Samaras）記得，優安尼迪斯曾經告訴他，揚尼斯可以打出優異的職業籃球生涯，薩拉戈薩的合約也擺在那邊等他簽，但拿到身份證明文件，卻似乎要花一輩子的時間。薩馬拉斯隱約知道揚尼斯是誰，「我不斷聽到這個奈及利亞血統的年輕人，在A二聯賽的某個地方打球，而且迅速崛起的傳言。」薩馬拉斯說，「這牽涉到相當程度的繁文縟節，是一項艱鉅的任務。」

到頭來，薩馬拉斯還是迴避了這個挑戰，他提到歐洲移民的歷史，成千上萬的人先進入希臘，然後再試圖轉移到歐洲其他地區。「這個國家發生許多重大的結構性變化，」薩馬拉斯說，「公共部門已經無法滿足普通希臘公民的需求，更不用說大量湧入的非法移民了。」

但是，揚尼斯並非湧入該國的非法移民，他一生都住在那裡，而且他有在NBA打球的潛力。這個過程，似乎就是這樣來來回回，停滯不前。

「我們為獲得希臘護照付出很多努力，」二十歲級國家隊教練米薩斯說，「我們在二〇一二年試著幫助薩納西斯獲得護照，但就是做不到。」薩納西斯之前曾被邀請加入希臘二十一歲級的國家隊，他入選了培訓隊，但由於沒有護照，不能出國旅行，所以從沒有打過任何官方或友誼賽。揚尼斯覺得哥哥被冷落了，因為沒有身份證明，導致薩納西斯失去加入國家隊的機會。

男孩們陷入困境已經有一段時間了，雅典律師帕諾斯．普羅寇斯曾給揚尼斯家人更多時間付房租，也一直在幕後幫助揚尼斯和薩納西斯。

普羅寇斯有一位叫揚尼斯．帕拉托斯（**Giannis Palatos**）的朋友，是一位籃球愛好者，三十年來沒有錯過任何一場國家隊的比賽，同時他還是一位籃球營運主管，曾嘗試在南部郊區組建籃球隊。帕拉托斯和籃球界兩位知名人士是好朋友：喬治．瓦西拉科帕洛斯（**George Vassilakopoulos**），當時體育部秘書長（現任希臘籃球總會主席），以及寇司塔斯．波利提斯（**Kostas Politis**），傳奇籃球員和教練，主要效力於帕那辛奈科斯。

當普羅寇斯感覺到揚尼斯和薩納西斯決定將全部重心放在籃球時，他當著一家人的面打電話給帕拉托斯，要求他盡一切可能，幫助兄弟們獲得公民身份。帕拉托斯不知道這些男孩是誰，但馬上就撥電話給波利提斯。帕拉托斯記得，波利提斯知道這些男孩是誰，並回憶波利提斯的回答：「是的，確實，有這樣一個家庭和這樣一個打籃球的孩子，薩納西斯，有很棒的天賦，還有年輕的揚尼斯，我會盡一切所能幫助他們。」帕拉托斯不時提醒波利提斯，同時也拜託瓦希拉科帕洛斯幫一些忙。

此時，薩拉戈薩球團總監維拉爾，正在與揚尼斯的經紀人研究，看看有沒有辦法獲得西班牙的公民身份。維拉爾告訴他們，無論是希臘政府、西班牙政府還是西班牙籃球總會，他會盡一切努力，讓揚尼斯到西班牙打球。

「一開始，很難說服希臘政府讓他拿到公民身份，」維拉爾說，「這非常、非常、非常困難，有很多問題要克服。」

希臘政府繼續拖延，那是二〇一三年，NBA選秀即將到來。「希臘籃球總會試著讓揚尼斯搬家，方便取得希臘護照，」前希臘體育記者，後來轉為教練的崔安塔菲洛斯說，「但每個選區對總會的回答都是：別想了，我們不會為了一個籃球員，而失去重要的選票。」

當地媒體和專欄作家推測，如果希臘不給揚尼斯身份證明會發生什麼：「毫無疑問，這表示希臘自食惡果，」一位作家當時認為，「希臘籃球已經失去了史上最重要的資產。」

本國球員也感受到了官僚主義。「像揚尼斯這樣的孩子們，從來沒有被國家提拔過，」塔索斯．加拉斯（Tasos Garas）說，他當時和揚尼斯在同一個圈子裡打球，「希臘幾乎沒有人願意相信這位兩屆NBA最有價值球員，難以置信。」

時間真的不多了，沒有護照，揚尼斯將無法申請美國簽證去參加選秀，也無法去西班牙為薩拉戈薩打球，優安尼迪斯盡了最大努力催促政府單位，承認揚尼斯是一個獨特的人才；希臘籃球總會的律師喬治．科尼亞里斯（George Koniaris）也不斷幫忙施力。

但真正讓事情有所進展的關鍵是：希臘政府真的意識到揚尼斯不僅具有NBA潛力，而且他的團隊，據報導已經轉向奈及利亞大使館，希望獲得奈及利亞公民身份時，才開始加快身份申請的進度。

揚尼斯在二〇一二年九月申請了奈及利亞的護照，雖然他還是比較希望能拿到希臘的公民身份，如同二〇一三年他告訴媒體那樣：「我可以成為正式的希臘人。」

日後，揚尼斯打的是奈及利亞國家隊，而不是希臘國家隊，而且以奈及利亞球員去為薩拉戈薩打球的可能性增加，給了希臘政府更多的壓力。當然，能夠去NBA打職業隊也是一大影響，政府最終加快了揚尼斯和薩納西斯公民身份的申請進度，因為揚尼斯確實很有機會在美國職籃用出色表現讓國家受益。「他有在NBA打球的實力，這一點幫助非常大。」薩馬拉斯說。

維拉爾也了解這一點，揚尼斯成為籃球明星的潛力，深深改變了政府的態度。「一旦他們了解到揚尼斯的潛力，申請過程就會非常快。」

二〇一三年五月九號，揚尼斯和薩納西斯透過「特殊豁免」，獲得了希臘公民身份。

希臘官員將他們的姓氏從阿德托昆博（Adetokunbo）改為阿德托昆波（Antetokounmpo），一個更傳統的希臘名字，雖然查爾斯、薇諾妮卡、寇司塔斯和艾力克斯還沒有公民身份，但仍然是個激動人心的時刻，不只讓揚尼斯可以替國家隊和可能的NBA球隊打球，也因為這些文件，白紙黑字地證實他們從出生以來的感受：我們是希臘人。

諷刺的是，純粹出於運動原因，而授予公民身份，在某些人的眼裡，是一種政府厚此薄彼的不公平對待。「如果揚尼斯是愛因斯坦或是科學家，那他不會獲得希臘國籍，因為至少有十萬個孩子，有著同樣的問題，」凡林尼提斯後來告訴密爾瓦基媒體，「對於那十萬名孩子來說，問題依然存在。」

揚尼斯只是一個例外。

在希臘體育記者帕帕多加尼斯採訪薩納西斯的內容中，也是直接了當地說：「你之所以拿到希臘護照，是因為你擅長籃球。」

「護照是最基本的，」薩納西斯回答，「為什麼一個會畫畫的小女孩就沒有生命權？沒有特殊技能的人就不能有身份？一個在這裡出生、上幼兒園、國高中、大學，接受希臘教育的人，怎麼可能不被認為是希臘人？」

但是，揚尼斯不能說這些話，要保持低調，因為老鷹隊想網羅他，選秀會即將到來。

＊＊＊

亞特蘭大老鷹球團刻意隱藏對揚尼斯的興趣，他們擔心消息會走漏到其他NBA球隊，當時除了總教練麥克·布登霍澤（Mike Budenholzer）之外，老鷹隊內幾乎沒有人知道。「我們不想讓任何人知道，」費里說，「很明顯，他是我們想選的球員。」

保密程度非比尋常，「球團有意不讓組織內的任何人知道揚尼斯的事。」球員發展助理艾力克斯・勞埃德（Alex Lloyd），目前是發展聯盟孟菲斯喧囂隊的助理教練，當時他也不知道球團對揚尼斯的高度興趣。

老鷹隊秘密安排和揚尼斯會面兩次，第一次在法國巴黎，揚尼斯那年五月去打了一場錦標賽，曾經在法國執教過的肯尼・亞特金森被派去拜訪，他和揚尼斯約在一家飯店的大堂，然後拿出筆記本電腦，從湖人對陣亞特蘭大的比賽影片中隨機抓了一些片段，向揚尼斯提問，「這個球你會怎麼處理？」當時得到的回答幾乎都是：傳球。亞特金森感受到揚尼斯助人為樂的精神，是一個無私的球員。

另一次是六月初在義大利特雷維索，當時揚尼斯和希臘二十歲級國家隊在附近的耶索洛參加歐洲錦標賽。每年六月，NBA球團都會在特雷維索的歐洲訓練營尋找年輕有潛力的球員，但揚尼斯沒有被邀請參加訓練營，那幾天他一直待在耶索洛。因此，訓練營結束之後，一大群球探，大約有五十個人，沿著一條狹長的小路，去見這位叫揚尼斯的無名球員。

揚尼斯和隊友們正在克羅埃西亞二十歲級國家隊打比賽，他展示了一個漂亮的勾射；在防守端緊跟著對手；看起來很放鬆，動作都在掌控中；傳球也乾淨俐落；還能夠送出漂亮火鍋；他主打控球後衛，當然也發生了失誤，被單擋而失位，但總是奮力衝回來。

在義大利期間，揚尼斯還見了來自薩拉戈薩的維拉爾，以及已故的教練何塞・路易斯・阿博斯（José Luis Abós）。「我們很高興有你，」維拉爾說，「你的潛力無窮。」他們還談到揚尼斯可能會擔任薩拉戈薩的主力控球後衛。

但隨著錦標賽的進行，維拉爾意識到非常有可能失去揚尼斯，因為揚尼斯在美國的討論度正在飆漲。

維拉爾記得，揚尼斯在耶索洛打的其中一場比賽，約有四百人在觀看，當揚尼斯在比賽剩八分鐘時犯滿離場，四百人幾乎全都離開了。「那一刻，我完全不敢相信，原來大家都是來看他的，」維拉爾說，「我察覺到，他會在選秀會中佔有一席之地，從那一刻起，人人都開始談論著他。」

選秀網站預測，揚尼斯將成為首輪選秀球員，分析專家喜歡他擁有後衛的控球技巧，稱他為「窮人版的凱文．杜蘭特」。

「神秘」這個詞也開始不斷出現。

「一個神秘的潛力新秀。」——《紐約時報》。

「真正的國際神秘人物。」——NBA選秀網。

揚尼斯如此謎樣的原因很多：因為他沒有為希臘的兩大球隊效力；因為他是一名國際球員；因為人們不會唸他的名字。

分析師這樣寫：「他很神秘，非凡的運動能力和瘦得離譜的身體」，「長度誇張，雙手巨大，腿上有彈簧」，「七尺三寸的臂展，像一般人拿掃把打球一樣」。

揚尼斯的官方NBA選秀簡介這麼寫著：「身體素質和籃球技巧讓他的潛力破表，但只是潛力而已，需要幾年歐洲頂級聯賽磨練，才能讓他為嚴酷的美國職籃做好準備。」一位圈內人評論更嚴厲：「風險性極高的球員，沒有高水平的經驗，缺乏固定熟悉的位置，投籃也不是很可靠。」

然而，在老鷹隊眼中，揚尼斯是個超級潛力股，他們在耶索洛附近一家飯店地下室告訴了他這一點。

沒有人知道這次會面，會中包括四位老鷹的工作人員、揚尼斯、經紀人。他們圍坐一張桌子，光線很暗，幾乎快看不到了，工作人員還會擔心有人不小心走進來，因為飯店外觀看起來等級不高。

工作人員記得，揚尼斯看起來很正經，他還是面帶微笑，友善溫暖，但表情很嚴肅，情緒激動到有點哽咽，強調如果球團選擇了他，他會非常努力來回報。

揚尼斯的英語不是很好，但他可以把句子串起來，老鷹團隊在那次會議上愛上了揚尼斯的個性，那天稍晚，這位工作人員在筆記本上註記：「有史以來最好的採訪之一，很棒的笑容、謙虛，深思熟慮，很愛籃球和家人，給人真誠、年輕、簡單、聰明的印象。生命中最重要的兩件事是籃球和家庭，他想把爸爸、媽媽、弟弟一起搬到美國住，夢想是一起住在一間大房子裡，讓弟弟們在美國上高中和大學。」

那個夢想，把家人搬到美國的一間大房子裡，一直到今天，還依舊讓這位工作人員感動不已。

老鷹不是唯一的追求者，其實公鹿隊私底下也盤算許久，不過還有一個風險，「我們沒有他的體測報告。」哈蒙表示。

一般來說，想投入選秀的潛力球員們，通常會參加美國的新秀體檢，並且完成個人訓練測試。因為揚尼斯和亞特蘭大球團已有初步共識，雙方有不具法律約束的口頭承諾，同意選秀會上會挑選揚尼斯，所以經紀人薩拉西斯提供的資訊不多，公鹿隊沒有足夠的進階數據來參考。

哈蒙記得，薩拉西斯向他保證，揚尼斯絕對健康，但沒有證據，哈蒙怎麼可能百分百相信呢？「這有點令人擔心，」哈蒙說，「我們不會被嚇到退縮，但感覺上不是那麼舒服跟放心。」

這是一個賭注，一次非常大的賭注，但起碼，哈蒙確定兩件事：

第一，他們選秀順位是第十五位，因此風險比較小。

第二，薩拉西斯告訴他，揚尼斯希望和家人一起去美國。

哈蒙知道，家人的支持有多重要。二〇〇三年，底特律活塞球團做了一個災難性的決定，他們用第二順位榜眼籤選了塞爾維亞球員達可．米利區奇（Darko Miličić），當時哈蒙在底特律工作，看到這位十八歲年輕球員未能發揮潛力的一個因素，就是沒有家人在身邊支持著。而揚尼斯是本屆選秀中最年輕的球員，他將生活在一個從未去過的國家，他需要家人的陪伴與支持。

一位前公鹿隊員工透露，選秀前幾天，包括前一晚，公鹿隊與揚尼斯的經紀人通了電話，試圖平息不安的情緒。

公鹿隊將賭上一切選他，但其他球隊並不認同，某些球團覺得這個選擇太冒險了，比如太陽隊用第五順位去選很不值得。「這名球員還有很多不確定性，」大衛說，「選擇揚尼斯的風險比回報要高了一些。」

連續好幾年戰績普普，密爾瓦基沒有什麼好失去的，公鹿隊老闆赫伯・科爾（Herb Kohl）一直以來都抱著小市場球隊的心態來經營，要求團隊保有競爭力就好，穩定晉級季後賽就好，他們沒有要爭奪總冠軍，也沒有要冠軍級別的超級球員。

公鹿在選秀會和自由球員市場上，做了一些不太明智的決定，花了巨額資金簽下頂級球星，但其實這些球員已經過了生涯巔峰。除了二〇〇一到二〇〇二球季有奇蹟般的精彩表現，當時總教練喬治・卡爾（George Karl）帶領球隊殺進東區決賽，陣中有「大狗」葛倫・羅賓遜（Glenn Robinson）、雷・艾倫（Ray Allen）和山姆・卡塞爾（Sam Cassell）；當然，卡里姆・阿卜杜賈霸（Kareem Abdul-Jabbar）和奧斯卡・羅伯森（Oscar Robertson）的輝煌歲月不能忘記，當時公鹿隊在一九七一年贏得隊史唯一的總冠軍；一九八〇年代的公鹿隊也算強大，西尼・蒙克里夫（Sidney Moncrief）、泰利・康明斯（Terry Cummings）和保羅・普萊西（Paul Pressey）的出色表現，幫助球隊贏得中央組冠軍。

但是不知道何時開始，公鹿隊越來越差。

公鹿的主場BMO哈里斯布萊德利中心（Harris Bradley Center）超冷，球場沒有暖氣，冷氣機也非常舊，用的竟然是美國境內不再生產製造的冷卻劑。

「當時沒有人想去密爾瓦基，」二〇一三到二〇一五年，擔任公鹿隊後衛的布蘭登．奈特（Brandon Knight）說，「那種感覺很糟，有點像是：哇咧，你要去密爾瓦基打球喔？或者直接點：噢，好吧，祝你好運。」

此外，威斯康辛州真正令球迷喜歡的是美式足球綠灣包裝工隊，以及四分衛亞倫．羅傑斯（Aaron Rogers）；再來是美國職棒大聯盟的釀酒人，最後才會想到公鹿隊，除非你是個超級死忠球迷，才能撐過悲慘的九〇年代，那段時期可說是近代職業球隊最糟糕的十年。

球迷都去哪了呢？其實他們一直都在，他們在那裡等待著。

邁阿密熱火隊後衛泰勒．希洛（Tyler Herro）就是其中之一，他出生於西元二〇〇〇年，在密爾瓦基長大，仍然對公鹿隊充滿希望，當球隊一次又一次在季後賽第一輪被淘汰時，他也感到失望。「身為公鹿隊的球迷，感覺真的很糟糕，」希洛說，「每年都覺得『就是今年了！』然後一年就結束了。」

公鹿需要做一些改變，二〇一三年就是密爾瓦基團隊開始的最好時機。NBA副總裁亞當．肖佛（Adam Silver）先表示，球隊需要一個新球館，來取代已經老化的布萊德利中心，肖弗認為公鹿主場太舊太小了，無法與其他球隊的主場競爭。而老闆科爾自一九八五年購買球隊以來，這二、三十年都希望球隊留在密爾瓦基，雖然表面上歡迎各方報價，但私底下，周圍的親朋好友都知道，他不想讓公鹿隊離開。對於未來，沒有人知道會發生什麼事，所以管理階層如果必須採取行動拯救球隊，就是現在。

但哈蒙並不知道，老鷹隊在六月二十五號，也就是選秀前兩天，秘密地將揚尼斯和薩納西斯送到了亞特蘭大。

* * *

揚尼斯一開始拒絕上飛機，「我全家人都必須去。」但那是不可能的，因為其他人沒有身份文件，爸爸查爾斯建議他帶上薩納西斯，揚尼斯最終同意了。

老鷹隊的一些高層擔心兩兄弟被人看到，拍了照片然後發佈到社群媒體上，這樣會毀了他們選揚尼斯的機會。

一位工作人員將兄弟倆帶到了市中心，這樣揚尼斯就可以進行體檢，他有點緊張，微微發抖，因為以前沒有做過身體檢查，醫生告訴球團揚尼斯的生長板還是開的，這讓亞特蘭大團隊更加高興。

之後，揚尼斯和薩納西斯沿著桃樹街走，一邊看著當地的建築物，一邊大笑玩耍。這就是美國！他們在這裡！當然，他們應該要保持低調，嗯，兩個超高個子的黑人，在亞特蘭大說著希臘語？恐龍復活還比較簡單。

工作人員嚇壞了，趕緊把他們帶上車，希望沒人注意到，因為一切都必須秘密地進行。揚尼斯明顯很興奮，尤其當他和哥哥一起去吃一頓雞翅大餐配雪碧的時候。

老鷹隊沒有進行正式的訓練，只讓揚尼斯在體育館裡運運球、投投籃。「這比較像是歡迎他來亞特蘭大，」費里說，「好的開始是成功的一半。」費里讓揚尼斯和薩納西斯留在自己家裡，和家人一起吃晚飯，他們吃了義大利菜，揚尼斯看起來很開心，狼吞虎咽地吃著義大利麵，然後睡在客房的一張特大號床上。他和費里的五個孩子一起下西洋棋、打乒乓球、還有玩紙牌。

所有事物都齊全了，然後還跟哥哥薩納西斯在一起？這對揚尼斯來說就是美夢成真。他有些反應不過來，這麼棒的房子跟設備，難道就是NBA跟金錢的威力嗎？當時他是這樣想的。

費里和揚尼斯在飛往紐約參加選秀的前一天，去參觀了老鷹隊的主場，當時的飛利浦球館（Philips Arena），站在球場中央，揚尼斯傻了，他從來沒有看過這麼大的籃球場，他遠從佐葛拉夫，那個只有五百個座位的破舊籃球館過來，這邊，不再有破碎的窗戶，也不再有漏水的淋浴設施，他情緒激動地流下眼淚。

「他可以看到未來日子的長相。」費里說。

老鷹隊給了他一些裝備：夾腳拖、鞋子、襪子。揚尼斯又哭了，因為以前從來沒有人給過他襪子，更不用說裝滿一整箱的鞋子了。「哇，他們真的很關心我。」

揚尼斯一直保留著那雙鞋。

＊　＊　＊

紐約，讓揚尼斯興奮不已，他買了一頂「我愛紐約」的帽子，享用了熱狗和可口可樂，然後到處拍照。

選秀前一天，經紀人買了一套西裝給他，揚尼斯幾乎不懂選秀，以至於他連自己必須穿西裝都不知道，以為穿短褲和T恤就可以了。他們趕在最後一刻找到了裁縫師，每一次測量訂做，揚尼斯對西裝的所有細節，從衣領到袖口都感到萬分驚訝。

他以前從來沒穿過這麼好看的衣服：淺灰色格子西裝外套，黑色領帶，黑色休閒褲。他坐在薩納西斯旁邊，哥哥的選擇當然更大膽一些：紫色和海軍藍格紋法領襯衫、西裝、背心和領帶，很搭兄弟倆的個性：薩納西斯是驚嘆號，揚尼斯是句號。

薩納西斯微笑著看著弟弟，他們成功了，一起做到了，薩納西斯相信揚尼斯的潛力，而揚尼斯也不擔心，哪支球隊會選他或是接下來會發生什麼，他知道，他微微一點點的感覺到，未來的生活將在幾分鐘後改變。「拜託，」揚尼斯默唸著，「請讓我被選中。」

費里既興奮又緊張，一切會如計畫般進行嗎？他相信會，相信球隊可以得到他。揚尼斯也認為，他會被老鷹隊選中，畢竟，一切都計劃好了。

但是，選秀前一個小時，哈蒙打電話給他，說公鹿隊現在很感興趣。揚尼斯不知道密爾瓦基在哪，也沒看過公鹿隊的比賽，所以他在谷歌上搜尋了「密爾瓦基」，然後看到一堆下雪的圖片，這就是他當時所知道的公鹿隊。

選秀會開始，美國體育頻道ESPN選秀分析師法蘭・弗拉希拉（Fran Fraschilla）、比爾・西蒙斯（Bill Simmons）、杰倫・羅斯（Jalen Rose）、雷切・戴維斯（Rece Davis）和傑・比拉斯（Jay Bilas），都談到揚尼斯是一個默默無名的球員，有很大的進步空間，他們從球探那裡打聽到的一大賣點，是關於揚尼斯球場外的故事，包括他的個性、他的態度，以及他所克服的種種，這些都使他成為一個極具吸引力的新人。

國際籃壇專家弗拉希拉認為，如果揚尼斯是美國高中畢業生，那很可能在前五順位被挑中。「他是本屆選秀中最神秘的球員，」弗拉希拉說，「把這個年輕人想像成一個需要培訓的麥當勞員工，這員工很有天份也了解比賽，但你可以讓他立刻在NBA上場嗎？可能無法。不過從長遠的角度來看，這個孩子和本次選秀中大多數人一樣，有很大的培養空間。」

西蒙斯印象深刻，認為揚尼斯潛力十足，「天花板很高，目前則在很低的地下室。」西蒙斯花了幾個小時在網路上找影片剪輯去評估揚尼斯，但他的對手水準實在太不整齊了。「很難說他是誰，」西蒙斯說，「我覺得，他看起來有點像保羅・喬治（Paul George），一個非常優秀的長手臂籃球員，他也可能是一個攻守均衡的球員，但真的不確定，無法知道他的競爭力到底在哪。」

西蒙斯在選秀前一天花了幾小時和羅斯練習，如何正確說出揚尼斯的姓氏，他們不知道如何發音。羅斯開玩笑說，「沒有人會直呼他的全名，揚尼斯・阿德托昆波，他們只會叫他波，」西蒙斯記得羅斯在彩排時告訴他，去想像未來隊友怎麼叫揚尼斯：「對，是的，去拿我的球袋，波。」

那年選秀……有點奇怪，也可以說詭異。分析師們不知道誰會是第一順位狀元，至少有五個不同的球員有機會，西蒙斯打聽到，如果安東尼・班納特（Anthony Bennett）不是狀元籤，那就可能跌到第七順位，甚至是第八順位，「我們聽說他排名一直往下跌、往下跌。」西蒙斯說。

騎士隊最終以第一順位選中了班奈特，這時揚尼斯轉向薩拉西斯，「現在怎麼樣？我們落選了嗎？」他不知道一切如何運作。

「別擔心，」薩拉西斯告訴他，「我們會到應該去的地方，前面還有很長一段時間要等。」

一邊選秀，球隊們一邊計劃交易。奧克拉荷馬雷霆球團擁有第十二順位，總經理的普雷斯提打電話給薩拉西斯，薩拉西斯覺得雷霆會在後衛丹尼斯・施羅德（Dennis Schröder）、中鋒史提芬・亞當斯（Steven Adams）和揚尼斯三人之間做選擇，因為普雷斯提對揚尼斯印象也很深刻。然而，揚尼斯不想去那裡，因為普雷提斯很可能會先讓他留在歐洲發展，另外，達拉斯球團也聲稱他們對揚尼斯感興趣，同時，老鷹隊的費里說，球團想要換一個更前面的選秀權，但都沒成功。球員也一個接一個被球團選中。

一下子，就來到第十五順位，在後台跟一位歐洲少年確認了正確發音之後，NBA總裁大衛・史騰（David Stern）走到台上宣佈：二〇一三年第一輪第十五順位，密爾瓦基公鹿隊，選擇了來自希臘的揚尼斯・阿德托昆波。

揚尼斯起身，擁抱了哥哥薩納西斯，然後走上台，握了握史騰的手，露出燦爛的笑容。他看起來那麼年輕，那麼熱情，一張可愛的娃娃臉，只有十八歲。

揚尼斯不太記得當下發生的事情，只記得他非常緊張地說：「非常感謝你！」然後聽到史騰說，「看這裡，看那裡，看那裡，祝你一切順利！」隨著相機燈不停閃爍，揚尼斯為自己感到非常驕傲，真的經歷太多才走到這一步。

公鹿隊助理教練兼好友賈許・歐潘漢莫說，當揚尼斯被唱名的時候，薩納西斯用力揮舞著希臘國旗，這是哥哥的主意。歐潘漢莫會叫薩納西斯「揚尼斯風味愛好者」，因為他總是大肆宣傳和慶祝寶貝弟弟的表現。儘管揚尼斯比較保守，但薩納西斯認為揮舞國旗是正確的。

「揚尼斯不希望薩納西斯揮舞希臘國旗，」歐潘漢莫說，因為希臘花了很長時間才給予他們公民身份，「但是薩納西斯告訴揚尼斯：為我們的同胞做點事吧。」

「揚尼斯因為家人和其他移民受到的待遇感到痛苦，」歐潘漢莫說，「但薩納西斯知道，他必須揮旗，要不然之後會有更多麻煩。」不過，揚尼斯依舊因為自己是希臘人，並且走到這一步而感到光榮，薩納西斯站在旁邊，揚尼斯微笑他就微笑，揚尼斯大笑他也大笑。

另外一邊，老鷹隊可就笑不出來了。他們很失望也很生氣，老鷹球團選秀室裡有人砸了一棵大盆栽，有人朝空中扔了一罐飲料。

費里失落了一段時間。「有一陣子我問自己，」費里說，「到底該怎麼做，才不會看到揚尼斯打球就失落？」他花了幾週的時間才同意談論揚尼斯和這本書的草稿，因為這對他來說，這依舊是心中的痛。「我們把握住我沒哭的時候完成了採訪。」費里笑著說。

但是，有一位亞特蘭大不具名工作人員表示，作為一個團隊，他們在爭取揚尼斯上做得不夠好，沒有讓高階管理層願意犧牲一切去追求揚尼斯。「我們對他的評價也許是最高的，但我知道還是低估了他，」那個人說，「最終，我們愛上了揚尼斯，但我們沒有成功說服他，這是事實。」

「成為明星賽的一員，對揚尼斯來說是一個巨大的挑戰，」他繼續說，「我們相信他能做到，但要從明星球員，再變成史上最佳的球員之一？我們當時不這麼認為，最後現實也打臉我們了。」

對薩拉戈薩的維拉爾來說是苦樂參半，一方面，他為揚尼斯感到高興，並對精準的眼光自豪；另一方面，他很遺憾錯過了一位偉大的球員，「五個月前，他還在希臘次級聯賽打球，現在，他進入了NBA美國職籃。」維拉爾說。

哈蒙和公鹿隊非常激動，因為他們知道，如果任何一支球隊當時知道揚尼斯有可能會再長兩到三寸，長到近七尺，他就不會掉到第十五順位；但如果他只有六尺九，第十五順位就有點勉強了，他比一些球探預測的要早兩到三個順位被選中。

「這確實是史上最奇怪的選秀之一，」西蒙斯說，「揚尼斯變成該選秀中最大的寶藏？如果我們來預測這次選秀的前三十順位，他不會出現在這三十人當中。」然而，西蒙斯認為這是一個聰明的選擇，因為公鹿隊需要全面重建。「如果真的不在乎接下來幾個球季的戰績，這或許是個不錯的選秀。」

接下來的幾年裡，依舊非常多人討論並認為二〇一三年的選秀順序該怎麼修正。揚尼斯絕對不是任何球隊的選秀狀元，也許只有亞特蘭大除外。對於那些聲稱當時就很感興趣的球隊，西蒙斯說，「那些球隊完全是馬後砲！我認為他們每次選秀都會這樣搞，每年都有一些寶可以挖沒錯，但他們選秀過程中根本亂槍打鳥，鎖定八個到十個球員，然後在會議上說，『我真的很喜歡揚尼斯。』最後在亂點名的情況下就變成，『你看吧！我之前就告訴每個人，我們應該把揚尼斯交易過來！』」

揚尼斯被公鹿選中之後，進行了第一次媒體採訪，他有點害羞但也有自信。

「這是美妙的感覺，」

「我無法用言語形容，這就是夢想成真的感覺。」

「我知道我還沒準備好。還有很多事情要努力。」

「但我不害怕，我會在球場上和健身房裡全力以赴，我會向密爾瓦基公鹿隊證明，他們做了最正確的決定。」

知名記者克雷格．賽格（Craig Sager）採訪了他，慢慢地念出揚尼斯姓氏的每一個音節——「阿——德——托——昆——波」。賽格每個音節都停留一秒鐘，好讓大家聽得清楚，然後問揚尼斯他以哪位球員為榜樣。

「有人說我打得像凱文．杜蘭特，」揚尼斯說，「但你不會關注其他球員，你只關注你自己。」

「你打算如何進步？」

「我會努力練球，希望快點進步，讓自己準備好進入ＮＢＡ。」

「你有選擇，」賽格說，「你可以留在歐洲，晚一點再來美國，或者馬上就過來，你會怎樣做？」

「馬上進入ＮＢＡ。」揚尼斯認真地回答。

＊＊＊

選秀會那天晚上，揚尼斯和薩納西斯回到飯店房間，跳到床上慶祝，像孩子一樣嘻嘻哈哈地笑，然後他們開始祈禱，希望他們的弟弟們會有更好的未來：去唸私立學校，接受適當的教育。他們用網路電話軟體打給爸媽，還有寇司塔斯和艾力克斯，告訴家人，生活將要改變，一切都會好起來的。

索普利亞的朋友、隊友、教練、和查爾斯與薇諾妮卡一共約五十個人，一起看了選秀會。「每個人都在歡呼，好像我們投進壓哨球一樣，」薩羅斯特洛斯說，「我們不敢相信，這超不現實的。」大家都熬到了希臘時間凌晨三點鐘左右才離開。

奇沃拓司咖啡館老闆錫卡斯和妻子那天工作了十五個小時，因此無法跟大家一起，但他們隔天凌晨五點看到了選秀的片段，開心地哭了出來。「我們非常自豪，」錫卡斯說，「阿德托昆波一家是我們的第二個家庭。」

揚尼斯的好朋友拉納也感到非常高興，他覺得自己也做到了，「至少我們其中一個人實現了夢想。」拉納說。

所有人都震驚了，因為一位非裔希臘球員成功了。

一位終生無證的非裔希臘球員，戰勝了一切困難。

＊＊＊

第二天早上，揚尼斯、薩納西斯和薩拉西斯登上了飛往密爾瓦基的包機，哈蒙在機場等他們，當天的頭條新聞用大膽的舉動形容哈蒙的決定，「一場豪賭」。

「神秘人值得一試；揚尼斯．阿德托昆波是新任務，有成為明星的潛力。」——《威斯康辛州報》。

「安全起見可能很合理，但哈蒙決定在選秀中最年輕的球員身上賭一把。」——《密爾瓦基哨兵報》。

「沒有球隊像公鹿隊一樣前途未知。」——《今日美國報》。

「致敬公鹿隊：他們不怕冒險。可能需要幾年時間才能知道，公鹿隊是浪費了選秀權，還是阿德托昆波成功挖金。」——ESPN。

這次選秀很有風險，而且有點不合理。密爾瓦基當地媒體中，沒有人聽過揚尼斯，而且這個選擇似乎和科爾強調「保持競爭力即可」的想法背道而馳，因為哈蒙挑選的這名球員需要時間來發展，他沒辦法立即作出貢獻，來幫助球隊鎖定季後賽前八種子的資格。

哈蒙承認，選秀會上的確有更安全的選擇，但沒有一個比揚尼斯更有優勢，公鹿隊需要一名後衛，但哈蒙當時覺得沒有必要浪費第十五順位，去選擇一個傳統控球後衛。雖然揚尼斯的希臘教練認為他可以打多個位置，包括控球後衛在內，但哈蒙認為揚尼斯的型，更像機動小前鋒。

長期擔任球探，前NBA運營副總裁史考提．史特林（Scotty Stirling），曾告訴第一年在NBA工作的哈蒙，確定球員位置的方法是——你就是你要防守的人。因此，雖然揚尼斯可以像後衛一樣控球，像一號*位置那樣掌控比賽，但他無法防守凱里．歐文（Kyrie Irving）那種控球後衛。所以，他一開始是被設定為前鋒，一個機動性的多功能前鋒，當哈蒙和工作人員談論他時，哈蒙的聲音提高了好幾度，有時幾乎像尖叫一樣，揚尼斯是球隊的新任務。

當飛機降落在密爾瓦基時，兩人小聊了一下，哈蒙立刻通知這位新秀一個壞消息：「密爾瓦基真的很冷。」揚尼斯點點頭，但他沒有冬天的衣服可穿。

＊　＊　＊

哈蒙把揚尼斯和薩納西斯送到了菲斯特飯店，老闆科爾每天都在那裡吃早餐。公鹿隊幫揚尼斯和薩納西斯各訂了一間房，兄弟倆不明白為什麼要這樣做，這對他們來說太瘋狂，太奢侈了，所以，薩納西斯留在了揚尼斯的房間裡，他們像過去一樣，睡在同一張床上。

哈蒙早上和他們會合，發現科爾和助手喬安．安頓（Joanne Anton）在飯店的咖啡店裡。

「揚尼斯，球隊老闆就在那兒，」哈蒙說，向科爾和安頓招了手，安頓笑了笑，然後走近他們並且開始說希臘話，好像講希臘語是這世界上最隨意的事，哈蒙傻了，他不知道安頓是希臘人，希臘話當然流利十足，哈蒙心裡只想著：太巧了吧！這是個徵兆！

他們前往揚尼斯加入的新聞發佈會，專欄作家們不知道怎麼訪問他，只看到一個高大瘦長的少年坐在媒體室，讓大家問他名字怎麼唸，他一個一個音慢慢地發，對於許多人來說，這是第一次聽到。

「這個人完全沒有任何關注，」前威斯康辛州報體育專欄作家湯姆．奧茲（Tom Oates）說，他跑了三十年的籃球，「我覺得，天啊，那個孩子會被掰成兩半的。」

揚尼斯很討人喜歡，一張可愛娃娃臉，謙虛而自信。「他很有幽默感。」《密爾瓦基哨兵報》的體育專欄作家羅力．尼寇（Lori Nickel）說。

當被問到最大的挑戰是什麼，每個人都笑了，揚尼斯說：「這會有點困難，但我會想辦法和家人在一起的。」

---

* 籃球場上位置稱號，一號是控球後衛，二號是得分後衛，三號是小前鋒，四號是大前鋒，五號是中鋒。

第五章 美 國

六天後，揚尼斯飛回希臘，短暫停留拜訪家人和朋友，包括坎普里帝斯、拉納、還有一些前隊友，他們一起找了間酒吧慶祝一番。現場播音員公開恭喜：「揚尼斯·阿德托昆波被NBA選中啦！」他有點不好意思，這是第一次在公共場合放鬆地跳舞，其實他會跳，只是過去太專注於籃球訓練上了。拉納說，「我們都還不習慣這樣的生活。」

希臘總理薩馬拉斯邀請揚尼斯，還有他家人一起去馬克斯摩斯大廈，從一九八二年開始，這個地方就是國家總理的辦公室。一家人不敢相信眼前所發生的：豪華大廈，總理邀約，這裡可是當初拒絕揚尼斯和薩納西斯成為公民的地方。

這棟建築落在市中心，旁邊就是憲法廣場，揚尼斯過去和好朋友打電動的店也在附近。風格比較老式，但圍欄跟花園很氣派，畢竟馬克斯摩斯在希臘可是有錢的大企業。

歐潘漢莫記得揚尼斯說，「大門口前的最後十個台階很緊張，很刺激，現在是我們要走進皇宮了，以前我們只是其他人眼中的猴子。」

下午三點，阿德托昆波一家人抵達，薩馬拉斯親手送給揚尼斯一份禮物：基督正教的神聖象徵——復刻的聖母像。歷史上，這往往代表傳奇偉大的事蹟，同時，也傳達了一個純正希臘人的情感內涵。薩馬拉斯希望這份禮物帶給揚尼斯平安，「我跟他說這是我私人送他的，希望聖母可以一直保護著揚尼斯。」

薩馬拉斯能感受到客人們非常震驚，所以嘗試著讓揚尼斯一家人放鬆一點。當他問要不要來點咖啡或是果汁，得到的答案是：喝水就好。保守而有禮貌，讓薩馬拉斯對這個家族印象深刻，不只是揚尼斯，還有他的爸媽。薩馬拉斯說，「他們是我見過最務實而體面的人了，一次見面就贏得我的心。」

看到揚尼斯被NBA球隊選中然後揮舞著希臘國旗，真的會很期待他代表國家四處征戰，薩馬拉斯感到非常驕傲。不過揚尼斯也了解到這是人性，「我現在進入美國職籃，他們一定希望我打希臘國家隊，現在他們接受我了。」揚尼斯在接受《運動畫刊》訪問的時候這麼說。

當然，不是每個人都這麼想的。

金色黎明領導人麥可羅萊克斯，就曾經在電視台公開表示：「如果你給黑猩猩一條香蕉和一面國旗，那牠就變成希臘人了嗎？」當阿德托昆波一家人拜訪總理的時候，麥可羅萊克斯就要求應該逮捕他們，並且驅逐出希臘境外，原因是選擇揚尼斯，不過就是美國參議員科爾的政治手段，是狂熱猶太復國主義者積極且誇張的陰謀。

拉納知道後嚇壞了，很擔心揚尼斯被影響而打不好，或是受傷，給這些種族主義者更多理由攻擊他們。拉納心裡想：「如果真的這樣，希臘人會怎麼看？喔，他不過是另外一個平凡無奇的黑人小孩？大家還會認為他是希臘人嗎？」

不過，揚尼斯不擔心也不生氣，因為他沒辦法控制別人怎麼想，「我沒辦法按個按鈕就改變其他人的看法，有些人認為我是黑人，希臘沒有黑人，你還要跟他們解釋這跟膚色沒有關係，如果我不是希臘人，那是哪國人？我父母在奈及利亞長大，但我從來沒去過那，如果我不是希臘人，那我真不知道我的國家在哪。」

他忽略了那些無意義的攻擊，專注於接下來的任務：夏天在愛沙尼亞代表希臘二十歲級的國家隊出賽，而不是參加NBA夏季聯盟。揚尼斯沒想到記者會在愛沙尼亞的飯店、訓練中心和比賽中關注他，但突然之間，每個人都關心他了，二十歲級國家隊教練米薩斯說，「他不喜歡那麼被關注。」

＊＊＊

某一天的早餐時間，坎普里帝斯看起來很疲倦，他是揚尼斯在菲拉里提克斯的隊友，以及現在二十歲級國家隊的隊友。

「教練，我昨晚沒睡好。」

「來，告訴我為什麼？」米薩斯說。

「揚尼斯整晚都在做伏地挺身和仰臥起坐。」

米薩斯找到揚尼斯，跟他確認。

「對不起，教練，」揚尼斯說，「但這是唯一能讓我在NBA打球的訓練方式。」

不過首先，他必須先打進二十歲級國家隊的陣容當中。隊友們不知道怎麼跟揚尼斯配合，因為其他人都在希臘最高等級的聯賽打球，但他沒有。

「他當時不是最棒的球員。」隊友帕帕佩特奧說，他現在是帕那辛奈科斯的球星，「但可以看到他的潛力和職業道德。」

揚尼斯當然想參加比賽，他也想收集米薩斯承諾的每場勝利獎金五歐元，四場勝利後，揚尼斯問米薩斯，「獎金會發吧？我們贏了四場，獎金是二十塊歐元喔！」米薩斯笑著回憶起揚尼斯認真的樣子，「當時的二十歐元，對他來說就像一億那麼多。」

揚尼斯上場時間不多，但可以在關鍵時刻做出貢獻，例如，有一次對陣德國，最後十一秒內，他連得四分，包括兩次罰球命中，甚至還蓋火鍋。「他為我們帶來了改變，」二十歲級國家隊隊友佩卓斯·梅利薩拉托斯（Petros Melissaratos）說，「他比任何人都努力。」

這樣的拚勁，給了公鹿隊教練賴瑞・德魯（Larry Drew）深刻的印象，德魯飛到愛沙尼亞去看揚尼斯，讓他知道球隊真的很關心他。「我想讓他知道，我們不只是關心籃球，我們更關心他這個人。」德魯說，他現在是洛杉磯快艇隊的助理教練。

有一球讓德魯一直印象深刻：揚尼斯搶下籃板後運球穿越全場，先假動作晃過一個後衛，然後在禁區內閃過防守球員，用一個俐落的地板傳球，找到空檔的隊友。

不久之後，揚尼斯參加了希臘體育網站的問答單元，有位讀者問了一個聽起來很荒謬的問題：「請問要多少年才能獲得MVP？」

「哈哈，太早了，」揚尼斯說，「首先，我要爭取上場時間，積累經驗，盡快去適應新的生活。」

「我們對你期待很高，目前你最需要改進什麼呢？」

「我的目標是成為聯盟最頂尖的球員之一，要做到這一點，我必須在每件事上都有所進步。」

揚尼斯和體育記者轉為教練的崔安塔菲洛斯進行了最後一次採訪，隨後教練開車送他回家。

「這是你第一次去美國生活，」崔安塔菲洛斯回憶著，「你怕不怕？」

「你想想，」揚尼斯說，「今年我將獲得一百萬美金的薪水，這筆錢將徹底幫助我和家人，我為什麼要害怕呢？」

＊＊＊

哈蒙確保每個公鹿隊的工作人員，都為揚尼斯的到來做好準備。新秀總是需要有人在場幫忙，所以哈蒙請來助理影像處理師羅斯．蓋格（Ross Geiger）每天照顧他。

蓋格九月坐著公鹿隊租用的豪華轎車，到芝加哥奧黑爾國際機場去接揚尼斯，因為再過兩週訓練營就要開始了。蓋格和揚尼斯之前都沒坐過豪華轎車，感覺很陌生，有點尷尬，揚尼斯上車後很安靜，可能有點累，蓋格試著聊聊音樂，但揚尼斯沒說幾句話，主要是看著窗外。

密爾瓦基和紐約很不一樣，揚尼斯看到了很多房子，樹木，很多綠色植物，這讓他感到有些驚訝，因為他以為整個美國都像紐約一樣，每個角落都是摩天大樓。

他們到達了菲斯特飯店，揚尼斯將在這飯店短暫住個幾天。眼前一切都是白色的，一塵不染，床上有很多枕頭，特別鬆軟，他很感激，但也覺得很奇怪，心裡想：「他們為什麼要在我身上花這麼多錢？」

他想念兄弟們，想念在他們旁邊睡覺、感受體溫，而不是蓋毯子保暖；他想休息，但這種奇怪不舒服的感覺一直在：這床太高級，好到有點多餘了。他把床墊從床架上拉下來，放在地板上，然後身體縮著躺在床墊上，閉上眼睛，才慢慢入睡。

＊＊＊

集訓前夕，記者詢問揚尼斯對自己的期望與目標。

「除了朋友、家人和籃球，我不會感到壓力，」揚尼斯說。「任何人都沒辦法給我壓力，他們碰不到我的。」

他們，這邊指的是麥可羅萊克斯，指的是金色黎明，後來他也承認是，「他們說的任何話，即使是很久以前，我都記得，那些說我或我家人壞話的人，都傷不了我們的。」也許意識到太直接了，他補充說，「我愛我的國家，希臘是我的國家。」

接下來的幾個月、甚至是幾年裡，揚尼斯都不想談論種族或歧視，他必須非常小心，因為短短的一句話，可能就會威脅到他家人的安全，特別是種族意識一直存在的希臘。

同月，綽號殺手P的反法西斯嘻哈歌手帕洛斯．菲薩斯（Pavlos Fyssas）和朋友一起去雅典的一家咖啡館觀看體育賽事，結果被大約五十個人包圍，其中許多是金色黎明的支持者，菲薩斯的胸口被其中一位金色黎明成員持刀刺了兩次，三十四歲的他失血過多而死。

薩馬拉斯在希臘國家電視台上公開發言，譴責這起謀殺案，並且發起對金色黎明的抗議活動，從雅典、巴塞隆納、布魯塞爾、巴黎、阿姆斯特丹、倫敦、到尼克西亞，這一次引起更多人關心，因為菲薩斯不是移民，也不是有色人種，他是希臘白人。

＊＊＊

訓練營的第一天，揚尼斯和他兩個最高的隊友，身高六尺十一寸的賴瑞．桑德斯（Larry Sanders）和身高六尺九寸的約翰．漢森（John Henson）站成一排，他們伸出雙臂，指尖對指尖，互相比較臂展，那一刻世界彷彿變得很小很遙遠，揚尼斯光是站上NBA的球場，腦袋就一片空白，要說他精力充沛嗎？大概喝了三杯咖啡那種精力充沛吧。

球員配對訓練時，德魯告訴他，「揚尼斯，你會和OJ一組。」OJ就是OJ．梅奧（O. J. Mayo），前南加州大學的主力控球，一度是美國國家培訓隊的頂尖球員。

揚尼斯轉過身來，很困惑地問，「OJ是誰？」

梅奧一邊笑，一邊低聲唸著，「這小子不知道我是誰？」他必須給揚尼斯一點顏色瞧瞧，而且他不是唯一一個，接下來的訓練中，球隊每個人都輪流伺候揚尼斯這個菜鳥。持球球員從四十五度角加速往籃框切入，而防守球員必須從罰球線附近快速滑到籃下去製造進攻犯規，這被稱作「二一九訓練」，但實際上，應該被稱作「撞翻揚尼斯訓練」。

揚尼斯站在禁區靠近罰球線的地方，雙腿微微彎曲，雙臂往上舉高，看上去就像一根很長的牙籤，隊友一個接一個切進來，將揚尼斯撞倒。卡倫．巴特勒（Caron Butler）是一名身高六尺七寸、體重兩百二十八磅的資深老將，來自威斯康辛州拉辛市，他是那種會穿著短褲和背心在雪地裡鍛煉的人，每次球隊做「二九訓練」的時候，巴特勒都會衝向菜鳥新秀們，同時大喊：「重訓來啦！」

接下來，輪到中鋒薩薩．帕楚利亞（Zaza Pachulia），他是一位身高六尺十一寸、體重兩百七十磅的歐洲球員，然後是史提芬．格雷姆（Stephen Graham），一個身高六尺六寸、體重兩百一十五磅的後衛，球隊希望揚尼斯適應這樣的碰撞，「為了讓他變得更強硬，」格雷姆說，他現在是金塊隊的球員發展教練。「我們習慣用這種方式告訴新人：歡迎來到ＮＢＡ，菜鳥。」

格雷姆毫不客氣，正面重擊了揚尼斯，力量強到讓揚尼斯滑出了底線，他跳了起來，手捂著胸口，「喔，我的天。」揚尼斯喘著氣說。

格雷姆有點擔心，「我以為我撞斷他的胸骨還是什麼的，」德魯停止練習，確保揚尼斯沒問題，老將們都在笑。「這菜鳥還沒有準備好，」格雷姆說，「他現在看起來是希臘戰神，但剛進聯盟那時候，他根本做不到，如果你向他吹氣，他會摔倒的。」

他是一個瘦不拉機的傻小子，但也是一個可愛的傻小子，他每天都很早起床，精神飽滿，老將巴特勒看了看另一位新秀奈特．沃特斯（Nate Wolters）笑著想：「這孩子蠻特別的。」

＊＊＊

練習結束時，德魯發給每位球員一本厚厚的戰術書，起碼要好幾個小時才能看完。晚餐時間，揚尼斯傳了訊息給德魯，因為他注意到書裡面有個進攻出錯。

德魯眨了眨眼，不太敢相信自己看到的，「一個菜鳥糾正他？這小子進NBA第一天就變成了一位NBA教練？」很明顯地，揚尼斯很勤奮，而且堅持細節，他想有些影響力，但目前為止，他只是一個沙包。

第二天，隊上的老鳥們又再次教訓他，如果他敢闖進油漆區，就會被扔出去。一個少年，卻必須和成年男子競爭。「對他來說，這是一個非常、非常、非常艱難的過渡時期，」德魯說，「大多數球員都會直接輾壓他。」

揚尼斯不打算退縮，嘗試用身高和速度來彌補，但NBA等級的速度太快了，他看起來就像一隻無助的小狗。「你可以看出他有點不知所措。」公鹿隊前鋒厄森・伊利亞索瓦（Ersan Ilyasova）說，他在二〇〇六至二〇〇七年、二〇〇九至二〇一五年以及二〇一八至二〇二〇年替密爾瓦基打球。

揚尼斯的教練們不想生他的氣，因為他是如此努力，但真的有很多東西要學。如果他拿下防守籃板，他會先傳球給隊友，德魯不斷地糾正他，「自己帶！你要自己推進！你人高手長，運動能力又好，要善加利用，再來！」

揚尼斯知道要運用自己的強項，但身體好像跟不上腦筋裡面想做的事，隊友笑他實在太瘦了，還取了綽號：小長頸鹿揚比，並且告訴他，他的身材就像尚恩．布萊德利（Shawn Bradley），一位身高七尺六寸，曾經效力於達拉斯獨行俠的中鋒，揚尼斯一開始還不知道布萊德利是誰，但他上網查了然後意識到這是一種侮辱，他生氣了。

公鹿助理教練歐潘漢莫更直接叫揚尼斯「斑比」，當揚尼斯在場上跌倒時，球員們會笑他。「斑比腿來囉！」揚尼斯不知道斑比是什麼，只知道聽起來不是什麼好形容詞，他還在學習英文。

「教練，請問斑比是什麼？」

「是一隻小鹿。」

「不，教練，我不是小鹿！不，我不是小鹿斑比！」

他開始說希臘話，每次生氣的時候揚尼斯就會這麼做。老將們的計劃成功了，他們就是想干擾新秀的情緒，讓他生氣。

「我們試圖讓他轉變成那個有侵略性的揚尼斯，就是你們現在常看到的那個揚尼斯。」前公鹿隊前鋒克里斯．萊特（Chris Wright）說。

其實揚尼斯沒那麼軟，他可以上場比賽，但是從歐洲來，那麼年輕那麼瘦，說話的聲音又那麼溫柔有禮，看起來真的很可愛，也很好欺負的樣子。

揚尼斯害怕蓋格家那隻貴賓狗，牠叫倫敦，因為他去蓋格父母家時，這隻狗會不停地在他身上跳來跳去，因此，揚尼斯有一段時間拒絕進入後院，一直到蓋格向他保證，倫敦不會咬人，牠只是想玩，揚尼斯才放心。

他喜歡看艾倫秀、聽小賈斯汀的音樂，還有艾迪墨菲的經典喜劇「來到美國」，這些種種都讓他顯得天真無辜。

但也因為這樣，揚尼斯老是無法佔上風，他想進入固定輪替的陣容中，證明自己不是小鹿斑比，證明他可以用一種新語言——英文，吸收教練的戰術。有次練球，球隊正在練習一個很常見的NBA戰術，直接翻譯叫做「鬆軟」，不知道為什麼，教練們注意到，揚尼斯越練越激動。

歐潘漢莫把他拉到一邊，問說，「怎麼了嗎？」

「教練，我知道我很瘦，我知道我需要變得更強壯，」揚尼斯說，「但是教練，我不軟，我沒有鬆軟！」

「你在說什麼啊？」

「大家就一直看著我，對我大喊！鬆軟！鬆軟！鬆軟！」

「揚尼斯，『鬆軟』是一個傳統的NBA戰術，他們只是喊出來讓你知道，大家正在練這個戰術，試著幫助你學起來。」

「喔，所以是一種戰術？」

「對，這是一種戰術。」

「他真的是一張白紙。」歐潘漢莫說。

「他除了超級巨星，其他有關NBA的一切事物都不知道，他只知道：我要正面對決，我要證明自己，無論失敗跌倒多少次，我都會站起來再次攻擊。」

揚尼斯聽取意見，努力學習，他與許多自負的首輪選秀球員不一樣。「他像一塊黏土，可塑性極高，」歐潘漢莫說，「無論你教什麼，他都會學，如果他做不到，他會不斷練習，直到他會做為止。」

歐潘漢莫是揚尼斯第一位投籃教練，相處的時間也越來越多，他們會花上好幾個小時來調整揚尼斯的出手動作，然後進行兩人的投籃比賽，歐潘漢莫綽號叫投籃博士，揚尼斯很少擊敗他。

訓練後，揚尼斯待在籃球場的時間比任何人更長，曾經帶過麥可．喬丹（Michael Jordan）和科比．布萊恩的公鹿助理教練吉姆．克雷蒙斯（Jim Cleamons）表示，揚尼斯在犯錯時會對自己很失望，然後會一遍又一遍地重複練習同一個動作。

「你很有心，」克雷蒙斯對揚尼斯說，「你總有一天會成為一名出色的球員，只是不要變得太美國化。」

「你在說什麼?」揚尼斯說。

「我的意思是：不要變得美國化，不要放棄那些累積下來的好習慣，不要忘記是什麼讓你走到這。」

克雷蒙斯知道，他將看到揚尼斯偉大的演出，像是歐洲步上籃，或是令人讚嘆的美妙動作，但需要點時間，揚尼斯在適應，他的英語不差，只是不懂某些單字片語，尤其是籃球術語，所以德魯常跟揚尼斯解釋兩次，更細膩地去分析每個戰術。

「我知道我必須有耐心，」德魯說，很多時候，揚尼斯會面無表情地回應，那德魯就知道這個菜鳥聽不懂了，需要再解釋一次場上發生了什麼事。

他知道「上擋」或「後擋」之類的基本術語，但他聽不懂更複雜的，像是「掩護後被掩護」、「外撤再掩護」、甚至「撞玻璃」，所以有時候，只需要一個小時的影片會議會花到三個小時。「揚尼斯說的英語比我來這裡時要多，」來自土耳其的伊利亞索瓦說，「當你來自不同的國家時，過渡期真的不容易。」

揚尼斯偶爾會不小心喊出戰術的名稱，「紅色！」「閃電！」，因為他這樣才不會忘記該做什麼，老將巴特勒把他拉到場邊，「揚尼斯，不要大聲說出來！你不能告訴對方我們的戰術是什麼！心裡記著就好，老弟！」

要學的東西太多了，真是不堪負荷。「我覺得他應該昏頭了，」同為新秀的沃特斯說，「就算你本來說英文，要撐過NBA的過渡期也超難的了。」

公鹿隊的工作人員山姆．瑞奇（Sam Reinke）曾經問揚尼斯想要什麼顏色的鞋子。

「呃……灰色。」揚尼斯說。

瑞奇舉起一雙灰色的球鞋，「你已經有了，想要不同的顏色嗎？」

「黑色的。」

「你也有黑的啊，還要別的顏色嗎？」

揚尼斯沉默了一分鐘，讓瑞奇意識到揚尼斯不知道其他顏色的英文怎麼說，於是瑞奇掏出兩隻紅色的鞋子。

「這你覺得怎麼樣？紅色的。」

「哦，好的，紅色。」

至於固執的部分，就像他想要每一個動作都完美無缺，學英文也是一樣，他很努力，不想讓任何人為他感到抱歉。「他明白，一切只是時間問題。」艾力克斯說，那時，艾力克斯經常打電話給哥哥，因為想知道美國的點點滴滴。

當揚尼斯學會一個新字或新詞時，他會非常興奮，然後一遍又一遍地重複，高亢聲音配上希臘口音，讓他的隊友笑個半天。像是有一天他學會了「你媽啦！」的用法，就在更衣室裡跑來跑去，一直叫著：「你媽啦！你媽媽啦！你媽你媽啦！」；另外還有一次，漢森教他冰塊的說法，他就一直跳針，不斷重複說著：「冰塊！冰塊！冰塊！」

當然，也有學髒話的時候，特別是「婊子」這個詞，後來他投籃練習沒進的時候，他會大叫：「婊子！」

另一個揚尼斯最喜歡的口頭禪是：「他們在哪！*」

走進更衣室會說，「他們在哪！」

走上球場會說，「他們在哪！」

走進淋浴間會說，「他們在哪！」

他會看很多美國電影，特別是《禮拜五》或是他最愛的《來到美國》，希望可以一邊學習英語，一邊了解當地的黑人文化，他會用高亢的聲音，一直重複最喜歡的台詞：性巧克力！然後他也喜歡上《馬丁》和《吉米福克斯秀》這類的電視節目。

「這些是非裔美國人的必看名單，所以揚尼斯把所有的內容放進觀看列表裡，他要趕上進度，」漢森說，「這會讓揚尼斯覺得，我們隊友之間有些共同點。」

「他很樂意把自己當成美國人，」沃特斯說，「這樣就很酷吧。」

有天晚上，所有隊友離開一段時間之後，揚尼斯洗了個澡，慢慢享受安靜的時光，除了他之外，剩下唯一一個人是戴夫．韋伯（Dave Weber），二〇一〇到二〇一七年間的球隊設備經理。韋伯和揚尼斯是朋友，但韋伯一直取笑揚尼斯的口音很重，揚尼斯警告過：「戴夫，如果你再取笑我，我會把你扔進垃圾桶！」球隊更衣室入口附近，有一個大型灰色垃圾桶。

那天晚上，韋伯又故意取笑了揚尼斯的口音，說到做到，揚尼斯將他抓起萊，扔進了垃圾桶裡，好險垃圾桶是空的，所以揚尼斯把韋伯關了幾分鐘後，就把他拉了出來。

每次揚尼斯說話很快的時候，隊友們都會笑個不停，但他越興奮，講話的節奏就越快，那年公鹿隊的控球後衛路克・里諾爾（Luke Ridnour）會解釋一些球場的狀況，而揚尼斯會快速回應：「好的沒問題我們來吧。」全部黏在一起，聽起來好像是一個字，「是的我知道你意思。」「是沒問題籃板我來。」

「他聽到你說什麼，但他沒有聽懂你說什麼，」里諾爾說，「他會繼續發生幾次失誤，然後我們再溝通，像個野小孩一樣。」但不管有懂沒懂，揚尼斯都是很努力地衝刺，奮力搶籃板，沒有任何抱怨，他回答人家都以「是的」開頭。

＊＊＊

蓋格和揚尼斯感情很不錯，他們都會一起出去玩，像是看電影、看籃球比賽、打電動遊戲機，蓋格漸漸開始將揚尼斯視為弟弟，因為揚尼斯小他五歲（但高他三十幾公分），他們常開著蓋格的一九九七年紅色速霸陸出去兜風。

有一次在練球的路上，揚尼斯往車窗外望去，他看到街邊的一個人，便指著問蓋格，

＊　一種黑人街頭用語，形容自己很厲害，能匹敵的對手在哪裡。

「嘿，你看到那邊那個人嗎？」

「有啊，」蓋格邊說邊放慢速度，「他怎麼樣？」

「他穿那麼大件的衣服，讓我想起了以前。」

「真的？為什麼呢？」

「嗯，在希臘，我總是把穿舊的衣服給別人，所以時不時會看到很多希臘人穿著我的大衣服。」

揚尼斯無法忘記，因為這些事一直提醒著他從哪來、他是誰，舊生活和新生活之間的差距，從他搬進密爾瓦基第一個住處之後就一直在腦海裡盤旋著，那是一個三房兩衛的舒適公寓，距離練球的場館，只有兩分鐘左右的路程。

蓋格帶他去沃爾瑪買些家具，這是一種享受，揚尼斯很喜歡逛沃爾瑪，裡面的東西很便宜，他可以邊逛街邊推著購物車兜風。揚尼斯第一次來的時候，他一眼就看到購物推車，不知為什麼，揚尼斯就很想玩，把瘦長的雙腿卡在推車上，在走道邊滑邊尖叫著，「哈哈哈哈！看看我！」蓋格試圖讓他冷靜一點，因為要先找到睡覺的床組，但揚尼斯不想停下來，瘦長的手臂會伸到購物車架的最前端，一邊滑行一邊抓他想買的東西，像個小孩子一樣咯咯地笑。

最後，他們回到了揚尼斯的住處，揚尼斯展示了主臥室。

「這間給我爸媽住。」

「你自己不住主臥室？」

「不，兄弟，我爸媽住主臥室。」

揚尼斯接下來介紹了他為艾力克斯和寇司塔斯安排的房間，然後是走到了最遠的臥室，「這間是我的，」揚尼斯說，「但如果他們也想睡這裡的話，也沒問題。」這邊的他們指的是哥哥和弟弟，儘管他父母還不知道何時可以飛來美國，但揚尼斯還是保持主臥室乾乾淨淨。

幾分鐘後，揚尼斯和家人視訊通話。「看看這個地方！」他說，「這是我們的新家！」雖然這樣說，但身旁的蓋格知道，公鹿球團很難幫揚尼斯家人獲得簽證，那是揚尼斯還沒有意識到的。

剛加入聯盟的新秀，都有很多新東西要處理，比如安裝電視和無線網路，由於過去不穩定的環境影響，揚尼斯不信任有線電視工作人員，他希望球隊的人在現場幫忙，安裝的那天早上蓋格很忙，所以公鹿籃球運營副總裁戴夫・迪恩（Dave Dean）請了在球探部門工作的丹尼爾・馬克斯（Daniel Marks）來幫忙。

馬克斯上午九點到揚尼斯家，一直到下午四點，安裝都還沒完成，馬克斯餓壞了，他打開揚尼斯的櫃子，從餅乾罐裡拿出三片奧利奧，狼吞虎咽地吃下去。

隔天，揚尼斯訓練時走到馬克斯旁邊問，「嘿，老兄，你有吃我的奧利奧嗎？」

「你的意思是？」

「嗯，我離開的時候，有三十個奧利奧，回來的時候少了三個。」

馬克斯不知道該說什麼，他很震驚竟然有人會數餅乾的數量，一個身價上百萬美金的ＮＢＡ球員不時數著自己的奧利奧，太有趣了。當然，揚尼斯肯定數過家裡的奧利奧，因為進入ＮＢＡ、賺了多少錢並不重要，他的內心，仍然是那個總是感到食物快要吃完的孩子。

＊　＊　＊

公鹿隊的體能教練羅伯特．哈基特（Robert Hackett）注意到揚尼斯的第一件事，就是他只有一百九十六磅的身材，很明顯地，這位新秀每天沒有正常地好好吃三頓飯。

為了更了解揚尼斯，兩人去了沃瓦托薩的梅菲爾購物中心閒逛，哈基特在美食廣場買了一份雞肉三明治給揚尼斯，沒幾口就被吃光了。

「這是世界上最好吃的東西！」揚尼斯說。

哈基特笑了，「老弟，這還真的沒那麼好吃。」

揚尼斯不敢相信，一個三明治只要五塊美金，他又買了兩個。「老兄，我們可以把這個當晚餐吃！」

那天，哈基特很快了解到，必須確保揚尼斯的飲食正常，給他補充草莓蛋白奶昔、給他最喜歡的營養能量棒，一定要讓揚尼斯一天下來有吃飽，而且還要吃好。

揚尼斯努力增加體重，他的身體還在適應，他不習慣吃那麼多，也不習慣那種強度的練習，他也從來沒有重訓，這對於第一輪選秀球員來說並不常見。大多數年輕新秀早在高中一年級就開始做重量。「對他來說，一切都是新的，」哈基特說，「他是一塊海綿。」

哈基特開始教他舉重的技巧：手該放在哪裡，手指要放在九十磅的槓鈴上進行深蹲。揚尼斯一開始連最低重量一百三十磅都不行，第一次嘗試，他掙扎著扛起槓鈴。哈基特在他背後，幫助他保持兩邊的平衡，但槓鈴只是微微晃了一下。

哈基特教他如何正確蹲下，重心不能放太前面，接著將他的臀部向後推，固定好肩膀以進行向上推舉。揚尼斯當時甚至不知道什麼是暴力上桿（muscle-up），隊友布蘭登．奈特、克里斯．米德頓（Khris Middleton）和克里斯．萊特都來示範，每個人都連續完成了五次暴力上桿。

揚尼斯的下巴老是過不了桿，雙腳也還站在地板上，隊友們在揚尼斯掙扎、發抖的時候笑得很開心。「他感覺快要滑出去了，」萊特說，「他動作很不協調，但可以看出他很努力地嘗試。」

哈基特告訴菜鳥要有耐心，人不會在一天之內變得超強壯，但揚尼斯希望現在就做到，現在就變強，像是體能測試時，揚尼斯會問哈基特腳速最快紀錄是多少，他想要打破。

他喜歡鍛煉一整天。「他整個迷上了。」哈蒙說。揚尼斯會把衣服拉起來，在器材旁邊炫耀著，「嘿！我有腹肌！」

他也會在訓練結束後看著鏡子檢查，檢查會跳動的二頭肌，看看大小是否增加了，他會彎曲起手臂，然後他會轉向其他人，看看有沒有人要看。

「看著！看著！」揚尼斯會對健身房裡的所有人說，「我會越變越強壯！」

＊＊＊

揚尼斯喜歡電音舞曲，像是電音王子阿列索（Alesso），但隊友們向他介紹了嘻哈、饒舌，如德瑞克（Drake）、瑞克．羅斯（Rick Ross），而來自喬治亞共和國的歐洲隊友帕楚利亞，則希望揚尼斯去開拓新的領域。

「揚尼斯，你在歐洲長大，」帕楚利亞說，「你應該聽浩室音樂（house music）。」

帕楚里亞放了凱文．哈里斯（Calvin Harris），揚尼斯開始搖擺，抖動著肩膀，但隊友又把音樂轉到嘻哈。偶爾人比較少時，帕楚利亞會打開浩室音樂，低聲對揚尼斯說：「揚尼斯，現在是我們的時間了。」

蓋格會告訴揚尼斯，哪些歌曲適合在公共場合唱，哪些不適合。「他以為可以隨心所欲地唱任何想唱的歌，就算歌詞裡面有F開頭的髒話。」蓋格說。

揚尼斯喜歡學新的舞蹈動作，他會播放卡利最潮特區（Cali Swag District）的《教我跳道基》，然後開始擺動手臂。

公鹿隊拍攝了揚尼斯聽著德瑞克音樂跳舞的影片，影片中這位新秀的雙手在身體上下移動，想要擺出性感帥氣的一面，揚尼斯喜歡拍，而且拍攝期間，他還會要求某些動作重來一次，「你已經做了五次了。」蓋格說著，但揚尼斯想的是：怎麼可以更帥一點？他是一個完美主義者，做任何事情都是如此。

揚尼斯開始喜歡上甜食，他可以吃任何甜的東西，任何一種都行。他和蓋格很常去電影院看電影吃糖果，因為看美國電影可以幫揚尼斯練習英文。（揚尼斯喜歡幫派電影，每次結束後去停車場牽車時，他就裝得一副自己是黑幫老大的樣子，用威脅性的語氣大喊：是嗎？是嗎？）他們會點爆米花，揚尼斯會張開嘴巴讓蓋格丟進來，「來，羅斯！丟進來！」揚尼斯還會點一杯紅色或藍色，糖分很高的冰沙，一直跟蓋格聊電影的內容，有時聊得太起勁，蓋格就必須跟他解釋，看電影要保持安靜。

兩人經常在比賽後，跑去開到很晚的餐廳吃飯，比如揚尼斯最喜歡的兩個地方：蘋果蜂和起司蛋糕工廠，他認為蛋糕是很高級的食物，另外，他也愛上了漢堡和巧克力奶昔，真正的美式食物。

坐豪華轎車去沃爾瑪購物讓揚尼斯很爽很過癮，不過小小的玩具機器也可以讓他開心一整天，他喜歡吃漢堡和奶昔的時候，獲得一些毛絨填充玩具，另外他很堅持各付各的賬單，即使他們在麥當勞吃飯。

蓋格帶揚尼斯去起司蛋糕工廠過生日，服務生招待了一塊免費的生日蛋糕，「羅斯！」揚尼斯興奮地笑著說，「我得到這個免費蛋糕，一定是因為那三個魔法字母，N、B、A！」蓋格笑了出來，「不是啦，老弟，他們一般都會這麼做，餐廳會在生日那天招待一些甜點，然後到桌邊唱生日快樂歌。」

第一次去墨西哥燒烤餐廳的時候，揚尼斯驚呆了，因為可以選擇的食物太多了，還有一個捆包可以一次放那麼多食材。「我全都要！」揚尼斯告訴蓋格，他點了雞肉、牛肉、黑豆、斑豆、酪梨醬、起司，一大堆東西，以至於服務生必須用兩個餅皮才包得起來，幾乎跟一顆足球一樣大，不過幾分鐘的時間，揚尼斯輕鬆吃光光。

很快，揚尼斯發現了巧克力奶油凍、好市多的披薩和熱狗。他喜歡好市多，那是他第一次喝到所謂「萬惡的深淵」，一款售價不到兩塊美金的綜合莓果冰沙，好喝到直接上天堂，他馬上發了推特：「第一次喝到冰沙……天佑美國！」

還有，第一次嚐到花生醬時，那是公鹿隊副總經理大衛．莫威（David Morway）老婆自製的花生醬棒，好吃到他高興地發出「哇哦哦哦哦」的聲音；當歐潘漢莫晚餐點雞尾酒蝦時，揚尼斯會問：「這是什麼？蝦子？那是什麼？」在便利商店買東西時，他會來回走來走去，一件一件地拿起商品，沒有要買，而是閱讀上面的標籤，嘗試記得每個東西的名字。

更誇張的是美式鬆餅，揚尼斯第一次吃就愛上了，而且連續吃了十天，他第一次在格林代爾的購物中心吃到安妮阿姨（Auntie Anne）的椒鹽鬆餅時，認為這是天底下最美味的東西，他不敢相信短短幾分鐘內，店員就做出這麼好吃的美食。

他拿著椒鹽鬆餅在商場裡逛，有人認出他是NBA球員，他很自豪、很高興，但不知道該說什麼，就不停地向他們揮手。密爾瓦基的球迷慢慢喜歡上了揚尼斯，因為他是那麼可愛：一個小城市的大男孩，對每一次冒險都很期待。

揚尼斯搞不懂吃到飽的概念——固定的價格提供無限量食物。第一次去的時候，德魯告訴他，「想吃什麼自己拿。」他就拿了一些看起來好吃的食物放在盤子裡，其中有些他根本不知道是什麼，吃了幾分鐘後，德魯起身準備再去拿點東西吃。

「教練！」揚尼斯緊張地小聲說，「你在幹麼？你不能再去拿了。」

德魯奇怪地看著他，「這是吃到飽，每個人都可以這樣做，你想去幾次都可以。」

揚尼斯有點搞混了，當球隊出發去打客場比賽時，他以為可以這樣，看到飛機上或飯店冰箱裡有吃的喝的，就當作是無限量提供，或者在威斯康辛州的其他餐廳吃飯時，也以為付一次錢可以盡情吃到飽。還有一次，他在大賣場拿了幾個冷凍比薩，竟然先走到店外找籃子裝再回來付錢，保全很快攔下他，幸好有位球迷熱心幫忙，跟揚尼斯解釋這樣的行為是錯誤的。

好多的第一次，包括他第一次拿到球隊的支票，他問巴特勒：「我要怎樣才能不被政府扣稅？」巴特勒笑了，「歡迎來到ＮＢＡ。」

後來，巴特勒和梅奧去當地的家具店，買了一整套的公寓家具送給揚尼斯，他非常感動，當初連續一個禮拜修理他的老將們，其實很關心他，一直在照顧著他。

＊＊＊

揚尼斯學習如何理財、如何在餐廳給小費、如何用手機應用程式，他有很多疑問：如果他不是美國人，為什麼在美國要繳稅？為什麼這條街的名稱這麼長？密爾瓦基是他的遊樂場，每天都會碰到一些有趣的大小事，甚至用遙控器讓電視上的比賽暫停和倒帶這種小事，他都覺得很新奇。

「他對現在的生活感到不可思議。」沃特斯說。

到猶他州對上爵士隊的比賽前，揚尼斯的教練跟他解釋，有可能會因為海拔高度而感到疲憊。「不用慌，你的身體會自動去調適的。」但揚尼斯想要親眼看到，所以賽前投籃結束後，他走到歐潘漢莫身邊，「教練，我想看看海拔！」隨後他衝到看台的頂端，站了五分鐘，等待看看身體有沒有發生變化。

有次練球，影像處理師科迪．羅斯記得揚尼斯走到他和歐潘漢莫面前說：「兩位，我需要剪頭髮了，我想弄個跟科迪一樣的髮型。」羅斯的頭髮總是完美而整齊，每次看起來都像剛剪的樣子，這是揚尼斯心中的最佳造型：低漸層。「他一直很想要一個帥氣酷炫的美式髮型。」羅斯說，所以他去了吉氏快艇，一個密爾沃基當地的知名髮廊，第一次嚐到了髮型帥氣的滋味。

揚尼斯與助理教練尼克．梵埃克塞爾（Nick Van Exel）感情很好，他們會互噴垃圾話。「你太小了！」揚尼斯會這樣嗆。一開始他不知道這個傳奇控球後衛是誰，後來才上網用谷歌搜尋，第二天練球時，他看著梵埃克塞爾就說：「啊哈！啊哈！我知道了，我知道了。」梵埃克塞爾開始大笑，「你又知道什麼了？」「我知道，尼克！尼克！快速尼克！」揚尼斯不停地重複梵埃克塞爾的綽號，滿臉得意。

揚尼斯認真地完成新秀的任務，老將巴特勒會請他去拿些碳酸飲料或速食，「一般來說，這些是為了讓新秀保持謙卑，」巴特勒說，「但老實說，揚尼斯不需要我們這樣做，因為任何事情對他來說都不是理所當然的。」

他很高興地做著這些事，包括桑德斯要求他早上六點三十分前買好美式甜甜圈，或者里諾爾請他在練球路上拿鬆餅，以及把衣服送到隊友房間。

成為導師的巴特勒，讓揚尼斯保持警覺。他在對上籃網的比賽中表現出色，一大群希臘裔美國人起立為他叫好鼓掌，巴特勒看著這個菜鳥，觀察他是如何處理旁人讚美，「嗯，這個新人覺得好像有點超過了，很好。」

之後，隊友們帶著揚尼斯去夜店慶祝他的出色表現，當時，巴特勒的生日快到了，這位老將許了個願望，就是讓這位新人保持謙虛。巴特勒要求揚尼斯在夜店，當著大家的面，做三十幾個伏地挺身——象徵巴特勒每年生日，揚尼斯都做一個當作禮物。

揚尼斯沒有退縮或尷尬，他彎下身去開始做，每做一下胸部就起伏一次，夜店裡的每個人都覺得很可笑，包括那些女孩，但揚尼斯並不在意。「如果你叫他去撞破一堵磚牆，」巴特勒說，「他會毫不考慮衝過去。」

揚尼斯很尊重長輩，他會稱呼每個人「先生」，像是路克先生、約翰先生、賴瑞先生。他保持置物櫃整齊乾淨，同時感到自豪。「他做的每件事，都帶著我從沒見過的熱情。」那年公鹿的助理教練鮑伯．班德（Bob Bender）記得。

大多數新秀都不想去冷到不行的密爾瓦基，但是揚尼斯喜歡，他很感激這個夢想中的世界，當時球隊負責社區關係和球員發展的副總裁史奇普．羅賓森（Skip Robinson）會開著凱迪拉克去接他，「史奇普，這車真是太棒了！」揚尼斯第一次坐的時候這樣說。

揚尼斯總是面帶微笑。一天下午，哈蒙走過來告訴他，這樣的笑容會聯想到某個傳奇巨星。「揚尼斯，你知道魔術強森嗎？你知道他最厲害的是什麼嗎？」

揚尼斯看過魔術的精彩好球，也曾經想模仿他打球，但他對魔術的了解並不多，所以當哈蒙問他的時候，揚尼斯點了點頭，但不知道怎麼回答。

「不是他的運球，不是他的傳球，」哈蒙繼續說，「也不是他的勾射投籃，甚至不是他拿下過總冠軍。」

「是他的笑容。」

「揚尼斯，你有，你擁有跟魔術一樣溫暖的笑容，繼續保持微笑。」

揚尼斯很天真、很可愛、有時傻到像笨蛋，他常說了或是做了一些很搞笑的事情。像是有一次，他在做二頭肌彎舉時，隨隊工作人員瑞奇會在更衣室裡開他玩笑，「揚尼斯，加油！努力讓肌肉變大！為了那些正妹變大吧！」

「哦！好的！」揚尼斯沒有聽出來雙關語，「變大吧！好大的二頭肌！女孩們喜歡大二頭肌！」

然後他意識到，彎舉（curl）與女孩（girl）押韻，一個新說法誕生了：「為女孩彎舉！為女孩彎舉！為了女孩我要用力舉！」他一邊說，一邊看鏡子裡的自己做著二頭肌彎舉。

還有一次，隊友叫揚尼斯客串球隊在大螢幕上播放的影片。他拿著一個海綿大手指當作道具，「揚尼斯，把它塞進你的鼻子裡！」助理教練歐潘漢莫喊著，結果揚尼斯真的試著把大手指伸到鼻孔旁，動作相當滑稽，他咯咯地笑倒在牆上，歐潘漢莫也笑翻了。

揚尼斯對任何人都很熱情，飛機上，當隊友們在睡覺或戴上耳機時，揚尼斯會和空服人員聊天，關心他們的一天。「空姐們很喜歡他，」沃特斯說，「他讓人們感覺舒服，人們喜歡跟他互動。」

有場公鹿隊對上灰熊隊的比賽，一位粉絲拿著一張揚尼斯的海報，上面還寫著「希臘人還在生長」，揚尼斯盯著海報上的自己，並且心裡想著：「瞧瞧，我挺帥的嘛！」還有一場對上多倫多暴龍的比賽，揚尼斯被吹了技術犯規，後來知道技術犯規會被罰一筆為數不少的款項時，他跑向裁判並請求將技術犯規收回。

球迷們漸漸覺得揚尼斯很可愛，他在訪問中會故意壓低聲音，因為大家都在看，所以聲音必須低沉而嚴肅。他變成了網絡紅人、社群媒體寵兒，一位當地作家二〇一四年告訴ＥＳＰＮ：「他的天真傻氣，加上樂於接受新挑戰的個性，讓他成為了超級運動英雄和迷因梗圖的最佳綜合體。」

克特・萊廷格（Kurt Leitinger）是密爾瓦基公鹿的忠實粉絲，他非常喜歡揚尼斯，還將他的車命名為「揚尼斯一千五」。「我把車子抬高，大約有六尺十一到七尺高，車牌上有揚尼斯的名字。」

萊廷格還記得，推特上有一個粉絲帳號，當揚尼斯確定要出賽的時候，會跳出通知訊息提醒粉絲，「他做出了誇張、令人瞠目結舌的動作，不是一般球員能做到的，很特別，」萊廷格說，「特別到公鹿球迷立刻相信，他就是我們的救世主。」

隨著名氣越來越大，揚尼斯遇到的支持者越來越多，要求也越來越多，當被要求與當地記者進行一對一專訪的時候，他就會問公鹿的公關團隊，「他們為什麼一直要找我說話？」

他對認識的人很友善，體能實習生梅麗莎．曼根（Melissa Mangan）為他製作蛋白質奶昔時，他既感謝又感動，於是禮貌地問是否可以關注她的推特，導致其他實習生懷疑揚尼斯是不是喜歡上她了。

包括曼根在內的幾位實習生，會在賽前為球員混合開特力粉，並讓球員試喝，看看是太甜還是太淡，後來變成了一場競賽，實習生會比，看誰能配出最好喝的開特力。揚尼斯總是自告奮勇去擔任試喝員，這個任務讓他覺得自豪，同時，他對這項技術很講究：水、冰、粉末的比例必須完美分配，不能因為要泡出好幾公升的量而出錯，而且葡萄味也必須恰到好處。

他會豎起小指，假裝很專業，然後吸一小小口，「啊啊啊，這個有點太甜了！」大家覺得有趣又搞笑，他會客觀地告訴每個人喜歡和不喜歡的原因，但大部份他都會選擇曼根的，「有時甚至在喝之前，他就會說出來哪個是我配的。」曼根說，後來他們用眼罩蒙住揚尼斯的眼睛，來個「盲測」，這樣就不會自動選到曼根的了。更好笑的是，每當他找到一百分的混合開特力時，就會興奮地拿著杯子衝向米德頓，「克里斯！你必須試試這個！超級好喝，快試試看！」

你不可能不喜歡他，除非覺得他很煩人，就像小弟弟一樣。有天下午，一些球員在訓練中心吃東西，那個賽季上場時間不多的揚尼斯走進來說：「我是希臘怪物！我是揚尼斯！總有一天我會成為聯盟中最強的！」來自塞爾維亞的中鋒米羅斯拉夫．拉杜利察（Miroslav Raduljica）很生氣自己看書被打擾，「這小子真他媽的討人厭！」

還有一次是在球員休息室，球員和工作人員正在談論ＮＢＡ職業生涯，是否應該都待在同一支球隊，揚尼斯聽到後脫口而出：「我愛密爾瓦基！我想永遠待在密爾瓦基！我要在這裡打二十年的球！等到退休的時候，這裡的每個人都已經厭煩我了！」拉杜利察翻了個白眼，小聲地啐唸，「我已經厭煩他了。」然後走出房間。

「每個人都在笑，」二〇一三至二〇一七年期，擔任公鹿隊籃球分析總監的麥可・克拉特巴克（Michael Clutterbuck）說，「揚尼斯當時太年輕、太天真，不了解球隊和球員之間的相處之道。」

工作人員思考著，如何用最好的方式在社群媒體上包裝揚尼斯，擔心他傻裡傻氣地看待美國新事物的行為會產生負面效應，前公鹿隊資深副總兼首席營收長西奧多・洛爾克（Theodore Loehrke）說：「在商業和行銷方面，他的天真幼稚有時候的確很敏感。」「儘管許多故事聽起來很有趣，但我們要小心，不會過多著墨推特冰沙的事情，我們想確保大家把他當作一個正常人、一個正常籃球員，而不是一本有關美國故事的諷刺漫畫。」

＊　＊　＊

揚尼斯也有嚴肅的一面，他內心深處渴望證明自己，他想成為偉大的NBA球員，他不在乎生涯第一場比賽是在知名籃球場麥迪遜廣場花園，也不在乎對位的是紐約尼克隊王牌、當時聯盟最好的球員之一——卡麥隆．安東尼。

十八歲又三百二十八天，全聯盟最年輕的球員揚尼斯，賽前還是詢問了德魯教練，他要怎麼做才能防住安東尼。

二〇一三年十月三十號，比賽日的早上，揚尼斯不停地對巴特勒喊著：「尼克隊！紐約尼克隊！卡麥隆．安東尼！」揚尼斯不停地四處張望，他想定格這一刻，記住每一個細節，像是他有NBA的襪子，還有一套NBA球衣。

當時住在紐約的一位希臘記者尼克．梅塔利諾斯（Nick Metallinos）提前了幾個小時到球場，目的當然是揚尼斯。賽前，梅塔利諾斯注意到在底線的揚尼斯，於是走過去用希臘語打了招呼，並且表明自己也是希臘人，揚尼斯一方面用複數形式回答代表尊重，另一方面也嚇了一跳——在紐約，竟然有另外一個希臘人，跟自己說著希臘話。

聊完後，揚尼斯將注意力放回球場，開始投籃熱身，巴特勒感覺到，這位新秀很謹慎地看待跟安東尼的對決，但其中有些緊張的成份。「不要輕易被假動作騙，」巴特勒告訴揚尼斯，「重心放低，好好防守。」漢森則說：「揚尼斯很嗨，他準備好了，而且他不知道對手是誰更好，有點像：安東尼？誰啊？對我來說只是另外一個人。」

但到了場上，揚尼斯很快就發現安東尼是多麼強大，多麼有主宰力。那場比賽，安東尼得到十九分和十個籃板，而揚尼斯只打了四分四十三秒，沒有任何出手命中，沒有搶到籃板，最後以一分結束：罰球。

安東尼感受到這位新秀有多想表現，他盡全力不讓安東尼接球，對球的落點感覺強烈，如果他不在落點附近，也會想盡辦法靠近些。

「他鬥志高昂，」安東尼說，「我完全感受到，他不會退縮，企圖心也強，你看到他的好勝心，還有想要成為偉大球員的渴望。」「天生打籃球的料，你可以看出他有非常多的優點，不過我認為，他還不知道如何運用自己的身材優勢。」很明顯，揚尼斯還有一長段路要走。

公鹿隊最後以八三比九〇落敗，賽後揚尼斯很安靜，播音員整場比賽中不斷摸索他的名字怎麼唸並沒有幫助，就像接下來的幾個月裡一樣，變來變去：

「吉亞尼斯。」

「阿添那庫波。」

「安德庫波。」

「阿特地昆波。」

《運動畫刊》報導，「他的姓氏讓每個球場的播音員都亂了套。」

《密爾瓦基哨兵報》說，「你很難在不結巴的情況下，整場比賽始終如一地唸出這個名字。」

《雅虎》說，「哇，這名字有難度。」

因此，「希臘怪物」（Greek Freak）的綽號開始流行。

揚尼斯非常有運動能力和天賦，以他的身材來說，他的控球能力出奇的好。公鹿隊的電台轉播員泰德．戴維斯（Ted Davis）替他創造了「字母哥」（Alphabet）的綽號，但揚尼斯比較喜歡「希臘怪物」，直到今天，揚尼斯也不知道這個綽號是哪來的，他最親近的家人朋友也不知道。

二〇一二到二〇一三球季開始前，八月威斯康辛州的州博覽會上，公鹿的數位團隊讓揚尼斯與球迷們玩了一個遊戲，想看看球迷是否能唸對他的名字。

「每個人都說錯了。」前公鹿隊數位平台副總裁，現任明尼蘇達灰狼隊首席行銷官的麥克．格拉爾（Mike Grahl）說。

一個穿著粉色渲染襯衫的女士先嘗試：「吉啊……內斯……阿德托肯……批歐。」其他人則跟上，挑戰進行了數十次，情況變得更糟。

「揚尼斯……安特提諾……諾庫博。」

「珍尼斯……阿德土官波。」

「安提庫諾伯。」

「吉尼斯阿德官波。」

「揚尼斯阿特德寇諾波波。」

格拉爾記得揚尼斯是輕鬆微笑去面對的，儘管參賽者每次嘗試後都會大笑，但似乎沒有影響他。「他接受了這一點，他就是這樣樂觀、有趣而隨性。」格拉爾說。

公鹿隊起初不確定是否叫他「希臘怪物」，因為不確定這位新秀是否對這綽號反感。而公鹿傳奇廣播員和威斯康辛廣播員協會名人堂成員，從一九六八到一九八四年一直在球隊工作的艾迪・杜塞特（Eddie Doucette），不喜歡「希臘怪物」的說法，到現在他還是不喜歡，「我個人認為，希臘怪物這四個字，是有誹謗性的。」杜塞特說。

杜塞特是創造籃球術語的專家，比如卡里姆・阿卜杜賈霸的「天勾」，就是他取的，他也嘗試替每名公鹿隊的球星取綽號。「我想讓籃球帶來更多的樂趣。」現年八十三歲的杜塞特說。

他取過最好的綽號？例如：水泥攪拌機─迪克・康寧漢（Dick Cunningham）、灰狗─鮑伯・丹德里奇（Bob Dandridge）和驚奇隊長─葛雷格・史密斯（Greg Smith）。他創出許多流行的籃球術語，流行到學校老師打電話給他抱怨，說學生講一些聽不懂的詞，像是丟紙團進垃圾桶的時候大喊：「賓果！」

因此，儘管杜塞特已離開球隊，他還是想幫揚尼斯取一個新綽號。

「在密爾瓦基，甚至在威斯康辛州，除了亞倫・羅傑斯，還有誰是更大的大人物*？」杜塞特說，「當NFL淡季時，這裡都在討論揚尼斯和公鹿隊，如果沒有比揚尼斯更大的大人物，為什麼不叫他「大菲達†」呢？這邊每個人都喜歡起司。」

＊　＊　＊

大多數時候，揚尼斯把自己操得很累，他會花幾個小時在球場上練習，幾個小時在重訓室，然後晚上再一個人加練幾個小時，試著變得更強。「他想主動贏得榮譽，而不是被給予榮譽。」克雷蒙斯說。

令人沮喪的是，成效沒有顯現出來，他在比賽中幾乎沒有從板凳起身上場，偶爾獲得幾分鐘的機會，然後又沒了。像對上邁阿密熱火的比賽中，他表現出色，得到了那年球季個人最高的十一分，但之後再次掙扎，對陣奧克拉荷馬雷霆的比賽中只進了兩球，表現不穩定，上場時間也不穩定。

部分原因是防守，揚尼斯在防守輪換時跟不上，因為他過度補位了，他會不經意地伸手碰觸進攻球員而賠上犯規，他也不習慣比賽的節奏。唯一令人激賞的是偶爾出現的好球——一個誇張的火鍋封阻，一個幾乎不可能完成的上籃——但這些一下就被忘記了。他試圖卡位，結果自己摔倒，癱在球場上，他會看著裁判，認為應該被犯規了，但是哨音不會響。公鹿隊幾乎每場比賽都

＊　此處以「big cheese」此俚語代稱，後面以起司名取名為一雙關。

†　菲達起司（Feta cheese）原產自希臘，廣泛用於各類食譜中。

輸，而揚尼斯還是個無名小卒。

被換下場時，揚尼斯明顯感到沮喪，巴特勒和里諾爾會指導他，告訴他放鬆。

「你太急了，冷靜點。」「調整呼吸。」德魯對揚尼斯很有耐心，給了很多的犯錯空間，「我們最擔心的是他未來的發展。」德魯說。

揚尼斯對自己很嚴厲，會氣自己氣到在大家面前哭出來的那種。有一次公鹿在家打主場比賽，德魯第四節讓揚尼斯坐板凳，主要是因為比賽節奏慢，公鹿隊想加強防守，德魯叫了暫停，換下的揚尼斯就坐在旁邊一直盯著，然後眼睛開始濕濕的，「我可以看到他眼睛裡面有淚水在滾動。」

成功守下之後，公鹿又喊一次暫停，德魯讓揚尼斯再回到比賽中，德魯試著向他解釋，有時球員在某種情況下會被替換，但揚尼斯無法接受，「不，你讓我留在場上，」他告訴教練，「進攻你可以留我，防守，你也可以留我在場上。」

德魯喜歡揚尼斯這樣直接，這讓德魯想起曾經執教過的另一名球員：科比．布萊恩。回憶起一九九七年，洛杉磯湖人隊季後賽首輪遇上波特蘭拓荒者的系列戰第三場，當時波特蘭的得分好手艾賽亞．萊德（Isaiah Rider），粗暴地伺候洛杉磯的後衛，包括當時年僅十八歲的科比。湖人最終輸球了，賽後，德魯肯定球員們盡了最大的努力，但科比憤怒地瞪著德魯。

「LD，」科比說，「我向你發誓，這永遠不會再發生。」德魯問他是什麼意思，科比指的是萊德粗暴地對待他，「那絕對不會再發生了。」科比重複地說。果然，湖人隊下一戰成功取勝，晉級西區下一輪。而接下來的訓練中，科比的身體發生明顯變化，肌肉量大增，每次看到揚尼斯責備自己時，德魯就想到這一點。「科比求勝企圖心超強，我在揚尼斯身上看到了同樣的企圖好勝心。」

當揚尼斯哭泣的時候，德魯意識到，這名新秀還只是一個孩子，還不知道如何控制自己的情緒。「他只是個小男孩，對某些事情反應還是像個小孩，」德魯說，「這是我們必須理解的。」

當揚尼斯第一次來到密爾瓦基，和新隊友打一對一的簡單鬥牛時，他也會犯錯，像是有人這一輪占得上風後，他會嘗試反擊，可是又沒有投進，他就會握緊拳頭，大口呼吸去控制情緒，「這動作大家都懂，就是，他可能崩潰了。」班德說。

揚尼斯犯錯後總是馬上回衝，不讓情緒影響發揮，但他不能忍受的是，一直辜負自己設定的期望，「他一直在練，練到有點過頭了。」漢森說。訓練結束時，球隊通常會進行分組對抗，如果揚尼斯覺得他沒投進應該進的球，就會去場邊的籃框練投，德魯會來協助他。「教練，我沒進太多球了，」揚尼斯抱歉地說，「我必須練習投籃。」

當揚尼斯罰球沒進時，他會感到非常、非常沮喪，「就像世界末日一樣。」巴特勒說，因此，巴特勒一直提醒他。

「不要對自己這麼嚴苛。」

「罰球是免費的！」

「你要跟金魚一樣，很快忘掉，然後繼續比賽。」

哈基特注意到，揚尼斯有幾次在重訓室哭泣。

兩人獨處的時候，哈基特想知道，揚尼斯表達情感的方式是不是一種文化差異，美國男性經常被教導要內斂，「我們不會洩露情緒，尤其作為一名黑人男性，」身為黑人的哈基特說，「我們要把情緒藏起來，或是不要那麼在乎。」

但在希臘的球場上，揚尼斯沒有被教導要克制自己的情緒，「他常常在每場比賽後哭個一頓，」前菲拉里提克斯教練席瓦斯說。但揚尼斯到美國時，他的一些教練和隊友都嚇了一跳，這不是我們在超級男性化的ＮＢＡ聯盟會看到的反應。

「你不能哭，」哈基特告訴揚尼斯，「千萬不能。」

然而，事情發生得越多，哈基特越能感覺到，這位新秀是多麼渴望成為偉大的球員，差一點點就代表失敗，而失敗不僅是在練習中，失敗就意味著讓家人失望，讓家人失望就意味著回到希臘，回到希臘就意味著要再次走上街頭。

「我哥哥會想：我是個菜鳥；我遠離家人來到這裡，全家都在那邊等著我；難道我只是想來這裡體驗一下而已嗎？絕對不是。」艾力克斯說，「我們坐了兩個多小時的公共汽車去練球，經歷了所有辛苦的事情，去美國只是為了達到一般球員的水準？不，絕對不是這樣的。」

比賽開始前，揚尼斯都會在場上進行全面訓練，要求歐潘漢莫用巨大的墊子重擊他。「有時候，我們感覺要關閉籃球場才能讓他停止訓練。」巴特勒說。

揚尼斯比賽結束後，又立即回到球場練習，他無法放過自己所犯下的錯，所以會不斷地練投，試著把失望的情緒投掉。有一次，揚尼斯完成訓練，正在脫鞋時，巴特勒開玩笑說：「來打賭，你無法不穿鞋扣籃。」揚尼斯拿了球，穿著白襪子和球衣球褲，從三分線開始起跑，邁出了巨大的兩步，大力地將球狠狠扣進，整個籃框都在搖晃。

＊　＊　＊

揚尼斯對自己很苛刻，但也對自己很有信心。

身邊的人不難看出，揚尼斯知道自己會變得更強大，每隔一段時間，他就會告訴同隊的新秀沃特斯他的偉大計劃：「明年我場均會達到十分，」揚尼斯說，「我會越來越進步，然後第二年，平均得分會接近二十分。」

接下來，他會告訴所有人，「我想成為最好的，我要成為最棒的球員。」其他人都笑了，意思就像：「好的，孩子，誰不想成為最棒的呢？」

「他真的相信自己會成為ＮＢＡ最頂尖的球員之一。」歐潘漢莫說。

不管當時目標看起來多麼不合理，揚尼斯時不時就跟隊友或工作人員說：「我是希臘怪物！我是希臘怪物！」然後他會秀出肌肉，好像要證明自己做得到。

有時打了一場不錯的比賽，數據看起來挺漂亮的，賽後揚尼斯和蓋格會一起坐車去蘋果蜂餐廳吃飯，一路上就都是：「耶！耶！看見了嗎？是的，我就是希臘怪物！」

他曾經對科迪．羅斯說：「科迪，我是希臘來的勒布朗．詹姆斯。」揚尼斯知道詹姆斯在美國的影響力，他目標成為希臘版本。

第一次看到公鹿隊前鋒克里斯．萊特時，他說：「我是揚尼斯，希臘怪物，是的寶貝，就是希臘怪物！」

球迷依然無法唸出他的名字（有些人甚至沒有嘗試過），但揚尼斯三個字已經被牢牢地記住了。「這個名字已經家喻戶曉了，」體育專欄作家羅力．尼寇說，「幾乎像瑪丹娜或比利一樣。」

球隊社區關係和球員發展副總裁史奇普．羅賓森注意到，揚尼斯的氣場確實發生了一些變化，他抬頭挺胸，走起來很自豪，「好像一個國王一樣。」羅賓森說。

＊＊＊

現在，國王需要駕照。

過了幾個月被人開車載著到處走的日子，揚尼斯決定學開車。

某天下午，籃球運營副總裁戴夫．迪恩坐在辦公室裡，聽揚尼斯和一位汽車駕駛教練朗讀行車規則，揚尼斯非常興奮，他把每個駕駛的專有名詞都說了出來。「哦，我知道……打滑！」說完他會安靜下來，專注傾聽教練說什麼，然後再說一個駕駛重點：「我知道！輪胎磨平不好！」揚尼斯很有把握，「我現在就想考試！我準備好了！」

關於開車，他還有很多東西要學，蓋格、哈蒙、迪恩和當時籃球行政主管、現任公鹿隊GM的強．霍斯特（**Jon Horst**）都決定教他。蓋格與揚尼斯相處的時間最多，所以讓揚尼斯駕駛那台速霸陸，他會將六尺九寸的身體塞進車裡，將座椅往後調到底；開車時，他的膝蓋會卡在方向盤上；那是一輛舊車，蓋格十六歲的時候就在開了；發動時，引擎會發出很大的噪音，但這些對揚尼斯來說完全沒有影響，因為他很興奮，有點興奮過頭了。

蓋格不時提醒他集中注意力：「看到你左邊的車了嗎？」

或者，他們慢慢靠近一個停車標誌，但揚尼斯沒有放慢速度，蓋格就會想：「他看到了嗎？他知道必須停下來嗎？」

又或者，揚尼斯想轉彎，但他不會打方向燈，距離轉彎越來越近，揚尼斯能感覺到蓋格臉變得越緊張、越嚴肅，「方向燈！方向燈！」揚尼斯會露出燦爛的笑容，「我知道，我知道，別擔心！羅斯，交給我吧。」

蓋格也教他怎麼加油，當蓋格堅持要幫忙時，揚尼斯會說：「別幫，我是在加自己用的油。」這讓他覺得很酷，很負責任，就像一個真正的成年人，處理著成年人的事。

哈蒙、迪恩和霍斯特有時讓揚尼斯開球隊的福特汽車，他腿太長，座位往後退得太遠，導致迪恩和霍斯特在後座幾乎沒有空間。

他們都在球隊訓練中心練習停車，不過，隊友都拒絕上揚尼斯的車，因為他開得太快了。有一次，漢森在一場比賽結束後前往機場，路上看到一輛SUV*從旁邊呼嘯而過，在車流中左右穿梭，「那是揚尼斯嗎？」漢森心想，到了機場之後，打電話給揚尼斯確認，「是你喔？不能那樣開車啦！在幹什麼你？」

同時，揚尼斯必須學習如何在冰雪上開車。

有一次，公鹿隊的工作人員和揚尼斯去便利商店，買完東西後，揚尼斯想練車順便送他們回家，工作人員很緊張，不想讓揚尼斯開他的車。於是，揚尼斯在冰冷的雪中不爽地下車，打開手機上的谷歌地圖，開始走路回家，這大約需要兩個小時，但揚尼斯超級固執，寧可走路也不願坐在副駕駛座上，幾分鐘後，工作人員追上了他，「好吧！你贏了，車給你開。」

開車時最好的享受？揚尼斯會開著蓋格的速霸陸，把音響的音量調到最大，搖下車窗，跟別車的人秀舞，其他人如果看他的話，揚尼斯會更努力地擺動。

車子的空調不是很給力，所以在蓋格開車的時候，揚尼斯會伸出兩隻手臂，從駕駛和副駕駛的車窗伸出，越過蓋格的臉，像鳥一樣拍打翅膀以產生更多的空氣流通。「這不像人類會做的動作，」蓋格說，那些停在他們旁邊的人會笑著看，「他就是個大孩子，雙手巨大地亂揮舞，」蓋格說，「其他人心裡一定都在想：那輛車裡到底發生了什麼事？」

＊　＊　＊

十一月，一個寒冷的日子，大概零下九度，沒有人可以借車，那天是星期六，比賽日，揚尼斯去西聯把薪水匯款給家人，但忘記了時間。

一位名叫簡．加洛普（Jane Gallop）的女士正在一家義大利雜貨店購物，當她和男友迪克．布勞（Dick Blau）買完東西，回到她的本田小車時，看到一個又高又瘦的黑人從旁邊跑過，看起來相當眼熟。

加洛普是威斯康辛大學密爾瓦基分校的教授，自一九九九年以來，一直是公鹿隊的球迷，非常喜愛公鹿隊。突然間，她意識到，剛跑過他們身邊的人是揚尼斯，在零下九度的天氣裡，只穿著一件薄的海軍風外套和藍色牛仔褲。「我的直覺反應是：天哪！穿風衣太少了吧，他應該穿一

＊ 運動型多用途汽車，也可稱運動型休旅車。

件厚夾克。」加洛普說。

她跟男友說，「我們可以送他一程嗎？」於是他們開車追了上去，搖下車窗問：「嘿，你要搭便車嗎？」

揚尼斯停了下來。

「你們要去布萊德利中心嗎？」

「我們可以載你去那裡。」

揚尼斯跳進車裡，連續說了兩聲謝謝。

因為車子不大，他側身坐著並低著頭，也沒有多說什麼，這種不可思議的奇怪時刻，雙方都緊張了起來，加洛普記得腦袋一片空白，勉強擠出：「你需要一件冬天外套。」「是的，但我沒有錢，我剛剛把所有的錢用西聯匯款匯給我父母親了。」揚尼斯實話實說。

加洛普內心非常激動，以至於忘了要拍照，也後悔沒有找到商店買外套給揚尼斯，但她有設法要簽名，揚尼斯用英語和希臘語各簽了一個，並在布萊德利中心下車時，給了加洛普和她的男友一個擁抱，再次感謝他們。

揚尼斯找到哈蒙，告訴他剛剛發生的這一切，總經理嚇壞了，「如果你需要搭車，」哈蒙說，「可以打電話叫我們任何人幫你，不要上陌生人的車。」

揚尼斯當時沒想那麼多，畢竟，這是美國，他所想的只是來這裡幫家人多賺點錢，希望早日他們來密爾瓦基和他住在一起。

＊＊＊

不過最近，隊友們和教練開始覺得有些不對勁。

那個陽光，自信十足的揚尼斯笑容變少了，也沒那麼活潑了，好像少了一些火花，他的笑聲感覺也是刻意擠出來的，彷彿是費了九牛二虎之力才能笑出來。推特上，充滿了球迷留下關於冰沙消息的驚嘆號，好像掩蓋了內心深處的痛苦，一種很少人能理解的痛苦：他很孤單。

第六章　孤　單

每天早上，揚尼斯出門前都會看看公寓的主臥室，他會確保枕頭完全蓬鬆，以防爸媽可能會在突然當天下午或晚上到美國來看他，接著他會去考辛斯中心練球，同時希望自己的假設變成現實。「也許，今天政府會批准我的家人，給予他們身份。」他一邊想著，一邊從停車場走進球館，他在置物櫃旁邊繫球鞋的鞋帶，所有東西都乾乾淨淨，井井有條，好像他爸媽隨時會出現來檢查。

他會去找哈蒙。「有關於我家人的消息嗎？」「他們還要多久才能到？」哈蒙還沒來得及回答，另外兩個問題隨之而來，「這個月有機會來嗎？」「我們還能做些什麼讓他們可以順利來這裡呢？」

哈蒙向他保證，球團正盡其一切所能將家人帶到美國，但移民單位已經兩次拒絕家人的簽證申請，科爾和助手安頓一直在催促，哈蒙告訴揚尼斯，大家都真心想幫助阿德托昆波一家人，只是目前還沒有答案，請揚尼斯繼續等待，保持耐心。

但是，沒有家人的陪伴，每一天都很難熬，他重新思考目前為止所經歷的一切，是不是真的值得：健身房裡艱苦操練好幾個小時，短短幾個月內增加至少三十磅的肌肉，以及日復一日地在油漆區被衝撞，然後倒在球場地板上。

「這讓他非常痛苦，」艾力克斯談到揚尼斯的感受時說，「他一直打電話給我們，他想念我們，並且一直在思考，如何把我們帶到美國去。」

揚尼斯腦海裡的夢想中，他綁著像艾佛森的辮子，投出像杜蘭特的跳投，但目前看起來不像，感覺也不像，他從來沒有想過自己會在這裡，而他的家人會在那裡，沒有在一起。

他從來沒有獨自一個人超過三天，除非是為了參加青年錦標賽而出差，他也從來沒有不和兄弟們一起並肩睡覺、一起坐兩趟公共汽車、一起在球場上跑來跑去幾個小時，然後回到家，爸媽問到：「你們今天充分利用時間了嗎？」

他不僅僅是想家，不僅僅是沮喪，這是他有生以來第一次，深深感到孤獨、迷失。

* * *

大多數時候，揚尼斯都放在心裡。

密爾瓦基還是一座陌生的新城市，他不知道該做什麼或去哪裡玩，他想念奇沃拓司咖啡館的食物，想跟錫卡斯抱怨，飛機上和飯店裡的食物大多是加工的。「他只是想要吃點家鄉的食物。」錫卡斯說。

由於八小時的時差，揚尼斯通常在清晨或深夜，與家人用訊佳普（Skype）通話，網路讓他們感覺很近，但登出下線後，他又發現家人其實離得很遠。他把賺到的錢，絕大部份寄回家，幾乎不關心自己是否有足夠的錢。

感覺有時變化地很快，二〇一三年十一月的一個晚上，揚尼斯對家人無法獲得簽證感到沮喪，他說：「事情該怎麼做，我就會怎麼做，但是如果你們都來不了美國，那我只好回去。」家人們被嚇倒了，他們不知道揚尼斯只是沮喪而已，還是真的處於崩潰邊緣，竟然要考慮放棄NBA。

他是認真的，必要的話，就離開NBA。「我們當然不希望他回來，」艾力克斯說，「但也表示全世界都知道家人對他有多重要。」

揚尼斯向經紀人傳達了類似的信息，說他想在美國打球的唯一原因，是提供家人更好的生活，如果沒有他們，那有什麼理由留在美國？

「帶我回去，」揚尼斯說，「我寧願和家人在一起。」

經紀團隊正在努力想辦法讓簽證早點下來，但一家人的申請已經兩次被拒，情況一天比一天更脆弱。揚尼斯有些愧疚，愧疚的原因是當家人生活沒有太大改善時，他卻可以盡情享受籃球、盡情學習成長；無論去哪比賽，他的心思都跑來跑去，這裡、那裡、那裡、這裡；美國、希臘、希臘、美國。

他一直打得很努力，不浪費每一次的球權，這點是無庸置疑的。「他不只是用上帝給予的天賦去打球，而是認真鑽研去提升籃球技能，」助理教練班德說，「有句話是：好的、壞的，繼續下一球。他可能沒聽過這種說法，但他就是這樣例子的球員，不管打好或是打壞，都會繼續認真打下一球的典型代表。」

這麼多年以來，揚尼斯掩飾地很好，痛苦都沒有人知道：假裝肚子沒有餓到咕嚕咕嚕叫，假裝他很確定家人下個月可以住哪，但密爾瓦基是一個不同的挑戰。「我害怕走在街上，因為你知道，這裡的文化完全不同，」揚尼斯接受美國電視節目《六十分鐘》訪問的時候提到，「我很怕，我很孤單。」

公鹿球團展現高度的支持和關心：蓋格深夜開車載他去買巧克力奶昔，讓他感受一下小確幸；歐潘漢莫每天都跟他進行投籃比賽；德魯教練定期傳訊息跟他聊天，讓這位新秀感覺被重視；羅賓森開著凱迪拉克，載他去商場逛街，這些都是為了讓他暫時抽離，稍微放空。

然後是總經理哈蒙，每天關心揚尼斯的感受，他可以算是一百分的完美GM，富有同情心和耐心，他沒有要求揚尼斯馬上完美融入球隊，而且當揚尼斯在場上打出一些令人激賞的好球時，哈蒙會大叫：「喔！天哪！這傢伙很兇啊！超兇的！」

哈蒙是位很不一樣的總經理，他對球員很有同理心，美國中西部的成長背景，加上微妙的幽默感，讓他很容易相處。他送實習生回家，與工作到很晚的攝影團隊聊天，參加員工的週末籃球活動，如果有人需要請假去參加婚禮，都可以期待哈蒙會毫不猶豫地說：「沒問題，去吧！」

他做任何事都是親力親為，如果球員把寶特瓶忘記在球場地板上，他會幫忙撿起來；常常看到他在擦地板，然後被屋頂的漏水弄濕；下雪的早晨，會看到他穿著襯衫、休閒褲、皮鞋，在練習設施入口處幫忙鏟雪和撒鹽。他很懂揚尼斯，因為他知道，勇於追夢跟吃苦耐勞是什麼。

這位來自伊利諾州錫安的本地人，一九七一年，在一場幾乎致命的摩托車交通意外中倖存下來，受傷使他無法在伊利諾州大和聖母大學這兩所夢寐以求的學校打球，後來他進入格林維爾大學，卻失去了最好的朋友史考特．伯吉斯（Scott Burgess），伯吉斯在訓練中與一名球員相撞，因腦部損傷而死亡。

哈蒙繼續努力，從內布拉斯加州波尼市的高中教練開始，然後成為密蘇里州西南部的小鎮大學籃球教練，再到NBA不同球隊的球探部門，最終高升進入底特律活塞的管理階層。

儘管密爾瓦基是個預算有限的小型市場，但哈蒙希望每個員工都被重視。

「他對我說：我希望這些球員走進更衣室，感覺這是好萊塢的首映會，」在公鹿隊工作超過二十五年、同時擔任發展聯盟威斯康辛鹿群設備經理的麥克．瑟戈（Mike Sergo）說，「電視都必須播放世界體育中心，每條毛巾都必須折好，當球員走進來時，洗衣籃裡不能有任何東西。」

如果揚尼斯被選進邁阿密、洛杉磯、或是紐約這樣的大市場球隊，那他可能不會有那麼多一對一的支持，讓他在低迷時感受溫暖。

有一次客場作戰，布蘭登．奈特感覺到揚尼斯悶悶的，幾乎沒有離開過飯店的房間，於是奈特在回房間準備跟家人打電話的路上，在走廊抓住了揚尼斯。

「嘿，你在幹嘛？」奈特說。

「哦，我只是要回房間。」揚尼斯說。

「過來，幫你換個髮型，老弟。」

「幫我剪頭髮？」

「是啊！我們大家都在另外一個房間裡剪，來吧！」

雖然有點不情願，但揚尼斯同意了。當他坐上椅子，向理髮師打招呼時，不禁咧嘴大笑了出來，因為這一切太好玩了：和美國隊友一起在飯店剪頭髮。這段時間裡，悲傷緩和了下來，因為有這些關心他的隊友。

但回到自己房間後，就必須面對現實：這裡不是真正的家，隊友不是他的家人。密爾瓦基很好，但空氣中沒有飄浮著富富的氣味，這氣味會像個溫暖的擁抱將他包圍。

這是一種奇怪的感覺：手中現金比他能想像的要多，但感覺比他能想像的還要空虛。

＊＊＊

更麻煩的是，公鹿隊戰績很糟糕，那種連兩位數的勝場總數，都不知道能不能夠達到的糟糕。

他們是一支年輕的球隊，有許多二十歲出頭的球員，而士氣卻處於歷史最低點。

「季中被交易到夏洛特，我是開心而興奮的，」里諾爾說，「公鹿那個球季很糟糕，一切都讓人沮喪。」

剛簽署一份為期四年，價值四千四百萬美金合約的禁區大將賴瑞．桑德斯，先是拇指受傷，然後在夜總會打架、扔香檳酒瓶，一切失控的行為不但讓自己丟臉，更大大傷害了公鹿球隊的形象。

七尺七寸的臂展，桑德斯一度是ＮＢＡ最優秀的火鍋手之一，他可以用六步跨過全場，巔峰時期的他一扣籃，籃板會晃動三十秒，但最後事實證明，他是公鹿隊那一年最大的失望，桑德斯季末因為吸毒被禁賽。

「真是太可惜了。」那年擔任公鹿隊助理教練史考特．威廉斯（Scott Williams）說。

受傷人數不斷增加，替補隊員Ｄ．Ｊ．史提芬斯（D. J. Stephens）記得有人在板凳區說：「我們有六千萬坐在板凳區，但他們因為受傷無法上場。」他只能苦笑，因為球隊狀況真的很慘。

「整個球季都很混亂，」克雷蒙斯說，「我們受苦受難，真的是苦難。」

「球隊亂七八糟。」帕楚利亞說。

那年受北極極地渦旋影響，密爾瓦基創記錄地寫下二十年來最冷的紀錄，有二十四次氣溫降到零下十幾度，這樣的溫度被定義為「危及生命」的程度，氣象專家更警告民眾，任何露出的皮膚都可能被凍傷。

有一天，威廉斯從訓練場出來，發現車庫門上的電池裝置壞了，他心想：「我必須下車去別的地方，否則會死的，他們之後會在這裡發現我凍僵了。」威廉斯經常第一個出現在練習場，原因是他想把車停在最近的車位，才不用在寒冷的天氣走一大段路。「我們沒有室內地下停車場。」

寒冷對揚尼斯來說是一個很大的挑戰。他起初沒有保暖的衣服，每天都只穿公鹿隊的運動服，伊利亞索瓦給了他一條牛仔褲，梅奧和巴特勒也都有給他，但在密爾沃基寒冷的日子裡，只穿輕薄的羽絨服加運動衫是不夠的，揚尼斯走路時，有時候會抓著蓋格的手臂，因為他在發抖，腳上穿的是襪子加耐克拖鞋，而不是雪地靴。

有天晚上十一點左右，他們要離開起司蛋糕工廠時，暴風雪漸漸開始了。揚尼斯和蓋格走到汽車旁，引擎蓋上已經積了幾公分厚的雪，蓋格開著車，以時速五十公里的速度在高速公路行駛，車頭燈亮著、霧燈亮著、空調也開著，而且擋風玻璃的雨刷已經極快速地來回擺動，但雪下得又大又多，眼前白茫茫一片根本看不見，兩個人都嚇壞了。蓋格心想：「如果我們出事了怎麼辦？」他在路邊停了下來。

「不要停車，」揚尼斯說，「我們繼續開。」

「老兄，我看不見阿！」

「好的，兄弟，那條毛巾呢？」蓋格都會放一條毛巾在後座，可以用來擦真皮座椅上融化的雪。

「打開窗戶。」揚尼斯邊說邊抓起毛巾。

蓋格打開副駕駛的窗戶，揚尼斯在繫著安全帶的情況下，右手拿著毛巾，伸長手臂到擋風玻璃上去除雪，他巨大的臂展可以直接伸到駕駛座的前面，充當人體雨刷，每三十秒刮一次，這樣蓋格就可以看到路，然後開車回家。

「我們再也不敢那樣做了。」蓋格說。

＊＊＊

揚尼斯還在長高，從加入訓練營開始到二〇一三年十二月，他從六尺九寸長到六尺十又四分之一寸，長了超過三公分。他在球場上還是打得很掙扎，那時新秀賽季大約進行了一半，他也盡量保持正面樂觀，十二月六號十九歲生日那天，還替正在進行客場之旅的球隊買了杯子蛋糕，跟球隊分享。

但他就是無法在球場上放慢腳步，所有累積的能量，所有求勝的慾望，在揚尼斯體內翻騰，隨時準備爆發。無意之間，他會過度防守而犯規，快攻時球打到膝蓋而失誤，他非常努力地想成為重要的那個球員，那個無所不在的球員。

「他腦筋裡面的想法，每分鐘可以跑一百萬英里。」里諾爾說。

揚尼斯必須成功，必須很棒，但目前距離還很遠。任何人都可以看出，在未來的某個時間點，他會變得非常出色，因為他是重點培訓的球員：一個鬥志高昂的球員、一個偶爾低潮的球員、一個令人驚豔的球員、一個輸球會失落的球員。

他既年輕又認真，特別在防守端，發生失誤後從不會用走的回防。你很難苛責，因為他每一次犯錯都暗藏著努力和企圖心：他會強行切到籃下硬扣，但發現兩次運球；他會空中攔截對方傳球後發動閃電般的快攻，但發現走步違例；他還會完成一個難以想像的追魂鍋，但結果是妨礙中籃。

他還沒辦法把所有的技能結合在一起，身體技術水準還不夠，有時他覺得自己是不是在一次練習中犯了二十次的錯誤，心情起起伏伏；某一晚，揚尼斯大放異彩；隔天晚上，又變得困惑無力。有場跟塞爾提克的比賽，他在傳球出界後聳了聳肩，不是承擔失誤的責任，而是那種「不是我的錯」的表情。

時好時壞，抓不住節奏，德魯提醒他必須專注於穩定，揚尼斯知道教練是對的，但說起來容易做起來難，因為球隊已經不怕輸掉比賽，不怕揚尼斯犯錯去成長，然而隨著球季進行，也意味著年輕沒經驗不能當作藉口，他必須要正視自己的弱點。

蓋格和揚尼斯住在同一個大樓裡，晚上十一點左右，揚尼斯有點疲憊地躺在沙發上，心情不美麗，他把腳掛椅子的扶手上休息，蓋格在旁邊陪他，但明早的訓練，教練需要比賽影片。

「我得去準備要分析的影片了，」蓋格說，「你今晚好好休息。」

「欸，老哥！」揚尼斯說，「別走啊，哥。」

「我要去弄影片了，教練們明天練球要用。」

「那……去拿你的電腦來！」

揚尼斯的堅持，讓朋友感受到天真、柔軟，所以蓋格心軟了，回到自己房間拿了電腦，然後再到揚尼斯的房間弄影片。

凌晨，蓋格將弄好的分析影片傳給了教練團，趕在最後期限完成而鬆了一口氣。他每天大約要工作十二個小時，另外還要照顧揚尼斯，感覺好像做了兩份全職工作，但他非常享受，和揚尼斯一樣，兩人都很努力工作著。

「你要去睡了嗎？」蓋格問揚尼斯，「明天很早就要練球了。」

揚尼斯定住了，聲音變得很小聲，快要聽不到了，「你要不要……今晚……就這樣？」

「什麼意思？」

「好啦！哥，我另一個房間有兩張床耶！」揚尼斯說，「我不想再一個人睡了。」

「好，那我睡這。」

蓋格拿了一個枕頭，到另一個房間去睡覺，揚尼斯則回到自己房間，起碼感覺比較不那麼孤單。

第二天早上，兩人搭著蓋格的速霸陸準備去練球的時候，蓋格突然意識到，他已經跨過了一個檻：他已經取得了揚尼斯的信任，這是很少人能做到的事。

小時候，揚尼斯認為相信別人是危險的，因為信任別人，可能會讓父母被驅逐出境，也可能讓別人看到他的脆弱、恐懼，他不想讓任何人看到這一點。但現在，也許蓋格發現這一點沒關係，也許讓別人看到真正的他是沒關係的。

隨著相處的時間增加，揚尼斯漸漸放心地做自己，有一次，他和蓋格在當地商場裡散步等著看電影，剛好商場正在播放聖誕音樂，揚尼斯很有感覺地跟著唱了出來，而且完美地唱出了每一個字。

「你怎麼知道這首歌的歌詞？」蓋格說。

「什麼意思？」揚尼斯說。

「這首是英文歌，歌詞全是英語，你怎麼知道的？」

「哦，之前在希臘，我和兄弟們會挨家挨戶幫人家唱聖誕歌，賺一些零用錢。」

類似的回憶有時會不經意地刺痛揚尼斯，當他走在街上、在球場熱身、甚至只是換雙球鞋，都會帶他回到索普利亞、回到路邊，記憶中那個孩子露出微笑，希望手中晃來晃去的太陽眼鏡，可以賣到三塊歐元而不是兩塊歐元。

* * *

德魯越是關心揚尼斯，心中的同情感就越重，他開始擔心，甚至保護，因為他知道這個菜鳥想家了，每一天對揚尼斯來說都很沉重，不斷的新挑戰，不斷的新概念，德魯開始將揚尼斯視為己出。

德魯有三個小孩，最大的和揚尼斯差不多，每次揚尼斯傳球失誤，搞錯戰術時，德魯都會想起他的大兒子賴瑞二世，當時也在職業聯盟打拚，也在努力適應新環境，他記得他們打電話交談的內容，他會耐心地聽電話的另一端，同時心裡想：「天阿，真希望球隊那邊有個人照顧兒子，幫助兒子面對任何事情。」

他期許自己成為揚尼斯的那個人，無論什麼事情，場上或是場外，他早早給了揚尼斯他的手機號碼，並告訴揚尼斯如果想說話聊天，他都會在，兩人常常互傳訊息聊天，一直到深夜。

「有時候，孩子需要那個父親形象的人坐下來說說話，所以我試著當揚尼斯需要的那個人，而且我沒有做任何自己不會為孩子做的事，」德魯說，「我知道有一個可以真正信任的人很重要，一個可以真正相信的人，一個互相了解的人，一個互相關心的人。」

有時，德魯會嚴厲地責備揚尼斯，但大部份，是以教育、平靜的語氣來指導的，因為這一切真的不容易。「家人不在身邊，對他來說是一次非常非常痛苦的經歷，」德魯說，「孤獨，是世界上最糟糕的感受之一，我知道這對他有什麼影響。」

德魯也很挫折，球隊戰績那麼差，球員都很痛苦，大家都利用比賽來累積經驗。「對我來說是辛苦的一年，」德魯說，「對，是真的很辛苦。」但他別無選擇，只能多用揚尼斯，他相信揚尼斯在高壓、高張力的情況下，應該可以進步比較快。「德魯非常靈活，對揚尼斯也真的非常有耐心，」巴特勒說，「他必須這樣，因為揚尼斯需要有人花時間來教導。」

德魯開始把教球當作教育，試著想像如果是自己兒子碰到每個情況的感受，德魯會自動重複自己所說的兩次，因為揚尼斯需要時間去了解。「我不想給他太大壓力。」揚尼斯在德魯心中不僅僅是一名球員，他需要人關心，他的心理健康才是球團的首要任務。

「揚尼斯需要一個比他年長的黑人男性當學習榜樣。」前體能教練哈基特說這樣覺得。

哈基特可以很敏銳地在任何人身上發現情緒變化，過去的十一年裡，他一直在獨行俠球團，身邊圍繞許多老球員和年輕球員，有安靜的、合群的、各式各樣不同的人。他知道一件真相：當每位球員回家，晚上把頭靠在枕頭上時，他們會變得很脆弱，比任何人看到的都要脆弱。

哈基特也知道，無論揚尼斯多開心，新食物或新歌有多有趣，他內心依舊會受傷，因為過去的日子牽絆著他，刺激著他，甚至可能壓迫著他。

「作為一名黑人男性，到了人生的某個階段，會過著兩種生活，一個是你和你的家人到底是誰，從哪裡來的；另外一個是社會對你們的看法。因為人們眼中，你們就是NBA超級巨星，你們不應該有任何問題，但你們確實有，都是人類，這些球星和其他人一樣都會面臨生活中的問題。」

＊＊＊

還好，孤單的生活中有個亮點，那就是哥哥薩納西斯已經移居美國，當時在D聯盟，就是NBA的發展聯盟（現在稱為G聯盟）的德拉威爾八七人隊效力，只要可以，揚尼斯就請哥哥飛到密爾瓦基待個一兩天，讓兄弟倆起碼回到正常一點的感覺。

薩納西斯到密爾瓦基過感恩節，揚尼斯在公寓大廳接哥哥，雙方看著彼此，兄弟在這麼短的時間內，經歷了這麼大的變化，兩人都差點哭出來。他們立刻擁抱對方，緊緊地擁抱，一直不願放開。

兄弟倆依舊在適應美國餐廳，他們去莫頓牛排吃晚餐，打開菜單，揚尼斯大吃一驚，竟然要六十塊美金？一塊牛排，就一塊肉而已，怎麼可能要六十塊？六十塊美金可以買很多很多東西，包括運動鞋、三件襯衫、剩下的還可拿去付水電費。

薩納西斯在費城也遇到了類似的情況。那天是公鹿隊和七六人打完比賽之後，他和揚尼斯去了一家高檔餐廳，點菜時揚尼斯告訴薩納西斯，「想吃什麼就吃什麼。」薩納西斯沒有說話，揚尼斯又說一次，「想吃什麼就點。」但尷尬的沉默還是在，兩人盯著菜單很久，最後薩納西斯只點了一份沙拉，揚尼斯也一樣，兄弟倆從來沒想過，吃一頓飯竟然讓他們體驗到，過去的日子跟現在的生活差距這麼大。

＊＊＊

感恩節後第二天，公鹿隊飛到夏洛特對上黃蜂隊。球隊在當地會議中心一起吃感恩節晚餐，揚尼斯坐在歐潘漢莫和科迪．羅斯旁邊，邊吃邊滑手機。

「你在看什麼？」羅斯問他。

「黑色星期五優惠。」

「揚尼斯，」歐潘漢說，「你現在是NBA球員了。你不需要這些折扣。」

「不，」揚尼斯搖搖頭說，「不管我有多名，不管我是不是一位超級球星，我都會一直找優惠來用，這就是我。」

＊＊＊

「如果我們一覺醒來，發現自己又回到原本開始的生活怎麼辦？」

這種想法無時無刻會出現在揚尼斯的腦海中，他的兄弟們也是，常常互相開玩笑說這很可能發生，然後在視訊通話的時候大笑，但笑聲中隱藏著恐懼，那是真正的害怕，害怕一切東西在瞬間被帶走，比當初獲得這些東西的時候還要快。

回到希臘，人們開始以不同的方式看待這個家庭，艾力克斯記得，其他人會奇怪地看著他，然後心想：「哎唷，他現在了不起了，因為他哥被NBA球團挑中了。」朋友會發訊息揪他打籃球，如果他沒看到訊息或是已讀不回，朋友就會再發一次說：「欸，你因為你哥哥在NBA就不能出來玩了嗎？」

這讓艾力克斯很火大，「我和以前一樣，是同一個人。」他說。

這些朋友根本不明白揚尼斯的狀況。是的，他現在在NBA，但明天呢？明天會變成怎麼樣很難說，必須保持高度專注。

「如果我們一覺醒來，發現自己又回到原本開始的生活怎麼辦？」

這想法對揚尼斯來說特別可怕，因為在他和密爾瓦基球團簽約的那一刻起，他就成為了家裡的族長。當然，他的父親永遠都是一家之主，但揚尼斯現在成為了最有能力的供給者，從今以後發生在家裡的一切都是他的責任，需要他來扛，需要他的錢。

揚尼斯責無旁貸，一肩扛起這些責任，所以對花錢常常猶豫不決，每一次買東西都想非常久。

「他一毛錢都不想花，」公鹿後衛奈特說。有一次，揚尼斯想看電視，但一直無法開機，他打電話給蓋格說：「我的電視壞了。」蓋格一猜就知道：「你有支付有線電視的費用嗎？」揚尼斯驚訝地回說：「電視費用？要多少錢？」「一個月二十塊錢而已。」「不要，我不付，」揚尼斯說，「不看電視我沒關係。」

揚尼斯是那年唯一沒有薪資轉帳的公鹿隊球員，「他堅持要支票。」歐潘漢莫說。揚尼斯需要現實生活中看得到的證據，要確實感受到手裡有那張紙，才能相信，才會安心。

其他人為他買單時，揚尼斯也很猶豫，有一次史基普．羅賓森吃完晚餐直接買單，揚尼斯就說：「你確定嗎？可以嗎？這太多了！」羅賓森微笑著跟他說沒問題，「他太有禮貌了。」

羅賓森還量身定做了一件精美的有領運動外套，揚尼斯收到了後馬上打了電話，「這太瘋狂了！史基普，這太瘋狂了！」

「不，不，這不瘋狂。」羅賓森說。

「不！不！這太瘋狂，太瘋狂了！」

羅賓森不得不說服他保留這份禮物，當是揚尼斯努力這麼長時間的獎勵。不過揚尼斯在接受禮物或非必需品時，還是有點難以掌握，像是桑德斯買了一整套西裝加古馳鞋子送他時，他就沒有接受這份禮物，「他不想接受，」桑德斯說，「他看著我，好像我買了一棟新房子給他一樣。」

桑德斯解釋說，這是NBA，學長應該照顧學弟，此外，這件西裝已經為揚尼斯量身訂做了，裁縫不停地問桑德斯：「他的褲子怎麼這麼長？」

「收下吧，」桑德斯微笑著向他保證，「沒關係的。」最終，揚尼斯同意了，也衷心感謝隊友們會想到買禮物給他。不過，桑德斯知道，這雙鞋子跟這套西裝，不太可能出現在揚尼斯身上，因為實在太花俏了，他幾乎每一天都穿著一件灰色或黑色的公鹿運動服，少數情況下，他會和隊友一起出去吃飯或去酒吧，但依舊穿著運動服，隊友開玩笑地說他沒有牛仔褲，「他根本不在乎什麼牛仔褲或什麼鞋子，」桑德斯說，「他只想好好打球。」

當桑德斯把一百九十塊美金的津貼給他時（揚尼斯在雅典最後一個球季每月薪水是四百美金），揚尼斯對蓋格大喊：「賴瑞給我一個大紅包！」

還有一次，他盡新秀責任去幫球隊買甜甜圈後，跑到蓋格面前喊：「羅斯！你絕對不會相信！卡倫讓我保留找剩的零錢！」

一開始揚尼斯不敢相信，公鹿隊在訓練前後都提供滿桌的食物：各式的義大利麵、能量棒、烤雞、開特力、洋芋片，全都免費，在每個人都吃完後，他會用四到五個塑膠保鮮盒，裝滿滿的食物帶回家，隊友們會奇怪地看著他，不知道為什麼要囤積食物。

「揚尼斯，」哈基特會把他拉到一邊說，「不用擔心，還有很多。」但揚尼斯無法確定，「很多」是他不敢奢求的，從小到大他只希望足夠就好，因為東西賣不好，或是出點小事故，就可能讓一家人食物不夠吃，他無法消除對「不夠」的恐懼。

揚尼斯試著把賺到的每一毛錢都存起來，他計劃和蓋格一起過生日，還有蓋格的母親，她也在密爾瓦基。

「揚尼斯，聽說你剛買車？」蓋格的母親對他說。

「是的，很大一台。」揚尼斯自豪地說。

「太好了，羅斯的朋友們也會來，一起幫羅斯過生日，你可以開車載我們去嗎？」

「沒問題，我開車，大家都坐我的車一起去！」

他們一起開往附近的一家餐廳，坐在副駕駛座的蓋格看了一下揚尼斯的車速，然後發現他的油箱快要乾了。

「揚尼斯，」蓋格說，「再開五英里就沒油了。」

「喔？」

「是的……我們到不了餐廳的，必須先停下來找加油站。」

「好的，好的，我先停，我先停下來。」

揚尼斯把車開進一個加油站，蓋格也跟著下車。

「沒事，我自己來。」揚尼斯說。這台車裝滿大約九十公升，但油槍在二十秒後就卡住了。

「怎麼回事？」蓋格說，「絕對還沒加滿啊。」

「是還沒……但我錢沒了。」

「錢沒了是什麼意思？」蓋格一頭霧水，揚尼斯根本不花錢的，怎麼會沒錢？

「嗯，我這張卡只會固定放一段時間的生活費，其他都交給我爸媽了。」他跳回車裡，向蓋格的媽媽保證，「沒事的！我們有足夠的汽油來回，其他的我來操心就好，沒關係！」

有一次，揚尼斯跟二〇一一到二〇一五年轉到裝備組的隨隊球員薩爾·森迪克（Sal Sendik）一起去便利商店買東西，兩人約好在揚尼斯住的地方碰面，森迪克走進揚尼斯房間，看到他在一個手提箱裡找東西，後來揚尼斯拿出四個信封，這是他們的每週津貼。

「揚尼斯，你把這些都存起來喔？為什麼沒花掉啊？」森迪克問。

「喔！我幫家人先存起來，希望球季結束時他們可以來這裡，再拿給他們花。」他說，「我真的用不到。」

有很多東西他認為他不需要。如果這個東西他有很多套，比如襪子或衣服，他則會贈送全新的給公鹿隊的球童們，他很少花錢在自己身上。這也是為什麼，某個下午在店家看到一台新的PS電動遊戲機時，揚尼斯很有罪惡感，因為一台要價近四百塊美金，當然他負擔得起，而且也想要，是真的很想要，他一直盯著那台遊戲機，考慮到底該買還是不買。

「你知道我們做不到。」

他回到了雅典，回到街上，回到那個手上拿著墨鏡的孩子，那個時候不能想要，只能先滿足需要，同時提醒他的弟弟們：「你知道我們做不到。」

但一時衝動，那天揚尼斯在密爾瓦基買了那台PS電動遊戲機。

罪惡感讓他很不舒服，覺得自己草率下了決定，怎麼可以這麼隨便？怎麼可以這麼浪費？他還沒有真正賺到任何東西，「他覺得自己花太多錢了。」艾力克斯說，第二天早上，揚尼斯把遊戲機拿去退了。

＊＊＊

與此同時，揚尼斯的球鞋正在損壞當中，因為他殺進殺出的表現，磨損地相當厲害，甚至從腳上脫落，很難想像，球季的前五個月，他一直穿著同一雙籃球鞋。

是的，就那一雙，一雙樸素的紅白色耐克籃球鞋。

不是科比，也不是KD，大多數NBA球員，每場比賽都穿不同的球鞋，不對，應該是每一次練習都穿不同的球鞋。因為很多球星要注重穿搭，要代言品牌，而揚尼斯只要有一雙自己的鞋就很感激了，一雙他不用與薩納西斯分享的鞋。

那是完全不同的、令人興奮的，也是他引以為傲的。滲入腳後跟的汗水？自己流的；鋸齒狀的撕裂痕跡？自己弄的；磨損褪色的灰色鞋帶？自己打出來的，所以他要一直穿這雙愛鞋，穿到不能再穿為止。

二〇一二到二〇一七年擔任公鹿隊設備經理的傑．納莫克（Jay Namoc）給了他這雙耐克，而且在鞋子開始老化、揚尼斯開始在球場上滑倒時，繼續提供新的球鞋給他。

納莫克考量到安全性，磨平的鞋底是幾乎沒有抓地力的，這樣打球跟在塵土飛揚的室外球場沒什麼兩樣，所以他要求跟揚尼斯比較親近的歐潘漢莫，去說服揚尼斯放棄第一雙鞋，如同哈基特告訴他有更多的食物，歐潘漢莫則說有更多的球鞋。

但揚尼斯不肯，他不想要更多的鞋，他希望這雙耐克可以一直穿下去，但是，看到這雙籃球鞋如此破舊、如此脆弱，他既激動又不捨，好像必須得接受這雙鞋真的沒辦法再穿的事實。「他很悲傷地看著那雙鞋，」納莫克說。

同時納莫克試著安慰他：「老弟，跟你說，我可以給你一堆新鞋，隨便你挑，完全不用擔心！」揚尼斯露出懇求的眼神，用微微顫抖的聲音說：「有辦法……你有辦法把這雙鞋修好嗎？」納莫克回他：「就買一雙新的吧……我們會給你一雙新的籃球鞋。」

揚尼斯整個新秀賽季只穿了兩雙球鞋，但他拿到了非常多雙，準確來說是八十二雙，就是一場比賽一雙。雖然他穿不到那麼多，但揚尼斯想把八十二雙鞋全部帶回家。

有一天，歐潘漢莫看到揚尼斯在場上練投，就過去詢問球鞋的事。

「這些鞋沒辦法全部擺進你的公寓，」教練告訴他，「你為什麼不留一些在這裡？練球的時候可以穿。」

「不，教練，」揚尼斯靠近歐潘漢莫並壓低聲音，好像要說秘密一樣，「我希望全部都在我家。」

「為什麼？」

「因為我想要房子看起來像收藏家的豪宅一樣。」

事實是，他想幫弟弟們保留這些鞋，希望有一天他們可以拿到簽證，有一天能到密爾瓦基的球場，感受一下穿上全新球鞋的快感。

＊＊＊

公鹿隊用一系列艱難的客場比賽迎接新年，從鳳凰城、奧克拉荷馬、多倫多、休士頓到聖安東尼奧。揚尼斯的表現並不穩定，當里諾爾加入了後衛陣容後，他的位置移到了鋒線。

二〇一四年一月十一號，揚尼斯在對上奧克拉荷馬雷霆的比賽中，打得異常興奮，因為他的偶像杜蘭特就在對面。

揚尼斯賽前拉了一把椅子坐下，仔細觀察杜蘭特從指尖到腳趾的每一個動作，他被KD練習投籃時嚴肅的樣子給吸引住了，沒有微笑，一次也沒有。

兩支球隊第一次交手是在十一月，揚尼斯嚇壞了。「啊，天哪！」比賽開始時他就在想，「天阿！我在防守凱文．杜蘭特！」

而這一次，他依舊非常興奮，整個晚上，杜蘭特都緊貼著揚尼斯防守，他持球進攻時也不斷被KD干擾。比賽結束，杜蘭特攻下三十三分，帶領球隊一〇一比八五大勝公鹿；不過揚尼斯也打出自己的水準：十三分、十一個籃板、五次助攻、兩次抄截、兩記火鍋，他全心全力地表現，甚至把體重比自己重七十磅的肯德里克．帕金斯（Kendrick Perkins）當成海報配角，上演精彩扣籃。

杜蘭特印象深刻，「他很快，運動能力很好，以鋒線來說身材也夠長，他打得非常努力，」杜蘭特賽後說，「我十分喜歡跟這樣的球員交手。」揚尼斯隨後笑著告訴隊友：「凱文．杜蘭特說我會變強！凱文．杜蘭特說我會變成一個好球員！」

但那場比賽後，揚尼斯陷入低潮。公鹿隊輸給了手感發燙的暴龍隊，揚尼斯平穩地拿下十一分和七個籃板，但第三節吃了一次技術犯規，德魯提醒他要有耐心，球員不會每晚都打得很好，他必須接受這一點。

揚尼斯無法接受，對自己感到失望，因為沒有打出應該有的水準，所以他做了他唯一知道要做的事，也是他大多數晚上會做的事：去練習場，把所有的挫敗感發洩在籃框上，不斷投籃、投籃、投籃，直到他的手臂癱軟到跟果凍一樣才停止。

考辛斯中心是揚尼斯的避難所，白天晚上都是，「我會在半夜看到他在練習。」瑟戈說。球場給人安定感，揚尼斯常嚴肅地告訴歐潘漢莫，「我可以睡在這裡。」有時他真的睡這，就像在索普利亞一樣，關上雙眼，將煩惱關在門外。

每次完成訓練時，他都會確保沒有任何水瓶留在考辛斯中心球場，每一次都清理地乾乾淨淨，一點垃圾都沒有留下。揚尼斯總是告訴工作人員：他會清空自己的冰桶，他可以自己包冰敷袋，他不想讓任何人覺得必須伺候他、替他善後。

所以，那些寂寞的夜晚，一個人回到練習場，他會最後一次看一眼球場，確保地上沒留任何東西，然後才關燈離開。

「如果我們一覺醒來，發現自己又回到原本開始的生活怎麼辦？」

第七章　希　望

午夜時分，球員們離開考辛斯中心後，長期擔任公鹿隊職員的瑟戈會拿球練投，他喜歡重金屬音樂，所以有天晚上他一邊放金屬樂團的音樂，一邊投籃。

突然，一個老人走進球場，「可以把音樂關掉嗎？」那人問了瑟戈，這個人是個牧師，考辛斯中心位於密爾瓦基天主教辦公室的後面，從一九八〇年代後期開始，十到十二位牧師每天會在公鹿隊球員訓練之前，來這裡打籃球，多年來都是如此。

揚尼斯成為新秀那年，有些牧師已經六、七十歲，甚至八十歲，但他們依舊努力防守、積極拚搶、穿著鮮豔新潮的球衣、戴著NBA官方的頭帶和護肘，有時裡面一些人還會直接光上半身打，不在乎有沒有人看。他們活著就是為了打籃球，有時打三對三鬥牛，有時是五對五全場，時間大約一個小時。

「我們有時會打得很激烈，」一位牧師瑞克．史多佛（Rick Stoffel）回憶著，「光是進攻犯規還是阻擋犯規，就可以吵個好一陣子。」他們打出好球後會擊掌，或是用食指指向傳出助攻的隊友，每一次進攻都很專注。

裡面最好的射手是一位叫傑瑞·布里頓（Jerry Brittain）的牧師，他的霸王肘也是遠近馳名——他可以用非常有力的拐子撞到別人。「我不是特別高大，也不是特別協調，所以我只能在防守上表現強硬一些，就擋在你的面前。」布里頓說，他現在已經八十四歲了，依舊天天打籃球。

哈蒙對牧師很友好，會送他們公鹿隊的T恤。有一次，哈蒙請牧師們一起拍個照，「為什麼？」一位牧師問，「我會把這張照片貼在公鹿隊更衣室裡，」哈蒙說，「讓我們的球員知道這些人正在等待，如果沒有達到球隊的標準，位置就會被取代。」

如果公鹿隊在早上訓練，牧師們就會站在門口等，然後看著球員，好像在說：「該下場了，現在是換我們打喔！」一種互相的概念；如果有球員想繼續練投，那牧師們就會離開，不過最勤奮的揚尼斯反而不會，因為媽媽叫過他要尊重長輩，特別是神職人員，「如果揚尼斯進球場看到牧師們在打球，」瑟戈說，「他也不會要他們離開球場。」

這些互動通常發生在白天，所以當瑟戈這麼晚在球場看到牧師，先有點驚訝，然後連連道歉，說會馬上調整音樂，「我會把聲量調到無感的大小，而不是聲調大到讓人無感。」

這就是小市場球隊的生活：不像其他NBA球隊，擁有最先進的設施，公鹿隊的訓練場，嗯，應該說是天主教會的訓練場，有一個修女經常使用的舊游泳池，有一次，好幾位公鹿隊球員等了十五分鐘才能做泳池復健，因為修女還沒游完泳。

前馬奎特大學教練瑞克・馬傑魯斯（Rick Majerus）有時會在那裡游泳，而且是裸泳，助理教練斯威廉斯就曾經看到他那白白的大屁股在泳池裡游來游去，然後受不了請他穿上泳褲，

「嘿，朋友，你該慶幸我沒有游仰式好嗎？」馬傑魯斯這樣回他。

籃球場地不滑，但也沒上蠟，整理來說算實用，偶爾屋頂會漏水，所以球員會擠在一個半場練球，有時雨水還會滴幾滴到球員頭上，工作人員只好在球場上放置小型塑膠垃圾桶接水，球員們在訓練中必須邊跑邊閃，有一次漏水造成了災難性的影響，因為米德頓踩到潮濕的地方滑倒，腿部拉傷。

「這個地方看起來像是四〇年代的建築。」里諾爾說。

因為幾乎沒人管，所以任何人都可以進去考辛斯中心球場，除了一個叫做「藝術」的男人，他的穿著很像警察，就坐在大門口的窗戶外面，這張藝術畫看起來實在太像真人了，有時會嚇到第一次來練球的球員。

室內有盞燈忽明忽暗，感覺有點詭異，走廊黑黑窄窄的，還有一個不超過五尺高的小通道，球員必須要整個彎腰才能通過。通風系統已經多年沒有使用，所以任何噪音，從外面的風聲到吱吱作響的門聲，都可以聽得一清二楚。有些球員猜這個地方鬧鬼，他們曾經聽到一扇門突然打開的聲音，但旁邊一個人也沒有。

「這裡超詭異，是一個非常奇怪的地方，」沃特斯說，「還有牧師在午餐時間來打球？什麼跟什麼？難道我們要說：這是NBA球員練習場，我們跟牧師一起練球喔！」

公鹿隊不像多數現代NBA球隊那樣運作，反而比較像當地家族企業，是聯盟中員工最少的球團，一直以來都是這樣。神槍手強．麥格洛克林（Jon McGlocklin）曾在一九六八年對上芝加哥公牛隊的比賽中，以底線跳投為公鹿隊寫下隊史上第一個進球，過去休賽季期間，球員只能去當地高中借場地來練習。「我們什麼都沒有。」麥格洛克林說，他從一九七六年開始成為公鹿球隊的賽事轉播球評，一直到二〇一八年。

當年的第一個新秀賽季，麥格洛克林一年的薪水是一萬美金，他的第三份NBA合約，是在密蘇里州倫納德伍德堡的電話亭談好的，那時公鹿隊和其他所有球隊一樣，都乘坐包機來回。打客場比賽時，他六尺五寸的身高只能勉強擠進飯店的淋浴間，然後睡覺要斜著睡，因為床不夠大。「那時候打球跟金錢無關，因為我們沒錢，」麥格洛克林說，「只有一件事重要：贏得一座總冠軍。」

公鹿隊運營執行副總裁約翰．斯坦米勒（John Steinmiller）在球團工作了五十多年，七〇年代曾是唯一一個跟球團簽下五年長約的工作人員，那時只有十個櫃檯全職員工，每張門票都用手來檢驗。

揚尼斯加入的二〇一三年，公鹿隊依舊在充分利用他們所擁有的一切，幾乎沒有任何業務銷售人員，進場的觀眾非常少，以至於處理票務的工作人員，會私底下免費分發門票給員工家屬。公鹿隊的主要目標，就是科爾有點爭議性的堅持：「保持一定的競爭力，維持在季後賽名單內即可。」

科爾是個矮矮的禿頭，說話輕聲細語，沒有結婚且非常有錢，但他很喜歡在連鎖藥局買現成的西裝和老花眼鏡，然後開著一台二〇〇〇年初的別克普通轎車。他在六〇年和七〇年代經營自家的超級市場，客人太多時，他會自己幫忙打包。

他很乾脆不廢話，一九八五年以一千八百萬美金收購了公鹿隊，深信小市場球隊就是要精打細算來避免大量虧損，所以多年來，公鹿隊一直在季後賽邊緣徘徊，有時勉強擠進，但從來沒有把目標設得更高。

「球隊裡沒什麼人會談論總冠軍，」一位前公鹿隊員工說，「企業做出的每個商業決定或籃球政策都是為了生存而已，員工接收到的都是短期目標，而不是以長期的角度，來打造一支可以競爭總冠軍的球隊。」

公鹿隊在二〇一三到二〇一四球季，也是揚尼斯的新秀賽季，平均觀眾人數是全聯盟最低的，當時穿著公鹿衣服在城裡逛的球迷太少了，以至於行銷團隊人員會在街上發木製代幣，希望能吸引球迷去布萊德利中心玩遊戲。「我既驕傲又尷尬，」前公鹿隊資深副總裁西奧多．洛爾克（Theodore Loehrke）說，「那時公鹿隊粉絲就是這樣的極端狀態。」

支持一個經常交易年輕有天份球員的球團令人失望及沮喪，因為球隊不想為了戰績而大動作補強。過去公鹿陣中有很多優秀的年輕球員，像是麥可・雷德（Michael Redd）、布蘭登・詹寧斯（Brandon Jennings），但球團卻有很多令人不解的交易跟安排，真的很難認為球隊會把優異的球員留下來。

送走超級巨星雷・艾倫依舊是公鹿球迷心中永遠的痛，他們在二〇〇一年東區冠軍賽的第七場比賽輸球遭到淘汰，然後三巨頭艾倫、羅賓森和卡塞爾的解散，讓粉絲更加心痛。

選秀的表現同樣令人失望。

丹・比爾斯基，密爾瓦基出生的公鹿死忠球迷，氣到直接拿遙控器砸碎了電視。一九九八年選秀會中，已經更名叫獨行俠的小牛隊，選了羅伯特「拖拉機」崔勒（Robert Trayler），並把他交易到公鹿隊，換取德克・諾威斯基（Dirk Nowtizki）和帕特・加里蒂（Pat Garrity），比爾斯基很生氣公鹿沒有選保羅・皮爾斯（Paul Pierce）。

「我衝上樓、衝出我的房子大喊：天阿！密爾瓦基！太該死了！」比爾斯基說，因為選秀一直是比爾斯基悲傷的回憶，他還記得公鹿隊曾經有過一次樂透區選秀權，那是一九九二年的第八順位，結果球隊選了陶德・菲茨杰拉德（Todd Fitzgerald），名單公佈時，攝影機剛好拍下他的反應，失望透頂，結果如同大家看到的了。

球隊主場，布萊德利中心是一個舊倉庫改造而成的，單調的外觀和水泥牆，雖然是一九八八年建造的，但看起來好像快要分崩離析一樣。屋頂會漏水，偶爾可以在球員更衣或走道看見蟑螂，氣溫很低，因為球場下面有冰，原本這場地是為了冰球隊而建造的，粉絲可以花十五塊美金坐在場邊第一排。

「這是一個破舊的球場，一個屬於我們的破舊球場。」密爾瓦基當地廣播賽事解說員道格．羅素（Doug Russell）說。

工人們把地板直接放在冰上，而不是先破冰再組裝地板，二〇一三年季前熱身賽其中一場，公鹿對上暴龍，球場地板因為下面結冰變得非常濕滑，一個接一個的球員在場上滑倒，裁判不得不在第一節還剩五分五十八秒、比分十四比九的時候宣告比賽取消。「歡迎來到馬戲團。」一位長期工作人員這樣告訴新實習生。

天氣實在太冷了，從公車站走到球場再走進更衣室是「地獄之路」，瑟戈認為。有場比賽，因為真的太冷，公鹿隊工作人員在比賽中開始分熱巧克力和咖啡，球迷戲稱那場比賽叫「熱巧克力大賽」。

公鹿隊沒有室內停車場，所以工作人員會在第四節幫忙發動球員的車子，球員出來時，車內就會很暖和。然而，不是每個球員都懂得維護車子，有些時候某些球員會忘了加油，導致比賽結束之前，汽油就用光了。

揚尼斯習慣寒冷了，所以他永遠精神奕奕，永遠是第一個進行投籃訓練的，當他跟隊友打招呼時，他的呼吸是看得到的，「早安！我今天要百發百中！我已經準備好了！」就算再怎麼冷，跟揚尼斯的故鄉比起來，布萊德利中心是完美的，就像美夢成真一樣。

＊＊＊

公鹿隊缺乏一個可以吸引成千上萬球迷的現代NBA場館，這是球團面臨的最大挑戰，無論這座場館能不能在密爾瓦基生存下來，威斯康辛州都必須嚴肅考慮，因為優秀球員很可能因此離開，特別在揚尼斯加入球隊之後。

揚尼斯剛好入隊在一個開創性的時刻，球隊如果想繼續留在密爾瓦基，就需要一個新的好主場。「我們必須想辦法，我們也會找到辦法。」科爾在二〇一三賽季前的新聞發布會上，談到球團計畫尋找新球場，「關鍵是何時以及怎麼做到。」科爾承認這件事的確具有一定的急迫性，他們必須跟上其他球隊的腳步，密爾瓦基和威斯康辛州需要一個二十一世紀的體育娛樂綜合場館。

但隨著二〇一三到二〇一四年公鹿隊的表現糟糕，創下了隊史最差的戰績，球隊離開這座城市的威脅似乎更加緊迫，球團需要做出改變，密爾瓦基需要一個救世主，這個救世主可以將球隊改造成粉絲再次引以為傲的強隊。上一個密爾瓦基的希望是天勾賈霸，但最後他離開了，他去一個更大的城市，去了洛杉磯湖人隊。

離開，離開，再次離開。

接下來幾十年，好像已經變成一種傳統：球星不屬於密爾瓦基，他們或許從這裡開始，但最終都會離開。

「密爾瓦基是一座靈魂被奪走很多次的城市。」ＥＳＰＮ的邁倫．梅卡夫（Myron Medcalf），一個道地的密爾瓦基人說，「那感覺就像，我們生你栽培你，但多年後，你還是選擇離開。」

「作為一名粉絲，」梅卡夫說，「你覺得自己比不上別的城市，你不是洛杉磯，你不是紐約，你也不是有個年輕小伙子叫麥可．喬丹的芝加哥，沒有人會想來這裡，就算來了，肯定也不想留在這裡。」

愛密爾瓦基公鹿隊，就是要挑戰一個存在數十年之久的魔咒。

首先是籃球，密爾瓦基老鷹隊從一九五一到一九五五年，一共打了四個球季之後，離開去了聖路易斯，然後在棒球方面，勇士隊一九五三年進駐密爾瓦基，當時一群蛇舞者在威斯康辛大道迎接新球隊的到來，然後一九五七年成為了世界冠軍，但不到十年，一九六六年球隊離開，前往亞特蘭大。

威斯康辛州的心被挖了一個洞，許多人稱球隊是被「地毯式」地帶到亞特蘭大，一點都不剩，球迷感到拒絕、背叛、心碎而沒有安全感；密爾瓦基市長亨利．邁爾（Henry Maier）說這個損失就像被人一拳打成熊貓眼。巴德．塞利格（Bud Selig）則說，「這是一次可怕的創傷。」四年後，塞利格把釀酒人帶到了密爾瓦基。

但是幾十年後，看著揚尼斯在球場上飛來飛去，就不再是創傷了。對多年的痛苦中繼續愛著球隊的密爾瓦基球迷來說，揚尼斯代表了無限的可能、希望、興奮，他還沒有成為頂尖球星，跟上個希望阿卜杜賈霸也差很遠，但揚尼斯可以留下無窮的想像空間，看著他，球迷不禁會想：「這個將近七尺，來自希臘的傻小子，是否真的可以拯救這個已經被遺忘的小城市球隊？」

＊＊＊

大約同個時間點，一個不願具名，只留下推特帳號「保羅普萊西二十五」的長期粉絲和季票持有者，在公鹿網路論壇上創了一個叫做「自己的公鹿自己救」的群組，其中包括其他四位主要成員：保羅．亨寧、庫爾特．萊廷格、保羅．考辛斯和恩格爾．馬丁，他們支持公鹿隊，希望在科爾領導下平庸了這幾年之後，球隊可以尋求新的老闆。

「公鹿隊已經被當成笑話好一長段時間了。」密爾瓦基本地人亨寧說。

亨寧討厭看到心愛的球隊從他小時候就開始衰落，那時眼中的蒙克里夫，他最喜歡的球員，代表了這座城市的一切：頑強、勤奮。

亨寧的父母是七〇年代初的季票持有者，坐在在籃框後的第二排，那時公鹿隊還在舊主場麥加（MECCA）打球，擁有像「天勾」阿卜杜賈霸和「大O」奧斯卡・羅伯森這樣的超級巨星，那時公鹿隊的比賽非常精彩刺激。

亨寧的父親藍道經營汽車商店，碰巧處理過阿卜杜賈霸的幾台車——勞斯萊斯、捷豹和賓士，幫忙切割和焊接座椅去配合阿卜杜賈霸他七尺二寸的身高，這樣他開車時膝蓋才不會靠在方向盤上。

有一次，阿卜杜賈霸開著凱迪拉克去接麥格洛克林，「那台車跟一條街一樣長。」麥格洛克林記得，他坐進車裡，轉身想跟阿卜杜賈霸交談，沒想到只看到隊友的腿，他再往後轉才看到阿卜杜賈霸，原來為了把駕駛座向後移動，後座已經被完全拆掉了。

阿卜杜賈霸到哪都很麻煩：酒店裡，他不得不在床尾擺一張椅子來放他的腳；淋浴的蓮蓬頭不小心打到他的肚子。雖然聽起來很好笑，但他是那個世代的代表性球員，創造力、優雅、統治力和技巧，深深影響了比賽；他的扣籃，無法阻擋的天勾，都是創新的。他可以像後衛一樣處理球，沒有其他人的打法跟他一樣。「他很接近威爾特・張伯倫和比爾・羅素的結合體。」《運動畫刊》一九六九年這樣寫。

那一年，加州大學洛杉磯分校出身的阿卜杜賈霸，當時叫做盧・阿爾辛多（Lew ALcindor），大學畢業準備投入選秀，公鹿隊有機會在老鷹隊離開十四年後，在球隊運營的第二年網羅他。

將籃球帶回密爾瓦基也是一場艱苦的戰鬥，球隊最初的所有者之一馬文・費希曼（Marvin

Fishman）一開始完全沒有考慮籃球，這位靠房地產賺錢的密爾瓦基本地人，最初是想打造一支職業美式足球隊，但談判最終失敗，原因就是後來他在書中所說的那樣，「密爾瓦基花了一年的時間考慮，為的就是保住包裝工隊的寶貴生命。」

知道阿卜杜賈霸投入的選秀會就快到了，費希曼開始著手計畫，將籃球風潮帶回密爾瓦基，他堅定地反對那些常聽到的：「密爾瓦基不是一個大型籃球城市，如果之前老鷹隊無法在這裡成功，為什麼另一支職業籃球隊可以呢？」

費希曼買了一張四塊美金的單程灰狗票去了芝加哥，試著說服當時的ＮＢＡ總裁Ｊ．瓦特．甘迺迪（J. Walter Kennedy），聯盟需要有支球隊在密爾瓦基，而他成功了。

「我很高興！」費希曼的書中寫著，「密爾瓦基這個小城市成功說服重量級體育界人士，這是多麼重大的改變！」

儘管如此，還是有很多媒體質疑：費希曼真的可以在職業籃球產業中做出成績嗎？之前在棒球方面做得並不出色。這是費希曼的一個好機會，他一直在等待去證明密爾瓦基是一座籃球城市的機會。

阿爾辛多表明他比較喜歡在大城市打球，像是紐約或是洛杉磯，而不是密爾瓦基這樣的小城市。甘迺迪將一枚硬幣往空中拋去，以決定一九六九年無庸置疑的選秀狀元阿爾辛多到底會去哪座城市，當時，太陽隊和公鹿隊因為前一個球季戰績墊底而展開競爭，獲勝者將獲得阿爾辛多，鳳凰城太陽隊當時總經理傑瑞・可蘭基洛（Jerry Colangelo）叫這次為「一生一次、影響巨大的拋硬幣。」

一九六九年三月十九號上午，公鹿隊總經理約翰・埃里克森（John Erickson）、公鹿隊主要老闆衛斯・帕瓦隆（Wes Pavalon）、費希曼，三人坐在位於第七街和威斯康辛大道的公鹿隊辦公室，心急如焚地等待肯尼迪打電話過來，告訴他們最後的結果。

這三個人還帶了幸運符：坐不住的埃里克森戴著妻子從以色列帶來的社區獎章；抽著煙的帕瓦隆戴著一枚聖克里斯托福獎章，他叫它「義大利幸運星」；費希曼的左鞋裡塞著一枚溫斯頓邱吉爾銀幣，他們都在祈禱，聲音大到費希曼確定其他人都聽得到。

根據球迷票選，太陽球團選擇了正面，硬幣最終是反面。太陽隊失望低落，公鹿隊興高采烈，因為太高興了，帕瓦隆跳了起來，一把抱住埃里克森，但他不小心把香菸塞到了埃里克森的右耳裡，又燙又痛，但埃里克森一笑置之：「我不在乎痛不痛，我們有了盧！」埃里克森一九七〇年告訴《運動畫刊》。

公鹿隊的指標性廣播員艾迪・杜塞特，描述辦公室裡的氣氛是「愉悅亢奮」。「就像黑暗中有人開了燈，是一個神奇的時刻，」杜塞特說，「它點亮了這座城市，每個人都狂喜：我們這個時代最偉大的籃球員阿爾辛多要來密爾瓦基了！」

「我們要賦予城市一種身份，」杜塞特說，「選中阿爾辛多，象徵公鹿把密爾瓦基這城市扛到了肩上。」

他們還有教練賴瑞・科斯特洛（Larry Costello），一位總是拿著黃色便利貼寫筆記的籃球專業策劃者。一九七二到一九七六年為公鹿隊效力的米奇・戴維斯（Mickey Davis）說：「他是個非常傳統的教練。」科斯特洛會發給球員一份教材，裡面要求球員們必須在訓練營中保持體型，比如五分半鐘內要跑一英里之類的規定；他還會在每本戰術書中出題目測驗球員，答對最多的人即可參加比賽。

跟上個球季比起來，阿爾辛多幫助公鹿隊多贏了二十九場比賽，一張門票的價錢從五塊增加到了七塊美金，但公鹿隊在一九七〇年東區冠軍賽的第五戰，輸給了尼克隊。阿爾辛多離開紐約球場時，球迷唱歌嘲笑他：「再見，小盧！再會，小盧！再見了！」「送你離開，千里之外，我們好喜歡！」阿爾辛多很不舒服，因為他出生在曼哈頓。

他下定決心要回紐約報仇，那天晚上他告訴埃里克森：「我們會回來的，埃里克森先生。」

第二天，公鹿隊交易來了十次入選NBA明星賽的「大O」羅伯森，他以獨特的領導方式加入了球隊。有時候，場上隊友不在應該的位置，羅伯森會把球扔到隊友該去的地方，然後球會出界，羅伯森就瞪著他的隊友。

下個賽季，羅伯森和「神槍手」麥格洛克林和「灰狗」鮑伯・丹德里奇（Bob Dandridge）都在陣中，公鹿隊充滿信心。「我們知道總冠軍是我們的，」麥格洛克林說，「既使大家都知道尼克隊依舊出色，但我們知道這是屬於公鹿的一年。」

公鹿隊以六十六勝十六敗的神鬼戰績，結束了一九七一年的例行賽，季後賽先後擊敗了舊金山勇士和洛杉磯湖人，並在最終決賽以四比〇橫掃巴爾的摩子彈，贏得NBA總冠軍，密爾瓦基向懷疑他們的人證明，這支球隊屬於大聯盟，密爾瓦基可以成功經營一支籃球隊。

阿爾辛多在一九六八年改信伊斯蘭教，在一九七一年的秋天正式改名字為阿卜杜賈霸，他同時被選為聯盟MVP和總冠軍賽MVP。

「你知道嗎？」羅伯森抓著一瓶香檳說，「這是我喝過的第一瓶香檳，味道太甜美了，我們高中時曾經拿過冠軍，但那時喝的是汽水，這可是大聯盟，各位。」

有些隊友沒有那麼高調，阿卜杜賈霸喝著可樂和口香糖，最後才喝了一小杯香檳，沒那麼興奮可能是因為，如後衛盧修斯・艾倫（Lucius Allen）當時告訴《運動畫刊》那樣，「大家覺得我們贏球理所當然。」而被問到建立密爾瓦基王朝時，阿卜杜賈霸說：「我不確定什麼王朝，但現在我們站在世界最頂端。」

那時沒有封王遊行，不過球隊從巴爾的摩回來時，大約有一萬個球迷擠在機場，歡迎冠軍隊的成員們。

四名警察護送麥格洛克林和妻兒上車，但就算球員安全地進入車裡，粉絲們也會敲打汽車，把臉貼在車窗上，麥格洛克林不敢開車，怕撞到人，「從開心興奮變成了恐怖可怕，」他說，

「我們被困住了。」最後，他想辦法開過車道從草坪逃跑。

阿卜杜賈霸捍衛了「世界最佳球員」的美譽，但他常常迴避媒體，所以當時被外界認為是冷漠的、冷酷的。隊友們知道他的另一面，阿卜杜賈霸其實很有趣，喜歡對人惡作劇，「你必須小心他，」從一九七二到一九七四年為公鹿隊打球的泰瑞．崔斯科爾（Terry Driscoll）這樣說。

像是某天下午，客場比賽後，球隊回到當時被稱為米歇爾將軍機場的地方，球員們的老婆孩子們來接他們，麥格洛克林太太沒注意到，阿卜杜賈霸把他們才剛學走路的兒子放在一個高櫃子上，除了阿卜杜賈霸之外沒有人能摸得到，等到捉弄完了，他才邊笑邊把小孩抱下來。「他有不想讓其他人看到的那一面，」麥格洛克林說。

但是，阿卜杜賈霸在密爾瓦基並不開心。

一九七四年十月三號，他在密爾瓦基市中心喜來登酒店的套房裡，享用威靈頓牛肉、紅酒和各種起司的晚餐時，阿卜杜賈霸告訴管理層，他不再想在密爾瓦基打球，他想去一個更大的城市，一個在黑人文化、伊斯蘭教、還有爵士樂方面更適合他的城市。

「我不是在批評這裡的人，」阿卜杜賈霸一九七五年告訴《紐約時報》，「但密爾瓦基的一切並不是我想要的，我需要的事物不在密爾瓦基。」

他不喜歡寒冷，他家有一面朝北的窗戶，窗簾一直是關起來的，有一天，他打開窗簾，眼前看到的是一整片堅硬的冰。他每天都面臨種族歧視的挑戰，每天都會有新的攻擊：人們會盯著他看，好像他是一隻外星動物。

「住在密爾瓦基？不，我想應該是說我人在密爾瓦基，」阿卜杜賈霸在職業生涯早期這樣說，「我是一名傭兵，我會做好應該做的工作，籃球給了我美好的生活，但這座城市與我的根沒有關係。」他的語氣變得不客氣，媒體開始覺得他沒禮貌、有距離感，他把這裡當成「工作的地方」，而大家的反應是生氣、不解，密爾瓦基日報的前體育編輯查克・強森告訴《洛杉磯時報》，「他已經放下了這座城市。」

一九七五年，阿卜杜賈霸被交易到湖人隊，這是NBA歷史上最重大的交易之一，而密爾瓦基發生了整體性的變化。在取得巨大的成功之後，不只失去了這座城市的明星球員，而且還是當代最傑出的球員，這相當殘酷、痛苦，有些人甚至覺得受到侮辱，「難道我們對你不夠好？還是這城市對你來說太小了？」

他是這座城市的希望，而現在他走了。

「每個人都被重重打擊了，」杜塞特說。「大家都在想，要怎麼樣來彌補這一點？但慢慢地，球迷能夠理解改變的事實。」他們試著去期待新加入的出色球員，比如裘尼爾・布里奇曼（Junior Bridgeman）和戴夫・邁耶斯（Dave Meyers）。

蒙克里夫的出色表現、保羅・普萊西的沉著應戰，再加上總教練唐・尼爾森（Don Nelson）從不退縮的執教方式，公鹿隊還是繼續保持住中央組的老大位置，球隊陣容是強大的，而且球員們很有趣：他們會在更衣室裡放迪斯可音樂，尼爾森教練會炫耀他的金魚領帶有多好看。

公鹿隊持續戰鬥，他們不斷去挑戰一些偉大的球隊，尤其綠衫軍塞爾提克，儘管對決中他們常常輸球，但比賽總是很激烈。

一九八三年，塞爾提克總裁兼前教練，綽號「紅頭教練」的瑞德．奧拜克（Red Auerbach）告訴記者：「這是我第一次輸掉系列賽後，不去獲勝者的更衣室，如果這是我必須要做的最後一件事，我會先報仇成功再說。」

在舊主場麥加打的每場比賽都像辦活動一樣，票很常賣光，藝術家羅伯特．印第安納（Robert Indiana）在一九七七年把球場漆成亮黃色，當時這並不是一個受歡迎的舉動，因為一共花了兩萬七千五百美元，《密爾瓦基哨兵報》稱這個數字應該是西斯廷教堂的天花板等級。地板漆完之後非常明亮，教練尼爾森說，一開始不太適應，必須戴上太陽眼鏡才能看清楚球場。

「它是如此獨特和奇妙。」公鹿隊長期粉絲和安迪．戈扎斯基（Andy Gorzalski）說，他是《麥加，ESPN三十關於三十》紀錄片的製作人，他後來自掏腰包，用信用卡刷了兩萬美金，來保護這座具有紀念價值的球場。戈扎斯基說：「紐約或洛杉磯等大城市，聘請流行藝術家來改造球場沒什麼大不了，但這不一樣，這是樸實老舊的地方。」

沒有其他NBA球場如此酷炫、如此華麗。效果會這麼好，可能是因為室內光線太暗且天花板很低，而且球迷們有時在離開麥加球場時，會發現鞋底粘著口香糖，但不管怎樣，那個球場，那個顏色，都是無與倫比的，同時也有些道理的：公鹿隊是聯盟中主場最小的，必須做一些事情才能脫穎而出。

前公鹿隊搖擺人馬克斯．強森（Marques Johnson）記得，當湖人隊前往城裡時，他的湖人球員兼好友諾姆．尼克森（Norm Nixon）和賈馬．威爾克斯（Jamaal Wilkes）會穿著皮大衣、牛仔靴、花俏的帽子走在寒冷的密爾瓦基街頭。強森告訴CBS體育頻道：「我們只知道，如果比賽開始取得先機，並早點施加壓力給他們，那湖人球員很快就可以回到溫暖的天氣裡了。」

觀眾座位很近，快要可以摸到球員那麼近。「我記得在球場的那種溫暖，」亨寧說，公鹿主場有一個區域，球迷可以和最喜歡的球員一起拍照。「我還有很多張照片，」密爾瓦基本地人莎蘭達說，「戴夫．邁耶斯、裘尼爾．布里奇曼、布萊恩．溫特斯，我都超愛，我真愛那支球隊。」

麥加是密爾瓦基公鹿的舊場館，一個平淡無奇的紅磚建築，看起來很像一個舊火車站，最多只能容納一萬一千零五十二名球迷，是聯盟中最小的主場，「但正在蓬勃發展中，」杜塞特說，「那是當時城裡最有活力的地方。」

但因為實在太小，公鹿隊老闆菲茨杰拉德在一九八五年將球隊出售。「除非有更多座位，否則任何理智的人都無法將這支球隊留在密爾瓦基。」菲茨杰拉德告訴《密爾瓦基哨兵報》，但他堅持認為是當地的某個人買下了這支球隊，並將球隊留在密爾瓦基，「我們認為這是公鹿隊應該在的地方。」

密爾瓦基需要一個新球場。

當時工作機會減少，經濟陷入困境。威斯康辛人努力工作，但生活還是辛苦艱難。或許，一個職業球隊的新場可以有所幫助，但政治和官場文化往往會成為阻礙，密爾瓦基市長亨利．邁爾就不願意資助新球場，他認為這座城市沒有任何本錢可以這樣做，一旦聽到拯救公鹿隊的聲音時，他會輕鬆地說：「如果球隊離開了城市，也不是世界末日。」

再一次，球迷們失去希望。

不過此時，一位密爾瓦基本地人，科爾，有興趣經營球隊。他家族擁有一家連鎖百貨公司，他也喜歡籃球，是馬奎特籃球比賽*的常客，同時也是美國職棒釀酒人初始投資者之一，因為他是釀酒人老闆塞利格的兒時朋友。

科爾最終買下了公鹿，並他表示他會盡力將球隊留在密爾瓦基時，當地媒體認為這是個「奇蹟」，一個結束離開、結束失望的奇蹟。科爾了解這種歇斯底里的情緒：「雖然我知道，心理上和經濟上，會有災難性的壓力排山倒海而來，但是，這座城市不能失去他們。」

眼前的問題是，科爾去哪裡找到一個新的場館來取代麥加，依舊沒有答案。但沒有多久，當地一對夫婦珍．派提特（Jane Pettit）和她的丈夫（Lloyd Pettit）宣布，將捐贈九千萬美金來建造一個新球場，並以珍的父親哈利．布萊德利（Harry Bradley）的名字，命名為布萊德利中心。

「這無法解決密爾瓦基不景氣的經濟問題，」塞利格當時說，「但肯定在社會學和心理上，給予人民非常大的動力。」

這座一九八八年建造的新球館，沒有改變公鹿隊的戰績，依舊慘烈，九〇年代是痛苦而殘酷的，進場人數直線下滑。「公鹿隊基本上就是贈票，」公鹿長期粉絲安迪．卡本特（Andy Carpenter）說，「球隊一直都很糟糕，我們看球看得很難過，快要變成習慣性輸球了。」

用公鹿明星文．貝克（Vin Baker）的話來說，「期待越高，摔得越重。」一九九七年的最後十五場比賽中，球隊輸掉了十二場，又是一個特別糟糕的賽季，密爾瓦基連續第六年無緣季後賽。但是，球迷們還是愛他們的球隊，永遠支持他們的球隊。「你必須是真正的死忠粉絲才看得下去；你必須是真正熱愛籃球才會支持密爾瓦基。」一位球迷馬修．史密斯（Matthew Smith）說。

另一位球迷吉姆．寇古齊威茲（Jim Kogutkiewicz），從小就了解到公鹿隊死忠球迷非常固執，他在密爾瓦基南部長大，和祖母一起看比賽，當公鹿隊球員錯過了可以拿下勝利的罰球時，他祖母用力拍了一下手，大喊：「罰球要進啊！」

九〇年代，寇古齊威茲上高中時，正是公鹿隊萎靡不振的超級低潮期，他穿著一件空中飛人喬丹的球衣上學，他的朋友，公鹿隊支持者，罵他是個叛徒：「真他媽的好球衣啊！」當時公牛

---

* 當地馬奎特大學所舉辦的籃球友誼賽。

隊深受喜愛，公鹿隊飽受嘲笑。「其他ＮＢＡ城市認為，我們應該感激有球星肯來這裡教訓我們一頓，」寇古齊威茲說，「有球隊給別人電，才有機會看到其他球隊的明星那樣。」

這種慘況在二〇〇一年出現了變化，雷・艾倫、「大狗」羅賓森、山姆・卡塞爾、和總教練喬治・卡爾，他們再次讓公鹿隊變成了一支贏球的隊伍，密爾瓦基再次打出了令人興奮的高強度進攻，球員很享受，每個人都可以飆分，就跟那年球隊的饒舌主題曲《點燃》的歌詞一樣，全隊上下將在布萊德利中心爆發：「耶！耶！對！沒錯！密爾瓦基！密爾瓦基！密爾瓦基！密爾瓦基！我們正在點燃這座城市，誰會勝利？公鹿！公鹿！我們自中央組，這隻快速公鹿，正在執行任務！」

公鹿球員穿著呆板但可愛的紫綠色球衣，每次季後賽主場比賽，總教練卡爾出場時都會獲得球迷鼓掌歡呼。「這是籃球天堂，」卡爾說，「每晚街上都有人搞派對，小市場球隊打出精彩好球，感受真的很強大，也很有趣。」

因為暴躁和強悍而被稱作「狂怒喬治」的卡爾，是個完美的教練。他有不服輸的心態，也常被吹技術犯規而驅逐出場，在他球員生涯中應該縫了一百針。一九六九到一九七三年，他是教練迪恩・史密斯（Dean Smith）執教的北卡羅來納隊其中一員，也是唯一一個被史密斯認為比賽中撲在地板上最多次的球員。後來當他加入ＡＢＡ*，為聖安東尼奧馬刺隊效力，《運動畫刊》曾指出：「如果你去看喬治・卡爾的比賽，你會以為在看一場曲棍球賽。」

公鹿隊有一長段時間沒有用勝利的姿態昂首闊步，但現在可以了。「無論對手是誰，無論勝算如何，他都認為自己的球隊能獲勝，」卡爾的兒子，現在發展聯盟南灣湖人隊總教練科比・卡爾（Coby Karl）說，「我認為他的球隊證明了這一點。」公鹿隊那一年距離進入總冠軍賽只差一個跳投，他們在東部冠軍戰輸給了費城七六人隊和艾倫・艾弗森。

再一次，希望沒了，感覺很痛苦，有些球迷怪自己想太多，因為本來就知道，他們來自密爾瓦基，不應該把期望設得太高。不應該做夢。他們已經習慣接受失望，然後準備秋天的訓練。

「令人沮喪，」在密爾瓦基附近長大的老球迷拉傑・舒克拉（Raj Shukla）說，「沮喪、沮喪、沮喪之後又沮喪。」但舒克拉不想放棄密爾瓦基，身為這個城市的居民，克服沮喪是生活的一部份。「密爾瓦基一直是一個存在自卑感的城市，任何人事物都以這種感覺為基礎，當你全心全意地支持這支球隊時，內心有一半的感覺是等著心碎，我不知道是不是因為密爾瓦基正在經歷很多生活困難所造成的，但這自卑感一直存在著。」

公鹿隊再次變成一支沒什麼人關注的球隊，他們用雷・艾倫換來老將蓋瑞・裴頓（Gary Payton）和德斯蒙・梅森（Desmond Mason），雖然後者努力不辜負球迷的期望，但管理階層似乎就是這樣運作的：簽下已經是ＮＢＡ職業生涯末期的知名球員，並且認為這足以吸引更多的

---

* 美國籃球協會簡稱，於一九六七年成立，一九七六年與ＮＢＡ合併。

球迷進場，然後盡可能以第七或第八種子進入季後賽。

但沒有用，密爾瓦基又回到一個很少有球員想去的地方，更不用說在那邊打球了。「當我在其他球隊時，」前公鹿隊控球後衛路克．里諾爾說，「密爾瓦基是所有人不在乎的客場之旅，只要進去打完比賽離開就好了。」

出售球隊的風聲又開始吹了。

自從購買公鹿隊後，科爾拒絕了許多出售球隊的提議，但二〇〇三年，可能會發生改變。據報導，麥可．喬丹和他的投資集團將在二〇〇三年選秀當晚收購公鹿隊，但最終，科爾決定不賣球隊，因為他不相信新入主的財團會把球隊繼續留在密爾瓦基。

科爾真的很喜歡公鹿隊，雖然管理方面做得很不怎麼樣，但至少有決心把球隊留在密爾瓦基。「我從沒看過一個老闆會像科爾參議員那樣，這麼常來看球隊練習。」卡爾說。

科爾沒有長期計畫球隊的想法，他的目標只是維持一定水準即可，但是教練們不是為了維持水準來帶球隊，球員也不是為了只進季後賽而打球，他們用心努力，打球比賽是為了贏下總冠軍。

當超音速隊在二〇〇八到二〇〇九賽季前離開西雅圖時，似乎也在告訴密爾瓦基的命運就是如此。「對於很多公鹿隊球迷來說很奇怪，因為超音速的球隊和球迷基礎比公鹿隊好很多，」密爾瓦基記者丹．沙佛（Dan Shafer）說，「那時候很多人就想：好吧，如果西雅圖都失去了球隊，那密爾瓦基肯定會失去。」

死忠球迷繼續支持，尤其在密爾瓦基西北部，你可以看到那邊的人，穿著布蘭登．詹寧斯的球衣四處走動，他們認為密爾瓦基是一座驕傲的城市，他們持續慶祝一九八二年的釀酒人隊有多強大，儘管當年球隊打了七場輸掉了世界大賽。

二〇一二到二〇一三球季，就是揚尼斯加入球隊的前一個賽季，公鹿隊以三十八勝四十四敗的戰績晉級季後賽，但首輪被當年冠軍隊伍熱火隊屠殺，當有人想賣第十排的位置給保羅．亨寧時，他就知道事情會很糟，因為那個人不想去，連擁有勒布朗．詹姆斯和德維恩．韋德的邁阿密熱火，也無法讓球迷去布萊德利中心看球。

寇古齊威茲之前從沒打電話給參議員們，但在公鹿隊看起來可能會離開城市的情況下，他第一次拿起了電話撥打，「我們必須把球隊留在密爾瓦基。」他留言給代表，衷心地懇求著。

儘管公鹿隊這一年早早遭到淘汰，但球迷們終於等到值得期待的球員了：揚尼斯。

當球迷看到他打球時，他們感覺被理解了；當球迷知道他的故事時，他們感覺被看見了。像這座城市的許多人一樣，揚尼斯一切靠自己，揚尼斯努力都只是為了能生存下去，揚尼斯希望自己更好。

揚尼斯是密爾瓦基的代名詞，也是陰暗沉悶的冬天裡，那一道曙光。

* * *

對上紐約尼克，揚尼斯第一次先發的幾個小時前，他走到歐潘漢莫身邊說：「當我上場的時候，我要打爆卡麥隆．安東尼。」

那是十二月下旬，以十九歲又十二天的年紀，揚尼斯成為NBA自二〇〇六年以來最年輕的先發球員，不過出師不利，他不到六分鐘就犯了兩次規，一分都沒拿就回到板凳席。

當揚尼斯再次上場時，他開始用防守壓迫安東尼，第一次延長賽剩不到一分鐘的時候，揚尼斯盡全力鎖死安東尼，讓這位經驗豐富的王牌發生失誤；二次延長中，揚尼斯從安東尼手中把球抄走，造成「甜瓜」另一次失誤。

紐約最終擊敗了密爾瓦基，但揚尼斯在犯滿前得到十分和七個籃板，安東尼依舊砍下二十九分，但揚尼斯打出應有的水準，這是本賽季目前為止最好的一場球。「原因是卡麥隆，」揚尼斯賽後說，「我尊重他，他是最棒的球員之一，但他不能欺負我的隊友，還有我。」

安東尼從比賽一開始，就對揚尼斯放垃圾話，「他說的當然會影響我的思考，」揚尼斯說，「因為去年在電視上就看過他打球了。」但揚尼斯開始敢回嘴了，「你守不住我的！」揚尼斯說，「我守住了！抓到你了吧！」

安東尼有點驚訝，心想：這個不斷回話的年輕人到底是誰啊？同時，他也很尊重揚尼斯，這種拚勁這讓他打得更努力，「這小子企圖心很強，」安東尼說，「這對我們倆都有好處。」

一位裁判走到德魯面前，告訴教練他在警告揚尼斯和安東尼。「我不在乎你是誰，」揚尼斯說，「對我來說，就是一件球衣，有時你必須回應，你不能像隻雞一樣。」

一些記者聽到「雞」這個詞笑了出來，但揚尼斯沒有笑，他不在乎對手有多大牌，有多厲害，就算會失敗，也要努力去攻擊。「所有超級明星都會激發他拿出最好的一面，」巴特勒說，「但他總是被吃，因為那些球星更強，面對現實吧。」

防守端，揚尼斯在落後一步的情況下，會伸手拉扯，因為他的腳步跟不上。所以教練示意把他換下場時，他會看著德魯。

「教練，不，」揚尼斯懇求，「我想留在場上，我還想防守他。」

「揚尼斯，我不能讓你吃第三犯。」

「沒關係，教練，我沒事的，會沒事的，教練。」

有時德魯不讓他防守大牌球星，揚尼斯會不高興。「我猜他覺得我們刻意保留，就很不爽，」德魯說，「他不在乎那些明星是否在他身上得到三十分；他從來不會在對決中退縮。」

這位新秀想待在場上幫助球隊取勝，但那個賽季的公鹿隊令人沮喪，球隊似乎一切都亂了，幾個禮拜過去了，一場勝利都沒有。「這可能是公鹿隊在密爾瓦基的最後一季吧！」亨寧想。很明顯，相當多的球迷已經生氣了、放棄了，一位長期支持公鹿的球迷在二〇一四年的格蘭特蘭網站上簡潔地描述了當下的情緒：「等著看吧！之後球隊會搬到西雅圖，也沒有人會在乎。」

亨寧覺得必須做點什麼，所以他幫助動員發起「自己的公鹿自己救」。「必須進行徹底的改造，老闆也要換人。」亨寧說。這個群組籌了足夠的資金，在街道上放置了一塊廣告牌，上面寫著：「贏球需要膽識。」

支持「自己的公鹿自己救」的庫爾特・萊廷格說：「這廣告牌要讓住在密爾瓦基北部郊區的所有高階管理層和球員，每天上班練球的路上都能看到。」「這活動迴響不小，因為是一個在地的社群，純粹由球迷募款贊助的，大家會為了他們所愛的球隊拚一次，我們深深覺得不能再袖手旁觀了。」

球迷也跟老闆們對話了。「他們根本不喜歡我們，想盡快擺脫我們，」亨寧說，「他們希望我們閉嘴，但我們不會那樣做的。」

雖然壓力在科爾身上，但身為球團的一員，哈蒙也擔心球場的問題。公鹿隊在奧蘭多與魔術隊比賽的幾個小時前，哈蒙到正在吃賽前餐的揚尼斯身邊坐下。

「揚尼斯，」哈蒙說，「看到這球場了嗎？很漂亮、很迷人，這是超人建造的。」

揚尼斯歪了歪頭，「超人？」

哈蒙解釋說，超人是德懷特・霍華德（Dwight Howard）的綽號，「沒有他，奧蘭多可能沒有這個舞台。」揚尼斯笑了。

「揚尼斯，也許有一天，你可以在密爾瓦基建造一個舞台。」哈蒙是認真的，因為他看到了揚尼斯的潛力，所以內心深處有一種確定感。多年來，哈蒙其實承受了很多壓力，包括在選秀會上聽科爾的建議，交易時老闆給的談判限制，以及沒有決定權去打造自己所期望陣容。

但是，選擇揚尼斯的時候，哈蒙第一次違背了傳統，不是說他知道揚尼斯一些旁人不知的事情，而是哈蒙有勇氣出棒，有膽識為未來賭一把。

雖然公鹿隊在揚尼斯的新秀賽季中，戰績一度掉到八勝三十三敗，但哈蒙的勇於出棒似乎得到了回報。

二月份，老闆科爾召集了教練和管理階層來開會。

「告訴我，」科爾對大家說，「誰是隊上最棒的球員？」

德魯沒有猶豫，「揚尼斯。」

科爾難以置信，不自覺地伸長脖子，「揚尼斯？」

德魯點點頭，班德也在房間裡，點了點頭。

「揚尼斯？」科爾重複一次，「揚尼斯是我們最好的球員？」

當時，揚尼斯場均只有七分，當然，他有一些精彩好球，強大的求勝慾望和不會退縮的心態，但說他是隊上最好的球員？

教練們很確定，沒有人像揚尼斯這麼積極努力，他的防守也在進步，「科爾並沒有真正接受，」班德說，「但揚尼斯就是我們最棒的球員。」

這座城市很久沒有這種感覺，而這名新秀給了密爾瓦基這感覺，那就是：「希望」。

第八章　重　聚

薇諾妮卡穿著白色羽絨夾克和灰色運動褲，查爾斯穿著黑色羽絨夾克和藍色運動褲，他們一起打開豪華轎車的門，下車環顧四周，驚呆了。

終於，他們在美國了。

二〇一四年二月三號，哈蒙安排豪華轎車在芝加哥奧黑爾國際機場接他們，還有蛋糕和鮮花，這一天深深地印在揚尼斯的腦海裡，因為這是他一生中最快樂的日子之一。他的爸媽站在豪華轎車前，自豪地拍照；薇諾妮卡太高興了，拍完照片之後，手還緊緊抓著門把忘記放。

揚尼斯的精神在一夜之間振奮了起來。「他整個態度都不一樣。」新秀同伴沃特斯說。

科爾的助手喬安．安頓辛苦了好幾個月，才成功替揚尼斯一家人申請到簽證，她做了很多的研究，分別跟州和聯邦官員交談，科爾作為參議員的政治關係當然也有幫上忙。一位內線消息人士說，當時的國務卿約翰．凱瑞（John Kerry）可能也有出面，因為這是一個複雜繁瑣的過程，好像要永無止境地處理數不清的文件。

作為一名在美國工作的外國運動員，揚尼斯獲得了P一簽證，而希臘的美國大使館頒發了協助人員的P簽證給查爾斯，因為他可以協助揚尼斯，在籃球方面提供心理治療和幫助，薇諾妮卡、寇司塔斯、艾力克斯，都有資格獲得同一張簽證。

第二天，星期一，一家人前往布萊德利中心，觀看揚尼斯以及公鹿隊和尼克隊的比賽。艾力克斯和寇司塔斯忘情地看著球員上場，「我的天啊！」艾力克斯看到安東尼的時候對寇司塔斯說，「是甜瓜！是甜瓜耶！」艾力克斯同時注意到看台上有非常多人，「我有點害怕，」他說，「我從來沒有在一個球場見過這麼多人，太瘋狂了。」另外，他對哥哥揚尼斯在場上看起來又瘦又小感到驚訝，「他肯定需要增加一些肌肉量。」艾力克斯笑著說。

艾力克斯記得揚尼斯比賽前很緊張，因為這是第一次在美國、在家人面前打球，他想給全家人留下深刻的印象。

揚尼斯第一次被換上場時，全家人只有鼓掌，但隨著比賽進行，一家人變得更加投入，當揚尼斯得分或打出好球時，他們會從座位上跳起來大喊。揚尼斯在第四節打得非常有主宰力，全場十五分當中有八分在這節拿到，對手又是他最喜歡的「甜瓜」安東尼，兩人互噴垃圾話。「揚尼斯全力奮戰，」寇司塔斯記得，「雖然還有很多東西要學，但他一直盡全力表現去證明他屬於NBA。」

第四節還剩十分鐘，揚尼斯來了一記飛身補扣，幫助公鹿隊領先拉到十分，查爾斯向他周圍的一些球迷擊掌歡呼，包括剛好在附近的公鹿吉祥物班戈（Bango），他為兒子感到驕傲到有些發抖，他們一家人都是，艾力克斯大聲地尖叫，並且把頭向後仰看著天空，百感交集；查爾斯不停地把手放在頭上，好像他無法相信眼前所看到的；薇諾妮卡微笑、大笑、盡情享受這一切。

公鹿後衛布蘭登．奈特在最後一點四秒內投進一記關鍵三分球，終場公鹿隊以一〇一比九八險勝尼克，雖然戰績只有九勝三十九敗，但揚尼斯的精神好到不能再好了。

「我的父母在這裡，我的兄弟在這裡，我們贏了，球迷看得很瘋，所以我很高興，」揚尼斯賽後告訴記者，「我再也不用擔心什麼了。」

人群散去，薇諾妮卡、查爾斯、寇司塔斯和艾力克斯站在中場，跳來跳去，互相擁抱。

他們成功了。

＊＊＊

適應美國不容易，就讀於白魚灣私立聖莫尼卡學校的艾力克斯，當時十二歲，以及就讀於多米尼加高中的寇司塔斯，當時十六歲，特別有這樣的感覺。

兩人的英語都說得不好，一開始很難交到朋友，揚尼斯盡力讓他們感到舒服，但他無法每天都待在學校裡，無法幫助弟弟們減少害羞，減少恐懼。

「如果你不更加努力地理解其他人在說什麼，你就會被排除在外。」艾力克斯回憶起當時的狀況，他和寇司塔斯不得不迅速適應新環境，任何事物在美國好像都比較多、比較大，每隔幾英里就有一家麥當勞（艾力克斯記得整個雅典只有兩家），有GMC和凱迪拉克來回行駛的寬闊道路，生活步調變得很快、非常快。

另外，兄弟倆還得適應寒冷的天氣。在希臘，很常下雨，夏天很熱，幾乎不會下雪，對寒冷的美國中西部，就必須一個階段一個階段去接受。「你一開始會喜歡，然後會討厭，再來你會習慣，然後就接受了。」艾力克斯說，他終於明白了為什麼揚尼斯之前視訊通話的時候要戴著耳罩和手套了。

「哥，你在幹嘛啊？」艾力克斯會在用訊佳普的時候詢問哥哥，「你看起來像個小丑，哥。」

「太冷了，老弟。」

蓋格和揚尼斯住的公寓有一個小媒體室，裡面有一台七十吋的電視，當公鹿隊前往客場去比賽時，蓋格和其他工作人員會買當地意大利餐廳（Trattoria di Carlo）的披薩，然後邀請阿德托昆波一家人一起在媒體室看揚尼斯比賽，公鹿高層希望揚尼斯的家人感到歡迎和支持。

第一次看球吃披薩聚會上，公鹿隊在丹佛跟金塊比賽，查爾斯和薇諾妮卡幾乎沒有說話，他們非常有禮貌，面帶微笑地坐在那裡，他們會為揚尼斯歡呼，但不會太激動，當下氣氛有些尷尬，畢竟在一個陌生的城市，一個陌生的國家，加上不會說太多英語，他們需要時間才能放下心防。

「他們很難有朋友，」揚尼斯後來告訴《時代雜誌》，「因為過去二十五年來，他們一直沒有朋友，很難去相信一個人。」

薇諾妮卡剛到美國時，她會要求揚尼斯告訴她，平常一起出去的朋友姓名和電話號碼，這樣她就可以用谷歌搜索這些朋友，隨著時間在走，孩子漸漸大了，媽媽依然習慣保護著他們。

不過，薇諾妮卡和查爾斯在公寓披薩聚會上，也漸漸放得比較開了。查爾斯會抱怨裁判，難道他們沒看到對手在禁區推他兒子嗎？只要揚尼斯防守時能破壞掉球，就算沒有真正抄截到，查爾斯就會大叫：「好球！加油！」

爸爸的驕傲寫在臉上，他和揚尼斯特別親近，查爾斯常常穿著揚尼斯的黑色運動褲，而揚尼斯去客場比賽時，查爾斯想確保家裡一切維持原樣，所以他會整理兒子的東西，公寓幾乎是一塵不染。隊友們可以感受到查爾斯有多愛兒子，「看到兒子前進的方向，查爾斯非常自豪。」球隊中鋒薩薩．帕楚利亞說。

每場比賽，阿德托昆波一家人都會坐在布萊德利中心的同一個地方：A區，老闆科爾的座位下兩排，跟球員席在同一側，其他球員的家人會坐在球員席對面，但揚尼斯想要家人坐得更近一些，因為他需要看到家人，感受他們的支持。

揚尼斯常和隊友談論他的兄弟們——他們有多優秀，他們對自己的激勵有多大。他總是帶他們去練球，久而久之，他們就會一起練，揚尼斯會帶領兄弟們進行訓練，要求每一次切入都要用力，每一次傳球都要有勁，「這就是你需要付出的努力，」揚尼斯會邊說邊示範，「像這樣。」

然後他們會和訓練場裡的任何人打二對二或三對三。艾力克斯很愛持球，甚至有些人會說他很獨，他常毫不猶豫地在三十五尺外砍大號三分；寇司塔斯在多米尼加高中打校隊，在球場上的決定比較深思熟慮，他看到揚尼斯和薩納西斯是多麼認真地對待比賽，而且他就是下一個，因此會更集中注意力。不過，無論是幾對幾的鬥牛，唯一的規則就是玩得開心，兄弟們會打著、笑著，好像他們回到了索普利亞，只是這裡沒有十一英尺的大門要爬，也不用擔心攀爬的時候受傷。

哈蒙給了所有家庭成員一人一把訓練場的鑰匙。很多時候，在晚上十一點左右的訓練場能看到薇諾妮卡把球傳給揚尼斯，她會把籃板球搶下來，一遍又一遍地傳給兒子練投。

薇諾妮卡會看著他舉重，看著他折返跑，揚尼斯需要她，而她也需要揚尼斯，這時，揚尼斯已經成為這個家庭的決策者，儘管查爾斯仍舊是一家之主，但揚尼斯現在比爸爸了解美國的賬單和稅收，你會看到揚尼斯坐在餐桌旁審視文件，仔細關注他們花了多少錢或欠了多少錢，他會去學校檢查弟弟們的成績，確保每個人都沒問題。

這是長久以來，揚尼斯第一次感到安心、踏實，因此，他終於買了一台新的PS電動遊戲機。

＊＊＊

艾力克斯花錢非常小心，儘管他唸的是私立學校，而且揚尼斯向他保證家裡有足夠的錢，但艾力克斯還是無法擺脫在索普利亞的不好回憶。他每一次買東西都會仔細權衡，確保買到的價格最優惠，寇司塔斯也跟他一樣。「我們最在意的點是，」艾力克斯說，「如果真的不需要這東西，那為什麼要買呢？」

他很驚訝同學可以在商場非常迅速地決定想買的衣服或鞋子，然後付錢了。「這太瘋狂了，」他說，「這是有史以來最大的生活變化。」

他其中一個朋友在自家後院有一個完整的籃球場。「哪個國家可以每個地區都有一、兩個球場？然後在美國，還有人可以在自己家弄一個球場？你在希臘看不到這一點，絕對看不到。」

「如果我們一覺醒來，發現自己又回到原本開始的生活怎麼辦？」兄弟們依舊會互相說這句話，然後笑著、想著他們走了多遠，但是，這種隱藏在表面之下的恐懼還是存在，這句話無時無刻激勵了他們，尤其是揚尼斯，因為他知道如果搞砸了，如果表現不夠水準，那麼一家人所擁有的一切都會消失。

「任何給予你的東西，也可以從你手中拿走，」揚尼斯這樣提醒他的兄弟們，直到現在，他們還是可以強烈地感受到那種無常的感覺。「我們沒有一百分的安全感。」艾力克斯說，某些方面來說，他們並沒有離開索普利亞。

＊＊＊

揚尼斯發現在一支戰績差的球隊打球是有好處的：他擁有更多的上場時間，可以努力擠進先發陣容。當他知道自己被選中，可以參加在紐奧良舉行的二〇一四年明星週新秀挑戰賽時，他高興得不得了。

「從你走進來開始，你就一直在微笑，」長期擔任公鹿隊電視轉播員的吉姆・帕施克（Jim Paschke）說，他和揚尼斯站在布萊德利中心的底線聊天。

「這很有趣，不是嗎？」

「對，非常有趣，」揚尼斯告訴他，「我超級開心。」

揚尼斯目前為止先發了二十一次，場均為六點九分和四點五個籃板（新秀中排名第三），他的效率超出了任何人的預期。

「我準備好跟大人物對決了。」揚尼斯那天告訴帕施克，他指的是安東尼・戴維斯（Anthony Davis）和達米安・里拉德（Damian Lillard）。

揚尼斯最終打了十七分鐘，得到九分、兩個籃板、兩次助攻，包括一個不可思議的好球：他只運了兩下，就從罰球線到達另一邊的罰球線，然後起飛用雙手完成拉竿倒灌。

但那場比賽，大部分時間他都坐在板凳席上。「在我們擁有的球員中，他被定位在第十或第十一位。」球隊教練奈特・麥克米蘭（Nate McMillan）說。

麥克米蘭認為揚尼斯有很大的潛力，也注意到他一上去就全場加壓防守，阻斷傳球，沒有一秒鐘在休息，只是碰巧隊友安德烈・卓蒙德（Andre Drummond）那天晚上打得非常好。

坐在板凳上，看著隊友比賽，揚尼斯變得更加沮喪，最後，他決定在下半場發聲，不是用不敬的語氣，而是認真的語氣問：「教練，那我呢？」麥克米蘭很驚訝，「我太專注在贏球上了，所以沒抓好換人調度的比重。」後來，揚尼斯下半場就打得多一些，但還是不多，賽後，揚尼斯告訴麥克米蘭，「我會回來的。」

揚尼斯告訴了歐潘漢莫這一切，他快氣瘋了。

「教練，我永遠不會忘記奈特・麥克米蘭，」揚尼斯說，「他會為此付出代價的。」歐潘漢莫笑了，「付什麼代價？」

「他是故意的，他故意讓我難堪。」

這就是揚尼斯：記住每一個細節、每一個對他的評論。

他認為還有很多東西要證明，不僅是新秀挑戰賽，在NBA也是，整個世界都是。他意識到外界認為達力歐・沙里奇比他更好，他也意識到尼克隊前一年沒有派球探去佐葛拉夫看他。

「他很容易感覺被針對，」歐潘漢莫說，「這些針對被他當作燃料儲存起來，我相信他心中有非常重要的人跟事想去征服。」

不過同時，揚尼斯也很感激被給予的一些機會，像是他與新秀史提芬·亞當斯一起，在明星賽周末最後一天，擔任國際媒體友誼賽的聯合教練。

揚尼斯在上午九點鐘，精力充沛地走進了球場（許多第一次參加明星賽的年輕球員都會宿醉），他跟所有國際記者聊天，每人花了五到十分鐘，詢問他們來自哪裡，他會問記者們是否來過這個城市或是那個海灘。「他讓我們感覺很舒服，」西班牙馬德里的記者安東尼奧·吉爾（Antonio Gil）說。

吉爾在揚尼斯的球隊中，但沒能做出貢獻，出手不斷打鐵。「你是西班牙人！」揚尼斯向他喊，「你應該找到機會多射一些！」大家都笑翻了，吉爾繼續投繼續打鐵，他們這隊最後輸了友誼賽。

＊＊＊

接下來的一周，就是二月下旬，揚尼斯購買了人生中第一台車：一台二手車，黑色GMC卡車，他堅持買二手車，他不想買一台全新的。

公鹿隊的控球後衛里諾爾跟他解釋，其實他不用付一毛錢，球員可以從某些經銷商那裡獲得免費汽車。

「他們會這樣做？」揚尼斯問，「那他們會給球員汽車？免費？」

無論里諾爾向他保證多少次，他都無法被說服。「他對NBA球員能得到的想法實在太天真了，」里諾爾說，「免費汽車、免費手機，他對那些東西一無所知，他只知道要好好打球。」

揚尼斯帶著蓋格去牽車，因為這是一個特殊的日子，他希望最好的朋友一起去。兩人在卡車前合影留念，揚尼斯穿著白色耐克帽T和黑色運動褲，手裡握著鑰匙，笑容燦爛；蓋格穿著黑色公鹿運動服，伸手將拳頭放在揚尼斯的肩膀上。「他第一次獨自開車回家時，我在後面跟著他，」蓋格笑著說，「我真的有點擔心。」

他不是唯一一個擔心的，幾個禮拜前，揚尼斯的家人也猶豫要不要坐他開的車。

一般來說，大多數時候他們都坐公共汽車，「我很害怕。」艾力克斯說。查爾斯是第一個願意坐揚尼斯車的，而揚尼斯想要向父親展示他是一個好車手，蓋格和他們一起去了，因為揚尼斯只有學習駕照，如果發生意外狀況，蓋格不確定查爾斯需要什麼樣的文件，他們在聖法蘭西斯地區兜風，這次揚尼斯轉彎時，都有確保打了方向燈。

揚尼斯拿到正式駕照時欣喜若狂。「跟一個十六歲的孩子一樣興奮。」歐潘漢莫說，揚尼斯感到非常自豪，甚至向記者炫耀：「我已經拿到駕照了！哈哈哈！要不要試試？來吧，各位！有問題就問吧！」大家都面帶微笑，不想潑揚尼斯冷水，哈蒙開玩笑地說：「一大堆人來幫忙教他開車。」

大約一個月後，揚尼斯堅持要開車送蓋格去參加一場電子舞曲音樂會，現在他有了駕照了，他想成為家人好友指定的司機。週六晚上，迪奧羅（Deorro）將在密爾瓦基的多功能音樂會場演出，而蓋格有門票。

「你不需要和其他人一起在搖滾區裡，」蓋格告訴他，「我們可以去看看。如果不喜歡，我們就離開。」

揚尼斯從來沒有參加過音樂會，但他喜歡電音。「喔，我知道這節奏，」揚尼斯和蓋格一起開車時常玩，看誰能最快猜出歌曲，「這是他們在米科諾斯演奏的音樂，以後有機會，我們一起去希臘的米科諾斯。」

討論後，揚尼斯決定一起去聽迪奧羅表演，但他告訴蓋格有個條件：「我必須問我媽。」蓋格笑了，NBA球員問他媽媽？真的假的？

真的。薇諾妮卡還是無法輕易信任別人，但這次她答應了，揚尼斯馬上打電話給蓋格：「羅斯！我可以去！我們可以一起去聽音樂會！我媽說好！」

揚尼斯到蓋格家碰面，他穿著一件熨過的鈕扣襯衫，搭配漂亮的牛仔褲，一雙新的耐克鞋和塑膠造型眼鏡，這是蓋格第一次看到他穿運動褲以外的衣服。

「老兄，」蓋格對他說，「我們不會在這裡碰到任何妹子的。」蓋格可以看出，揚尼斯精心打扮，這套衣服的每一個細節都注意到了，「你會以為我說，『嘿，我們要進攻啦，應該會有些女孩想認識我們。』對吧？」

車開到一半，揚尼斯突然跟旁邊的蓋格說：「老兄，這是天大的好消息！」

「什麼好消息？我們要去聽音樂會嗎？」

「不，」揚尼斯微笑著說，「我問我媽是否可以和你一起去，她知道已經很晚了，但還是說可以，這真是天大的好消息，兄弟，這表示她信任你。」

＊＊＊

公鹿隊災難般的賽季慢慢進入尾聲。四月初，以九八比一〇二輸給暴龍隊，本季第六十三場失利，球隊經歷了最糟糕的時期，實在太糟糕了，大家都希望賽季快點結束，那年陣中球員因傷總共缺席了兩百七十七場比賽。

最後一場比賽，對手是老鷹，賽前幾個小時，科爾宣布，將以五點五億美金的價格，把球隊賣給兩位紐約億萬富翁馬克．拉斯里（Marc Lasry）和衛斯．伊登斯（Wes Edens），拉斯里和伊登斯承諾，會將球隊留在密爾瓦基。「我不會永遠活下去。」當時七十九歲的科爾這樣說。

這是令人震驚的一刻。科爾在籃球方面可以說是一個糟糕的老闆，但他做了一件比任何事都重要的事情：把球隊留在了密爾瓦基。

多年的動盪，多次的開價，科爾堅持住了，他為此感到自豪，即使公鹿隊沒有取得什麼了不起的成就。「有人願意給我五十億，但我做不到，」科爾說，他指的是把球隊賣掉，離開密爾瓦基，「如果賣了，我哪有臉繼續住在這裡？我怎麼對得起自己？」

科爾表示，將斥資一億美金給市中心的新球館使用，新入主的企業也再加碼一億美金，「密爾瓦基球迷值得一支獲勝的球隊。」豐澤投資集團的聯合創始人兼董事會主席伊登斯這樣告訴美聯社；拉斯里則是艾威資本集團的董事長兼首席執行長。伊登斯的母親在威斯康辛州出生長大，他和拉斯里都熱愛籃球，共同的目標是贏得總冠軍。

還是一樣，沒有人敢去期待什麼，有些人持懷疑態度，懷疑新財團的心態，將他們視為「操盤地下基金」的億萬富翁，並擔心無論科爾或新老闆承諾什麼，球隊最後都會離開密爾瓦基。

好的一面是，密爾瓦基在二〇一四年選秀會中獲得了第二順位選秀權，終於，有機會選到一位頂級球員。球團沒有浪費時間，準備了三份六百頁的資料送給新老闆：包括來自杜克大學，身高六尺八寸的前鋒賈巴里·帕克（Jabari Parker），以及為堪薩斯大學效力的加拿大天才球員安德魯·威金斯（Andrew Wiggins），他來到密爾瓦基進行訓練，還有因為醫療原因未能進行測試，來自喀麥隆的大個子喬爾·恩比德（Joel Embiid）。

公鹿隊越看帕克，就越喜愛他。帕克在芝加哥南部長大，堅韌而勤奮，選擇帕克對公鹿球團來說意義重大：他是自一九九四年第一順位的格倫．羅賓森和二〇〇五年第一順位安德魯．博格特（Andrew Bogut）以來，公鹿隊所選的第一位精英球員。

帕克可能是密爾瓦基一直在尋找的基石，不是揚尼斯。

揚尼斯被視為奪冠拼圖的重要部分，可以輔助帕克的球員。對此，揚尼斯沒有很高興，因為他想成為球隊中最棒的球員，他不想把這個頭銜交給其他任何人。

在公鹿隊選中帕克的第二天，有報導稱密爾瓦基的新老闆想尋求布魯克林籃網隊的許可，來面試總教練和名人堂控球後衛傑森．基德（Jason Kidd）。基德跟布魯克林的分手很難看，基本上他是被逼走的，他是一名新秀教練，二〇一三—二〇一四球季帶領籃網取得四十四勝三十八敗的戰績，也打進季後賽。拉斯里是籃網的部分投資人，基德在紐澤西打球時，兩人建立了一些交情。

公鹿隊內大多數的工作人員，並不知道新老闆正秘密計畫換總教練，原本的總教練德魯在公鹿選秀室幫助挑選帕克，然後在帕克的新聞發布會上，熱情地談論了這位新秀的未來。

沒想到，三天後，德魯被解僱，基德被聘用。德魯說公鹿球團在沒有事先告訴他的情況下，就確定請了基德，這讓他很不舒服。「我不認為這是有品的行為，」德魯說，「當下真的沒有心情和任何人交談，而且我也的確沒和任何人說。」

至於基德，除了新任總教練職位，他還希望接管公鹿隊的籃球業務並成為球隊總裁，這樣的野心讓球團內許多人感到不舒服，於是新老闆拒絕了他的請求，但這個舉動讓基德和高階管理層之間的關係變得很尷尬，有些人擔心，他會像之前一樣，企圖成為一切的領導者。

同時，揚尼斯正在面對生涯第一位教練的離去，這位教練很有耐心也認真培養了他。在對上紐約尼克，球季的第一場比賽前，揚尼斯在臉書上發了一張他和德魯在麥迪遜廣場花園的照片，德魯笑著並摟著他；他也記得德魯是如何感受到他的壓力、他的失落，如何教他放鬆地進入比賽，專注在籃球上。

德魯被解僱後沒有與揚尼斯交談，「我不知道這樣做是否正確，」德魯說，「但我那時完全不想跟密爾瓦基任何人有聯繫。」後來，他轉到克里夫蘭騎士隊執教。

「我教過喬丹、我教過科比，」德魯說，「現在我可以說我教過揚尼斯。」

＊　＊　＊

揚尼斯和家人期待著，看看薩納西斯是否會在那個夏天被選中。

薩納西斯的技術不如揚尼斯，與歐洲聯賽的頂級天才相比，薩納西斯身材較矮，算是個拚勁十足的球員和出色的防守者，但運動能力或技術性還沒辦法在重視基本動作和外線投射的ＮＢＡ

中討生活。「薩納西斯在他弟弟的陰影下打球。」一位在希臘的歐洲球員經紀人說。

揚尼斯公開為哥哥講話，「我知道薩納西斯有能力在這個聯盟打球。」那個夏天他告訴《密爾瓦基哨兵報》。

幸運的是，薩納西斯在二〇一四年六月的選秀會上被紐約尼克隊挑中，以第五十一順位選走，兄弟倆在巴克萊中心（Barclays Center）的看台上互相擁抱。「今天看到薩納西斯被選中，比去年我自己被選還要高興，」揚尼斯當晚告訴記者，「希望我們的弟弟（寇司塔斯）能跟隨我們的腳步，也成功進入聯盟。」

面對第二個賽季，揚尼斯有很多東西要準備。他上季完成六十一次阻攻，是所有新秀當中最多的，最後也入選年度最佳新人第二隊，但他要求很嚴格，給自己表現評了一個「D」，還需要在每件事上再努力：投籃、運球、力量。「一開始很難相信，當時會想：『哇，我正在和這些球星一起比賽？我和這些高手在同一個球場上？』但隨著球季的進行，我漸漸開始相信，我屬於這裡。」

「我很高興自己很努力，」揚尼斯說，「但我並不滿意自己的表現。」

密爾瓦基的安靜環境很適合揚尼斯，他可以不分心地專注於籃球技巧的提升。「我愛密爾瓦基，我希望在這裡待很長時間。」想到粉絲們歡呼吶喊的時候，他很開心，「球迷給我的感覺很好，很高興他們喜歡我這個人，也希望未來他們喜歡我這個球員。」目前，他還不是那個心目中的球員，不過，他終於完成了第一次的暴力上桿。

他感到非常自豪、驕傲，然後開始在鏡子前觀察自己，觀察用力的二頭肌，看他的身體是不是更強壯。「他看起來很滿意，因為身材真的開始成長了。」公鹿隊前鋒克里斯．萊特說。

休賽期間，萊特和揚尼斯越來越要好，他們常一起進行一對一，或是六點投射。六點投射是一種投籃訓練，球員從六個不同的位置，在有防守者壓迫的情況下出手。有一天，揚尼斯不斷打鐵，六點投籃也一個都沒贏，他對自己非常不滿，不想和任何人說話，氣呼呼地走出球場。

隔天，揚尼斯告訴萊特，以及在場的沃特斯和米德頓，「今天我要痛扁你們。」三個人都笑了出來，「隨便吧，老弟。」萊特說。

揚尼斯一對一防守萊特，萊特從左邊強行切入，扣籃得分。揚尼斯看起來又不高興了，他沒有痛扁任何人，米德頓故意取笑揚尼斯：「跟昨天一樣！你六點都會輸！」

不過，揚尼斯接下來穩定地接球出手，連續命中，贏得所有的六個點，他把球拋到空中，在考辛斯中心邊跑邊尖叫：「爽，寶貝！六！喬丹，寶貝！六！」暗指喬丹的六次總冠軍，然後他跳到紀錄台上，捶打著胸口，繼續叫：「六！六！」看著空蕩蕩的看台，用手指指向觀眾席，幻想球迷正在為他歡呼，「爽！你們都看到了！」

「再來一場！」萊特說。

「不，不要，」揚尼斯說，「我不跟你打了。」然後宣布自己是最終贏家，不會再被耍了。揚尼斯接著向坐在附近的哈基特說：「教練我告訴你，明年，我會變得更強，我會一年比一年強。」

揚尼斯的確需要變得更好，因為幾週後，他將第一次代表希臘國家隊出賽，他是陣容裡最年輕的球員，而名單上充滿了希臘的傑出球員，像是尼克・卡拉塞斯、尼科斯・席西斯，以及寇司塔斯・帕帕尼克勞（**Kostas Papanikolaou**）。

再一次，揚尼斯又成了小嬰兒、嫩菜鳥，但是希臘國家隊沒有時間像公鹿隊一樣，慢慢地把他帶起來，讓他成長，今年希臘有機會獲得獎牌，揚尼斯必須準備好自己。

「如果我希望他們尊重我，」前往希臘之前，揚尼斯對他的前教練米薩斯說，「那我就必須去贏得他們的尊重。」

＊＊＊

這位十九歲年輕人抵達雅典參加集訓，遇到了國家隊教練佛提歐斯・卡齊卡里斯。卡齊卡里斯是一位資深的歐洲教練，後來在猶他爵士隊擔任助理教練，他在集訓第一天有點摸不透揚尼斯，因為揚尼斯太認真了，幾乎沒有笑，似乎打算撲克臉打到訓練結束，球隊中一名資深球員被這種嚴肅的表情冒犯到了，認為揚尼斯沒有禮貌，所以走到卡齊卡里斯面前說：「叫這小子注意一下態度，要不然就往他臉上尻下去。」

這就是揚尼斯的態度。

「揚尼斯不像他這個年紀的孩子。」卡齊卡里斯說。球隊中一些老將，比揚尼斯大了十歲，認為這個年輕小伙子很自大，就因為他在美國NBA，他們不懂，為什麼一個次級聯賽的神秘人物，可以登上世界最高籃球殿堂的，他們當中許多人也永遠得不到這樣的機會。

「他的選秀順位算前面的，但我們不知道他的球技到底能不能融入團隊，」隊友和希臘球星尼克．卡拉塞斯說，「我們不知道他是否能在國家隊發揮作用。」

揚尼斯第一次見到卡齊卡里斯時，就問他的哥哥薩納西斯是否也可以加入球隊。卡齊卡里斯吃了一驚，剛剛夢寐以求地入選國家隊的球員不問自己的角色工作，而是幫家庭成員問有沒有機會？卡齊卡里斯試著委婉地告訴揚尼斯這時候是不可能的。

揚尼斯繼續問：「那教練看到我什麼？還有我能做什麼來進步？」他看著教練的眼睛，卡齊卡里斯從未在年輕球員身上看到這種專注，「他絕對還沒準備好打比賽，但他是一顆真正的鑽石，」卡齊卡里斯說，「希臘是一個小國，當然我們有很好的籃球文化，但從來沒有像揚尼斯這樣的球員，他的特點，他的天賦，我們需要與他合作。」

那個夏天，卡齊卡里斯鎖定兩個目標給揚尼斯：強大的防守和身體素質。

揚尼斯進攻端打得比較掙扎，但偶爾會來個好球，第一次練習中，他接球後沒有看到弱邊有空檔，所以直接往籃下切，假動作騙過兩名防守球員後扣籃得手。他開始贏得一些老將的尊重，

「他是我交手過最努力的球員之一，」卡拉塞斯說，「他只是缺乏點經驗。」

二○一四年，FIBA*籃球世界盃第一場熱身賽，揚尼斯一分鐘都沒有打，但他沒有氣餒，而是在比賽幾個小時後跑去練投，然後他走到助理教練卡里瓦斯面前說：「如果我三分球四投三中，你能告訴總教練下一場友誼賽讓我多打一點嗎？」雖然揚尼斯四投兩中，但依舊起了作用：他希望教練們知道他會盡一切努力來上場比賽。

晚上七點三十分練習結束後，其他人都去洗澡時，揚尼斯會和卡里瓦斯一起調整他的投籃姿勢，直到九點才離開球場回酒店洗澡。「如果你在二○一四年告訴我，說揚尼斯在二○一九年會成為NBA的最有價值球員，跟你買杯咖啡請我喝——我會選擇喝咖啡，」卡里瓦斯說，「我把所有的房子、財產，都押在這了，但我從沒看過有人像他一樣如此努力。如果他能練習一整天，他就會練一整天。」

揚尼斯開始和隊友聊天交心。「我記得他曾說過：『我有一天會成為NBA的明星賽陣容之一。』」熱身賽期間，球隊隊長同時也是揚尼斯的室友席西斯說。當時三十歲的席西斯過去幾年有聽說過揚尼斯，「希臘有個黑人小孩，上場會瘋狂地來回衝刺。」「他可以在中線運球兩次就扣籃。」

---

* 國際籃球總會簡稱（International Basketball Federation）。

隨著馬德里夏季錦標賽的展開，希臘最有天賦的球員之一席西斯與揚尼斯合作次數也跟著增加，他漸漸注意到揚尼斯願意在防守和籃板方面做苦工，「他的體能令人難以置信。」席西斯說，偶爾揚尼斯會做一些意想不到的高難度動作，比如戰斧式灌籃。

「我們從沒看過，即使在歐洲也是，」卡齊卡里斯說，「你會一眼就注意到他：哇！這個孩子——他很特別。」

奇沃拓司咖啡的老闆錫卡斯和妻子德里帕，也特別跑到馬德里給揚尼斯一個驚喜，同時觀看他的比賽，他們知道揚尼斯的家人沒辦法去，所以刻意跟揚尼斯住在同一家飯店，讓他有回到家的感覺。

揚尼斯看到他們笑了，尤其是錫卡斯，那個不需要給但還是給他三明治和果汁的人，而現在，錫卡斯將看到他身穿藍白相間的希臘球衣，代表錫卡斯如此喜愛的球隊。

兩個人抱在一起，然後看著對方，錫卡斯非常驕傲，他向揚尼斯解釋了為什麼他們要去西班牙：「我想讓你知道，那裡有人支持著你。」

＊　＊　＊

揚尼斯在錦標賽中沒有打太多，他有點猶豫跟掙扎，也無法突破取分，因為像揚尼斯這樣體型和運動能力的球員，很難在擁擠的歐洲油漆區內找到空間，加上裁判不認識他，所以也沒有從哨音中受益。

希臘在小組賽先取得五勝〇敗的好成績，然後以七二比九〇輸給了塞爾維亞，那場比賽，揚尼斯上場的時間比以往任何一場都要多，而且還打得很好，不過因為落敗，每個人都想馬上離開。

「球員們，別擔心！你們盡力了，我們依然愛你！」前往比賽現場的希臘球迷在球隊大巴旁邊跟球員說。揚尼斯跟在席西斯身後，發現教練在流淚，揚尼斯抓住席西斯給了一個擁抱，「教練，別擔心，」揚尼斯說，「下次我們會更好，放心吧！」

一個年輕球員如此關心他，對席西斯來說意義重大。當球隊的飛機降落在雅典時，揚尼斯眼中含著淚水，他大力地擁抱隊友，這兩個月，大家感情都變得很好，上了場也都全力以赴。

一個禮拜後，席西斯在廣播中聽到揚尼斯分享了參與國家代表隊的感想，他向電台主持人提到，穿上祖國的球衣，讓他了解到愛國的真正含義，這是從教練席西斯那裡學到的。席西斯邊聽採訪邊流淚，「一個十九歲的孩子，他的父母不是來自這個國家，但他一直都很愛這個國家。」席西斯說。

「他真的懂那份愛。」

是的，揚尼斯一直都懂。

第九章　強　勢

揚尼斯會站在鏡子前練習表情，他會瞇著眼睛、咬牙切齒、把鼻子皺起來，然後額頭會繃緊，嘴唇翹起來，接著發出一些聲音。

他試著讓自己看起來更有侵略性，不那麼無辜瘦弱，甚至要讓人害怕，在進入第二個NBA賽季前，他需要一個新的身份，一個與第一次喝到冰沙，那個愚蠢傻氣的菜鳥，大不相同的身份。

他需要變得更加強勢。

「他必須練習，因為他不是那種人，」羅賓森說。「他是個討人喜歡的人，一個好好先生。」但揚尼斯不想在球場上當一個好好先生，他想成為一個強悍的人，他試圖模仿羅素．威斯布魯克（Russell Westbrook）的生氣表情，揚尼斯喜歡威斯布魯克：包括速度、肢體動作、還有桀驁不馴的表情，有一次他開始練習，皺著眉頭，翹起嘴巴，「這是我的新招。」揚尼斯告訴隊友們。

隊友沒有理他，只是笑了一下，揚尼斯不死心，繼續想辦法，他在重訓室大力臥推之後，再次皺起眉頭，露出兇悍的表情，希望隊友感受到霸氣。「老弟，」奈特告訴他，「你根本沒有肌肉，放輕鬆點吧！」

隊友們覺得好笑的同時也發現，揚尼斯扣籃後皺起眉頭，露出兇悍表情，大概是新秀賽季快要結束的時候開始的。他第一次這樣做時，對手是活塞隊，他用相當具有侵略性的表情跑回球場的另一端繼續防守，當時巴特勒感到很驚訝，「我真不知道那表情是從哪裡學來的？」巴特勒笑著說。

之後隊友問他：「那是什麼?你從哪兒學來的?」他們以為揚尼斯是從網路上看來的，畢竟網路實在太發達了，什麼都查得到。揚尼斯笑了，用一種沒什麼的口氣回答：「喔，我學威斯布魯克的。」

不過，揚尼斯使用的方式好像不太對，感覺很刻意，其他人會感覺到，「嗯，他今天一定在家練習很多遍。」奈特說。揚尼斯繼續嘗試，但聲音好像不足，不夠有說服力。「你必須提高喊叫聲，」奈特會半開玩笑地建議揚尼斯，「你必須真正吶喊出來，既然要展現霸氣，就要用對的方式來呈現，老弟。」

＊＊＊

二〇一四到二〇一五球季開始訓練的第一天，揚尼斯完全不想笑，一秒鐘都不想，他也不能笑，因為帕克是明星新秀。揚尼斯認為兩人最終應該會互相喜歡，甚至成為好朋友，但起碼一開始不是，公鹿隊應該是屬於他的球隊，因為第一個賽季的出色表現，他已經取得了一定的重要性，現在他要證明自己是球隊的領導者。

有些人幻想，這對搭檔可能成為密爾瓦基新時代的蝙蝠俠和羅賓，但揚尼斯不想成為羅賓，他必須成為蝙蝠俠。

「他還沒有登上王座，」歐潘漢莫說，「但椅子是空的，如果他認為自己有能力坐上去，他就一定會盡一切努力比別人更快上位。」

揚尼斯和帕克每次訓練都會槓上，這點總教練基德很樂見，以教練的角度，他希望每個人都具有這種競爭力，他不想再一次出現一個丟臉的十五勝賽季。其實從球員身份退休也不過一年左右的時間，基德就像一個穿著教練服的球員，「即使在場邊，你也可以感受到他的競爭力和求勝心從體內散發出來，」基德的前籃網隊友凱瑞・基特斯（Kerry Kittles）說，「看得出他試著壓抑自己。」

第一次的訓練進行到一半，基德叫所有球員集中在球場中央，「有誰?認為我們是季後賽球隊?」

球員互相看了看，停頓了一秒，意識到只有一個答案。

每個人都舉起了手。

「很好，」基德說，「那我們就像一隻季後賽隊伍去練習。」

訓練開始：強調身體素質，切入挑戰籃框，接受身體碰撞，基德不停地告訴揚尼斯想辦法切到籃下：「不要只選擇中距離跳投。」

有一次比賽，揚尼斯一人持球，從後場推到前場，並強行切到籃下，但最後撞到了內線球員，球打到籃板彈到界外。

「你知道嗎？一根羽毛就能讓他倒，」基德轉頭跟助理教練說，他們笑了出來，但是基德沒有，他是認真的。「場上跑幾趟之後，你向他吹氣，他就會倒。我們必須讓他變得更強壯才行。」

接著球員們進行小組比賽，有一球，揚尼斯搶到籃板後，運球加速擺脫第一個防守隊員，然後再一個背後運球晃過另一名防守隊員，一路衝到禁區裡扣籃，這過程他只運了四次球，萊特和歐潘漢莫面面相覷，同時間說出：「唷！」

另外還有一球，揚尼斯在弧頂，防守者緊貼上來，讓他失去了平衡，跌倒之前他順勢往左下球突破，運一下之後直接往籃框起飛，中間一共有四名球員擋住，但揚尼斯依舊撐到最後，把球硬灌了進去。

球場裡的每個人都停了下來，因為這記扣籃太誇張、太噁心，這是第一次，揚尼斯看上去真的非常強勢、非常霸氣。

＊　＊　＊

基德希望揚尼斯像刺客一樣，成為一個真正的殺手，這表示他不只需要展露霸氣、保持有些狂妄的姿態，還要他打出真正的強度來支持這種形象。基德看到了揚尼斯的明星潛力，希望他將天賦發揮到極限：他的身高與臂展，他的持球運動能力。

基德和助理教練尚恩．斯威尼（Sean Sweeney）每天都會和揚尼斯進行多次訓練，教他動作，挑戰他脫離舒適區，基德會讓揚尼斯一遍又一遍地進行訓練，直到一切完美無缺，所有的球員都一樣。

基德以智取而聞名，他不會大喊大叫，不會表現過於激進，完全不屬於激動派，他很仔細，說話輕聲細語，並深入了解球員，知道每個人的點在哪。他從不直接說答案，而是希望球員自己去找答案。

他在籃網和公鹿的執教風格被一位前球員描述為「心理戰」。當被問到關於基德的問題時，大部份的球員和教練都會說：「球場上還是私底下？」有人愛他，也有人恨他。

「絕地武士的超智思維。」歐潘漢莫說。

「腦袋不清楚的傢伙。」一位前隊友直言不諱地說。

「詭計多端，」一位前公鹿隊職員說，「喜歡人的好鬥性。」

「他是贏家，一位天生贏家，一位好勝心極強的混蛋。」二〇一五到二〇一六年公鹿隊前鋒克里斯・科普蘭（Chris Copeland）說，他二〇一二到二〇一三年跟基德一起在尼克隊打球。

「他手段很慘忍，」另一位前NBA球員說，「我知道很多球員不喜歡他，不只是當教練的時候，是說他這個人！他會讓人們互鬥，挑撥離間。」

「我知道他跟很多球員的關係都不穩定，」二〇一四到二〇一六年公鹿隊前鋒強尼・歐布萊恩三世（Johnny O'Bryant III）說，「但有件事他做到了，就是奠定贏球隊伍的傳統。有時他的做法很直接，像是個機車的混蛋，但我認為從長遠的角度來看是有回報的。」

「我永遠不會叫傑森・基德混蛋，」二〇一四到二〇一八年擔任基德執行助理的尼可拉斯・特納（Nicholas Turner）說，「他是一名球員，所以他也有自尊心……我想很多人對基德有些誤解，他只是想要贏球，出發點是好的。」

基德也有理智的一面。二〇一三到二〇一四年在布魯克林幫基德打球，二〇一六到二〇一八年在公鹿隊打球的傑森・泰瑞（Jason Terry）說：「他像是一位教授，他不會告訴你該做什麼，而是透過詢問，來引導你，來加強你。」

「傑森的頭腦很聰明，」二〇一四到二〇一六年擔任公鹿隊助理訓練員的尼克森・多維利安（Nixon Dorvilien）說，「但他在你身邊的時候會有點不舒服。」

「球員經歷一些考驗然後感覺不舒服時，他們認為教練在跟我玩心理遊戲，但事實並非如此，」二〇一四到二〇一八年擔任公鹿隊助理教練，目前在印第安那溜馬隊的格雷格・福斯特（Greg Foster）說，「他會讓球員做一些平常不會做的事，這就是教練。」

「我不想聽起來很消極，」公鹿隊後衛奈特說，試著解釋了基德的一些方法，像是懲罰除了犯錯球員以外的所有球員，讓那位犯錯的球員很難堪、有罪惡感，「他只是用自己的方式表達觀點。」

有時候，芝麻蒜皮的小事會變成大事：有一次，隊上中鋒索恩・梅克（Thon Maker）沒有蘋果手機，讓全隊用蘋果內建訊息的群組聊天被打亂，基德感到不滿，進而體罰全體球員，因為基德認為，只有梅克沒有蘋果手機，就表示球隊不團結。

當然，基德還有另外一面，他讓球員負責，給予他們信心，提高比賽水平。如果球員做錯了，基德會自己拿球下場，向球員示範如何完美地做到這一點，而且用行動證明之後會說：「各位，這他媽真的沒那麼難！」

基德討厭球員不準時，而且他是一個完美主義者，認為球員應該在第一時間就做對，他如同死神一般的眼神，讓人覺得特別刺骨。

他的觀念領先了其他人幾步，他看到的東西，很少有人能做到。「這就像在愛因斯坦身邊，」歐潘漢莫說，「揚尼斯意識到了這一點並想要得到更多知識，傑森找到了一種教導他知識的方法。」

基德花了好多的時間來幫助揚尼斯，但對其他球員卻沒有那麼用心。「我認為他沒有認同水準一般般的球員，」另一位前球員說，「入選名人堂成員是有原因的，尤其是控球後衛，因為他看到別人沒有看到的東西，所以他對球員發火，口頭上攻擊，這些行為只是讓下面的球員感覺自己像狗屎，他們無法像傑森．基德那樣出色，基德可以穿上球鞋拿了球就做到這些高難度的事情。」

基德會在球隊回顧比賽影片的時候羞辱球員，不是大聲斥責，而是當著所有人的面問球員：「告訴我，你在這裡做什麼？」「你到底在想什麼？」「你為什麼會在這裡？」讓犯錯的球員覺得丟臉。

「令人沮喪的是，」科普蘭說，「他是他媽的傑森．基德。NBA史上最好的控球後衛之一。他給人的感覺就是：你為什麼不這樣做？那麼簡單！拜託，你是傑森．基德耶！他對很多人都很苛刻，因為他的水平和籃球智商比所有人都高得多。」

看比賽影片的時候，基德也會要求揚尼斯解釋他做錯了什麼，沒有標準答案，但點頭是不被接受的，每個人都必須大聲說出自己的缺失，這對不常在場上出聲的揚尼斯來說非常困難。揚尼斯場下很合群，但在場上還是很安靜，還是在嘗試努力融入，他不喜歡在場上發言，比較傾向通過行動和職業道德來展現領導力。

基德這種當面通過口頭指出錯誤的方式，把揚尼斯拉出了舒適區，就看他會如何回應，這是基德新計劃的一部份，讓揚尼斯轉變為控球後衛。一個出色的後場指揮官，說話就像呼吸一樣——本能的、必要的，在基德眼裡，揚尼斯可能就是那個靈魂控衛，他可以成為超級球星。

基德確定揚尼斯有不同於其他球員的特別之處，就是揚尼斯懂得預測比賽當中的攻防對決，還有他可以像天生的控球後衛一樣快速持球推進。由於他奇蹟般地長了兩寸，達到了六尺十一寸的身高，這樣的條件在NBA中也不多，基德相信揚尼斯可以變成聯盟中最全能的球員之一。

不過，這還是很遙遠的事情。「我們當時知道揚尼斯有能力控球，」二〇一四到二〇一八年擔任公鹿隊助理教練的喬·普倫帝（Joe Prunty）說，「但能控球和能帶領球隊是不同的事情。」從二〇一四年的夏季聯賽開始，基德就開始考慮讓揚尼斯擔任控球後衛，就算揚尼斯的官方位置在四場比賽中有兩場被列為中鋒。

基德知道揚尼斯可以打所有位置。他可以成為一個混合型前鋒，就像史考提·皮朋（Scottie Pippen）一樣。私底下，基德告訴他的教練團，揚尼斯可能永遠不會變成控球後衛，但他可以成為下個世代的優異長人，因為，一到五號位置有誰可以守得住他？

揚尼斯在夏季聯賽對上爵士隊的比賽中，擔任主力控球，打了三十二分鐘，賽後基德向媒體表示，十九歲的揚尼斯有機會像魔術·強森、格蘭特·希爾（Grant Hill）和皮朋一樣。「我記得這件事，」當時《密爾瓦基哨兵報》的專欄作家查爾斯·加納（Charles Gardner）說，「當時我心裡想：這太瘋狂了。」

這真的太瘋狂了，因為揚尼斯當時比任何東西都還像一根牙籤，他的身體不夠強壯，技術不夠純熟，完全不能跟那些傳奇球員相提並論。但他擁有一種獨特的技能，一個有趣的身體構造，有媒體用「人類蟲洞」來形容揚尼斯——無限的身體延展和不可思議的步伐，使我們對空間的概念徹底扭曲。

揚尼斯在那場公鹿爵士之戰中發揮出色，雖然有四次失誤，但他還是繳出十五分、五次助攻、四個籃板和三次抄截，他打起來很舒服自在。「他把自己是當成一個控球後衛去打，」歐潘漢莫說，「他的想法跟控球很像，就是：如果我得分，很不錯，但如果我傳出助攻，我也很高興。」

儘管如此，揚尼斯還是不太清楚如何控制比賽的節奏，他常常運一運球被包夾，然後發生失誤，有時他又太急，對上克里夫蘭的熱身賽中，這一點變得明顯許多，基德在控球後衛的先發位置上擺上揚尼斯，《密爾瓦基哨兵報》把這個安排叫做「揚尼斯．阿德托昆波實驗」。

克里夫蘭的馬修．德拉維多瓦（Matthew Dellavedova），以令人窒息的全場壓迫防守而聞名，揚尼斯真的接近窒息，在場上猶豫不決，打了二十三分鐘，五投〇中，只得到四分，一次助攻也沒有；另一場熱身賽對上明尼蘇達灰狼，他繼續掙扎，七次出手全部落空，還發生了八次失誤。

教練們意識到揚尼斯需要慢慢地調整，需要更多的經驗，他需要學會控制打球的節奏，目前教練們給了他太多任務，一切都太早了，必須重新評估。

「這是一個提醒，」助理教練斯威尼說，「提醒了我們，雖然有一些這樣技能的球員，但我們還沒有準備好承擔這個後果。」

＊　＊　＊

教練們創建了「夜校」——可以自由參加，但其實一點都不自由的夜間訓練，大多數球員都出現了，當然，揚尼斯總是出席。

他和斯威尼會在幾個小時內，投籃、演練戰術、訓練防守，通常是晚上八點到十一點，有時甚至到午夜，兩人幾乎是每晚形影不離，都有一種很少有人能理解的工作狂心態。

斯威尼幾乎不笑，非常嚴肅而專注，有些球員會開玩笑說：「唷，斯威尼，你為什麼這麼生氣？怎麼了，斯威尼？有什麼煩惱嗎？斯威尼？」帕楚利亞還把「讓斯威尼微笑」，當作新球季的目標之一。

斯威尼鋼鐵般的意志與揚尼斯完美契合，但斯威尼對他並不放心，不斷督促他，在他搞砸的時候說明原因，兩人有時會互相針對，大喊大叫，像兄弟一樣吵架，但最終會以「我們沒事了吧？好，我們回去訓練吧！」結束，兩者都把籃球擺在第一順位。「揚尼斯做了一件事讓自己與眾不同，」斯威尼說，「就是他一直放在腦中的想法：我要成為世界上最努力的球員。」

揚尼斯會在客場之旅結束後，直接前往訓練場，他常常帶著兄弟們，讓他們加入訓練。揚尼斯的訓練強度和比賽的強度一樣——甚至可能更激烈。「他花時間在那些其他人不願意做的事情上面，」斯威尼說，「他想不斷地挑戰自己的極限。」

有一天晚上，前鋒強尼．歐布萊恩（Johnny O'Bryant）剛剛慶祝了他的第一個女兒出生，在兩人訓練後，他和揚尼斯待了一陣子，他們一邊收拾行李一邊聊天。

「J—O—B，」指的是歐布萊恩的綽號，「我現在不可能有孩子。」

「你的意思是？」歐布萊恩回問揚尼斯。

「如果有了孩子，就不能在籃球上投入所有的時間跟精力，某些時候，必須要回家和孩子在一起。」

歐布萊恩特笑了，他知道揚尼斯是對的，他也知道揚尼斯自己也還是個孩子，揚尼斯甚至沒有真正跟女孩約會，他的生活就是：家庭、籃球、公鹿隊、家庭、籃球、公鹿隊。揚尼斯希望兄弟們比他更好，「他一直想成為最好的，但他也希望我們成為最好的，」艾力克斯說，「這讓我們一直在努力——因為他真的很希望達成這個目標。」

基德將揚尼斯介紹給「木桶伯」迪肯貝．穆湯伯（Dikembe Mutombo）和「非洲天王」哈基姆．歐拉朱萬（Hakeem Olajuwon）等傳奇人物，歐拉朱萬告訴揚尼斯要時時刻刻保持專注，遠離他認為的誘惑：沒有女人，沒有毒品，只有籃球。

目前還不清楚，揚尼斯將在球場上扮演什麼角色、什麼位置，先發還是替補？控球後衛還是小前鋒？或是一切的綜合體？他還在努力，希望變得更強、更壯。斯威尼和基德替他制定了一個更健康的營養計劃——不再吃奶昔、漢堡、起司、薯條、可樂——這些全都是揚尼斯的最愛，他把飲食改為蛋白質和綠色食品，常會帶著五個裝滿雞肉、雞蛋、堅果、水果和蔬菜的塑膠保鮮盒在身上，吃掉的量比他自己想像的要多。

新的一季開始，他主打小前鋒，一兩個好球、一個大籃板、一個飛身救球都會讓他興奮不已，但他的教練們想要更多。二〇一四到二〇一七年是影片分析師、二〇一七到二〇一八年擔任公鹿隊助理教練的賈許．布羅哈默（Josh Broghamer）說：「他的努力和拚戰精神一直都在，但有時他會忘記在場上要幹嘛、進攻時站到錯誤的位置、或是有些錯誤的判斷。」

揚尼斯開始想辦法利用他的速度切過那些比他高大的人，基德常常測試性地安排他的位置，有時會把他派到場上擔任大前鋒，甚至中鋒。公鹿灰熊之戰，揚尼斯鎖定了灰熊隊重達兩百五十磅的恐怖分子柴克．藍道夫（Zach Randolph），藍道夫的身體就像一堵水泥牆，光是看他從空中猛拉一個籃板就讓人退縮。

退縮？揚尼斯絕不退縮，他的體型變大了一些，但看起來仍然很瘦弱，他用手肘頂在藍道夫的背上，但對方不斷撞他、推他、主宰著他，這是藍道夫的計劃，「我試著把他吸引到籃下，」

藍道夫說，「但揚尼斯一直在戰鬥，他沒有放棄。」

某一球，揚尼斯卡位贏了藍道夫，他用力把這位老將推開，「噢？」藍道夫有點吃驚。

「來吧！」揚尼斯邊說，邊抓著球，把手肘架起。

「好的，好的，小伙子！」藍道夫意識到：這小子勁來了，他想對決！

那場比賽揚尼斯得到了當時職業生涯單場最高的十八分，其中十二分在第四節，這讓藍道夫想起了年輕的皮朋：身材高大、運動能力強、球技好、無所不在，他只是還沒融會貫通而已。

揚尼斯越來越自信，他可以看穿防守，傳出關鍵的助攻，有時他會來一記小勾射，他看起來比新秀賽季進步許多，雖然有時還是打得太急、太失控、失誤太多。

他有時看起來很聰明，像是對上活塞隊時，從三分線起步，一次運球後起跳，以柔軟的手指輕輕地將球放進籃框，或是和雷霆隊的塞爾吉．伊巴卡（Serge Ibaka）對抗時，能夠擋住而不是被當成菜鳥出氣筒。

十一月底，揚尼斯很驕傲球團出了自己的搖頭公仔，對陣灰狼隊的比賽中，前一萬名球迷可以收到這個可愛的微笑娃娃。「它看起來不像我，」揚尼斯賽後告訴記者，「我本人比較帥，但這感覺很讚。」

自從看到公鹿隊在他新秀賽季分發賴瑞．桑德斯（Larry Sanders）的搖頭公仔後，揚尼斯就夢想擁有自己的搖頭公仔，「什麼時候該輪到我了？」他當時想。現在他有了自己的，他拿了一些，準備帶回希臘給朋友，「我以前不認為我會有一個，」那天晚上他笑著說，「但我一直期待美夢成真。」

＊ ＊ ＊

教練們想調整揚尼斯的投籃方式，他從來沒被認為是一個外線射手。

這不一定是一個明顯的弱點，不是揚尼斯年輕時期必須要做的事，因為他又高又長，那麼具有運動能力，未來幾年，他都可以把腿伸開幾步就到籃下，所以沒有一定必要去發展跳投。

作為新秀，揚尼斯在場上的投籃並不差，甚至有時他可以看起來很輕鬆舒服地投進三分球或遠距離兩分球，腳步和出手跟進算流暢的。不過，教練們想繼續努力改善他的投籃動作，揚尼斯的出手點很低，幾乎低於他的眼睛和肩膀，所以歐潘漢莫花時間幫助調整出手點到更高的位置，他們也鍛煉了他的腳步、重心、接球、瞄準、出手的一系列動作。

然而，基德一開始根本不希望揚尼斯在遠距離出手，尤其是三分球——或者，根據幾位助理教練的說法，基德不希望揚尼斯浪費在投籃或只想要投籃。

基德是一個快速的後衛，一個可以在移動中瞬間做出決定的籃球巫師，他希望揚尼斯也做到這一點：擺脫防守者，切入，內線得分，在基德眼裡，揚尼斯有足夠的體型和機動性可以快速衝向籃框，那為什麼還要投三分球呢？

但是，揚尼斯想成為一名全能球員，想把十五尺跳投放到武器包當中，對他而言，無論是在打內線還是投外圍，都不是只能選一個，他想做所有事情、無處不在。他正在學習適應，聽從教練的建議。他常積極切入挑戰籃框，所以常站上罰球線。

球季中某個時間點，基德告訴揚尼斯不要再投三分了，他希望揚尼斯發展比賽中最有威力、最有信心的那部分，他向年輕球員灌輸一種心態：「他們擋不住你的切入。」基德向揚尼斯保證未來有機會投籃，但現在還沒準備好，不是這個球季。

起初揚尼斯很不高興，因為他想投三分球，一個球員怎麼可以不投三分呢？但是基德會因為他在外線出手而把他換下場，後來基德告訴球隊老前鋒賈里德．達德利（Jared Dudley），「在他成為超級球星之前，必須趁揚尼斯年輕，把心態建立起來。」

挫敗感正在累積，揚尼斯不喜歡在比賽影片會議上被人挑剔，不喜歡一定要開口討論。有次練習，揚尼斯有點生氣，他沒有不尊重其他人，只是他沒有做到基德指示他做的事，基德要他離開：「你今天練球結束了。」

這就是一些前球員所說的「心理戰」，基德繼續使用，第四節早期沒有把揚尼斯（或帕克）放上場，因為球隊沒有他們打得更好。「這真的把揚尼斯氣壞了，」執行助理尼可拉斯．特納說，「但他總是從中學習，變得更好。」

基德的戰術奏效了，揚尼斯比以往任何時刻都更努力，比賽結束後他就回到考辛斯中心，修正自己的錯誤，直到深夜，有時還大聲罵個幾句還沒人聽見。

「你不會打垮這個孩子的，」哈蒙說，「傑森會挑戰他，而揚尼斯會馬上反擊他，傑森是個硬漢，一個真正的硬漢，但揚尼斯也是。」

有一次的收尾訓練中，規定防守者不能結束，直到他阻止其他球員得分，基德讓揚尼斯連續守了十一次，因為他無法阻止對手得分，結果揚尼斯臉上掛著燦爛的笑容：他很喜歡，他想繼續練習。

「揚尼斯是一個你有時會想抱抱他的人，」斯威尼說，「但最重要的是，你可以隨心所欲地磨練他，因為他有與生俱來的韌性和渴望。」

揚尼斯會向老將達德利請教，並提出一些關於他如何改進的看法，暫停期間，達德利反過來用問題挑戰揚尼斯：「你看到什麼？目前戰局是什麼？」達德利會告訴他如何處理特定的區域，或是如何更有效從底線進攻，揚尼斯從不爭論或反駁，因為他很感激這些建議，達德利變成了他大哥，「不要跑趴。」這位大哥提醒他。

達德利成為了揚尼斯最大的支持者，他告訴基德，他願意讓出先發位置給揚尼斯，這是很少有老將會做的事，當時揚尼斯不是最好的進攻手，布蘭登．奈特才是，但揚尼斯最有潛力，他會漂亮地傳球，會搶下籃板並快速推進奔跑，好像有人在追他一樣。「我們都知道揚尼斯會變得很好，」達德利說。「但我認為，沒有人知道他會變得這麼棒。」

達德利喜歡揚尼斯不像許多年輕球員，認為自己什麼都知道——而且揚尼斯願意拚搶每一顆球，即使他可能會有些尷尬，但也總是在失誤後衝刺回來防守。「和美國人不一樣，他沒有自負的心態，」達德利說，「他總是那個不在乎被扣籃的人，因此我尊重他，尊重他的飢餓感。」

這不意味著揚尼斯不相信自己，不知道自己的價值。

過了一年，有場在夏洛特的比賽，揚尼斯和歐潘漢莫坐在場邊，他們看著黃蜂的尼可拉斯・巴圖姆（Nicolas Batum），一個身高六尺八寸的小前鋒，那年打出明星賽水準的成績，正在場上熱身。

「你看到巴圖姆了嗎？」歐潘漢莫對揚尼斯說。

揚尼斯點點頭。

「看好他，」歐潘漢莫說，「認真看著他，他是一個好球員，如果你真的很努力，也許可以成為巴圖姆這類型的球員。」

揚尼斯盯著他的教練一陣子，沒有皺眉，但看起來很驚訝，甚至有點被冒犯，「教練，」揚尼斯說，「如果我成為尼克・巴圖姆，那我就要回希臘了。」

＊＊＊

作為一名控球後衛，基德試著讓他的球員像控球後衛一樣思考，每次投籃前，都為球員設計了簡短的測驗，提出五個希望提高籃球智商的問題：關於場上某些區域的問題、因應對手的計劃、甚至只是比賽的過程，最後一個問題總是一個隨機的籃球瑣事。「就像在學校上課一樣。」達德利說。

揚尼斯必須正確回答每一個問題，大多數時候，他沒有，反而喜歡惡作劇。他會晃來晃去，越過隊友的肩膀偷看答案，特別是沒有防備心的麥可．卡特威廉斯（Michael Carter-Williams）或克里斯．米德頓。「他一直在看別人的答案。」卡特威廉斯笑著說，球員們會開始保護他們的答案不被揚尼斯偷看，測驗創造了一種競爭感和自信感。

有時揚尼斯忘了把名字寫在測驗的頂端，但教練們會知道那是他的答案紙，因為他的英文字還在努力練習中，但他一直努力去爭取完美一百分。

教練們要求每個球員帶著一個筆記本來記下球賽資訊和內容，這個想法來自斯威尼在埃文斯維爾的前老闆馬提．西蒙斯（Marty Simmons），他現在在克萊森大學執教。「大多數人沒有堅持下去。」斯威尼說。但揚尼斯非常喜歡，今天無論到哪，他仍然帶著那本學校規格、螺旋裝訂的黑色筆記本——即使他去離籃球場很遠的地方。

「我不打算說謊，我真不知道他在那本筆記本上寫了什麼，」寇司塔斯說，兩人會說話聊天，然後揚尼斯會拿出筆記本，寫下一些東西，寇司塔斯看他寫東西很有趣，就問他在寫什麼，

「我只是隨便寫。」揚尼斯會說，他的手快速移動，他也很保密，不會向任何人展示筆記本。

揚尼斯第一次開始使用筆記本時，他會在賽前、賽後甚至在比賽中寫東西，他會寫下最細微的細節：關於角度、路線、做得不好的地方、想要做好的地方，然後他會寫下更遠大的目標：他的希望，他的夢想。

不僅為他自己，揚尼斯也為兄弟們寫下了一切，他不想忘記任何可能對他們有幫助的細節。「他學到一些新東西就寫下來，這樣他就可以立即教我和艾力克斯，」寇司塔斯說，「這是他更重要的目標。」那時，十六歲的寇司塔斯是多米尼加的高三學生，而十三歲的艾力克斯是國二生，揚尼斯試著幫助寇司塔斯達到一級大學籃球的目標，並為艾力克斯在高中階段打球做準備，當他們犯錯時，揚尼斯會糾正他們，就好像大家是隊友一樣。

練習結束後，揚尼斯和艾力克斯會玩電動（NBA 2K），當揚尼斯在遊戲中看到自己時，他會自豪地笑著看著弟弟，但艾力克斯會驚訝地盯著螢幕裡的揚尼斯，沒有發現電動裡面那個球星就在旁邊看著自己。

揚尼斯開始觀看艾力克斯的聯賽，坐在人群中，像老鷹一樣追踪著每一球，他甚至會從看台走到球場邊，在中場休息時給些意見，他能感覺到弟弟的緊張。「盡量不要有壓力，」他在一場比賽中對艾力克斯說，並把手放在艾力克斯的橙色球衣上，「看著我，專心打比賽就好了。」當艾力克斯回到場上時，看起來輕鬆多了，這樣揚尼斯也輕鬆多了，「讚啦！艾力克斯！太棒了！」

揚尼斯在木製看台上尖叫起來。

揚尼斯覺得在密爾瓦基就像在家一樣，員工就像家人一樣，他與球團裡的每個人都有得聊，瑟戈教他如何丟美式足球，並取笑揚尼斯在前幾週想抓住球的樣子，看起來像個「火星人」。當揚尼斯選擇三十四號為背號時，設備經理納莫克會說大尺寸鞋要補貨了，並叫他「歐拉朱萬」。

揚尼斯甚至讓實習生印象深刻，當運動訓練實習生幫忙貼腳踝膠帶時，他會大聲喊出每個人的名字並且謝謝他們；揚尼斯還是傻傻的，像孩子一樣。有時他會假裝自己是教練，把助理教練斯威尼叫過來，抓起戰術本，然後畫一個戰術，「這招對我有用！」揚尼斯會邊說，邊露出燦爛的笑容；他設計的戰術很揚尼斯，持球者從後場跑到前場直接得分，沒有其他隊友碰到球。

揚尼斯的英語比前一年好多了，他還是會學習一些新詞，有段時間，他開始痴迷於說兄弟（Bro）這個詞，「兄弟，兄弟，兄弟！老哥，老弟，兄弟！」，他繼續像瘋子東叫西叫；揚尼斯相信自己有一天會長到七尺，「我可以像卡里姆．阿卜杜賈霸一樣！」

隊友們覺得揚尼斯的迷信很好笑：他不戴耳機，也不在比賽前或訓練前聽音樂，因為這會影響情緒，他想在沒有情緒的情況下平穩發揮；他比賽前會睡兩個小時四十五分鐘，然後在比賽更近一點時吃些義大利麵，每場賽後，他必須有兩個冰袋和泡一次腳；他開始戴著運動袖套投籃，因為有次練習，他在戴袖套的情況下，一次又一次地命中，所以他相信袖套是投籃命中率提高的原因。

場下也是這樣。「他不舒服的時候會吃止痛藥，五分鐘後他會說：『兄弟，我感覺到了，我感覺舒服多了，煥然一新。』」卡特威廉斯說，「我會告訴他，老弟，這只是一個止痛藥。」

當卡特威廉斯加入球隊時，揚尼斯感覺身體放鬆了，似乎更舒服了，兩人成了最好的朋友。「我看到了揚尼斯的變化，」歐布萊恩說，「MCW（卡特威廉斯名字縮寫）讓他破繭而出。」卡特威廉斯會和揚尼斯開玩笑，說他只會穿運動褲，一點打扮的時尚感都沒有，「兄弟，」卡特威廉斯會說，「為什麼你哥薩納西斯拿到這麼多東西，而你卻沒什麼東西？我不懂。」

卡特威廉斯理解揚尼斯所看到的跟所期待的，「來吧，老哥，我們去重訓吧！」揚尼斯會告訴卡特威廉斯，「兄弟，我們要變壯了，看看勒布朗，看看他的身材！我們得像他一樣。」

卡特威廉斯把揚尼斯介紹給了歌手J・柯爾（J. Cole），他播放了歌曲「珍惜一切」（Love Yourz），這首歌成為了揚尼斯最喜歡的歌曲，「他感覺像聽到了天籟之聲。」卡特威廉斯說。

揚尼斯的想法是：當你沒錢時，更容易「珍惜一切」，愛你所擁有的，但有了名聲、金錢，就有了更多的責任、更多的壓力，「這是鬥爭中的美麗，成功中的醜陋。」就像J・柯爾的歌詞，「沒有任何人比你擁有的更好。」

揚尼斯開始向卡特威廉斯說內心話，談論他的家庭，他的恐懼，希臘的生活，以及價值觀，揚尼斯說，他想盡可能地節儉，「哥，我們很富有了，兄弟，真的很富有了。」好像大聲說出來會變得更加真實。

比賽前，一位朋友給了揚尼斯他生平第一雙喬丹鞋，喬丹十代，揚尼斯把球鞋從盒子裡拿出來，看了一下，這比他拿著過的任何鞋子都要漂亮，他摸了摸鞋底，盯著這雙喬丹鞋，這雙是他的，真的是他的。

這雙喬丹十代的鞋底還列出了許多麥可．喬丹的生涯里程碑：「八五年度最佳新秀」、「八九年度防守」和「九二年MVP／冠軍」等等。揚尼斯大聲唸了出來，不管其他人聽不聽得到。納莫克來到揚尼斯身邊，拿起揚尼斯一般穿的籃球鞋，就是他那天晚上比賽穿的那雙，翻過來看了看鞋底，「這些鞋底沒寫什麼。」納莫克說，揚尼斯點點頭，有點悶，「嘿，老兄，」納莫克說，他感受到揚尼斯的失望，「你已經夠努力了，也許有一天，他們會把這些成就放在你的鞋底上。」

＊＊＊

乘坐球隊巴士去客場比賽時，達德利總是坐在揚尼斯旁邊，當他知道揚尼斯還跟爸媽和弟弟住在同一間公寓時，覺得非常驚訝。

「嘿，老弟，我知道你只有二十歲，」達德利某次對他說，「但明年你將二十一歲，你得搬出去，你得有自己的公寓。」

揚尼斯嚇倒了，「不，我不能，我要留在那裡，跟家人一起。」他無法想像不與家人同住，但也不想讓達德利覺得他不重視前輩給的建議，他告訴達德利會好好考慮；達德利建議住在同一棟大樓裡，但揚尼斯有自己的公寓，「你需要一些隱私才能變成一個男人，才能獨立，」達德利說，「這有助於籃球比賽，你還是可以天天見到你的爸爸媽媽。」對還在適應的揚尼斯來說，即使是小小的分離，似乎也是無法預測的，他的父母，他的兄弟也是如此，大家都覺得分開有些奇怪。

同時，揚尼斯也跟達德利分享自己對花錢猶豫不決，兩人假想著揚尼斯未來能賺到多少錢。「麵包！」揚尼斯會說，他對自己很滿意，用上了最近學的俗語，麵包就是金錢，「有一天我會得到麵包的。」這句話變成兩人之間的笑話；他們聊得越多，達德利就越感覺到，揚尼斯想要的不只是金錢或安全感，他希望某一天，有一個屬於自己的家庭。

「我記得他說過，他不想跟美國女孩結婚，『他們會偷你的錢。』」達德利笑著回憶起來，想起那些一起坐巴士的談話，當時他只是輕輕地推了一下揚尼斯——要他別想太多，順其自然。

＊＊＊

帕克的新秀年表現不錯，但結束的方式令人心碎。

十二月下旬對上太陽隊，比賽第三節，帕克左邊膝蓋前十字韌帶撕裂，他表情痛苦、不能走路，必須被隊友攙扶下場，這對公鹿隊來說是個巨大的打擊，他們終於開始有些競爭力，但現在，這支球隊的未來，至少，會被延誤一年。

不過同時，揚尼斯因此有空間擔任大前鋒的位置，他每晚都在精彩的比賽中茁壯成長：對方一次傳球失誤，眨眼間，他已經在另一邊扣籃了，他的歐洲步就像芭蕾舞一樣：優雅、精確、有力量。

但公鹿隊還是苦苦掙扎，十二月二十三號聖誕節前夕，他們輸給夏洛特一場比賽，球員們垂頭喪氣地回到更衣室，一句話都不想說，每個人都希望快點離開，與家人一起度過接下來的兩天假期。

「薩薩，」基德看著帕楚利亞問，但其實是給所有人聽的。

「你認為這是一場可以贏的比賽嗎？」

「是的，這是一場可以贏的比賽。」帕楚利亞說。

「那你認為我們該放接下來的兩天假期嗎？」

帕楚利亞不敢相信，基德把他放在這麼尷尬的位置，拿聖誕假期來威脅球員，帕楚利亞試著用委婉的語氣說：「你知道嗎，教練——我懂這種挫折感，我們都很沮喪，因為這是一場本來應該贏的比賽，我們沒有付出足夠的努力，但同時，這是一個假期，聖誕節對球員的家庭很重要，這不只是為我們，而是為了我們的家庭，大家都安排了假期計劃。」

基德聽完後轉問達德利，「你覺得呢？這兩天應該放假嗎？」

達德利也一樣，客氣地回答了教練，但基德並不滿意；

「明天早上九點見。」

「喔，喔，喔，」球員們說，「這樣的意思是？」

「我們明天要練球。」

「我們已經訂了不同航班的飛機票了！」

「不關我的事，球團付你們薪水來這上班，世事無常，明天請準時上班。」

隔天早上的練習很糟，基德指著桑德斯，罵他是一坨狗屎，一個爛透的球員；球隊跑啊跑啊，不斷來回奔跑，就像大學校隊一樣。「自從我離開傑森・基德後，沒有再這樣了，」奈特說，「這不正常。」

球員們必須在二十二秒內完成一次快攻，但二十七秒已經是最好的記錄，他們只能一遍又一遍地做，直到成功完成，有些人彎著腰，氣喘吁吁，甚至抽筋；這樣練習持續了三個小時，然後基德讓球員們做重訓和泳池訓練，一半的隊員不會游泳，但基德要每個人都在游泳池裡奔跑。

「大家都累壞了，沒有人想到聖誕節，」帕楚利亞說，「我們沒有精力打開禮物了。」

難看的是，基德繼續斥責桑德斯，用「可悲」來嗆他，桑德斯無法忍受，在他的生活中、職業生涯中，犯過所有錯誤、所有挫折中，都沒有被這種態度糟蹋過，他感到整個身體都僵硬了，從頭到腳都在抽筋緊繃，「我全身抽搐，」桑德斯說，「我的身體壞了，身體上我受不了，精神上我真的更受不了。」

桑德斯要求去洗手間，「喔，別擔心，」基德在桑德斯不在時說，「我們就等他，然後再跑一些。」但桑德斯離開了球場，去了醫院那裡過夜，之後發生的事情很少有人知道，他當時也沒有力氣多說。

「我不認為他是個壞人，」桑德斯談到基德時說，「但在精神上，他有點像，用大腦幹了我一頓，一開始是很多的我愛你，很多的親吻臉頰，但現在都是錢，誰在乎你的心理健康，誰在乎你的身體垮了。」

「我很高興，目前我在一個更好的地方，」他說。「很抱歉我用這種方式來處理這個問題。」

＊　＊　＊

沒有桑德斯，也沒有帕克，揚尼斯上場時間變得更長，有時他看起來很有主宰力，對上七六人隊的比賽中表現出色：他追到對手，成功蓋火鍋，摔倒在地上，迅速爬起來，然後再一次阻攻，再撞到地板後站起來防守，嘗試製造進攻犯規。

打三、四、五號的位置，揚尼斯大部分的投籃都是在內線，命中率高達百分之五十七，基德的計劃奏效了，揚尼斯沒有在比賽中測試一直在私下練習的外線跳投。

那一年，比爾．西蒙斯第一次現場看他的比賽，「很明顯，他很特別，」西蒙斯說，「他的手臂真他媽的長；他的腳步真他媽的大，我看傻了我。」那年他在運動網站上寫著：「現場看到希臘怪物，就像看到年輕的史考提．皮朋、年輕的凱文．杜蘭特、還有一隻章魚的混合體；他只有二十歲，每步好幾碼，還能打四個位置；他擁有恐怖電影裡佛雷迪．克魯格（Freddy Krueger）的手臂，可能很快就會超過七尺，基本上沒有任何人的基因跟他相似。」

揚尼斯在對上湖人的比賽中表現傑出，拿下了職業生涯最高的二十五分，延長賽中，他先兩次投籃命中，第三次出手沒進，然後嘗試了最後一擊，雖然沒有投進，但那種前面失手卻願意再次挑戰，這種捨我其誰的信心，都顯示出揚尼斯的成熟。

比賽隔天，揚尼斯吃了他的第一個IN—N—OUT漢堡，球隊參觀了加州大學洛杉磯分校的校園，然後參觀了好萊塢，揚尼斯笑得那麼燦爛，好像名人就在他面前一樣。「教練，」揚尼斯對斯威尼說，「這才是真正的美國！」

返回密爾瓦基的路上，斯威尼和揚尼斯在飛機上並排坐著，然後做了他們一直在做的事：分析比賽影片。其他人都在打瞌睡時，他們兩個繼續工作，頭頂只有微弱的燈光，一台筆記型電腦，當然還有揚尼斯的黑色筆記本。

斯威尼將影片暫停在某個地方，然後跟揚尼斯解釋他應該在這個過程中做什麼，斯威尼是觀察入微的大師，他會和揚尼斯解釋一些極小的細節——球的軌跡，傳球的精確度，如何在防守時最有效地滑到中場。

定格、討論、再定格、再討論——這就是他們分析影片的節奏，他們一次會看好幾個小時，直到斯威尼覺得可以休息才停止，但是揚尼斯沒有去睡，繼續在筆記本上寫著東西，太多的心得讓他無法入睡。

＊＊＊

揚尼斯再次入選了明星賽週的新秀挑戰賽，這次地點是在紐約。再一次，他全神貫注，彷彿是一場真正的比賽，當對手梅森．普拉姆利（Mason Plumlee）起跳扣籃時，揚尼斯不僅沒讓開，反而加速衝刺，飛身擋住了普拉姆利，把球打出界外，然後場邊叫了暫停。

「嘿，這是一場全明星賽。」

那場比賽的教練艾文．金特里（Alvin Gentry）告訴揚尼斯。

「教練，我只知道的打球就是要認真。」

比賽之前，看到揚尼斯全力衝刺上籃時，這一點就很明顯了。「他是——你打他一次，打他兩次，打他三次——然後明白他要來第四次了那種人。」金特里說，他現在是國王隊的代理總教練。

賽後，公鹿隊做了一個出人意料的調整：將球隊頭號得分手奈特交易到太陽隊。原因可能是防守表現出色，公鹿隊靠著窒息的防守取得了三十場勝利，比上個球季多了十五場；然而，這筆交易令人震驚，尤其對正在學習籃球事務的揚尼斯來說，他知道戰友們隨時可能會離開，蓋格已經離開去太陽隊工作，沃特斯已被放棄，莫威去爵士隊了，很多事都不一樣了。

揚尼斯有時看起來還是很迷惘，他最大的問題是穩定性和控球，潛力是誘人的，但是犯的錯誤令人失望。NBA記者柴克・洛（Zach Lowe）這樣描述他：無論什麼時候，只要一持球，希臘怪物都可以看起來一無所知、無所適從，他是一個空瓶子，但一眨眼，一個空瓶變成了現代籃球的未來。「他在比賽中學習，不論結果是尷尬還是令人激賞。」

季後賽開始前約五場比賽，揚尼斯在訓練中陷入低潮，他一直在進行一對一的收尾訓練，這是基德最艱難的訓練之一：防守隊員從罰球線開始，往另一位站在三分線上的進攻球員逼近，防守者必須想辦法破壞運球，不能允許三分球出手（或任何方式失分），球員會不斷嘗試，直到成功擋下來為止。

揚尼斯進攻端殺遍全場，連續進了二十八球，但防守上？每個人都在揚尼斯身上取分，他擋不住對手，守得筋疲力盡，手都快要舉不起來了。有一次，他站在罰球線上，屏住呼吸，一動也不動，因為他很生氣，他知道基德不會放過他，於是開始移動腳步，結果這次收尾還是很弱，依舊不夠有力，花了十五分鐘才擋下一球。

基德只是看著，沒出聲，也沒叫他，就站在那邊看。等到第二天分析影片時，基德打開螢幕看了昨天的訓練，很明顯揚尼斯沒有盡全力收尾，所有人都看到他是多麼懶散，基德沒有說話，也不需要說話，尷尬的氣氛籠罩著揚尼斯，他明白了，向基德道歉，告訴教練這情況不會再發生了。

第二天，公鹿隊要和克里夫蘭騎士隊交手。基德在賽前告訴球隊：「揚尼斯今晚不會上場，如果我們要成為那支最好的球隊，那樣打是不可能的。」那樣打指的就是揚尼斯的收尾訓練，缺乏真正的強度。和許多年輕球員一樣，揚尼斯碰壁了，他很累，但基德是老派思維：他不怕冰陣中最好的球員。

一月份的一場比賽，在費城對上七六人，公鹿搞砸了一次防守補位，基德認為是揚尼斯犯的錯誤，揚尼斯恭敬地表示不是他的錯誤，他們來回爭論，而揚尼斯堅持自己的立場，圓滑地說：「教練，我保證——不是我。」

中場休息時，基德把比賽影片拿出來給球隊看，「證明給我看。」基德相信自己是對的，實際上基德錯了：影片顯示不是揚尼斯的錯誤，但基德下半場依舊讓揚尼斯坐板凳。最終，公鹿隊擊敗了七六人，這意味著基德不一定要讓揚尼斯上場，他想表達的點，好像是在說：「是的，你打得更好了，但我才是老大。」

基德希望利用克里夫蘭的比賽讓揚尼斯替補上場，認為這是另一個值得學習的時刻，一個重新集中注意力的機會，目的是想傳達：我們需要你，我們需要你變得更好。

但揚尼斯很不高興，決定查查基德球員時期的數據，心裡想：這傢伙職業生涯中到底做了什麼？當他看到綽號「大三元製造機」基德的資歷——NBA總冠軍、美國隊金牌——他了解自己最好低調一點。

「揚尼斯真的、真的很生氣，」歐潘漢莫說，「這是一個與勒布朗比賽的機會。」最終，公鹿隊以九九比一〇四落敗，那場比賽前，揚尼斯整個球季表現算很出色，球隊過去七十七場比賽中，六十七場擔任先發。

隔天練球時，揚尼斯還在不爽，他頂著接近光頭的造型進了球場。

「哥，你沒事吧？」隊友們很擔心他，「你怎麼了？」

「沒啦，」揚尼斯聳了聳肩說，「我會撐過去的。」

泰勒．恩尼斯（Tyler Ennis），一名在二月加入公鹿隊的後衛，知道真正讓揚尼斯不爽的是什麼：「你可以看到錯過比賽對他來說，真的有夠煩人。」

接下來，公鹿隊在麥迪遜廣場花園對上尼克隊。賽前，揚尼斯跟斯威尼說了他的計劃：他絕對要生氣，抓籃板時生氣，得分時生氣，傳球時生氣。

「為什麼要生氣？」斯威尼問他。

「我上場沒打。」

「好吧，如果這場比賽你要生氣，那就所有比賽都這樣做。」

比賽開始，揚尼斯馬上蓋了個火鍋，並把球撥了到空中，同時鎖定進攻路線，紐約的柯爾．奧德里奇（Cole Aldrich）就在前面，揚尼斯抓著球迅速推進，先背後運球晃過第一位防守者，再加速衝向籃框，奧德里奇本能地直接讓開，空檔出現，揚尼斯用喬丹標誌的動作完成飛身扣籃。揚尼斯皺起眉頭，用了威斯布魯克的生氣表情，沒錯，他一整年都在練習那個威斯布魯克─揚尼斯的表情。

球迷暴動了，場邊的基德努力掩飾淡淡的微笑。「這是基德想做的一部份，」恩尼斯說，「只要讓揚尼斯把憤怒引導到比賽中，結果就會像這種方式呈現。」揚尼斯最終拿下二十三分和九個籃板，幫助公鹿隊以九九比九一獲勝。賽後，揚尼斯告訴記者，他打得很「生氣」，然後向記者展示了「生氣」的意思，擺出霸氣十足的威斯布魯克─揚尼斯表情：他皺起眉頭，收緊鼻子，嘟起嘴唇，說這叫「醜臉」。

然後，他回到正常表情，撫平額頭笑了笑，他一笑，記者也笑了，「今天醜臉比較漂亮，」揚尼斯開玩笑說，「我也很潮的。」然後他解釋了自己的想法：「比賽時，我試著生氣，試著更兇，試著更強勢，各位！」

* * *

那年，公鹿隊以東區第六種子晉級了季後賽，這在上一個球季是不可能的任務。

第三種子是芝加哥公牛，首先和公鹿交鋒，由德瑞克．羅斯，吉米．巴特勒（Jimmy Butler），保羅．加索（Pau Gasol）和喬金．諾阿（Joakim Noah）領軍的陣容，他們球風強硬、身體強壯，比季後賽最年輕的公鹿隊更有經驗。

巴特勒系列戰第一場不斷壓迫揚尼斯，讓揚尼斯很難找到比賽節奏，他不停犯規，不停地尋找空檔，最後十三投四中；第二場比賽，揚尼斯依舊手感冰冷，十一投只中二，公鹿隊連續輸掉了兩場比賽。

公牛隊的策略是持續和揚尼斯保持身體接觸，盡可能在攻防轉換時放慢他的速度，如果他往內線切就犯規，強迫他使用跳投，這是他最大的弱點，第一次這麼多人輪流壓迫他，揚尼斯從來沒有引起這麼多的關注。

「這真的讓揚尼斯很生氣，」歐布萊恩說，「對手防守他的方式，還有對他所做的所有事情，都讓他不爽。」公鹿隊友告訴揚尼斯不要懷疑自己，用比賽抓感覺，去攻擊籃框。

他在系列戰第三場比賽有了突破性的表現，基德把他放在大前鋒的位置，他上半場得到了全場二十五分中的十七分，並抓了十二個籃板球；卡特威廉斯得到十九分，但公鹿隊又輸了，比賽打進兩度延長，而「飆風玫瑰」羅斯攻下了三十四分。

沒有一支球隊可以從〇比三落後的情況下，逆轉贏得系列賽。「我們可以拚回來，我們可以贏得這個系列賽，」揚尼斯告訴卡特威廉斯，「雖然機率很小。」卡特威廉斯點點頭，「我們一開始進入NBA的可能性就很小，」揚尼斯對他說，「所以我們不要放棄。」

公鹿隊贏得了第四場比賽，第五場比賽的勝利中，揚尼斯演出了四次阻攻，其中包括對羅斯的關鍵火鍋，當時比賽還剩三十秒，羅斯衝入禁區，「我記得羅斯當時氣場很強，」現在為馬刺隊效力的公牛隊前鋒道格．麥克德門（Doug McDermott）說，「但揚尼斯無所畏懼，這世界上沒有多少人願意接受這樣的挑戰。」

隨著公鹿隊保持著他們例行賽的活力，揚尼斯開始獲得更多的信心。

「這是揚尼斯的宣告派對，」前公牛隊後衛亞倫．布魯克斯（Aaron Brooks）說，「我可以感受到，他在系列戰的每場比賽中都在進步。」

第六戰很殘酷，公牛隊後衛小麥克．鄧利維（Mike Dunleavy Jr.）第一節打到卡特威廉斯的下巴，裁判沒有看到，但轉播單位拍到了，卡特威廉斯有幾顆牙齒碎了，後來不得不尋求牙科幫助整治。

那就是鄧利維：好勝、冷血。有一次，一個男球童沒有遞毛巾給他，他非常不爽，直接對著男孩大喊；還有一次，鄧利維被驅逐出場，他脫下球衣，扔到觀眾席當中，公牛隊隊友常常在

YouTube上觀看他的視頻，來激發球隊比賽的熱情。

揚尼斯被激怒了，卡特威廉斯是最好的朋友，沒有人可以這樣對他最好的朋友。當公牛將領先優勢擴大到三十分時，揚尼斯受不了要引爆了，因為卡特威廉斯，揚尼斯眼中只有敵人，好像要揉捏自己臉上的肉一樣，然後他衝了，一衝衝了七十尺，直接撞倒鄧利維。他狠狠地撞了上去，鄧利維倒在球場邊第一排的座位上，揚尼斯被判二級的惡意犯規，直接驅逐出場，並禁賽一場，從下個球季開始。以前沒有人在揚尼斯身上看過這一面，不是快樂、歡喜、笑臉——他終於看起來很兇狠。

「揚尼斯差點殺了鄧利維，」歐潘漢莫說，「但他就是這樣，他對隊友很忠誠，他不會被欺負，不過這舉動確實讓我很驚訝，那種兇狠的霸氣，讓每個人都非常驚訝。」

「我沒有感到驚訝，」斯威尼說，「但我記得當時內心是：哇！」

「老實說，我很尊重揚尼斯，」助理教練福斯特說，「這是在當今比賽中不常見的狀況。」

那一刻，密爾瓦基的球迷也非常尊重揚尼斯。

「這讓揚尼斯成為了永遠的英雄。」那場比賽的老球迷吉姆・寇古齊威茲說。

球迷們開始噓鄧利維，這對於在密爾瓦基長大的鄧利維來說，是個令人意外的聲音，他的父親老麥克・鄧利維曾為公鹿隊效力，並且執教過公鹿隊。「我們當時不斷取笑他，」鄧利維的隊友麥克德門說，「他本來以為密爾瓦基是他的城市，但那晚之後，我們確定他已經知道，密爾瓦基現在是揚尼斯的城市。」

即使公鹿隊落後快要到五十分，現場的球迷也沒有要提前離開，六六比一二〇輸球的最後那幾秒，球迷們開始大聲鼓譟、挑釁地高呼：「密爾瓦基！密—爾—瓦—基！密爾瓦基！」

多年來一直保持沉默的公鹿球迷，幾乎進入休眠狀態的公鹿球迷，在數十年的絕望中掙扎，熬過雷・艾倫那筆痛苦的交易、撐過曾經的希望安德魯・博格特摔斷肘部、吞下德魯・古登（Drew Gooden）那一筆價值三千兩百萬美金的荒謬交易、還錯過了未來可能是球隊基石的托拜亞斯・哈里斯（Tobias Harris）——現在，這些廣大的球迷可以自豪地大喊：「密爾瓦基！密—爾—瓦—基！密爾瓦基！」

他們不會安靜地離開，不管他們已經四、五十歲了，不管即將到來的新球場會發生什麼狀況，他們需要這支球隊留在密爾瓦基。

「密爾瓦基！密—爾—瓦—基！密爾瓦基！」球迷們在比賽終場響哨後持續高呼，彷彿在說：「我們還在這裡，我們依舊是一支強隊，密爾瓦基！」

第十章　明　星

二〇一五到二〇一六年賽季開始前，球隊訓練營的課表中增加了一些項目，防守者必須先練習協防與幫忙補位，然後再進行一對一的比賽，而揚尼斯主宰了整個籃球場。有一次，他幾乎是整個頭在籃框上方，在隊友身上強力暴扣，因為實在太慘烈了，所以球員們至今還是不好意思說出那個受害球員的名字。

前鋒克里斯．科普蘭（Chris Copeland）排在隊伍當中，注意到揚尼斯似乎沒有為任何的受害者感到難過，也沒有停下來讓其他防守者喘口氣，他是個殺手——一個真正的殺手。

科普蘭不太清楚如何對決揚尼斯，直到他進攻，又剛好輪到揚尼斯防守時，才感到背部的一個手肘硬硬地頂了上來，揚尼斯緊緊地貼著他，站穩了防守者的位置。

「這是我少數感到不舒服的時刻之一，」科普蘭說。「那感覺就像在說：『老兄，退下！』」近十年的職業生涯中，科普蘭不習慣一個球員在練習的時候打得那麼認真又激烈，即使是一些小事，比如伸展和熱身——揚尼斯也必須當第一個，「這不是侮辱，但揚尼斯就像一個怪物，是一個不同種類的生物，他就像一個七尺高的羅素．威斯布魯克。」

威斯康辛大學麥迪遜分校的傳奇教練波．瑞恩（Bo Ryan），正在觀看那年賽季的訓練營。瑞恩注視著揚尼斯，他的目光一直跟隨著基德的示範，每一個動作，每一個路線，揚尼斯每次進攻權都不浪費，這對瑞恩來說很合理，因為他之前在執教美國國家隊時，球隊去塞爾維亞打錦標賽，就見識過歐洲球員沒有花太多時間休息。

「有些人就是擁有這些能力，揚尼斯天生就有了，」瑞恩說，「你可以看到他還沒有完全融會貫通，但他會成功的。」

瑞恩記得當時跟其他教練和球探們交談過，包括當年被聘為公鹿隊特別顧問的前教練羅德．索恩（Rod Thorn）。瑞恩記得每個人都對揚尼斯的潛力感到興奮。「小心這個小子！你看！他做得到！」瑞恩記得聽到其他人在聊，「試想他變得更成熟，試想他開始修理人的樣子！」

由於帕克還在養傷，加上頭號射手「蜜豆湯」米德頓最近續簽了一份價值七千萬美金的合約，揚尼斯想證明自己是最好的球員，所以在一對一的比賽中毫不留情，他不停地扣籃，低位持球單打，一些老將小聲向教練們示意停止訓練，「我們會在這裡待上一整天！」

揚尼斯可能聽不到其他任何人在說什麼，他非常專注，眼中所看到的只是防守者和籃框，他不會被任何人影響。「老實說，他還沒有那麼強大，他還不是我們最好的球員，」科普蘭說，

「但你可以看到他努力學習著運用自己的力量。」一部分原因是揚尼斯看起來不再像個孩子了，他不需要練習那個生氣表情了，現在，他的嘴唇會本能地捲起，他的鼻子會自動皺起，他正在經歷一場蛻變。他手臂線條更加明顯、更加自信、更加強壯，體重也比過去都要重，現在是兩百四十二磅。

揚尼斯正在學習，如何透過更好的營養來照顧自己的身體。公鹿隊聘請了一位新的球隊廚師尚恩・澤爾（Shawn Zell），澤爾向揚尼斯介紹了好吃而且健康的豐盛食物，例如野牛邋遢喬肉醬（Bison sloppy joes）和他最喜歡的「野牛能量碗」（地瓜、芥菜、玉米、野牛肉、胡椒）。

揚尼斯幾乎每天都吃一樣的早餐，他會發兩種表情符號給澤爾：一個雞蛋表情符號或一個廚師表情符號；他喜歡歐姆蛋白配上滿滿的蔬菜：番茄、菠菜和洋蔥，再加上培根和一點菲達起司；他吃很多水果，每天六到八杯，主要是鳳梨，這份量比他有生以來吃過的還要多。

澤爾教他前一天晚上補水的重要性，可以避免在第四節後期抽筋；另外還幫揚尼斯找到了充滿能量的零食，比如一家叫作「蜂蜜刺」（Honey Stinger）的公司，他們生產的鬆餅零食，另外還有像義大利麵的碳水化合物，讓他在賽前補充能量。從小到大，揚尼斯總是專心地打球，從來沒有真正關心過他的身體、他的健康，因為他的成長環境跟條件，不允許他這樣做。

「他一生中，大部分時間都沒有優先考量到飲食的重要性，就只是覺得該吃飯了或是我需要點營養這樣，」澤爾說，他在二〇一五至二〇二〇年期間擔任公鹿隊廚師，「如果你告訴十五歲的揚尼斯，注射薑黃有助於康復，他會看著你，就像：薑黃到底是什麼？」後來，薑黃注射劑變成揚尼斯的最愛之一。

揚尼斯的新飲食習慣跟ＮＢＡ生涯開始後長高兩寸有任何關係嗎？

「良好的營養對所有事情都有幫助，」澤爾說，「但長高並非如此——如果我徹底改變飲食習慣和營養，我也不會長高兩寸。這是一台大機器的一部分，裡面有一堆大大小小的齒輪，營養只是一台巨大機器中的一個小齒輪。飲食是他的訓練方式，長高是他的基因遺傳，有很多不同的東西在發揮作用。」

雖然身體在成長，但揚尼斯的說話領導力還差了一截。基德繼續敦促揚尼斯發言，他會安排揚尼斯做許多必須開口溝通的訓練，一旦失敗了，他就必須重來，或者，除了揚尼斯之外的其他球員都必須罰跑。

「你可以看出揚尼斯試著努力表達自己的意見，儘管他天性不是這樣。」二〇一六到二〇一九年擔任公鹿隊後衛的梅爾坎・波格登（Malcolm Brogdon）說，他現在為溜馬隊效力。

不過，和隊友開玩笑時，揚尼斯溝通完全沒問題，就是做他自己即可。有一次訓練中，所有球員都已精疲力盡，總教練基德說，如果揚尼斯命中三分球，練球就會結束，揚尼斯非常興奮，他跑到三分線外圍，拿了球。

「等一下！」他突然大叫，然後把球放下。

「我得先套上袖子！」

「老哥，你是認真的嗎？」他的隊友說。

當然認真、超級認真，揚尼斯依舊相信著運動袖套的高命中率，他套上袖子，彎下膝蓋，笑得像他已經投進了一樣，然後……

籃外空心大麵包。

每個人都大笑了出來，包括揚尼斯，他開始取笑自己。「這就是我喜歡他的地方，只是一個超級普通的人而已，」恩尼斯說，「他沒有太過驕傲而無法自嘲，這就是他吸引人的原因。」

當他和隊友們在球隊廚房吃飯時，他們會放音樂，通常是史努比狗狗（Snoop Dogg）和馬文．蓋伊（Marvin Gaye）的歌，揚尼斯會在廚房的後面，搖晃著身體唱歌，用一個勺子當麥克風，「啊啊啊啊啊回來了！」揚尼斯會跟著說唱，「我的腦子裝著金子，我的金子放在我的腦子！」

隨著球季開始，揚尼斯看起來很放鬆，好像按了一個什麼開關，他在場上對自己很有信心，也許是因為增加了更多的肌肉，也許是因為心態更加成熟。二〇一五到二〇一六球季的第一場比賽對上巫師隊，他攻下了二十七分，表現出明顯的自信，他看起來銳不可擋，賽後他告訴經紀人薩拉西斯，「我可以每晚都打這麼棒。」

＊＊＊

賽季中的一天下午，基德在比賽影片會議上對大家說：「誰是這支球隊中最好的球員？」一個很難回答的問題——一個目的在刺激揚尼斯的問題，基德知道揚尼斯想成為領袖，這是他說話的機會。

沒有人舉手，因為題目很尷尬，然後基德開始引用米德頓的數據：「他的得分和助攻都是球隊的第一名。」球員們知道，基德會一直說話，直到有人回答他，揚尼斯討厭這種尷尬的沉默，但他也沒有說任何話，只是低下頭，希望這一切快點結束。「『好吧！我們來舉手投票吧！』基德每次都搞這種把戲。」一位前球員說。

很多人舉手支持米德頓，而揚尼斯一動不動地坐著，也沒出聲，雙手搭在膝蓋上，他沒有說米德頓不是最好的，但他也沒有說米德頓是最好的。

「揚尼斯，」基德說，「你為什麼不舉手？」

揚尼斯沒有回答。

「直說吧，兄弟，」恩尼斯心裡想，「說出來，我們就可以繼續了。」

揚尼斯看著教練，終於說了出來，幾名球員和教練都記得他說的：「我是最好的球員。」從來沒有人聽過揚尼斯這樣說，結果基德什麼也沒說——像什麼事都沒發生一樣，面無表情繼續看影片。現在，揚尼斯必須表現了，如果他希望隊友們跟隨他；揚尼斯也正慢慢接近他的目標：贏得尊重，贏得地位。

＊　＊　＊

但是，哥哥薩納西斯遇上困難了。

尼克隊二〇一五年十月裁掉了薩納西斯，「薩納西斯精力充沛，非常熱情，」科比．卡爾說，當時是尼克隊發展聯盟的助理教練，執教過薩納西斯，「但有點太過旺盛了，不小心會失控的。」

薩納西斯很痛苦，因為他距離夢想如此地近，但現在這個機會沒有了，「這很難接受，」薩納西斯說，「我必須回家。」他當然為弟弟的成功感到驕傲，是他帶領揚尼斯前進的。

早在二〇一三年，揚尼斯即將在選秀會上被挑中的時候，他接受了希臘電視台採訪。記者兼製作人亞尼斯．薩拉齊斯開著他的灰色本田HRV去接揚尼斯和薩納西斯，薩納西斯坐前座，揚尼斯坐在後座，他們要去工作室拍攝訪問，每一個問題，揚尼斯都會轉頭向薩納西斯問：「我可以這麼說嗎？」「這樣說可以嗎？」他一直在遵循薩納西斯的指導和認可。

回到希臘，那時揚尼斯還無法擔任一個穩定的持球者，常常發生失誤，是哥哥薩納西斯挺身而出，幫忙卡位阻擋那些想從揚尼斯手中抄球的人；當NBA球探在訓練中看到揚尼斯時，薩納西斯正在防守他、打壓他、讓他很難得分，不是因為薩納西斯不想讓弟弟成功，而是因為薩納西斯也是一個企圖心強的競爭者。

現在，看起來弟弟的夢想會比哥哥的更早實現，薩納西斯一方面為揚尼斯感到高興，另一方面也希望找到自己的路。「關鍵是耐心。」薩納西斯說，這是他從父親那裡學到的寶貴一課。

薩納西斯記得，他在影片平台上看到的一部短片，片中三個人必須砍倒一棵樹：第一個人用斧頭狠狠地砍著樹，幾個小時後，他停了下來；第二個人對著樹劈了四個小時、六個小時，然後也停了下來；第三個人不停地砍、不停地砍，不肯放棄，其他兩個人看到他連續好幾個小時不停地砍樹，感到非常驚訝，但當他們靠近一點看清楚時，他們發現這第三個人竟然戴著眼罩，他不想看到自己的結果，因為如果看到結果的話，會氣餒而放棄，蒙眼工作幫助他每次揮動斧頭時，都相信樹會倒下來。

打球的過程中，薩納西斯一直蒙著眼睛。「我就是影片裡面的第三個人，」他微笑著說，然後低頭看著地面，「這與結果無關，有關的是你每天可以做些什麼來保持狀態，所以當有機會時，你會砍掉這棵樹的。」他只是不知道機會何時會再來，所以他先回到希臘，希望能找到一支可以效力的歐洲聯賽球隊，而揚尼斯留在美國，再一次，他們又分開了。

* * *

揚尼斯開始與聯盟最頂尖的球星對抗。在對陣勒布朗．詹姆斯和騎士隊的比賽中，他攻下了職業生涯最高的三十三分，他不但防守詹姆斯，還防守比他大隻很多的凱文．洛夫（Kevin Love），詹姆斯賽後稱讚揚尼斯，讓他心情大好：「勒布朗說我會變強！我會變強的！」他告訴隊友們。

公鹿隊很看好這個球季，他們年輕，才華橫溢，加上他們找來禁區戰將格雷格．夢羅（Greg Monroe），公鹿隊準備好要大展身手了。揚尼斯則在學習調整他的身體——如何防守大的或是小的球員，十二月一號，他的累積犯規次數比聯盟中任何人都多，但基德對揚尼斯充滿信心，也試著給他信心，「你衝，我們會跟著衝！」基德這樣告訴他。

對一個年輕球員來說，這是很大的責任，有時揚尼斯會對自己非常嚴苛，認為表現沒有達到水準。「他把每一件事都當作自己的責任，」與揚尼斯越來越熟的賈巴里．帕克說，「輸球之後，他都覺得自己打不好，你也知道暫時不要跟他說話。」

那年加入球隊的控球後衛格雷維斯．瓦司克斯（Greivis Vásquez）有點擔心，因為揚尼斯看起來很沮喪，一些隊友知道瓦司克斯的點：揚尼斯現在不是開心地打籃球，因為他的臉一直很嚴肅、很緊繃。

「他幾乎把所有事情都扛在自己肩上，」瓦司克斯說，「『我應該這樣做、我應該那樣做』，事實上，他已經做得夠多，也幫助球隊贏得勝利，這是他心態需要調整的地方。」

揚尼斯不再用哭來表達自己，至少不會公開地哭，他把情緒藏在心裡，瓦司克斯擔心揚尼斯會在八十二場例行賽結束後情緒崩潰，「大多數晚上，你看不出來他是高興還是難過，大部分時間他是不舒服的，因為他想變得更好，他不滿足現況。」瓦司克斯說。

揚尼斯的心思完全投入，他只想著要變得更強、變得更大。

在七點三十分的比賽前四個小時，下午三點三十分。他已經在球場訓練到大汗淋漓、全身濕透了。

「你知道再過幾個小時，我們就有一場比賽，對吧？」後衛恩尼斯問。

「是的，」揚尼斯說，「我知道。」

還在綁鞋帶的對手，看到揚尼斯不斷衝刺，就好奇地問公鹿球員：「他一直都是這樣嗎？」公鹿隊的球員會點點頭，「對，那就是揚尼斯。」

＊＊＊

明星賽週末結束後，二月下旬，對陣亞特蘭大老鷹的比賽前，基德在更衣室走到了揚尼斯身邊，「今晚你打控球後衛的位置，你來控球。」

「好的，教練，我知道了。」

揚尼斯有些緊張，但沒有表現出來，想讓教練知道他不怕打控球後衛，然後揚尼斯去找斯威尼確認：「所以……我打控球後衛，今晚？你確定？」

斯威尼笑了，「對，你就是控球。」

把球交給揚尼斯控，是一種終極信任的表現，基德覺得揚尼斯已經做好準備了。

「我有點被強迫成為領導者，」揚尼斯後來告訴《六十分鐘》。「這就像一個小嬰兒，把他放在水裡，這樣他自然地會游泳了。」

揚尼斯在對上老鷹隊的比賽中得到十九分和三次助攻，相當不錯的表現，但一開始其實讓人有點擔心，揚尼斯組織起來不是那麼舒服，他可以用長長的雙臂，把球控制在在身體周圍，並且精準地將球傳到場上的任何位置給隊友，但這一切要以NBA的速度來做到，其實非常不容易。

「天啊，控球後衛這位置很難，」揚尼斯在一次訓練後告訴恩尼斯，「我必須推進；我必須跟大家溝通；我必須知道場上的人都在哪。」

「是的，兄弟，這不像你想的那麼容易，」恩尼斯說，「不是整天對我們用喊的，球就會到你手裡了，現在你懂了吧！」

每次恩尼斯看到揚尼斯氣喘如牛的從場上下來時，都忍不住會笑。不過很快地，隨著更多的訓練，更多的比賽，揚尼斯在這控球上面的表現慢慢成長，基德這個調度非常成功，揚尼斯變得更具侵略性，在接下來的一個月裡，有四場比賽完成大三元*，包括他在科比生涯最後一個球季，第一次與湖人隊交手。

那場比賽，揚尼斯表現出色，他指揮進攻、扣籃，低位發動，看起來很自信。公鹿最終贏了湖人七分，揚尼斯得到二十七分、十二個籃板、十次助攻、四次火鍋和三次抄截。賽後訪問中，科比告訴記者，揚尼斯有潛力成為一名偉大的球員，他有身體素質和籃球智慧，關鍵就是他願不願意相信自己，並持續努力。

媒體時間結束後，基德帶著揚尼斯進入湖人客隊更衣室，在一間私人包廂和科比交談。

揚尼斯盯著他的偶像，眼前這個男人完全不知道，他與薩納西斯曾經一起分享一雙紅白配色耐克科比鞋，揚尼斯在索普利亞和兄弟們一起在網咖觀看的第一場季後賽比賽，就是湖人對上塞爾提克，科比對上保羅．皮爾斯。

「哇操，」揚尼斯心想，終於見到科比了，「傑森．基德和科比．布萊恩？我在和他們兩個對話？」科比大約給了一個小時的建議，告訴揚尼斯要練跳投，每天去健身房，每天投一千個跳投。

聽到這裡，揚尼斯就發誓要投到一千五百個跳投。科比分享了偉大球員需要的那種心態，「要認真，直到你打籃球的最後一天，」科比告訴他，同時也指出了休息恢復、照顧好自己身體、做出犧牲的重要性，「你必須有那種殺手的心態，」科比繼續說，「那種你不會被打敗的心態，因為你比每個人都努力。」

揚尼斯忍不住笑了，他慢跑回到公鹿隊更衣室，告訴隊友：「我剛跟科比聊天！我和我心目中的英雄聊天！科比告訴我必須努力！我不能找任何藉口！」他有點輕飄飄地，不斷重複科比說的話，希望努力記住。

「他就像一個小孩子，」公鹿隊助理教練尼克森．多維利安說，「在那次談話之後，揚尼斯真的變了，像是一個燈泡，熄滅的時候才會去學如何發光、如何變得偉大。」

然而，公鹿隊並不穩定，他們的進攻乏善可陳，包括揚尼斯自己的投籃命中率，球隊繼續相信他、鼓勵他投籃，雖然這是揚尼斯突破性的球季，場均十六點九分、七點七個籃板和四點三次助攻，但公鹿隊表現不佳，無緣季後賽。這結果令人失望，勢頭感覺停滯了下來。

不過，前所未有的是，揚尼斯的注意力，第一次被籃球以外的東西吸引，除了變強、變大以外的東西。

他戀愛了。

＊籃球比賽中，三項正面數據都達到兩位數，即稱為大三元，通常是得分、籃板、助攻，另外抄截跟阻攻也可納入計算。

＊＊＊

公鹿隊球員剛打完一場夏季聯賽，正要走出體育館時，公鹿隊的後衛恩尼斯遇見了一位朋友：一位名叫瑪麗亞．里德斯普利格的女士。

里德斯普利格是一名NBA實習生，當時在夏季聯賽工作。恩尼斯的哥哥和里德斯普利格都讀萊斯大學，而且是朋友。恩尼斯和里德斯普利格聊了一陣子，里德斯普利格離開後，揚尼斯就問恩尼斯：「你怎麼認識她？她是誰？可以介紹一下嗎？」

恩尼斯有點驚訝揚尼斯這麼主動，「老實說，除了籃球和冰沙，我從沒見過他談其他事。」恩尼斯以為揚尼斯以前交過女朋友，但沒有很確定，沒想到揚尼斯太過專注於實現他的籃球夢想，以至於沒有時間去找女朋友。

從揚尼斯詢問瑪麗亞的方式，看著瑪麗亞大方而燦爛的笑容，恩尼斯可以看出揚尼斯對她很有好感。他同意介紹他們認識，認為兩個人可能互相匹配，揚尼斯和瑪麗亞在很多方面都相似：勤奮、喜愛運動、心胸寬廣、注重家庭、腳踏實地以及充滿競爭力。（里德斯普利格曾在萊斯大學打過排球。）

嚴格來說，因為里德斯普利格在NBA工作，所以恩尼斯詢問她是否允許認識一名NBA球員，恩尼斯記得她說：「我不知道，但我們不應該這樣做。」恩尼斯沒想太多，但一年後，他發現兩人正在約會。

她後來成為揚尼斯第一個孩子里安的母親。

「揚尼斯欠我的，」恩尼斯說，「孩子的中間名應該要取泰勒。」

* * *

那年秋天，揚尼斯簽下了一張為期四年、價值一億美金的合約，當然，他把簽約時間往後延了四個小時，因為他要先完成晨練。客觀來說，他接受了略低的報價——比他原本可以拿到的最高薪水少了大約六百萬美金，沒有任何球員或球隊選擇權——目的是幫助公鹿隊打出競爭力。

他打電話給公鹿隊共同老闆，當時人在愛爾蘭的伊登斯：「我只想說謝謝你願意提供這個數字，這對我和我的家人來說意義重大，我一定會付出最大的努力打球。」揚尼斯帶著一家人去了密爾瓦基當地的高檔牛排館，他們點了牛排，當食物來的時候，比他預期的要多很多，有開胃菜和配菜，揚尼斯看起來很困惑，「我不知道誰會付錢，」他半開玩笑地說，「因為我只點了牛排。」

延長續約表示，揚尼斯拿了一大筆錢，這數目比他和他的家人想像的要多。然而，揚尼斯告訴他的兄弟、他的爸媽，「銀行賬戶的數字改變，並不代表著你也要改變。」

揚尼斯依然是那個，不滿意自己表現時，會不洗澡就跑去考辛斯中心的那個球員。他第一次坐頭等艙飛回希臘是他在聯盟的第四年，在簽下合約之後，不過，他一直猶豫不決，是薩納西斯鼓勵他花這筆錢的：「我們無法坐廁所旁邊的經濟艙座位，太小了，升等會舒服些。」就算升等，如果航空公司說走道座位需要加錢，揚尼斯是不會付的，簽了大約的他依舊想著要存錢，因為未來會發生什麼事永遠不會知道。

「他這個人，一直都是一樣的；我們也一直都是同一個人，」艾力克斯說，「只是我們周圍的東西變了。」

揚尼斯聽從前隊友達德利的建議，找了一座樸素的聯排綜合大樓，全家一起搬了過去，那裡揚尼斯終於擁有自己的獨立空間，這個妥協一家人都覺得很好。這對揚尼斯來說是一大步，達德利為他的舉動感到驕傲，當然，揚尼斯還是沒有亂花麵包。

進入多米尼加大學念一年級的艾力克斯，認為哥哥揚尼斯太過節儉，就想說服他買房。「你瘋了嗎？」揚尼斯告訴朋友和家人，「這個太大了、太多了，我不需要這些東西。」

當他第一次參觀卡特威廉斯的家時，感到很震驚，「哥，這太讚了吧！」卡特威廉斯回他說：「兄弟，你的財力大概可以買到三十個。」揚尼斯還在猶豫，他還是只買他覺得自己需要的東西。

二〇一六到二〇一七球季開始前，斯威尼和揚尼斯在加利福尼亞的長灘訓練，他們住在出租民宿。

「你昨晚看比賽了嗎？」斯威尼問他。

「不，我沒有電視。」

「你家現在沒有電視？」

「沒有，但有很棒的無線網路。」

電視似乎是多餘的。「他從沒想過，我很有錢、我很好，我的生活沒什麼大問題了。」二〇一六到二〇一九年在公鹿隊打球並把揚尼斯看作兄弟的索恩．梅克說，「他很謙虛地說，『看看我，看看我在哪，我賺了一億美金——你能相信嗎？我完全不敢相信。』」

生活開始加速變化、急速變化，名氣越來越大，粉絲越來越多，一家人不能像以前那樣自由外出了，揚尼斯已經從一個瘦長的、充滿潛力的菜鳥，變成了活生生的救世主；而公鹿隊終於獲得批准，將擁有一個價值數百萬美金，位於市中心的新主場；「好像他從『喔，你是那個誰』變成了『哇！你是揚尼斯！』」艾力克斯說，「我們必須謹慎選擇進入我們圈子的人。」

揚尼斯確保家人維持禮貌：「謝謝」和「你好嗎？」依舊掛在嘴邊。

「我們的父母，我們的成長方式，影響力遠比我們現在所擁有的大，」艾力克斯說，「內心深處，我們還是幾年前住在希臘的孩子。」

揚尼斯沒有一天不想起那些日子，賣東西、索普利亞、在高級海灘兜售物品、吃不飽、在路邊推著冰箱，那只是五年前，五年前的事，那時沒有人知道他是誰。

這些一直激勵著他，也一直威脅著他。他常告訴寇司塔斯和艾力克斯，「尊重籃球比賽，因為籃球給了我們一切。」

揚尼斯是一位獨特的NBA球星，不喜歡在比賽前像他的對手威斯布魯克和詹姆斯那樣，穿著華麗的衣服走過球員通道，穿著公鹿運動服他感覺最舒服，他是要去籃球場工作，而不是去參加婚禮、聚會，在他眼裡，沒什麼好理由去打扮，直到今天，他依然沒有買過任何一雙運動鞋。

「他不會成為擁有十輛、十二輛好車的人，他不是這樣長大的，這是美國人才會有的想法。」前隊友達德利說。

揚尼斯也不喜歡在休賽期間與聯盟中的其他球員一起訓練——不是因為他不友善，而是因為他覺得友善如果存在訓練之中，那激烈的競爭會不見、侵略性會消失。「揚尼斯不是一個想和所有人都成為朋友的人，」波格登說，「他不是一個很好打成一片的人，不過一旦了解他，打破了這個障礙，他就會成為好朋友，可以聊任何事情。」

揚尼斯不會讓對手看到他的這一面，他會拒絕那些NBA頂級私人教練的邀請，寧願和公鹿的工作人員在一起，一點都不想讓潛在的NBA對手看到他場上的訓練。「揚尼斯有點保守，比賽結束後你會看到他親切地握手和擁抱，但他不會坐上香蕉船的，」歐潘漢莫說，這裡指的是詹姆斯、克里斯・保羅（Chris Paul）和韋德一起在休賽季乘坐香蕉船的事，這艘香蕉船已經變成廣為流傳的迷因梗圖。「如果揚尼斯真的坐在香蕉船上，那就是和他的兄弟們一起。」

他不太關心社群媒體，當其他球員在ＩＧ（Instagram）上發布他們的訓練時，揚尼斯更喜歡保持低調，爸媽曾經在傳授教理時告訴兒子們：「如果你的左手做了什麼，你的右手不需要知道。」

密爾瓦基是揚尼斯的理想之地，人們雖然會在街上認出他，但吃飯的時候不會打擾，他喜歡密爾瓦基的安詳、寧靜。「我不喜歡洛杉磯或邁阿密這些華麗的城市，」揚尼斯告訴《紐約時報》，「如果在那些城市打球，我不知道是否可以成為同一個球員。」

很明顯：字母哥現在無疑是球隊的主力，並且有成績的壓力。「記得阿卜杜賈霸的人想：哇，也許揚尼斯就是那個人？」前公鹿隊廣播員杜塞特說，「他是下一個賈霸？或許他就是要帶密爾瓦基去世界頂峰的人？」

更多的期望帶來了更多的要求，尤其是媒體，「他沒有以前的空閒時間了，」歐潘漢莫說，「這樣一來，越來越多人認識他，就不能隨便丟臉了。」

不過，揚尼斯保持著幽默感，試著向媒體大聊心事，在二〇一六到二〇一七賽季前，他從爸爸那邊聽到一個笑話。

「我有個笑話，我要說個笑話，」媒體日他告訴記者。

「敲敲！」揚尼斯說。

「誰在那裡？」幾位記者說。

「歐巴馬。」

「歐巴馬誰」

「喔……巴……馬……自己……」揚尼斯唱著艾瑞克．卡曼（Eric Carmen）的歌曲（All by Myself）*。

還有一個例子，揚尼斯問記者：

「你們看過新電影《便秘》嗎？」

「沒有，」一位記者說，「這是什麼片？」

「沒看過喔？那是因為便秘還沒出來！」

然後他逃離了媒體記者，自己笑到不行。

「揚尼斯是個大孩子。」二〇一六到二〇一九年公鹿前鋒東尼．斯內爾（Tony Snell）說，他現在效力於紐奧良鵜鶘隊。

他是一個擔起大人責任的小孩。隨著名氣越來越大，他開始保留、選擇性發言，有時候他會讓記者等上一個多小時。「來吧，揚尼斯，」球隊公關跟他說，「出來一下子就好，他們不是來抓你的。」

密爾瓦基可能和ＮＢＡ媒體一樣友善，但揚尼斯只是不想受到任何關注，當他可以專注打籃球而不是忙著解釋時，生活是這麼簡單。

一天下午，二〇一〇到二〇一八年擔任公鹿隊電視記者的泰利・休斯（Telly Hughes）告訴他：「你繼續照自己的方式打球，但同時，你也必須適應與媒體交談。」「不，好吧……隨便啦！」揚尼斯告訴休斯，「我就是不喜歡。」然後就離開了，「揚尼斯藏了很多心事。」休斯說。

梅克也感受到了，他注意到揚尼斯在犯錯的時候會握緊拳頭，低聲碎念。他看到輸球之後的揚尼斯，會那麼生氣，但又那麼沉默，在更衣室裡坐著，雙手放在頭上，一直在想、想、想。

揚尼斯很想證明他是球隊的領袖，如果有新球員，他會打得更有侵略性。「不是以自私的方式，而是他和球員在打心理戰，」梅克說，「他會釋放出霸氣與自信，讓其他人一看就知道，『喔，是的，這是他的球隊。』」

揚尼斯和梅克也慢慢熟了起來，揚尼斯在七尺的梅克身上看到了一些相似之處：梅克也嘗過童年的辛苦，因為他家人是丁卡部落的成員，他六歲時逃離了蘇丹的內戰，移民到了澳洲的柏斯；和揚尼斯一樣，梅克一開始喜歡的是足球；他們知道工作的辛苦、知道痛苦；他們每週都會

＊　歐巴馬（Obama）的發音類似獨自一人（All by Myself），超級冷笑話。

一起去教堂禱告。

揚尼斯成為了梅克的導師，兩人每天都一對一較量。有一天，揚尼斯在防守時特別積極，他不斷推擠、把梅克撞出禁區，梅克看著他心想：「他媽的是怎樣？」揚尼斯解釋了：「我不想讓艾力克斯偷懶，」揚尼斯告訴梅克，他最小的弟弟艾力克斯正在看著他們打，「我希望艾力克斯看到這很難，我很努力，所以他也要很努力。」

揚尼斯真的這樣想，他不會讓艾力克斯偷懶或是只在旁邊看，他最後在秋季聯賽中執教多米尼加校隊，幫助他們連勝不止。

「揚尼斯從來沒有對我們說不。」多米尼加教練吉姆．戈斯（Jim Gosz）說。揚尼斯常在中場休息時給艾力克斯建議，很多時候是在責罵弟弟。

有一場秋季聯賽，揚尼斯對艾力克斯在進攻上忘記跑位、防守上也沒有補位感到非常失望，他當著所有人的面叫弟弟出來，讓艾力克斯很尷尬（跟基德學的？），揚尼斯把標準訂得很高，如果他不滿意，一定會讓弟弟知道。

看到揚尼斯如此認真，某種程度上，也激勵了艾力克斯的隊友們，揚尼斯也會和他們交談，給每個人一些建議——即使是那些很少上場的球員。

二〇一八年，多米尼加在分區決賽落敗後，揚尼斯第一個跑到更衣室，他比隊上任何一個人都不高興，當所有球員都到齊時，他說，「記住這種感覺，我需要你們知道這是什麼感覺，然後怎樣才能不再有這種感覺？」艾力克斯看著哥哥，用他從小就習慣的方式來吸收揚尼斯的話。

＊＊＊

揚尼斯嘗試用自己的比賽示範給艾力克斯看。一場對陣活塞的比賽中，他一次又一次地傳球給手感發燙的梅克，燙到攻守轉換時砍進了一記三分球，揚尼斯大叫：「耶！」不過下一次出手，梅克投了個麵包，臉看起來有點尷尬。

當揚尼斯再次傳球時，梅克沒有瞄準籃框，而是把球回傳給了他，揚尼斯一邊把球送回去，一邊大喊：「不，出手！」梅克又再把球傳出來，揚尼斯非常生氣。

「你聽著！」揚尼斯在暫停時告訴梅克，「你要出手！我不在乎會不會進！我也不在乎你沒進多少球——你就是要出手投籃！你再猶豫不決，我就揍你！」

梅克眨了眨眼，知道揚尼斯是認真的，他真的會打，所以回到場上之後，梅克勇於出手，在延長賽中得到五分，全場拿下生涯新高二十三分。「這給了你很大的信心，」梅克說，「當他信任你的時候。」

基德開始帶著凱文．賈奈特，NBA歷史上最好的大前鋒之一，來訓練揚尼斯和梅克。揚尼斯可以在賈奈特身上看到自己，他們都很積極、熱情、固執；上個球季是賈奈特在聯盟的最後一年，兩人有交過手，其中一次打得特別激烈，兩人都噴對方垃圾話，比賽中有一球，揚尼斯逮到機會，隊友科普蘭沒有投進後他直接補灌得分，「那超瘋狂的，」科普蘭說，「我那時的反應是：什麼鬼？七尺球員像這樣在籃框上飛來飛去真的很少見。」

那是揚尼斯對賈奈特的聲明：「我在這裡。」

賈奈特第一次去公鹿隊訓練場時，他先去健身房進行了重訓，當揚尼斯和梅克走進來時，賈奈特的T恤已經濕透了。然後他們上場，賈奈特示範如何用背感受防守者、如何掌握勾射、如何運用力量、如何踩出低位腳步，「瞄籃要看籃框的後面，而不是前面，」賈奈特這樣教他們。

賈奈特告訴正在籃下熱身的揚尼斯，要相信自己的職業道德。「這完全取決於你的心態，」賈奈特說，「你必須有一個戰士的心態，聽著——如果你有這種精神力量，就沒有人能阻擋你！」賈奈特告訴他，必須用所有必要的方式來統治球場，上場之後就沒有朋友。

賈奈特離開後，揚尼斯跳了起來，衝著每個隊友身邊大叫：「耶！耶！心態！是的！這是KG教我的！精神力量！誰也無法阻擋我！」

二〇一六年十二月下旬，公鹿對決公牛的比賽，揚尼斯狂轟三十五分，還有九個籃板和七個火鍋。之後，波格登把他和科比進行了比較，稱揚尼斯有潛力成為偉大的球員。揚尼斯似乎很驚訝：「真的，我？我是科比？」然後他承認，在第二節跳投命中時，他感覺就像科比，「我不騙你，當時我心裡想，科—比，」他說，「但我還沒到科比的境界，我會盡我所能繼續努力。」

兩場比賽後，二〇一七年一月，他投進了生涯第一個致勝絕殺，在麥迪遜廣場花園，尼克隊的主場，在蘭斯．湯馬斯（Lance Thomas）的面前，以十五尺的後撤步跳投終結對手。泰瑞感覺到揚尼斯進入了絕佳狀態，「他正朝著偉大邁進，」泰瑞說，「他想贏得每一次訓練、每一次衝刺、每場比賽。」

當天晚上，揚尼斯的手機一共收到一〇五九條新訊息，都是像《ESPN》、《SLAM雜誌》、《運動畫刊》等媒體的採訪要求，讓他無法集中注意力，因此接下來的六週，他完全不接電話、不看社群媒體。

明星賽前夕，薩納西斯轉發了數百名粉絲的推文，說他們投票給了揚尼斯，試圖增加他弟弟的投票總數。「我們都做到了！」艾力克斯說，拿出他的蘋果手機，展示了他當年保存的推文截圖。

二〇一七年NBA明星賽選秀節目播出時，揚尼斯和公鹿隊正在奧蘭多，那是一個星期四的晚上，他不認為自己會被選為先發球員。當他看到詹姆斯時，他認為卡麥隆．安東尼、凱文．洛夫或吉米．巴特勒可能會被選中。

薇諾妮卡和瑪麗亞出現在旅館房間給他一個大驚喜，然後在所有人的注視下，揚尼斯被選為先發。他做到了，真的做到了，幾秒後，正在西班牙打球的薩納西斯打來電話祝賀他，時間是西班牙的一大早，但薩納西斯早早起床，因為想成為第一個祝賀他兄弟的人。

揚尼斯成為了史上第一位入選明星賽的希臘球員，也是密爾瓦基自二〇〇四年麥可・雷德（Michael Redd）以來首位NBA明星賽球員，同時，也是自一九八四年悉尼・蒙克里夫後，第一個成為明星賽先發的公鹿球員。

不過，揚尼斯並沒有慶祝。比賽前一天晚上，他踏上紐奧良球場，和斯威尼進行了全速訓練，斯威尼是因為揚尼斯想做完一整套訓練才飛來的。

球隊第一次訓練後，東區明星賽隊友安東尼問他是否緊張。

「如果我完成第一次上籃跟第一次扣籃，那應該就沒事了。」揚尼斯說。

安東尼很驚訝，「你太大隻了，不會緊張。」

太大隻？揚尼斯太大隻？事情變化得實在太快，三年前，揚尼斯一直試著守住安東尼，而安東尼嘲笑揚尼斯過於粗糙的防守，就像一個想要跟上的小弟弟一樣。

然而，揚尼斯看起來還是像個候補的，試著努力學習，安東尼給了他建議，告訴他放慢速度，提升專注力，揚尼斯總是看著對方的眼睛說：「謝謝，謝謝你。」

「他是一個非常謙虛的孩子，」安東尼說，「他很受教。」

揚尼斯帶著他的黑色筆記本，跟勒布朗・詹姆斯詢問有關動作的問題並記下答案，揚尼斯試著捕捉每個時刻，好像眼前都不是真的。「先讓我拍張照，」他對記者說，然後再回答他們的問題，同時舉起手機自拍，「這太瘋狂了！」

明星賽開始，揚尼斯打得相當有主宰力，雖然東區以一八二比一九二輸掉比賽，但他得到三十分，領先東區所有球星。他是少數真正努力防守的球員之一，他從詹姆斯·哈登（James Harden）手中抄球成功，然後快攻來了一記大風車灌籃，史提芬·柯瑞躺在地板上躲避他，但揚尼斯還是用飛扣把柯瑞當成海報配角。

杜蘭特賽後給予揚尼斯高度評價。「我希望他接下來的職業生涯每年都在這，」杜蘭特說，「有或沒有，就看他囉。」杜蘭特承認，當他們第一次交手時，他無法預測揚尼斯未來會崛起。

沒有人可以，不過，也許他的弟弟們可以。明星賽結束後，他們都在飯店房間裡閒聊，一直聊到凌晨，跟以前一樣，揚尼斯終於成為了NBA明星，但同時，他也只是弟弟們的哥哥，只是那個在比賽開始時，轉身看薇諾妮卡是否在座位上加油的那個揚尼斯，他會揮手，因為知道媽媽在所以感覺很自在，如果她因為某種原因不能到場，比賽結束後，揚尼斯做的第一件事，就是在手機裡找媽媽傳來的訊息。

不管公鹿贏球或輸球，通常是一樣的內容：「我為你感到驕傲。」

＊＊＊

同月，也就是二月份，一個毀滅性的壞消息：帕克的前十字韌帶再次撕裂。

但同時，靠著出色的防守，公鹿隊三月份以十四勝四敗的戰績，卡住季後賽第六種子的席次，這是自一九七一年二月的十六勝二敗以來，戰績最好的一個月，那一年是靠阿卜杜賈霸的率領，公鹿隊獲得總冠軍。揚尼斯成為NBA歷史上第一位，單一賽季總得分、總籃板、總助攻、總抄截和總阻攻排名前二十的球員。

沒有人有像他這樣的體型和運動能力，像他那樣帶球移動。當然，多重位置籃球員早在揚尼斯之前就已經有了——特別是更大、更高的球員，這些人可以把射程拉遠，而揚尼斯的遠距離投籃還不行，他還沒辦法把進攻範圍拉大——但是，揚尼斯帶來了一種不同的球風：多重功能和無私精神，他把力量與優雅兩相結合，可以美妙地傳出助攻，也可以在對手身上爆扣。

「對他來說好像沒什麼，跟玩小朋友的軟球子彈槍一樣。」二〇一七到二〇二〇年在公鹿隊、現役獨行俠後衛的史特林．布朗（Sterling Brown）說；《紐約時報》這樣描述了揚尼斯：「他同時擁有舞者的敏捷性和推土機的力量。」

密爾瓦基公鹿隊季後賽首輪的對手多倫多暴龍隊，將要嘗試讓他慢下來，暴龍隊的利多是系列對戰擁有絕對優勢，公鹿季後賽對上暴龍的戰績是慘烈的二勝十三敗，揚尼斯在系列賽第一場比賽前有些緊張。

他總是會在比賽前緊張，直到身體的肌肉記憶回來，引導他進入最佳狀態才放鬆，他在第一戰中表現得非常具有侵略性，他蓋了德瑪爾．德羅展（DeMar DeRozan）火鍋，他在塞爾吉．伊巴卡面前灌籃。這訊息很明顯：希臘怪物來了。

強大防守讓公鹿隊成功偷到第一戰的客場勝利，不過暴龍隊第二戰用更多的肉搏碰撞扳回一城，每次揚尼斯切入，多倫多的球員都會擠進油漆區，讓他沒有空間靠近籃框。

暴龍隊對付揚尼斯的策略很簡單：在攻防轉換時壓制他的速度，然後半場進攻時盡量讓他跳投。雖然公鹿隊在自家主場贏得了系列戰第三場比賽，但這個防守方式奏效，暴龍隊再次限制了揚尼斯，贏得了第四戰，揚尼斯只得到十四分，還發生誇張的七次失誤。

P．J．塔克（P. J. Tucker）把揚尼斯守悶了，看起來他不知道怎麼反擊，他打起來懶懶的，也找不到節奏，非常不滿意自己的表現。第五戰，揚尼斯得到季後賽生涯新高的三十四分，外加九個籃板、三次助攻、二次抄截和二次火鍋，但這不足以幫密爾瓦基取得勝利，球隊最後在第六戰輸球遭到淘汰，第四節打出反撲氣燄的演出也化為烏有。

揚尼斯最後一場比賽打了將近四十七分鐘。他筋疲力盡，看起來快垮了——就像全身每一塊肌肉都在努力地支撐著他不要倒下。揚尼斯付出了一切，這一長段時間以來，公鹿隊已經比他們期待的走得更遠了一些。

「現在，就是這種感覺，」老後衛泰瑞賽後告訴揚尼斯。

揚尼斯氣到不想說話，他點了點頭。

「這就是你身為聯盟超級巨星應該有的感覺，」泰瑞繼續說，「因為你都全力以赴，所以每晚一站上球場，就應該感到無比疲累。」

揚尼斯很失望，對他來說這是一個轉捩點，知道了季後賽與例行賽有多麼不一樣，知道無腦的混戰只會回到原點。那年，他入選了年度最佳第二隊還有最佳進步獎，但這些對他而言不像總冠軍那麼重要，他需要改變、適應，變得更好、更強。

歐潘漢莫和基德知道揚尼斯的下一步與場上技巧沒有任何關係，他需要去尋找、去擁抱的是更深層的內在精神。

歐潘漢莫問基德，「現階段的揚尼斯和現階段的勒布朗有什麼區別？」

基德沒有猶豫：「信心。」

歐潘漢莫記得基德說過，這兩名球員有相同的能力影響比賽，儘管他們的風格截然不同，他們也帶著不同的期望進入NBA：詹姆斯進入聯盟時就被眾人期待主宰比賽，手上已經有開啟統治大門的鑰匙；揚尼斯則是想辦法站穩腳步、邁入正軌，沒有人看好他會成為那位統治比賽的王者，他依然需要建立這種信心。

「信心就是一切。」基德告訴歐潘漢莫。

歐潘漢莫點點頭，他也有同樣的感覺，揚尼斯比詹姆斯常猶豫，當空檔快消失時，他的傳球會卡住，而詹姆斯可以準時傳出去，不偏不倚，毫不猶豫。

「一旦揚尼斯擺脫了那一點點猶豫，」歐潘漢莫告訴基德，「再加上這種自信，他就可以從一個優秀的球員變成一位偉大的巨星。」

「完全正確，」基德說，「一旦他知道自己信心十足，揚尼斯就可以成為聯盟中最好的球員。」

＊＊＊

二〇一七年七月上旬，一年一度密爾瓦基戶外音樂節「夏日盛宴」開始幾個小時前，公鹿隊長期粉絲吉姆．寇古齊威茲和女朋友在第三區散步，他們打算用走的去音樂節，由於場地中午才開放，所以這對情侶決定在湖邊附近走走。

他們看到前面不遠處，有三個人從附近的一間公寓走出來，是揚尼斯、薩納西斯和瑪麗亞，穿著T恤和短褲，就像他們是一般人一樣。寇古齊威茲有點激動，因為竟然不是在電視上，而是親眼看到他們。

「我的天！」寇古齊威茲對女友說，「是揚尼斯！」他鼓起勇氣過去和揚尼斯合照，揚尼斯答應了，後來，寇古齊威茲看著這張照片，放大了揚尼斯手上拿著的巨大水瓶，注意到瓶蓋上用黑色奇異筆寫了：「MVP」

大約一個月後，科比在推特上向球員們提出挑戰，這是他「曼巴精神」活動的一部分，但揚尼斯沒有收到，所以他在推特上對科比說：「還在等待我的挑戰……」並且標記了科比．布萊恩。

結果，科比只回了一個字：「MVP」。從那一刻開始，揚尼斯比以往任何時候都更有決心贏得這個獎項。

＊　＊　＊

那年夏天，揚尼斯考慮搬到另一間公寓，他計劃在家前面的草坪上，進行一場庭院拍賣，他有想賣的東西，像是他沒穿過的球鞋。

基於很明顯的安全考量，公鹿管理階層拒絕了這個想法，揚尼斯很失望。他本來很期待，因為他一直認為自己是一名優秀的推銷員，這個時候，揚尼斯會忘記自己是一名NBA球員，一個籃球最高殿堂的明星，或是在曼巴精神挑戰中那個潛在的MVP候選人。

揚尼斯還是把自己當成那個小揚尼斯，那個為了一塊美金而忙碌的孩子，關心著弟弟們的幸福。

只要行程上允許，揚尼斯都會去觀看艾力克斯在多米尼加高中的比賽，但大多數時候，艾力克斯都坐在板凳上，這對揚尼斯來說並不重要，他來這裡就是為了看弟弟，而不是籃球員身份的弟弟。

不管艾力克斯打或沒打，他還是那個臉頰胖嘟嘟的弟弟，家裡的小寶貝，揚尼斯和寇司塔斯給了他一個新綽號：艾力克斯大帝，不過目前，他還沒辦法扛起這個稱號，他的身體還在成長，高一時候的表現也不是特別自信。「他看起來像一隻小鹿。」多米尼加教練吉姆．戈斯說。艾力克斯在本季一場平均得分約為三分。

「他打起來不是很自在，常不知道該做什麼。」多米尼加助理教練德文．傑克森（DeVon Jackson）說，艾力克斯在校隊和系隊之間奔波，當他參加校隊訓練時，根本被打好玩的，那些球員們會把他耍得團團轉，艾力克斯只能不斷賠上犯規跟失分。他流暢性還不錯，有時會模仿揚尼斯的歐洲步，但掌握戰術、走位部份比較差。

儘管如此，揚尼斯依然相信弟弟，他常常告訴公鹿的隊友，「艾力克斯會成為我們當中最好的球員，甚至比我還更好。」

這不是誇張，他是認真的，他從來不用要求艾力克斯去拚搶，也從來不需要跟艾力克斯強調兩次，但他不斷督促弟弟，比督促任何人都要大力。「那些狗屁拉匝的事別管了！專注！」他會這樣告訴艾力克斯，「只有我和你。」

阿德托昆波一家人常坐在同一個位置，觀看艾力克斯的比賽，整個觀眾席的左上方，球隊板凳區後面，這是他們降低影響力的方式。「我不想讓艾力克斯緊張。」薇諾妮卡說，她知道艾力克斯會希望揚尼斯、希望一家人來看他比賽，「家人來看時，艾力克斯的認真度會升到五倍那麼多。」戈斯說，很多比賽，哥哥的確就在觀眾席當中，當艾力克斯上演好球時，他就會轉頭看觀眾席並指著他的家人。

同一時間，寇司塔斯按部就班前進，開始受到招募人員的注意。他的排名並不高——二〇一六年排名第一〇二位，獲得四星排名，最後加入了戴頓大學。寇司塔斯的防守和拚勁被外界肯定，六尺九寸，又瘦又長。通往多米尼加高中籃球場的走廊裡，有一張他的照片，他面向球場伸出雙臂，吼叫著，這展示了他的拚戰精神與企圖心。

不過，很多地方需要改進。寇司塔斯不是射手，也不夠快，許多人總是把他和揚尼斯相提並論。「由於揚尼斯是我的哥哥，所以大家總是問我有沒有壓力，但我認為有壓力不是件壞事，」寇司塔斯說，「壓力很好，壓力會使你更加努力，壓力讓你害怕，當你害怕時，你會想辦法擺脫然後前進。」

寇司塔斯希望有朝一日也能進入ＮＢＡ。看到揚尼斯主宰了比賽，以及薩納西斯在海外打出高水平的內容：首先二〇一六年在安道爾（靠近西班牙），然後二〇一七年回希臘為帕那辛奈科斯效力，兩位哥哥都激勵了他。薩納西斯告訴寇司塔斯：「努力，但要開心地打球。」揚尼斯更嚴格：「每天都要保持專注。」

「我想和他們一起在ＮＢＡ打球，但我必須等待對的時間到來。」寇司塔斯說。

揚尼斯開了六個小時的車，幫寇司塔斯搬進在戴頓的宿舍，中間只停在沃爾瑪大賣場

（Walmart）一下，揚尼斯負責拿床單，幫弟弟在深夜裡搬進去。

與寇司塔斯不同，艾力克斯跟一級聯賽的水平還差很遠，高一球季他表現平淡，但卻有些自大，他有時會在比賽中胡鬧，戴著華麗的鍊子炫耀，然後不去上課。某天下午，揚尼斯馬上糾正了他。

「你以為你是誰！你知道我們家為了把你接來這裡經歷了什麼嗎？」這不是第一次哥哥斥責弟弟，第二次是在夏季訓練期間，當時艾力克斯只是呆板地在訓練中進行動作而已，哥哥們不太高興地把他拉到球場邊，「我們覺得你鬆懈了，」艾力克斯記得，「你真的需要重新集中精神。」

那天晚上，艾力克斯哭了，沒有比讓哥哥們失望更糟糕的感覺了，尤其他知道哥哥們是對的、是為他好的。「我相信我比以前更懂事了，」艾力克斯說，「那是我的轉捩點，我了解到要立刻做出修正。」

接下來非賽季的時間裡，艾力克斯都在練習控球和跳投，他變得更快、更強壯，同時也變得更謙虛，他不再認為自己知道每個問題的答案。

然後秋天來了，一個沉重的打擊，讓艾力克斯幾乎完全放棄了比賽。

揚尼斯必須讓所有的兄弟堅強挺下去。

第十一章　失去

為什麼？艾力克斯不明白，二〇一七年的九月二十九號，瑪麗亞出現學校，從美國歷史課中把他拉出來帶回家。為什麼？艾力克斯在車裡跟著德瑞克音樂搖擺時，瑪麗亞沒有跟著他跳。

「為揚尼斯堅強。」瑪麗亞很沮喪地說。

當他和瑪麗亞走進家門時，大約二十名家人和朋友站在市中心的公寓裡，還有身穿黑色西裝的大漢，艾力克斯不認識這些人，但有一個人走到他面前說：「請節哀。」

「你在說什麼鬼？」艾力克斯心想，然後他終於找到了揚尼斯，哥哥竟然在哭，那是一個不尋常的事情——揚尼斯幾乎不讓兄弟們看見悲傷的一面，或是看到任何痛苦的一面。

「還記得我兩天前告訴你的話嗎？」揚尼斯問艾力克斯。

兩天前，一家人開了個會，艾力克斯告訴揚尼斯他沒辦法參加（他和朋友約好了）。「沒關係，」揚尼斯說，「我只是想讓你知道：我們必須繼續多跟家人聯繫相處，因為你永遠不知道爸爸媽媽什麼時候會不在了。」

揚尼斯在說這個壞消息之前，還要弟弟做好心理準備，這讓艾力克斯更加緊張跟不安，最後令人悲痛的事實來了：查爾斯因為心臟病發作，離開人世，享年五十四歲。

二〇一七到二〇一八球季前，球隊進行訓練營的最後一天，當時二十二歲的揚尼斯，早上到了公鹿隊的訓練中心，他和梅克、米德頓以及波格登在更衣室裡，放著崔維斯·史考特的《蝴蝶效應》，準備開始練球時，幾位教練走到揚尼斯身邊，告訴他關於父親的事。

揚尼斯走出了球場，無法思考、無法說話。基德告訴球員們發生了什麼事，然後取消了訓練，而揚尼斯則回到公寓；寇司塔斯當時在俄亥俄州的戴頓大學打球，薩納西斯在希臘，他們迅速搭乘飛往密爾瓦基的班機，但那天下午，只有揚尼斯和艾力克斯在公寓裡抱著對方痛哭，試著讓彼此好過一些。

揚尼斯必須堅強，為了艾力克斯、為了媽媽、為了每一人，父親教會了他堅韌，正如揚尼斯所說的那樣，一種「我他媽不在乎」的心態，無論結果怎樣都不在乎——輸、贏、任何情況下，他都會努力打球。他也需要在球場外保持這種心態。父親教他照顧家人、自己的兄弟，在某種程度上，揚尼斯為任何時刻做好了準備，雖然沒有人想為這種時刻做準備。

「揚尼斯是一位父親形象的斜槓導師，」艾力克斯說，「他好像跳過了真正成為父親和生孩子的階段。」

回憶如潮水般湧來：當他進入NBA時，查爾斯為揚尼斯感到多麼驕傲；當查爾斯第一次來到美國，在麥迪遜廣場花園看揚尼斯比賽時；當揚尼斯得分，父親跳來跳去和陌生人擊掌時。他的父親告訴他，要善加利用每一分鐘：「確保你付出的時間是值得的，你不應該多等一天，如果今天能完成某些事，那為什麼要等到明天？今天就去完成！」

還有更多的回憶：查爾斯會在他難得不用工作的時候，出現在佐葛拉夫的球場，看揚尼斯用查爾斯教他的步法跳過防守球員；或者，查爾斯對揚尼斯所有朋友說話都輕聲細語，總是高興又有禮，「你好嗎？」查爾斯會問揚尼斯的朋友，「你的父母親好嗎？」

長時間以來，揚尼斯唯一的目標就是活下來，然後讓父母親感到驕傲，他做到了，應該說比做到還多，多非常多，他讓一家人在美國一起生活，讓查爾斯過上擁有閒暇時間的生活。父親可以在公寓附近的湖邊散步，呼吸涼爽的空氣，讓身體放鬆，不用擔心付不出帳單或下一餐在哪，可以享受像思考、走路這樣簡單的事情，或是做一些小事讓揚尼斯微笑，比如在他去客場比賽的時候幫忙洗車子。

時間，不停地旋轉。回到查爾斯把食物都留給揚尼斯吃的日子，父親總是會說：「別擔心，我不餓。」然後坐在空盤子的面前，裝作沒事的樣子。揚尼斯一直記得這一點，在這個時刻讓他特別地痛，他很震驚，無法理解，也說不出什麼話，因為事情發生得太突然了，出乎意料、沒有任何跡象、一點跡象都沒有，查爾斯就離開了。

揚尼斯和父親之間的愛如此純潔，也如此痛楚：他們的愛變成了過去式，查爾斯成為了過去式，如今揚尼斯在談話中，必須注意要使用過去式還是現在式，這本身就是一種新的傷害。

查爾斯去世之前，揚尼斯相信在一家人經歷這麼多風風雨雨之後，沒有什麼能傷害他們、沒有什麼能影響他們，如果他們能在索普利亞生存下來，就能在任何事情上生存下來。

事實是很殘酷的。

＊＊＊

父親去世的那天晚上，揚尼斯跑去訓練中心練投籃，這是讓沒有意義的事情變有意義的唯一方法。他的世界正在坍塌，但體育館完好無損，跟他離開的時候一樣，漏水的屋頂和其他一切都沒有變。「那是他的避難所，」當天晚上和他在一起的梅克說。

梅克記得，斯威尼、薇諾妮卡、瑪麗亞、艾力克斯都在那裡，揚尼斯、艾力克斯、梅克和斯威尼做了訓練，不是艱苦的訓練，而是讓揚尼斯保持溫暖的訓練。他不斷移動，就不需要思考、難過，斯威尼和梅克一直在和他講話——講話和投籃、講話和投籃，希望他臉上可以露出笑容，雖然那是不可能的。

揚尼斯試著找到一種方法來分散自己的注意力，專注在一個可以讓他感到快樂的事情，那就是籃球。

那天晚上，斯威尼提醒了他，「這就是讓你快樂的原因，在場上打球，」斯威尼告訴他，「沒有人可以告訴你該怎麼做。」揚尼斯點點頭，繼續投籃，隊友、教練和工作人員都很擔心他，不確定他要花多久時間才能適應，球隊不得不強迫他請假，要他和家人待在一起療傷。

二〇一七到二〇一八球季即將開始。查爾斯參與了揚尼斯所有的比賽，父親就在那裡，在他心裡，這個想法讓揚尼斯平靜下來，有了目標。從現在開始，他打的每一場比賽都會讓他想起父親，在那個空座位上。

「我認為這改變了他，讓他變得更堅強，」前公鹿隊後衛麥可．卡特威廉斯說。「當你和家人那麼親密時，你無法想像失去他們會怎麼樣。」

揚尼斯變得內斂、沉默，他每天都在思考，但不會說太多話，他不停地看著他和家人的照片：兄弟們睡在同一張床上，父母睡在旁邊簾子的後面，那時揚尼斯大概十歲。「他沒有說話，」菲拉里提克斯前隊友麥可利斯．坎普里帝斯說，「他完全沒有想說話的念頭，你知道嗎？我試圖不和他說那麼多，讓他自己調適，你知道嗎？他真的真的很受傷，這對他來說真的很難，直到今天，這還是很難。」

揚尼斯擔心弟弟們不知道如何調適。由於艾力克斯跟他住在一起，所以揚尼斯必須先照顧好他，他到現在還是震驚到說不出話來。艾力克斯記得，查爾斯那天早上開車送他去學校，就在四個小時前，爸爸看起來很好，非常好。兩人談到了籃球訓練，還有之後爸爸什麼時候再來，「我來接你。」父親說。

艾力克斯靠在地下室的沙發上，回憶起他生命中最糟糕的一天，他的聲音顫抖著，幾乎聽不見了。「我爸爸是我最好的朋友，」艾力克斯說，薇諾妮卡記得艾力克斯是如何讓他爸爸帶他去的地方：

「爸，帶我去這個地方！」

「爸，帶我去那個地方！」

「爸爸，我們必須去這裡！」

「爸爸……爸爸……爸爸……」

有一次，艾力克斯想要一頂帽子，他們到處找，只要能讓孩子們開心，查爾斯會去任何地方。

「太緊密了，」薇諾妮卡說。「他們一直像朋友一樣交談，感情非常好，非常非常好。」

「他從來沒遇過這樣的事，這麼難的事。」薇諾妮卡說，她試著和艾力克斯聊聊，但沒辦法。「你不知道這件事對他有什麼影響，因為他不說話，他就是不說，他總是很安靜。但我知道這影響了他，因為那是他最好的朋友，查爾斯是最好的爸爸。」

「如果今天能完成某些事，那為什麼要等到明天？今天就去完成！」

艾力克斯每天早上都會想起這些話。下床前，他會閉上眼睛，多花一點點時間想像父親的樣子：他看到自己要求父親帶他去球場或商店；他聽到父親在比賽中為他歡呼：「加油，艾力克斯，加油！」；他看到自己正在與父親爭論，誰會是二〇一五年ＮＢＡ總冠軍。

他想著父親是如何看待他得二十分的比賽和他得零分的比賽的，父親給了兄弟們同樣的愛，他想著父親總是很平靜地說：「別擔心。」在父親的眼裡，他從來都不是最小的弟弟，而是一個靠自己的男人。父親是他想成為的人：堅定、愛護、善良、勤奮、無私。是父親，讓薩納西斯成為薩納西斯、讓揚尼斯成為揚尼斯、讓寇司塔斯成為了寇司塔斯。

沒有父親，艾力克斯不知道如何成為艾力克斯，悲傷蔓延到他生活中所有東西上，他的父親無時無刻、無處不在。「我們都有鞋子，對吧？我們走路的鞋子，想像一下，你一輩子有鞋子，」艾力克斯說，「然後鞋子突然就被拿走了，現在你必須在沒有鞋子的情況下生活。」

艾力克斯跟學校請了假，同時放下籃球，他考慮過永遠放下，現在的他怎麼繼續打球？父母是他打球的理由，現在這個理由已經消失一半了。他一直回憶著父親第一次看他比賽是在希臘的時候，艾力克斯投進三分，成功抄截，之後父親跟他說：「我真的為你感到驕傲。」那是第一次，他的比賽得到認可，而不是他的哥哥們，那是艾力克斯年輕生活中最甜蜜的時刻。

想到那一刻，除了心痛，也想到那一刻之後，父親對他在籃球場上的重視程度越來越高。起初，查爾斯只注意揚尼斯和薩西斯的比賽。「爸爸會說：『哇，他想和兩個哥哥做一樣的事實在太可愛了！』」艾力克斯說，「但是當他看到那場比賽時，他告訴我媽媽，『艾力克斯很不錯耶！』一旦我開始認真，他也跟著認真起來。」

其他兄弟們也以自己的方式難過著。寇司塔斯想起了查爾斯在休兵日說的話，「他教給我最重要的事情是，如果你在訓練中度過了糟糕的一天，不過就像一場糟糕的比賽，」寇司塔斯說，「他會告訴我，明天又是新的一天，你就起床，努力變得更好，一天一天繼續努力。不要專注於過去，繼續努力就是了。」

寇司塔斯想起了冰箱。當他、揚尼斯和爸爸用小滑板推著冰箱的時候，東搖西晃，幾乎快要翻倒了，但抵達公寓時，三人放情大笑，他們是如此足智多謀、如此鬥志昂揚、如此真的在一起。

薩納西斯感覺快要被淹死了。生活中任何的困難，他原本以為都可以靠努力來解決，但這不是努不努力的問題，也沒有任何「我他媽不在乎」的心態，可以讓他不管這種越來越低落的下沉感。

薩納西斯在手臂上紋了一個刺青來幫助自己適應，那是查爾斯的畫像，旁邊用希臘字母寫著：「父親牽著孩子的手一時，但握著孩子的心一世。」

＊　＊　＊

揚尼斯感覺到艾力克斯的心快飄走了，因此他想確保弟弟知道自己依舊被愛著、被照顧著，他不希望艾力克斯放棄籃球，寇司塔斯和薩納西斯也不希望，所以當兩位兄弟最終降落在密爾瓦基時，四兄弟一起聊了聊天。

他們告訴艾力克斯，父親一定希望他們繼續比賽，取得成功。兄弟們也都相信最小的弟弟。「這大概就是我現在繼續打球的動力，」艾力克斯說，「我和我的哥哥們，都只想傳承我們父親的精神。」

艾力克斯指著家裡地下室後面的一幅大畫像，那是瑪麗亞當年送給揚尼斯的生日禮物。它是黃色、橙色和藍色，畫布上寫著「我是我父親的傳承」。中間是揚尼斯，指著天空；旁邊是薩納西斯，將球拋向空中；寇司塔斯，一個上籃動作；艾力克斯，傾身做換手運球；還有雙臂交叉的大哥法蘭西斯，他大半輩子都住在奈及利亞，但自始至終都與兄弟們保持密切聯繫。查爾斯和薇諾妮卡的名字寫在右上角。

看到所有的兄弟都在畫中，包括法蘭西斯，感覺是欣慰的。法蘭西斯是唯一一個追求足球而不是籃球的人，他是奈及利亞半職業聯賽的中場。大約這個時候，法蘭西斯收到了AE斯巴提的邀請，一個位於希臘拉科尼亞斯巴達的足球俱樂部，他在二〇一八年與球隊一起訓練了一段時間，不過職業生涯很短暫，最終法蘭西斯投入音樂，在樂壇叫作歐菲利（Ofili），他的中間名，現在住在雅典。

在家鍛煉時，揚尼斯還是會看一眼這畫像，因為它就在私人健身房旁邊的牆上，這提醒他們所有人，他們來自哪裡，為什麼必須堅持下去。

艾力克斯在高二的時候回來了，他依然因為失去父親而哀悼，但和揚尼斯一樣，他把球場當作一個出口，那個球季他的場均得分提高到接近十六分。「他全心全意投入比賽，」多米尼加助理教練傑克森說，「對他來說，這是一種抽離。」

到目前為止，一家人一直住在一個有兩套獨立公寓的綜合大樓裡：艾力克斯跟揚尼斯一起住在五樓，查爾斯和薇諾妮卡住在四樓。查爾斯死後，薇諾妮卡搬到五樓，和兒子們一起住。

揚尼斯必須繼續打出高水準的籃球。不僅是打自己的球，還要幫助公鹿隊在季後賽可以更有競爭力。「他歸隊之後全速衝刺，精力充沛，」梅克說，「他在為父親打球。」揚尼斯總是打得很努力，總是帶著目標感，在父親去世後，這種情況變得更加明顯。「當你上場時，你的眼睛必須要有那種神情，」揚尼斯在比賽前一天告訴梅克。「那種眼神在說：我是個死人、我沒有感覺、我根本沒活著。」

「保持專注，每一次球權，絕對不能分心，」揚尼斯告訴他，「我是個死人、我根本沒活著，但其實我活著。」

「他用籃球來表達他的痛苦和憤怒，」梅克說，「他每晚都把這些情緒發洩在球場上。」

揚尼斯在球季前七場比賽，平均數據來到三十三點七分，十點三個籃板和五點三次助攻。

失去父親改變了他看待籃球以外事物的方式，他已經什麼都不怕了。

＊＊＊

對陣拓荒者隊的幾個小時前，查爾斯去世大約三個禮拜後，十月下旬，揚尼斯的臉看起來像凍僵了一樣，彷彿每一塊肌肉都越來越緊繃，一隻蜜蜂嗡嗡嗡地飛過來，他可能都不會動。他沒有和任何人說話。

公鹿隊的控球後衛傑森．泰瑞看著揚尼斯，立即感受到專注、感受到強度。「冷血殺手。」泰瑞這樣形容揚尼斯那天的樣子。

比賽中，揚尼斯有時熱情奔放，有時又異常冷靜，散發出來的氣息讓人捉摸不定，他拿下NBA職業生涯新高的四十四分，其中包括第四節的十七分。最後讀秒階段，他先從C．J．麥凱倫手中把球撥走，在比賽還剩十一秒時，以一記雙手重扣助球隊取得一分領先，然後再賞給尤素夫．諾基奇（Jusuf Nurkic）一記關鍵火鍋。

「MVP！MVP！MVP！」密爾瓦基球迷高喊，這對揚尼斯來說，或許有一些安慰，他把所有的痛苦和憤怒都傾瀉在場上了，而當蜂鳴器響起時，他再次空白，再次心痛，長久以來，籃球一直是他的避難所。

他回到更衣室，拿了一支奇異筆，在比賽用球上畫了一些東西，「這是給爸爸的，今晚我們贏了。」

父親和他在一起，在他的運動鞋裡，在他的球衣裡，在他的儲物櫃裡，在他的水壺裡。揚尼斯靠在椅子上，膝蓋上綁著巨大的冰袋，茫然地盯著前方，隊友們感覺到他想一個人，他看上去筋疲力盡，腦袋空白，一直盯著地面。

這是一個孤獨的紀錄之夜，最想見證的人缺席了。

＊　＊　＊

揚尼斯一直想要一個大家庭，孩子們在四處跑來跑去；薩納西斯則總是想像著，每個兄弟都有大家庭，所有人都在一個大客廳裡——孩子們在左右，妻子們，媽媽薇諾妮卡——大家一起享受假期，雖然查爾斯不會在那裡，但家人們會感覺到他在那裡，帶著薇諾妮卡把大家抱在一起。

在查爾斯去世大約一個月左右後，揚尼斯接受了《六十分鐘》的採訪，他告訴主持人史帝夫．克羅夫特（Steve Kroft），他希望自己的孩子謙虛，就像查爾斯教育他和他的兄弟們一樣。他告訴克羅夫特他想要八個孩子，克羅夫特問他為什麼要八個——然後開玩笑地問要不要湊到十個，這樣他們就可以打五對五全場了。揚尼斯笑了，「我只想盡可能多生幾個，」他告訴克羅夫特，「如果我女朋友接受的話——我不知道她是否想要生八個小孩，但這是我想要的。」

「嗯，她現在知道了。」克羅夫特說。

「她知道的話，也許就會離開我，就會像：『呃……我才不會和你生八個咧！』」

克羅夫特嘗試向他詢問父親的事，但揚尼斯就是無法談論這件事。

「他真的很難過，」克羅夫特說，「但他說起這件事好像那是很久以前的事一樣。」

克羅夫特記得揚尼斯是樂觀、善良的，而且很有幽默感。

「他身上有一股特別的吸引力。」克羅夫特說。

這是揚尼斯第一次真正跟媒體侃侃而談，並且讓攝影機在他家人身邊停那麼久。揚尼斯之前沒有聽過《六十分鐘》，所以他和經紀人通常會拒絕邀請。

揚尼斯一開始有點猶豫談話的尺度，因為之前，他沒有過多地談論家人最初是如何來到希臘的，好像他在保護什麼，任何地方他都確認好尺度。「駕駛技術的部份，揚尼斯有自知之明。」節目製作人崔根．米哈伊洛維奇（Draggan Mihailovich）說，揚尼斯不希望在他的車內拍攝，節目就用他從車道開出來的一段來剪輯。

不過，當克羅夫特和米哈伊洛維奇告訴他，節目製作組已經去過希臘，看過他的社區時，揚尼斯就放鬆了一點。

「你去了希臘！」他笑著說，話匣子突然間打開了，揚尼斯停不下來，想知道他們去了哪裡以及對索普利亞的看法。

節目組向他展示了舊菲拉里提克斯體育館的側拍，他看到了老教練塔奇斯．席瓦斯，「你看他！」揚尼斯說，「他還是老樣子！」觀看這些他來自哪裡的影片——而不是用說的——讓揚尼斯更樂意和節目分享他的神聖殿堂：體育館。他邀請大家在晚上十點來看他訓練，揚尼斯絕不會跳過訓練，他堅稱不能讓任何事情——哪怕是《六十分鐘》——干擾他的日常計畫。

如此勤奮的原因，如同揚尼斯在節目播出的片段中所透露的那樣，在這個罕見的脆弱時刻，「我真的很害怕失敗。」

＊＊＊

例行賽打了一半左右，揚尼斯又必須面對另一種失去：基德在二〇一八年一月被球團解僱了。公鹿隊就是打不好，沒辦法擠進東區的前段班，他們一直不穩定，有些晚上球隊看起來很棒，有些晚上又很糟糕，防守乏善可陳，進攻微不足道，二十三勝二十二負的戰績也不夠好。

換帥似乎是不可避免的，因為一些球員對基德嚴厲的老派風格感到不滿，認為基德喜歡把球隊問題推到公鹿年輕球員身上，還常常怪罪球員而沒有檢討自己。一位公鹿球團的消息人士聲稱，狀況遠比檯面上看到的還要嚴重，基德領導團隊的方式有些極端，即使是揚尼斯也不見得與他的看法一致。

據報導，在公鹿隊通知基德，球團要解僱他之前，揚尼斯曾打電話給基德，嘗試挽救總教練的職位，但是，揚尼斯對基德向媒體透露這件事感到不太舒服。

再一次面對總教練被解僱，揚尼斯不太好受，而且不僅是一個總教練——是一個相信他、信任他的總教練。基德是第一個把球交給他，對他說「你可以當控球後衛。」的人，也是第一個認為揚尼斯未來不僅僅是明星的人，他可以成為超級球星，甚至是傳奇巨星，在很多方面，基德幫助揚尼斯成長，幫助揚尼斯了解自己的實力。但這就是生意，揚尼斯對這種情況無能為力。

公鹿隊首席助理教練喬・普倫帝（Joe Prunty）成為代理總教練，「這不容易，」普倫帝說，「管理人非常困難，這種事常在發生，我們只能想：『好吧，團隊必須振作重新出發，總教練不管換誰，我們還是去做該做的事』，但顯然這是一個很大的變化。」

揚尼斯繼續努力比賽，雖然少了跳投這項武器，但他的防守不斷造成對手威脅。二〇一八年二月一場對上尼克的比賽，他在二打一快攻情況下，接到米德頓的空拋，躍過身高六尺五寸的小提姆・哈德威（Tim Hardaway Jr.），單手完成第一時間扣籃，震驚全場。他在明星賽票選中排名第二，僅次於勒布朗，而且被提名為二〇一八年明星賽先發球員，「這超出了我的想像，」揚尼斯在洛杉磯明星賽週接受訪問時說，「以前我一直覺得，也許我可以成為NBA球員，但我從來沒想過，在二十三歲的時候，就第二次入選明星賽，有機會挑戰MVP，一肩扛起一支職業球隊，這真的超出了我的想像。」

他在明星隊的練球時打得很認真，讓明星隊教練麥克．德安東尼（Mike D'Antoni）感到驚訝，「明星賽練球其實不是練球，是要給媒體拍好看照片來宣傳的，」德安東尼說，他現在是籃網隊的助理教練，「而揚尼斯一進來，就開始伸展，準備練習，其他人肯定還在放假模式，他們看到揚尼斯就覺得：我的天哪！這傢伙好認真。」

「與眾不同有時很難，」德安東尼說，「但他的與眾不同是好的，你可以明顯感受出他很想成為偉大的球員。」

公鹿隊在接下來一個月裡苦苦掙扎，戰績掉到東區第八，但揚尼斯沒有停止督促自己前進。密爾瓦基媒體報導：「這支球隊的起起落落的次數比一個小五學生玩蹦蹦床還多。」

＊＊＊

揚尼斯和瑪麗亞感情越來越好了，他知道女朋友想要養一隻狗——特別是黃金貴賓犬，所以他想送一隻給瑪麗亞來個驚喜，但威斯康辛州只有一位飼養員擁有他們想要的黃金貴賓，這個飼養員住在北部的史丹利，大約需要四個小時的車程，公鹿隊的賽程安排很密集，揚尼斯沒有時間開車過去接狗。

他向公鹿管理層尋求幫助，球團隨後把這任務交給了當時的籃球運營實習生克里斯・羅德里格茲（Chris Rodriquez），這是羅德里格茲從二〇一七到二〇一九年，在球團見習兩年來最傷腦筋的一次，但羅德里格茲沒有告訴實習生同事們這項任務，擔心消息走漏會毀掉揚尼斯安排的驚喜。

羅德里格茲計劃四月九號早上十點出發去接小狗，然後在當天比賽結束前回來，這樣揚尼斯就可以在比賽結束後把小狗交給瑪麗亞。

羅德里格茲從來沒有到北部那麼遠過，「我看到的只有牛、馬、還有田地。」羅德里格茲說。他抵達飼養員那裡，但飼養員說黃金貴賓犬實際上在另一個地方，他只好再去找第二個地方，結果他迷路了，越開越靠近偏僻的鄉村地區，這時候他的GPS剛好壞了，他把車開進農場的車道，打電話給他的媽媽和朋友幫忙指路。

當手機訊號變得更弱時，羅德里格茲開始有壓力了，結果有可能很慘：如果迷路了怎麼辦？更糟的是，如果他讓一個NBA最好的球員失望了怎麼辦？羅德里格茲只能繼續找路，多花了約四十分鐘才找到飼養員。「這是你見過的最像阿米希人的地方，」羅德里格茲說，「他們戴的是那種下巴還要綁起來的無邊軟帽。」

他把小狗放在後座，但牠太興奮了，一直想從盒子裡扭出來，一路上，小狗在盒子裡撒尿拉屎，那味道讓羅德里格茲不得不搖下車窗，但他擔心小狗會跳到車子外面，所以只把窗戶開了一半，同時試著讓小狗平靜下來。「沒關係，我們快到了，」他對小狗說，好像牠聽得懂一樣，「我們很快就到了。」

回到公鹿球場，羅德里格茲摀住鼻子，因為整台車聞起來很臭，小狗聞起來也很臭。「嗯，至少我們成功了」他想。比賽結束後，他把小狗交給揚尼斯。

「哇，我的天！」揚尼斯摀著鼻子說，「牠味道好難聞喔！」

「呃，是的，」羅德里格斯害羞地說，「對不起，我過去八個半小時裡就在處理這個。」

雖然球員不一定允許可以這樣，但揚尼斯給了羅德里格茲一雙耐克鞋和不錯的小費，這對實習生來說很貴重，因為他們沒有薪水。

揚尼斯之後帶著小狗去給瑪麗亞一個驚喜，瑪麗亞一看到這個毛茸茸的小可愛就融化了，他們給小狗取名為米拉，牠是他們的。

＊＊＊

季後賽首輪，公鹿隊面對塞爾提克隊，希望能夠順利過關。自二〇〇一年喬治・卡爾和三巨頭以來，他們還沒有贏得任何一個系列賽，但公鹿隊很快就在系列賽中，以〇比二落後給波士頓。

密爾瓦基在接下來兩場比賽中反彈，把系列賽扳成平手二比二，但第五戰，他們輸掉了比賽並面臨再輸就淘汰的情況。再一次，揚尼斯那場比賽中被限制了，只出手十次，得到十六分，而且感覺起來筋疲力盡，他賽後扛起責任，說他必須打得更具侵略性才行。

從乏善可陳的第五場比賽中，揚尼斯反彈回來，表現得很好，幫助公鹿贏下了第六戰並把系列賽逼到搶關鍵的第七戰。他付出一切，每場比賽打四十分鐘以上，想用強大的身體素質帶領球隊取得勝利，但這不夠，他沒有得到支援，公鹿隊太年輕且缺乏經驗，塞爾提克晉級下一輪，對決七六人。

將系列賽推進到第七戰是一個重要的里程碑，自二〇〇一年以來，第一次連續兩個球季完成高於五成的勝率也是意義重大，但這個球季很大程度上還是令人失望——他們再次第一輪就遭到淘汰，再次辜負球迷的期望。揚尼斯一整個夏天都在想那場第七戰，他的隊友們也是。

「我們不夠細膩，」波格登說，「我們有一群才華橫溢的球員，但全隊沒有確定團隊合作的方向。」

時間在流逝，必須要弄清楚，必須去證明球隊可以在揚尼斯處於巔峰時挑戰總冠軍，還有三年時間，再三年揚尼斯就會成為不受限制的自由球員了。「公鹿失敗了，」《華盛頓郵報》當時這樣寫，「可能需要四十年，才會有另一個像他這樣天賦等級的球員加入密爾瓦基。」

公鹿隊聘請了原本在老鷹執教的總教練麥克・布登霍澤（Mike Budenholzer），來幫助球隊扭轉季後賽的局面，想辦法打破過去四個球季有三次首輪就出局的詛咒，布登霍澤的首要任務是幫揚尼斯獲得更多的支援，以及將他的天賦發揮到最大極限。

揚尼斯已經擠進MVP候選人的考慮範圍了，成為最有價值球員一直是他的目標，但當他沒有入選時，薩納西斯可以感覺到弟弟的失望。「我知道你打得像MVP，我知道你在追求這個獎項，」薩納西斯告訴他，「但不管怎麼樣，你是你人生的MVP。」揚尼斯了解到，他已經不遺餘力地確保一家人沒事，甚至比沒事還好，然後他照顧兄弟，照顧媽媽，照顧女朋友，最小的弟弟在私立學校上課。薩納西斯說的是對的。「如果沒有得到MVP這個獎，也沒關係的。」薩納西斯說。

揚尼斯比過去任何時刻都要努力，依舊把成為MVP當成目標。那年夏天，他有機會和他的偶像，科比．布萊恩一起訓練。揚尼斯準備了一大堆的問題，並寫在他的筆記本裡隨身攜帶，時間約好是下午二點三十分，但他上午十一點就開始訓練，進行了投籃練習和完成治療，然後再等科比走進來，他想讓科比知道，這些不是說說而已，推特發文不是在那裡搗亂的，他真的很想學習，聽建議，然後進步。揚尼斯覺得比科比早三個多小時先到訓練中心是一件值得驕傲的事情。

在兩次連續跳投的訓練之後——三百五十到四百次投籃，全都同樣的位置，一次投進二十次——揚尼斯有點害羞地問了很多問題，他告訴科比不想讓這次訓練像是一次媒體採訪。

「不，不，隨便問。」科比說。

「你確定嗎？」

科比點點頭。揚尼斯打開筆記本，開始詢問如何準備比賽，如何持續進步，科比那天告訴他，必須跳出框框思考。

「你必須永遠像個孩子。」科比說。

「孩子？」揚尼斯說，「你的意思是？」

整個過程中，揚尼斯都在努力展現高大和強壯、成熟、一個男人、一個強勢的男人。

「不，我的意思是，像個孩子一樣愛幻想，孩子可以很有創意，兩塊石頭他們就可以玩一整天。當你還是個孩子的時候，你總是想學習，然後一直問問題：為什麼要這樣做？為什麼我坐在安全座椅上？為什麼要去上學？你總是好奇、有一堆問題，所以當個孩子。」

這樣的想法留在了揚尼斯身上，他馬上跟兄弟們分享，寇司塔斯特別喜歡，因為他剛在二〇一八年的ＮＢＡ選秀會上被七六人以第二輪第三十順位，就是最後一個選秀順位挑中，然後被交易到獨行俠隊；艾力克斯則成為多米尼加籃球隊的隊長，準備升高三，開始受到大學和ＮＢＡ球探的關注。

兄弟們繼續美國希臘兩邊跑。現在在希臘，揚尼斯被視為是家鄉的明星，祖國的英雄，孩子們崇拜他，穿他的球衣，希臘人不斷肯定著他們對揚尼斯的愛，為揚尼斯感到多麼驕傲。

他的主場，就是那些年在戶外打球成長的那個球場，有人特別設計後獻給了他。雅典藝術家「SAME 84」在球場上繪製了一幅揚尼斯的巨型壁畫，身體長度覆蓋了整個空間，綠色公鹿隊球衣配上藍色背景。另外，球場旁邊一棟米色高大公寓牆上，也有揚尼斯的壁畫，他跳在空中，手在背後拿著球，好像準備要灌籃一樣，下面則是一個洗車場。

「對於希臘來說，揚尼斯就是籃球，」希臘球星、揚尼斯國家隊隊友尼克・卡拉塞斯說，「有一天他的故事會拍成一部電影，他從一無所有到現在，一點都沒有改變。」

許多希臘裔美國人也認同他，因為他在美國待了很長一段時間，不過他沒有拋棄自己的文化背景，揚尼斯不斷告訴大家他有多愛希臘。

「這不只是個土生土長孩子成功的故事，」凱蒂・寇司塔基斯（Katy Kostakis）說，她是一位在波士頓附近長大但她家人都在索普利亞的球迷，去過希臘很多次，「而是他和全家人都做到了，這帶給我們的驕傲感。」

以及希望，特別是對於那些在類似環境中長大的希臘黑人。費佛・烏克佩伯（Favor Ukpebor）是一名年輕的希臘黑人籃球員，成長過程中認識了揚尼斯，在揚尼斯被NBA選中那年曾一起打過球。

「揚尼斯被選中後，更多非裔希臘人相信，他們有機會到最高水準的籃球聯盟去打球。」包括他自己，「他對我影響非常大，」烏克佩伯說，「我這個年齡或更小的孩子，幾乎每個人都因為揚尼斯而開始打籃球，看到一個希臘黑人小孩進入ＮＢＡ是非常少見的。」

但是，如今有數百名希臘黑人孩子，他們可能永遠沒辦法得到一樣的機會，因為沒有人的公民身份證明會像揚尼斯那樣快速獲得，沒有像現在的揚尼斯那樣被肯定著、擁抱著。

可悲的事實是，就算揚尼斯深受眾人喜愛，他依然是種族主義歧視的目標。

第十二章　身　份

大約在查爾斯去世前一個月，那個在索普利亞有揚尼斯畫像的球場，被法西斯和新納粹的金色黎明支持者畫上符號破壞：一個刻有十字架的白色圓圈，就畫在揚尼斯的臉上，大到從球場外圍透過柵欄都看得到。

會出現破壞行為的部分原因，可能是那年夏天，揚尼斯因為膝傷，決定不代表希臘國家隊參加二〇一七年歐洲籃球錦標賽。

希臘籃球總會譴責了揚尼斯的決定，並指責膝傷只是個謊言，他的膝蓋沒有任何問題，這個決定是公鹿隊和NBA一部份的陰謀，目的是阻止揚尼斯為希臘出賽，但其實過去三年，揚尼斯都有替希臘國家隊效力。

「這是一個有組織且精心設計的計劃。」希臘籃球總會在一份聲明中說，總會秘書長塔基斯．薩格羅尼斯（Takis Tsagronis）也表示：「公鹿隊的聲明不是事實，這麼做肯定別有目的。」

揚尼斯否認了這些說法。對他而言，作為一名職業運動員必須做出最艱難的決定之一就是缺席。揚尼斯認為這是職業生涯中最失望的時刻，早在知道NBA之前，為希臘國家隊效力就已經是他的夢想了。

那個冬天，當地不滿的聲音再次出現，當時揚尼斯在克里夫蘭與前來觀看公鹿隊對陣騎士隊的希臘裔美國人一起唱起了希臘國歌，在倫敦工作的希臘裔教授伊凡傑洛斯・馬科普洛斯（Evangelos Markopoulos）在臉書公開發文，還放上揚尼斯唱歌影片的連結：「真的受夠這個假裝是希臘人的黑人，」然後提到了歐洲籃球錦標賽，「真的夠了！我們不會忘記夏天發生的事情，他根本沒有在乎我們任何一個人，或者國家隊，或者我們的國旗。」

二〇一七年末，包括領導人尼可拉斯・麥可羅萊克斯在內的幾名金色黎明成員，因為二〇一三年當地嘻哈歌手帕洛斯・菲薩斯的謀殺罪被捕，其他四名議員和至少十五人因為警察鎮壓也陸續被捕，指控的罪名包括謀殺、持有武器、種族歧視暴力和犯罪組織成員身份等。一名金色黎明成員在被抓時喊著：「我們絕對不會屈服！希臘萬歲！」

這次審判被認為是自一九四五年，前納粹領導人在紐倫堡被起訴以來，歐洲最大的反法西斯案件。然而，這沒有影響金色黎明黨在二〇一五年一月的選舉，他們贏得了十七個席位；也沒有降低種族歧視的發生率，像是恐嚇移民、社群媒體上發布種族主義言論、以及攻擊索普利亞的揚尼斯畫像球場。

這種極端的行為其實不令人意外，因為揚尼斯代表了金色黎明所鄙視的一切：多元性、移民、以及黑人。

＊＊＊

雖然從新秀年開始，金色黎明就把揚尼斯作為目標不斷攻擊，叫他「黑猩猩」，但揚尼斯還是繼續表達對希臘的熱愛。二〇一七年一月，就是索普利亞球場遭到破壞的同一年，公鹿對上尼克的比賽賽後，他拒絕在一位美國球迷拿出的希臘國旗上簽名，因為他認為在神聖的國旗上寫字是不尊重的。

他在二〇一七年明星賽上告訴記者，寧願贏得國際比賽金牌，也不願獲得MVP獎項或任何頭銜，因為金牌象徵他代表整個國家、他的國家，成為了世界第一，對他來說更有意義，「無論我做什麼，」揚尼斯那天說，「我都很努力讓所有希臘人為我感到驕傲。」

二〇一六年夏天，他與薩西斯一起完成了為期三個月的義務兵役，他夢想著贏得NBA總冠軍，並和公鹿隊友們一起慶祝，他會帶全隊到最喜歡的地方之一，米科諾斯，想像他們一起在島上抽雪茄。

他常常在美國和希臘之間飛來飛去，接受自己全部的身份：希臘的一面和奈及利亞的一面。

揚尼斯已經習慣了人們只看到其中一面，當他是青少年的時候，一些希臘人不覺得他是希臘人，因為他是黑人，後來成年了到美國，情況變得相反，有人跟他說：「你不是非洲人，你是希臘人，你是希臘怪物。」

國家隊隊友尼科斯・席西斯記得，早在二〇一四年，就有人說過揚尼斯不應該打希臘國家隊，因為對那些人來說，「他不是希臘人。」這一直困擾著席西斯，不只是因為他知道揚尼斯對身為希臘人感到驕傲，還有事實上，他就是出生在希臘，讀希臘學校，去希臘教堂，在希臘咖啡店裡唱聖誕頌歌。「作為希臘公民，他用了最好的方式表達。」席西斯說。

揚尼斯經常回饋以前索普利亞的老社區，提供食物和慈善基金，他沒有忘記自己是來自哪裡。但是，對一些希臘人來說，無論揚尼斯如何付出、幫助、提升、累積，他永遠不會是真正的希臘人，這些人眼裡他就是黑人。

現任希臘發展部長兼新民主黨副主席，同時也是最有權勢的右翼政客之一的阿多尼斯・喬治亞迪斯（Adonis Geogiadis）二〇一八年在電視上針對了揚尼斯，故意讀錯他的名字：「阿肯諾吞波……阿肯托昆波……他不是打希臘國家隊嗎？他們不是說他是希臘人嗎？說他有希臘國籍啊？他的出生地在非洲。」

位於雅典郊外帕萊奧法利羅市的揚尼斯壁畫，也遭到有心人士用納粹標誌破壞，揚尼斯穿著公鹿隊球衣，用力秀出他的肌肉並吼叫著，但右臂上被人用黑色油漆標上了納粹的標誌，頭上也塗得亂七八糟。「有極右派的元素、非常巨大的種族主義存在我們的社會中，」希臘記者帕帕多加尼斯說，「原因是這個社會從來沒有真正去接受多元化的改變。」

歷史上，希臘大部分時間都處於被占領的情況，主要是土耳其統治，從這個角度去看，大多數希臘人都是白人。不過，來自保加利亞和阿爾巴尼亞等國家的白人，雖然不是移民，還是會被一些希臘白人看不起，差別就是有色移民會遇到較多粗俗和暴力的歧視。

二〇一七年，仇恨犯罪比二〇一六年增加了一倍，二〇一八年更加嚴重，年輕的希臘人刺傷了巴基斯坦移民工人、一座猶太紀念館遭到破壞、新納粹組織縱火燒了雅典的阿富汗社區中心。許多穆斯林非常害怕，尤其是穆斯林婦女，其中一些人的頭巾被惡意扯掉。

同年，金色黎明襲擊了一所移民社交中心，六名黑衣男子，頭戴機車帽，手持鐵棍和火把，高喊：「今天你們全都要死了！你不配有這種地方！」伊列瑟瑞亞．托帕佐格羅（Eleftheria Tompatzoglou）是二〇一三年希臘說唱歌手帕洛斯．菲薩斯謀殺案的律師，當時她在中心內，也是受害者之一，她的頭部受傷需要縫七針，當她摸到後腦勺的鮮血時，就聽到那群黑衣男子喊著：「鮮血、榮耀、金色黎明！」

揚尼斯開始變成一種全球現象，一種希臘現象，全世界希望的象徵。他越成功，一些希臘人就越去否認他依舊會遇到的那些種族歧視。「他們看到揚尼斯成功時，就會忘記了一切，」奇沃拓司咖啡館老闆錫卡斯說，「種族歧視是全球性的，但我們沒有認真看待那些問題，就是白人，這很糟糕。」

談到有多愛揚尼斯時，希臘人選擇不記得那些難受的事情：當揚尼斯還是ＮＢＡ新秀時，特里卡拉的歧視侮辱；金色黎明令人害怕的存在，讓他提心吊膽；奇沃拓司咖啡館顧客的奇怪眼神，看著錫卡斯每天早上給揚尼斯兄弟們一個蘋果。

你為什麼要給小黑人孩子東西？

席西斯注意到，揚尼斯開始在國家隊效力後，人們談論的方式就發生了變化，從過去的歧視，修正成為讚美崇拜揚尼斯。「現在，喜歡揚尼斯很容易，非常容易，」席西斯說，「但當時，有很多人不接受他，當然，現在還是有。」

這是揚尼斯故事中比較少被談論到的部分。有一個說法心酸又實際：「現在百分之九十九的希臘人喜歡他，也不會因為他是黑人而去攻擊他，」前帕那辛奈科斯助理崔加斯教練說。「每個人都忘記了他的黑皮膚，因為你看到的是他的扣籃。」

＊＊＊

回到二〇一三年，新秀賽季剛開始的一個下午，揚尼斯還在思考怎麼適應密爾瓦基的時候，老將巴特勒把他拉到一邊，解釋了黑人在美國需要注意什麼，巴特勒告訴他不要穿連帽運動衫，因為黑人男孩和黑人成人很容易受到種族歧視，嚴重時甚至可能被攻擊或殺害。例子就在前一年，也就是二〇一二年，手無寸鐵的十七歲黑人高中生崔馮・馬丁（Trayvon Martin）被二十八歲的白人和西班牙裔男子無故槍殺。

巴特勒向揚尼斯解釋大規模的入獄問題，根據威斯康辛大學密爾瓦基分校二〇一三年一項研究，威斯康辛州被監禁的黑人男性比例最高，在密爾瓦基，三十到四十歲的黑人男性，超過一半有坐牢的經驗，本身來自威斯康辛州的巴特勒希望揚尼斯保持警覺，「我希望他對所有事情都有謹慎小心。」巴特勒說。

揚尼斯還有很多東西要學，例如二〇一〇年全國調查指出，密爾瓦基在全國一〇二個最大都市中，黑人和白人之間的隔離率最高，甚至公鹿隊總裁彼得・費金（Peter Feigin）二〇一六年也告訴麥迪遜國際扶輪社，密爾瓦基是「我經歷過的最種族隔離、最種族歧視的地方。」

類似現象出現在社會的每個角落，包括住房驅逐率。一個不到十萬五千戶租屋的城市中，密爾瓦基的房東每年趕走大約一萬六千名成人和兒童，其中許多是黑人，特別是黑人女性。在密爾瓦基一個典型月份中，被驅逐的對象有四分之三是黑人，其中四分之三是女性，黑人女性佔密爾瓦基人口的百分之九，佔被驅逐租戶的百分之三十。

為ＥＳＰＮ工作的密爾瓦基本地人邁倫・梅卡夫（Myron Medcalf），童年時住在二十六街和漢普頓街，他記得八〇年代後期，發生在密爾瓦基的暴力事件開始增加。原本他認為成長過程中很安全，但在一九八八年，一位名叫麥可的鄰居，因為一件NBA球隊外套被人從高處踢下，幾乎沒有生命跡象，昏迷了兩個月，每天晚上，當地的新聞廣播都會更新麥可的病情。「我一直以為那是芝加哥，或者別的什麼地方，不是密爾瓦基。」梅卡夫說。

但這就是密爾瓦基，在這裡黑人被當成目標。梅卡夫是黑人，十七歲前就參加了七個青少年的葬禮，其中包括他十五歲堂哥的葬禮，梅卡夫記得每通電話，每一具屍體，就像有次他在教堂前看到的那具一樣，用粉筆圍繞著受害者的身影。

「密爾瓦基吞噬了很多人，」梅卡夫說。「如果你跟我一樣是黑人，那在教育方面會特別存在著挑戰，這是一個很容易產生絕望感的城市，一種『大概就只能這樣了吧』的感覺，這是一個很難實現夢想的地方。」

揚尼斯吸收很快，他會聽黑人隊友講他們在密爾瓦基遇到的種族歧視，比如身高六尺九寸的約翰．漢森。二〇一五年，漢森去珠寶店看手錶，當他按門鈴時，一名員工立刻把門鎖上，並叫他離開，員工們不讓他進來，還急忙地躲到商店的後面，之後警察就到了。

賈巴里．帕克在密爾瓦基郊區開車回家時，曾多次被警察攔下，過程讓他覺得受到種族歧視；另一位隊友賈許．鮑爾（Josh Powell）曾經和兩個朋友一起去密爾瓦基的某家餐廳，那裡的服務員拒絕為他們服務並叫他們離開；還有，另一名隊友史特林．布朗因為輕微的違規停車被密爾瓦基警察逮捕，對他推擠、踩踏、電擊，後來布朗以過度使用武力為理由，告上聯邦法院展開民事訴訟，最終在二〇二〇年以七十五萬美金的價格與密爾瓦基市政府達成和解。

美國是第一個讓揚尼斯看到黑人駕駛好車的地方，這讓他很驚訝，「這裡怎麼了？」他心想，看著一台台黑人開的名車從身邊駛過，他開始思考：「我的國家（希臘）給有色人種足夠的機會了嗎？」

許多希臘黑人，包括那些從小就認識他的人，還是不知道這個問題的答案，他們現在還在希臘，苦等身份文件，無法擁有和揚尼斯相同的機會。

二〇一五年，希臘的移民出現了短暫的一線希望，當時左翼政黨掌權，通過了具有里程碑意義的第四三三二號法律，該法律賦予在希臘出生或長大的移民子女，擁有獲得希臘公民身份的權利。但二〇二〇年，當時極右翼的反移民新民主黨設下了新的門檻，包括對希臘生活、語言和文化的艱難考試，再次剝奪在希臘出生的移民子女，取得公民身份的權利。

伊曼紐．蓋得文，這位在成長過程中一路都很尊敬揚尼斯的黑人希臘球員就是如此，他曾經在人群中看著揚尼斯自豪地舉著希臘國旗慶祝獨立日，而現在他還是待在希臘，也還在努力獲得身份證明，申請在四年前就交出去了，「他們不在乎，」蓋得文說，「怎麼會我在這裡出生，但是沒有這裡的身份證件？怎麼能這樣呢？」

有時蓋得文希望他在揚尼斯在的地方，在美國打職業籃球，然後有護照。「我仍然尊敬揚尼斯。」他說。蓋得文與阿德托昆波一家人保持聯繫，偶爾發些有趣的迷因梗圖給揚尼斯，也傳訊息給艾力克斯聊天。

蓋得文也在打球，目前效力於A．O．埃塞夫里亞莫施隊，但是沒有護照，即使是歐洲聯賽也去不了，他一直在訓練，在做夢，並且密切關注揚尼斯：「現在他成功了，每個人都會說，『喔，對啊，我曾經幫助過他；他是我最喜歡的球員！我非常愛他！』我心裡就想，哇！看看這些人，這太瘋狂，同時也很難過。」蓋得文說。

伊提諾薩．艾瑞班奈基是前帕那辛奈科斯青年隊球員，過去常常和揚尼斯說奈及利亞皮欽語，他眼睜睜地看著自己的籃球夢想破滅，主要原因是沒有公民身份。他沒有實際機會去加入更高層級的球隊，因為每支球隊只有兩個外籍球員的位置，而他就被認定為外籍球員。「我認為自己是奈及利亞希臘人，」艾瑞班奈基說，「但就官方文件的角度來看，我只是奈及利亞人。」

每當經紀人與有興趣網羅他的球隊通電話時，球隊都會告訴經紀人，艾瑞班奈基確實有足夠的天賦，但隨後問到他的身份文件時，「那一切都會停下來。」艾瑞班奈基說。

他依舊能聽到停留在腦中的那些對話：「不是你的問題，其實就是你的問題；這無關身份，其實就有關身份證明。」他試著去西班牙或是比較低級別的希臘球隊打球，但一直沒辦法成功。

艾瑞班奈基一直在想，如果他能夠像揚尼斯那樣，有人幫忙的情況下快速取得證件，那他會有什麼樣的籃球職涯，會有什麼樣的生活。「一切都會不同，」他說，他的聲音藏著痛苦，無法改變處境令人沮喪，「我無法對抗這些規定。」他說。

艾瑞班奈基從學習中尋找慰藉，他現在希望成為一名心理學家，因為在希臘，黑人心理健康的專業人員太少了。他覺得自己很幸運，找到了籃球以外的路，但他也為妹妹感到心疼，因為每次妹妹被排除在某些活動、地點和機會之外的時候，艾瑞班奈基就必須痛苦地跟她解釋原因：即使他們出生在希臘，也會被認定為非洲人。

艾瑞班奈基對下一代希臘黑人孩子的期許是：「能夠真正去追尋夢想。我希望他們能接觸到我沒接觸的事物，我想為年輕一代創造一個環境，讓他們可以除了生存之外，真正去追夢、真正去呼吸。」

說完這句話，他深深吸了一口氣，他很高興揚尼斯能夠做夢並且把夢想實現，真的，艾瑞班奈基為揚尼斯感到高興，也絕不會因為嫉妒去說任何貶低的話，他只是希望揚尼斯能站出來多說話，讓其他人也能夠真正去追夢。

「不是每個人都是穆罕默德．阿里（Muhammad Ali）或科林．卡佩尼克（Colin Kaepernick），沒關係，也許揚尼斯年輕時還沒有信心或英文不夠好，但現在他成熟了一些，可以談論這個了，」艾瑞班奈基說。「我相信揚尼斯內心深處知道，他有非常好的平台可以說，有非常多的事情可以做。」

＊＊＊

早在二〇一三年，十八歲的揚尼斯就被媒體問過，是否有經歷過種族主義與歧視。揚尼斯說：「從來沒有！我從來沒有這樣的感覺！大家都認為我是希臘人，我感到很高興！」同年，在一篇希臘週刊的專題文章中，揚尼斯再次評論：「不，從來沒有，至少不是來自我學校的朋友或同學，只有比賽期間對方的球迷會，這種情況無法避免，總是會發生。」

不過，薩納西斯這幾年反而更加直接，二〇一九年他接受希臘報社《實記》採訪時說：「我出生在雅典的亞瑞塔佑醫院，這樣說是讓其他人知道，我們不是在別的地方出生然後才被帶過來的，或者我們是從火星來的。」薩納西斯繼續說：「一個在這裡出生、上幼兒園、國小到高中、大學，完全接受希臘教育的人，然後不被認為是個希臘人？」

在揚尼斯職業生涯初期，媒體在猜測這個家族的起源。歐魯瓦費米・阿德費索（Oluwafemi Adefeso）是一名生活在奈及利亞拉格斯的奈及利亞體育記者，也是「非洲籃球對話」（African Basketball Conversation）的創始人，這是一個關於非洲籃球的主要討論平台。

阿德費索在瀏覽歐洲籃球網站時，看到了揚尼斯・阿德托昆波這個名字，然後看著揚尼斯的照片，阿德費索覺得這名字很奇特。他不覺得阿德托昆波這個姓聽起來或看起來像奈及利亞人。「乍看之下，應該沒有多少奈及利亞人會覺得是同胞，」阿德費索說，「你會想，這人是棕色皮膚？是希臘人。他絕對不是純種希臘人，應該是某種，我們怎麼說，半種姓氏。」

阿德費索在想，「也許他的媽媽是非洲人，而他的爸爸是希臘人？」

「這是很多人的想法，」他說，「有一點不太確定他真正來自哪裡，以及他是否真的是一個純血統的奈及利亞人，所以需要一段時間才能知道並接受他。」

當揚尼斯開始成為那個揚尼斯時，阿德費索花了更多時間去了解揚尼斯的兩個奈及利亞父母，他希望有天揚尼斯能夠為奈及利亞國家隊打球。他繼續為揚尼斯加油，就像為其他國家隊效力的非洲裔球員一樣，例如為西班牙隊效力，來自剛果民主共和國的塞爾吉・伊巴卡。

但阿德費索希望揚尼斯和奈及利亞之間有更深的連結，「這邊的人民認為揚尼斯是奈及利亞人，而且非常愛他，但他們沒有過度瘋狂，因為這種連結其實不存在，」阿德費索說，「很多人都想要跟揚尼斯有連結。」

二〇一五年，揚尼斯更接近這種連結了，當時他參加了在南非約翰尼斯堡舉行的NBA首場非洲比賽，代表非洲隊對上世界隊，艾利斯公園球場六千張門票在九分鐘內銷售一空。

揚尼斯第一次到非洲，他帶著家人一起，讓這次旅行更具意義。揚尼斯和兄弟們記得一些薇諾妮卡和查爾斯用來和他們交談的奈及利亞語言，他玩得很開心，還參觀了野生動物園和獅子公園，摸摸小獅子。

不過，他還是非常專注於比賽本身，他很有禮貌、安靜、集中精神，每一次練球都像準備一場真正的比賽全力衝刺。揚尼斯非洲隊的隊友盧克・巴哈姆特（Luc Mbah a Moute）走到他面前說：「準備好打總冠軍了嗎，嗯？」揚尼斯只是點了點頭，沒聽出來是玩笑話，但他們的教練，馬刺隊的格雷格・波波維奇（Greg Popovich）笑得很開心，看起來很悠閒（是真的悠閒）。

ＮＢＡ傳奇人物哈基姆・歐拉朱萬和迪肯貝・穆湯伯，在比賽第二節出乎意料地出現，他們身著全身球衣加入戰局。「這很特別，」另一位非洲隊隊友鮑里斯・迪奧（Boris Diaw）說，「你絕對沒想過會跟這些球員一起在場上打球。」最終，揚尼斯得到全場最高的二十二分。

球員們可以將他們所代表的國家國旗貼在自己球衣的背面，揚尼斯選擇了希臘國旗。迪奧記得揚尼斯很確定這個決定。「我記得，揚尼斯只想在他的球衣上貼上希臘國旗。」迪奧則是把塞內加爾和法國國旗都貼在自己的球衣上。

後來，二〇一七年，當揚尼斯接受《六十分鐘》採訪時，製作人問他更喜歡姓氏的哪個發音？非洲人還是希臘人？阿德托昆博還是阿德托昆波？「你喜歡哪個？」節目製作人崔根・米哈伊洛維奇記得揚尼斯的回應，說有一種預感：「揚尼斯只是不想讓任何人不高興。」

製作人隨後問了移民相關問題，揚尼斯的回答沒有說死，而是表現出更開放、更富有同情心的一面：「船上的那些人，只是想到希臘尋求更好的生活，你知道，我認識的人，我身邊的人過去都做過這樣的事，」揚尼斯說，「我聽到很多人說，這些人是來這裡搶工作，但你知道嗎。那船上的有些人，因為家鄉正在打仗，快要被殺了，所以不得不逃出來，這是他們要活下去唯一的選擇。」

對於身份認定，二〇一八年，揚尼斯更加開放了一些。有一位叫作塔基斯・蘇卡拉斯（Takis

Tsoukalas）的希臘電視主持人，在帕那辛奈科斯隊比賽後，用猿猴來形容薩納西斯：「我跟你說，他們有一隻猿猴，那個阿德托昆波是個猿猴。」揚尼斯在推特上回應說：「最近發生了一些種族歧視的言論，讓我過去幾天睡得不好，如果驕傲且微笑地代表希臘國家隊還有帕那辛奈科斯隊的薩納西斯，都要被這樣攻擊，那我不敢想像其他在希臘的黑人會被怎麼對待。」

「我和我的兄弟們為自己是希臘裔奈及利亞人而驕傲，」揚尼斯說，「如果有人不喜歡，那是他們的問題。」揚尼斯在二〇一九年接受運動網站採訪時表示，他想探索更多有關奈及利亞的事。「顯然，很多人不知道我來自哪裡，」揚尼斯說，「這麼多年來我遇過很多人，我告訴他們我是非洲人，我不只是『希臘怪物』，不少人因為我的綽號有很多想法，但那不重要……在內心深處，我知道我是誰，我來自哪裡。」

當揚尼斯成為全聯盟前五名的頂尖球員，或許是全世界前五名的頂尖球員時，轉播賽事的主播和球評，或是粉絲們還是會開玩笑說不知道怎麼唸他的名字，好像正確唸出揚尼斯全名是不可能的事一樣。

二〇一九年電視節目《NBA內幕》（Inside the NBA）聯合主持人肯尼·史密斯（Kenny Smith）在直播中問俠客·歐尼爾（Shaq O'Neal）：「你會揚尼斯姓氏的發音嗎？」俠客回他：「揚尼斯·安特—卡—庫—波，是這樣嗎，我的兄弟？」其他共同主持人插話，查爾斯·巴克利（Charles Barkley）說俠客的版本「非常接近」；厄尼·強森（Ernie Johnson）說有點像在球場上聽到的。揚尼斯本人也在節目上，揭曉這不是正確的發音，但他一笑置之，並要求主持人叫他為「超人」。

直到二〇二〇年接受TNT電視採訪時，揚尼斯才公開深入地談論，他在美國或希臘所碰到的種族歧視經驗：「希臘是一個白人國家，所以對我這種膚色的人來說可能很辛苦，」揚尼斯在訪問中說，「你會在不同社區碰到很多不同的人，然後面臨很多負面情緒、種族言論。」

「這很艱難，一個黑人生活在白人國家——永遠都會很艱難，」揚尼斯繼續說，「這會讓你覺得自己不是自己的時候，尤其如果你出生在這裡（在希臘），我就出生在這裡。」

這段言論，引起一些強烈而直接的反彈聲量，包括著名政治家在內的希臘人，開始在網路上抨擊揚尼斯。

「這隻猴子到底在做什麼？喔，是的，他是打籃球的。」希臘教育部難民協調員康斯坦丁諾斯．卡萊米斯（Konstantinos Kalemis）在推特上這樣寫，然後叫揚尼斯為「忘恩負義之人」、「一個假裝救世主的文盲」、甚至說「揚尼斯不是人」。

「唯一真正的希臘人是那些出生於希臘的人，」希臘右翼政黨主席凱利亞寇斯．維樂普羅斯（Kyriakos Velopoulos）在推特上，「一個人可以學會愛希臘，但最多也就如此了，揚尼斯做了最好的示範。」

右翼民粹主義獨立希臘人知名成員雷切爾．馬克里（Rachel Makri），要求揚尼斯歸還他的希臘公民身份。希臘記者帕帕多加尼斯寫了一篇關於這事件的專欄，關於希臘如何否認種族主義的存在：「那些拒絕照鏡子的人，都害怕看到些什麼，根本是盲目的鴕鳥，」帕帕多加尼斯希望大家生活在一個更具包容性的希臘，「揚尼斯現在不是體育英雄，他是希臘社會的象徵，」帕帕多加尼斯說，「這不是因為他是希臘人，而是我們希望希臘能像他一樣，至少對我來說，我希望我的國家可以更加多元化、更加開放。」

但帕帕多加尼斯發現，這不是一個普遍的觀點，因為對某部份人來說，揚尼斯已經從英雄變成了敵人，現在被認定是一個忘恩負義、不懂尊重的運動員，他應該感謝一個給予他公民身份的國家才對。

這段訪問在TNT節目播出，並且在知名體育網站「看台報告」（Bleacher Report）公開發布幾天後，該影片神奇地消失了，許多平台都被撤下，直到今天，都無法在任何地方看到，好像有人想把證據擦得一乾二淨一樣。

第十三章　怪　物

二〇一九年一月上旬，一道低沉的隆隆聲從幾個街道外傳來，一股濃煙在空中竄出，隨著黃色大型起重機開始運作，碎片慢慢散落到地上，布萊德利中心正式開始拆除。

玻璃前門的中庭被推倒，狹窄多風的走廊被夷平，接下來的幾個月裡，隨著公鹿隊過去三十年荒涼的主場被拆除，搬遷一點一點地正在進行。

自八〇年代以來，一直住在密爾瓦基的公鹿隊球迷亞倫・薩拉塔（Aaron Salata）前來觀看拆遷的第一天，他不能靠得太近，因為一個標誌——危險：拆除進行中——擋住了他的去路，薩拉塔喜愛公鹿隊，當父親帶他觀看生平第一場比賽時，他才六歲。他最喜歡的球員是西尼・蒙克里夫（Sidney Moncrief）和馬克斯・強森（Marques Johnson），那時公鹿隊還很強大，他們在美麗、明亮的麥加球場打球。而整個悲慘的九〇年代，他繼續驕傲地穿著十二件公鹿球衣穩定地輪換，坐在寒冷、失落的布萊德利中心，他永遠不會放棄公鹿隊：「我們的肩膀上總是有籌碼。」

當薩拉塔看到布萊德利中心被拆除時，他有種新鮮感，一個不太熟悉的感覺：希望。他鼓掌歡呼，站在大約十幾個也在慶祝的人旁邊，其中一個身穿綠色襯衫和藍色牛仔褲的男人走了過來，高舉著握拳的雙手；當然，也有不少人很傷心，雖然布萊德利中心沒有太多的贏球氣氛，容納了一些非常糟糕的球隊，但這裡是曾經的家，是神聖的，對密爾瓦基人來說是有意義的：如此深愛著，卻無法得到回報。

薩拉塔希望拆除能帶來新的開始：「這象徵著老弱的公鹿隊有望消失。」沒有那些「進入季後賽就好」、「只要保持競爭力」的想法，沒有漏水的屋頂，沒有不明智的交易，沒有碌碌無能的公鹿隊！

約在二〇一八到二〇一九年球季中期，公鹿隊擁有新教練布登霍澤、擁有價值五點二四億美金的最先進球場費舍廣場、擁有NBA最佳戰績、當然，還擁有揚尼斯。他是球迷們一直在等待的一代球星，他也是球迷在密爾瓦基市中心，敢自豪地穿著公鹿隊裝備的原因，這完全不像他新秀年時，公鹿隊工作人員只能向少數敢穿紫色或綠色衣服的球迷發放代幣，短短五年大相徑庭。

如果揚尼斯沒有來到密爾瓦基，公鹿隊不太可能還在這座城市。

＊　＊　＊

幾個月前，在二〇一八到二〇一九球季開始之前，教練布登霍澤帶著很高的期望來到密爾瓦基，當時公鹿迫切地想贏得比賽，原因是揚尼斯有機會在二〇二一年離開密爾瓦基，屆時會成為一名不受限制的自由球員，所以公鹿必須成為一支爭冠隊伍，再加上超級頂薪合約才能留住揚尼斯，而超級頂薪的設立，就是讓原球隊提供比競爭對手更多的錢，來留住他們的明星球員。

布登霍澤與他的超級新巨星有一些共同點：他是一個刻苦耐勞的人，一個完美主義者，一個以家庭為重的人：他和他的兒子約翰在家拼一個巨大的拼圖，大到整個餐桌都排得滿滿的，最後他們花了兩週的時間才完成；布登霍澤的好勝心也很強，五十二歲的他和兒子會在家裡的車道上一對一鬥牛，布登霍澤有時會打到出血，幾乎都忘了他的兒子還沒上高中。

接下來，布登霍澤會在公鹿對上公牛的比賽前，穿著全套西裝，假裝追逐一個看不見的球，然後飛撲倒在更衣室的硬地毯上，告訴他的球員什麼是拚勁與強度的展現。

他從小就有這股衝勁，七個兄弟姐妹中排行老七，從來不是最高的，從來不是最強壯的，從來不是最有運動能力的。他在亞利桑那州東部的霍布魯克長大，一個五千人的小鎮，他勤奮且聰明，是一個真正熱愛工作的籃球書呆子，常花幾個小時研究一個進攻戰術。「他有那種主動爭取，不會在那邊等著別人給予的個性。」威斯康辛大學傳奇教練博．萊恩（Bo Ryan）說，他是布登霍澤的朋友。

和揚尼斯一樣，布登霍澤不需要華麗的球風，只要有球有籃框，他就會很高興。只要有比賽，他可以在柏油路的球場上打，他常跟原住民球員比賽，預訂的球場在迪爾康、溫多羅克、圖巴市、加納多這些納瓦霍城鎮附近。

他勉強獲得大學獎學金，最終在南加州的三級波莫納學院畢業，即使是練球，布登霍澤也會守到對手窒息。「他是場上最有鬥志的人，」前波莫納隊友、學校歷史第二得分手比爾．考馮（Bill Cover）說，考馮記得布登霍澤從畢業開始，就一直在追逐他的NBA教練夢想，開著他的破舊汽車去任何有訓練營的地方，只要可以更接近夢想，他都會去。

有一天，布登霍澤已經開了很久的車，從俄勒岡州開車到諾卡爾，時間已經接近午夜，他問考馮是否可以留在他家（考馮母親家，即在帕洛阿爾托）。之後，布登霍澤給考馮的媽媽一封手寫的感謝信，表達了他的感激之情，並告訴她成功栽培了一個了不起的兒子，「我媽對此非常感動，」考馮說，「她不時會拿出那張感謝信來看。」

和揚尼斯一樣，從一所小學校出來的布登霍澤，沒有進入NBA的候選名單，就算參加過NCAA一級聯賽的球員，也可能需要數年時間。「沒有人預料得到，麥克會成為兩屆年度最佳教練。」考馮說。

但是考馮想到布登霍澤的職業道德、競爭力和溝通能力時——他如何提供訣竅給各式各樣的球員，分享他知道的訓練方式或可能對球員有幫助的建議——一切都合理地解釋，布登霍澤為什麼最終成為了一名籃球教練。

在馬刺隊和波波維奇麾下做影像處理時，布登霍澤會運用同樣的技能，他做影像處理和助理教練的工作長達十五年之久。他不斷謙虛地學習籃球，在黑暗的房間獨自工作好幾個小時，一邊吃三明治、一邊分析影片集錦、一邊希望有一天能成為總教練。最後，他在二〇一三年加入老鷹隊擔任總教練，一直到二〇一八年。

「當了這麼多年的助理教練，」曾在馬刺效力的鮑里斯．迪奧說，「他本來有機會成為總教練的，但如果你不是退役球員，會很難得到這個機會，這些年他一直在學習。」

特別是從波波維奇那裡學習。布登霍澤採用了波波維奇對細節關注的想法，在加盟公鹿隊時，變得極度對細節要求：如果字體太小或太大，布登霍澤會感到不舒服；如果缺少撇號，或是單破折號被誤植為雙破折號，他會感到惱火。助手會在白板上放一張紙給他參考，因為他們知道布登霍澤希望文字整齊。每個細節都必須完美。

甚至在家裡。他會不斷重複地觀看比賽影片，將數百張紙的資料整理成小小的活頁夾。「他非常有條理，」二〇一九到二〇二〇年在公鹿隊擔任影像和球員發展助理的瑞奇．莫恩奇（Ricky Muench）說，他每週有好幾天下午要訓練布登霍澤的兒子約翰。「布登霍澤整理那些文件，好像在準備總冠軍一樣。」

布登霍澤第一次會面時就很清楚，揚尼斯和他一樣對細節很執著。球季初，布登霍澤帶著揚尼斯和克里斯．米德頓，在一家西班牙餐廳吃早餐，他們吃雞蛋和伊比利亞火腿時，布登霍澤解釋了他的新系統，一個迎合團隊優勢、迎合揚尼斯優勢的系統：更多空間，更多速度，強調三分球，以及強硬的防守。

揚尼斯認真地聽著，然後拿出筆記本開始寫，再一個接一個地提問，每一個回答都被揚尼斯寫下，像是如何訓練、誰發起進攻、防守的理念等等。

這是揚尼斯的第三任總教練，他已經習慣了，但這次他有更強大的陣容支持著，因為公鹿隊網羅了才華橫溢的大個子布魯克．羅培茲（Brook Lopez）。但奇怪的是，新教練希望他投三分，是的，他希望不會跳投的揚尼斯投三分球。

「我不在乎你是投進、沒投進、打到籃板、籃外空心，我不在乎，」布登霍澤告訴揚尼斯，「投籃。」

這是第一次有人這樣鼓勵他，要求他做一些「去籃下」以外的事情，令人興奮但也很新鮮、很奇怪，這個教練要求他，不要只運用天賦在暴力切入、強力扣籃，而是嘗試一件所有人都認為他做不到的事情？布登霍澤是認真的：如果揚尼斯猶豫或轉身，布登霍澤會衝著他大喊投籃。他想要更多的揚尼斯，揚尼斯也想從自己身上得到更多。

＊＊＊

訓練的第一天，布登霍澤在球場的三分線周圍，用藍色膠帶勾勒出方框，這樣球員們就可以習慣在外線拉開距離，並找到投三分球的位置。

揚尼斯對投籃沒有太大的信心，他的對手也知道這一點，所以球員在防守他時，會刻意留一到兩尺的距離，看他敢不敢投，因為很有可能會打鐵，當然，他們這樣守，也是因為怕他輕易突破接近籃框。

聽到布登霍澤要他多出手，揚尼斯感覺依舊奇怪。因為跟基德合作的前兩個球季裡，他根本不被允許投籃，投了三分球而被冰在板凳的事還記憶猶新，這讓他有時會在行動前小心思考，但布登霍澤不想讓他思考，想讓他相信直覺。

這個目的是希望揚尼斯能夠獲得信心，而且不會猶豫，但他的投籃機制很慢很笨重，看起來好像在考慮該不該投，而不是果斷地投出去。

投籃問題讓揚尼斯周圍的人感到困惑：是技術問題？信心問題？還是兩個都有？是不是因為身體結構而無法成為一名可靠的射手？他的四肢非常長，手很大，老實說，這種比例的人可能很難接球，很難快速準備投籃姿勢，很難讓球獲得足夠的後旋，因為整隻手都蓋在球上。然而，科懷・雷納德（Kawhi Leonard）的手也很大，但他是一個非常出色的射手，不斷觀察最好的出手時機。

真的挺讓人困惑的，因為揚尼斯在新秀賽季的投籃沒有特別差，那一年他甚至嘗試了一百一十八次三分線外出手，即使回到希臘時期，他也會投三分。不管怎麼樣，外線投射不是他比賽的重要部分，也不需要像現在這樣緊急地研究解決之道。

但隨著球季一個接一個地過去，揚尼斯的投籃似乎越來越不順暢，他的身體會向後傾斜，會用手掌控球，放球點變高但看起來很不自然，而且還很慢。「老實說，我不知道他投籃到底怎麼了，」一位公鹿隊的工作人員說，「情況很糟糕。」

職業生涯的早期，揚尼斯有漂亮的中距離後仰跳投，透過一次又一次地練習，他可以以低位動作開始，並以中距離跳投結束。

二〇一七到二〇一八年擔任球隊助理影片分析師的艾瑞克．哈波（Eric Harper）說：「他的中距離跳投很漂亮，我的意思是，那是他的招牌。」哈波會在晚上十點去球場那裡找揚尼斯，然後努力鍛煉中距離，但隨著他職業生涯的進步，公鹿隊許多教練都讓他遠離籃框，企圖塑造成一個純後衛——一個能投三分的後衛。

「我認為這只是分析，」波格登說，「NBA發展一直在變化，公鹿隊就是這樣的球隊之一，布登想要更多的三分球、上籃、高命中率。」

布登霍澤安排揚尼斯與助理教練班．蘇利文（Ben Sullivan）搭檔，他曾在馬刺知名投籃教練奇普．恩格蘭（Chip Engelland）下訓練。蘇利文和揚尼斯會花好幾個小時，練習不同的運球加投籃組合，嘗試複製比賽節奏，其中出手後跟隨（follow-through）很重要——可以產生一個流暢的動作，讓釋放球點遠離揚尼斯的頭部。

揚尼斯可以輕鬆地靠近籃框，他也常這樣做，不是不想用跳投，這不能怪他：揚尼斯的身體現在肌肉量充足、線條分明、強壯有力，看起來就像一個希臘戰神，他看起來一點也不像當初那個在鏡子前練習生氣表情的瘦弱球員。不過，他還是表現得像一個害怕沒達標的球員，像一個想打進先發陣容的球員，二〇一八到二〇一九年，他是最後一個離開訓練營的人，訓練結束後，他還要求公鹿隊的工作人員在禁區陪練，常常指定身高六尺九寸、體重兩百四十磅的助理影像分析師舒勒．利默（Schuyler Rimmer）來防守跟抓籃板。

揚尼斯希望所有人用力壓迫他，一切都來真的，因此每個防守者都拿著墊子，用盡全力推擠揚尼斯，但他還是會在所有人面前扣籃。「他穿過我們就像一個美式足球跑衛一樣。」那個賽季的助理影片分析師魏斯．博恩（Wes Bohn）說。所有隊友都離開後，揚尼斯會繼續完成完整的訓練，然後滿身大汗，所以博恩總是準備三條毛巾給他用。

正在努力擠進開季名單的提姆．弗雷澤（Tim Frazier）對此留下了深刻的印象，讓他感到不可思議的是，身為一個全球偶像的揚尼斯，練習到比任何人都晚，比任何人都更努力地衝刺，「我不確定揚尼斯知不知道放假是什麼。」弗雷澤說，在他眼中，揚尼斯應該休息一天的時間也沒有。

揚尼斯喜歡和梅森．亞爾（Mason Yahr）下西洋棋，亞爾是二〇一六到二〇二〇年的運動科學數據分析師，跟公鹿隊的醫務人員一起工作。兩人下棋時，揚尼斯非常認真，每次亞爾吃掉他的棋子時，揚尼斯都會看起來很氣自己。

「他很生氣，」亞爾說，亞爾有一次贏了，因為揚尼斯的女王被亞爾吃了，被迫投降。「他總是告訴我，他會討回來，揚尼斯不想讓任何人在任何事情上擊敗他。」

＊＊＊

球季開始，揚尼斯見神殺神、見佛殺佛，二〇一八年十二月對上騎士隊的比賽中，一個人狂砍四十四分，他開始嘗試不只用行動，而且還用言語來擊敗對手，這是上個球季從控球老將傑森．泰瑞那裡學到的。泰瑞告訴他，作為一名領導者，必須要能與隊友進行嚴厲的對話。

「領導者必須告訴隊友，他們應該聽進去的批評，而不只是他們想要得到的讚美，」泰瑞告訴他。「領導者確保隊友都聽到該聽的，誠實最終會被欣賞。」揚尼斯看著他，有些害羞，「你確定？」他問，「我可以這麼說嗎？」泰瑞點點頭。

揚尼斯需要許可，要有人告訴他，他是可以做那個領導者的。泰瑞會在暫停時到他耳邊說：「下一波你來主導，試著控制著比賽。」

揚尼斯開始以不一樣的自信心去打球：他知道，沒有人可以一對一擋住他，在持球全速衝向籃框的同時，他也在努力嘗試說話。

「我們需要聽到你的聲音，」布登霍澤告訴他，「我們需要聽到你的聲音，就像我們在球場上看到你一樣。」這不是他長期以來會覺得舒服的事，那時基德也試著讓他這樣做，但是，揚尼斯在進步。「這仍然是他還在學習成長的事情。」波格登說。

如果隊友沒有像他一樣付出那麼多，揚尼斯就會提醒隊友，但同時，他也傾聽其他人的想法並給予支持和建議。他永遠不會成為一個像啦啦隊加油喝采的領導者，但他會給予每個人關注，來確保所有人都知道他相信著隊友。

這樣的隊友是訓練營中表現出色的克里斯欽．伍德（Christian Wood），伍德二〇一五年選秀會落選，在NBA和發展聯盟之間起起伏伏，希望能穩定地找到一支球隊，揚尼斯在訓練營看到他時幾乎不認識，但他尊重伍德的敬業態度。他把伍德當成先發球員看待，像是團隊的核心球員一樣，他給了伍德一個手鐲，上面寫著「去證明他們是錯的」。

「揚尼斯會讓你想跟上他、和他競爭。」現在為火箭隊效力的伍德說。他對另一個有希望擠進名單的弗雷澤也是一樣，會不斷給予意見，教弗雷澤打球，弗雷澤曾經問他想要球在哪裡，以及如何幫助他獲得更多機會，但他忽略了這個問題，反問弗雷澤想打什麼戰術。「我是隊上第十六人，」弗雷澤說，「他根本不必那麼做。」

揚尼斯試著成為一個更好的聆聽者，更容易接受隊友想法的領導者。

「他聽得越來越多，」現在為獨行俠隊效力的史特林・布朗說。布朗記得揚尼斯在某段時間是非常專注於個人——「我必須變得更好；我要有無比的決心」——但過去的幾年裡，他對大局有了更多的了解，了解到公鹿隊獲勝可能需要什麼，甚至可能不是他來做最後一擊。「看到他願意坐下來，傾聽隊友的意見和建議，接受建設性的批評，對我來說是相當了不起的。」布朗說。

公鹿隊氣勢爆棚，以三十四勝十二敗，全聯盟最佳戰績開始新球季，揚尼斯被選為明星賽先發陣容和隊長，他簡直無法相信——一支以他命名的球隊（揚尼斯隊），對上另一支以勒布朗・詹姆斯命名的球隊（勒布朗隊）。

「如果你六年前告訴我，我永遠、永遠、永遠不會想到，兩隊明星賽是我跟勒布朗的隊伍對決。」他在明星賽前告訴記者。

揚尼斯以全場三十八分領先所有球星，儘管他的球隊以一六四比一七八輸掉比賽。揚尼斯有十一次扣籃，其中包括隊友保羅・喬治將球砸在籃板上反彈給他第一時間的合作：當他起跳時，看到了籃底下的詹姆斯，揚尼斯將球灌進時，詹姆斯本能地讓開。

賽後，詹姆斯去找揚尼斯，「朋友，我愛你的一切。」詹姆斯告訴他。

揚尼斯站在那裡，既困惑又驚訝，這個時刻，他依然非常敬畏詹姆斯。「誰？我嗎？」他臉上的表情好像這樣說，「這個人是他媽的勒布朗・詹姆斯耶！」揚尼斯想，這個人從很久以前就一直是他的榜樣、他的模範。

揚尼斯的比賽開始提升到另一個等級，二〇一九年三月，在費城對上七六人的比賽，創下職業單場新高，五十二分。其中一次進攻，揚尼斯在禁區裡把班・西蒙斯（Ben Simmons）撞開，然後轉身扣籃後大喊：「他是個小嬰兒！」已經盡可能地收斂了。

因為如此與眾不同，揚尼斯繼續受到稱讚：一個近七尺的球員，可以像後衛一樣持球在場上來去自如；一個高大的球員，擁有不可思議的傳球視野；一個全能的球員，可以防守一號到五號位；一個堅毅的球員，不願放棄一場比賽；真的是一個怪物。

「他用禁區內線重新定義了籃球比賽，」前隊友卡倫・巴特勒說，「而且他還沒有達到最顛峰，我認為一旦跳投和其他缺乏的武器能改進，揚尼斯將成為一個籃球故事不能沒有的英雄球員。」

我們根本無法形容像揚尼斯這樣的人，從史考提・皮朋到俠客・歐尼爾，他被比喻為各個位置的球員，一個沒有穩定跳投，卻可以奇蹟般地主宰投籃時代的球員。正如《華爾街日報》那樣巧妙地形容，「籃球界的億萬富翁，但用信鴿進行溝通。」

「我不知道他的位置，」國王隊代理總教練艾文・金特里說，「他是後衛嗎？他是前鋒嗎？還是他是中鋒？」

「沒有一個球員像他一樣，」鵜鶘教練顧問麥克・德安東尼說，「如果你要做九件事來阻擋密爾瓦基，那麼他就是其中八件事，他對於所有事情都積極準備，這就是能改變比賽的原因。」

「我認為他是中鋒，」球評比爾．西蒙斯說，「現代籃球的中鋒種類眾多，他是其中一個。」揚尼斯讓西蒙斯想起了年輕的俠客——不是湖人隊時期或二〇〇〇年中期太陽或熱火的俠客，而是年輕的歐尼爾，一位驚人的七尺中鋒，只要離籃框不到九英尺，他就一定會得分。「我認為評估揚尼斯時會容易判斷錯誤，把他與勒布朗或杜蘭特之類的球員進行比較，」西蒙斯說，「應該把他與俠客或喬爾．恩比德（Joel Embiid）進行比較才對。他看起來不像一個中鋒，但他是，他應該打中鋒，他在籃下的威力是毀滅級的，根本無法阻擋，除非對他犯規，要不然他就是扣籃。」

揚尼斯帶領著新一代年輕的國際球員，裡頭有各式各樣的多方位明星，如盧卡．東契奇（Luka Dončić）（斯洛維尼亞）、喬爾．恩比德（喀麥隆）、尼古拉．約基奇（Nikola Jokić）（塞爾維亞）、班．西蒙斯（澳大利亞）和克里斯塔普斯．波辛吉斯（Kristaps Porzingis）（拉脫維亞），他們帶來了各自的支持者。

事實上，二〇一八到二〇一九年，公鹿隊的臉書粉絲中約有百分之七十四是國際帳號。NBA那個賽季有一〇八位國際球員和創紀錄的七名國際球員入選明星賽，這與一九九〇年代甚至二〇〇〇年初相比，發生了重大變化。

一九九二年的美國夢幻隊，包括麥可．喬丹、賴瑞．博德（Larry Bird）和魔術．強森，聲稱他們是世界上最強的。然而，歐洲球隊與球員正在進步，二〇〇六年，十一歲的揚尼斯在世界籃球錦標賽中看到美國隊輸給希臘隊時，很明顯歐洲球隊已經慢慢趕了上來。

一大堆國際球員已經在NBA打出成績，包括德克．諾威斯基、哈基姆．歐拉朱萬、迪肯貝．穆湯伯、東尼．庫科奇（Tony Kukoč）、馬努．吉諾比利（Manu Ginóbili）、東尼．帕克（Tony Parker）、姚明、佩賈．斯托賈科維奇（Peja Stojaković）、史提夫．奈許（Steve Nash）、保羅．加索等等。過去二十年，海外出生的NBA球員數量增加了兩倍。「他們不只是來打球的，」來自土耳其的伊利亞索瓦說，「他們真的在高水準殿堂上取得了成功。」

而且，這些國際球員甚至改變了比賽的打法，特別是諾威斯基，改變了長人的一切定義。他以獨特的投籃方式，為更高大的球員帶來新的打法跟新的期望，就是更具機動性和更多外線投射，而不只是背對籃下的主打內線，這些都大大影響了一個世代的籃球。

歐洲籃球從小就教球員基本技能——控球、傳球、腳步——而美國籃球則把球員塞進八個球場的體育館，讓他們從早到晚參加全美業餘比賽。一九七七年到一九九〇年在義大利打球的教練德安東尼說：「歐洲教練是為了培養人才，而不是為了取勝，但在美國，如果你看到高中教練的話，他應該正在想辦法贏球。」

揚尼斯受益於歐洲這種以發展為優先的心態，但他的故事與其他國際球星的故事不同，他不是來自頂級籃球隊，他用實力去證明，如果一個球員有天賦或潛力，有身體素質或強大心智，美國和國際NBA球探會用龐大的人脈力量找到他。

「這讓很多家鄉的孩子相信這是可能的，而且是可以做到的。」出生於剛果民主共和國，夏洛特黃蜂隊球員，同時也是美國籃球球員工會副主席俾斯麥．畢永柏（Bismack Biyombo）說，「這表示籃球運動全球化的程度，無論走到哪裡，孩子們都在談論ＮＢＡ。」

約翰．哈蒙，現在是奧蘭多魔術隊的總經理，每次有球探發現潛力球員的時候，他都會情緒激動地問說：「跟揚尼斯一樣出色嗎？」那個揚尼斯，那個人們曾經不知道該怎麼培養的揚尼斯，現在是基準，比較的最佳模版，當他詢問年輕球員想效仿哪位明星時，哈蒙也注意到了，球員經常告訴他，「揚尼斯」。

「他激勵了球員，」哈蒙說，「球員想成為他。」

這樣的年輕新秀之一是杰倫．格林（Jalen Green），他是二〇二一年ＮＢＡ選秀會的第一順位狀元，他跳過大學到發展聯盟打球。一半黑人一半菲律賓人的格林被揚尼斯啟發，飛到海外探索他的根源，「揚尼斯啟發了我去菲律賓，」格林說，格林很享受在那裡比賽的二〇一九年，雖然年紀輕輕，但很快成為了當地的偶像，「當我看到揚尼斯的故事時，我就想，為什麼我不去代表菲律賓的那邊呢？」

揚尼斯越出名，就越被要求解釋他的兩種文化：希臘的一面，奈及利亞的一面，就連自己的弟弟也常取笑他，說他是兄弟中唯一一個還帶著希臘口音的人。

「你什麼時候改口音？」他們問，「你什麼時候開始說話更美國化一點？」

「不，這就是我，」揚尼斯會告訴兄弟們，「我為自己是誰感到驕傲。」

揚尼斯太不關心其他人的看法，但他看過球迷、陌生人對他的評價，他們懷疑揚尼斯能否成為NBA的門面，因為用他們的話來說就是「不夠美國人」，或者說揚尼斯不夠有型、沒有星味，因為他是一個低調的人，一個不想被關注的超級巨星不能算是真正的超級巨星。

「很多人說我可以成為聯盟的門面，」揚尼斯在二〇一九年告訴《密爾瓦基哨兵報》，「最近很多人，那些最親近的人，你知道，像是家人、女朋友、媽媽、兄弟們，他們告訴我球迷說，我不能成為聯盟的門面，因為我不是美國人，我本身沒有美國文化。」

「我坐下來仔細想了想，那我應該多一點美國味嗎？應該帶著西裝參加比賽嗎？應該更美國化一些嗎？但是各位，如果我不能做自己而成為聯盟的門面，那我就不想成為聯盟的門面了。」

＊＊＊

二〇一九年明星賽後幾週，揚尼斯一如往常，在公鹿隊沒有訓練的時候，去看艾力克斯練球，並開始帶領球員進行訓練。

艾力克斯的一些隊友還是不太敢相信，揚尼斯不但是艾力克斯的哥哥，而且這麼頻繁地出現——不只是為了看球，還為了指導他們。

這個特殊的三月下午，揚尼斯心情不太好，他不喜歡球員們無精打采地練球，好像與其反覆做這些訓練，不如去其他更好的地方。揚尼斯把這些小球員聚集在球場中央，然後告訴他們，他的公鹿隊友艾瑞克．布萊索（Eric Bledsoe）最近簽下了一份為期四年，價值七千萬美金的合約。

「你認為布萊索會感到很滿足，因為他有這麼多的錢嗎？」揚尼斯問。

沒有人回他。

「不，」揚尼斯繼續說，「沒有，他現在比以前更常訓練，這促使我也更常去訓練，更常和他一起訓練。」

球員們點點頭，但揚尼斯還沒有說完。

「那你們覺得誰是東區最好的球隊？」這是一個讓球員不知道該不該認真回答的問題。

「公鹿隊。」艾力克斯最親密的朋友賈馬里．馬吉（Jamari Magee）舉起手說。

揚尼斯看起來有點驚訝，「你以為我們比多倫多好！你以為我們比波士頓更好！你以為我們比費城更好！不，我們沒有比他們好。」

技術上來說，公鹿隊當時是東區第一種子，季後賽對手是確定的，但揚尼斯想傳達的訊息很明確。「我們什麼都還沒完成，」揚尼斯說，「我們還沒有贏得總冠軍，我們什麼都還沒做到！你永遠都不能滿足。」

揚尼斯當然不滿足，就算公鹿隊現在已經變成了一支奪冠熱門的球隊，這在他的新秀賽季是不可能發生的事，但布登霍澤要求揚尼斯放慢腳步，除了努力練球備戰之外，也要花相同的時間讓自己休息、康復，這不是滿足現狀、讓自己舒服一些，而是保護身體、讓自己保持在最佳狀態。

揚尼斯不想被換下時，教練會把揚尼斯換下，但揚尼斯很想每分鐘都在場上。「我們以後也需要你，不只是今天而已。」布登霍澤會這樣告訴他，這讓他很難接受，過去兩個球季，他都在斷斷續續地處理膝蓋酸痛的情況下出賽，沒有什麼可以阻擋他進行比賽。

因為籃球路上，他什麼情況都經歷過——籃球場上沒有什麼能真正傷害到他。揚尼斯的想法是，絕對不能放鬆，他總是告訴兄弟們：「想放鬆是人的天性，但你不能放鬆，你必須隨時回到殺手模式。」

然而，總教練布登霍澤知道，有時需要全力廝殺，有時需要休養恢復，八十二場的例行賽再加上季後賽，還有揚尼斯在籃下被衝撞的次數，這一切都對他的身體造成傷害。

「我們必須把他拉回來，保留一些體力在他自己身上，」亞爾說，「因為如果你不強迫揚尼斯離開，他是不會離開訓練場的。」

＊　＊　＊

密爾瓦基河被染成綠色，公鹿隊的那種綠色，慶祝球隊以頭號種子進入二〇一八到二〇一九年季後賽，這是光榮的，這座城市愛戴公鹿隊，再次為公鹿隊感到興奮。在揚尼斯加盟公鹿的六年來，一切都發生了變化，球場附近打造了一個完整的娛樂中心：公鹿特區。

的確，看起來公鹿隊有機會爭奪總冠軍。他們終於有了自阿卜杜賈霸以來的一代球星，終於可以繼一九七一年總冠軍之後，再次挑戰。「你從沒想過公鹿隊會在ESPN和TNT的黃金時段比賽，」熱火隊後衛兼密爾瓦基人泰勒・希洛說，「這太瘋狂了，他們已經證明自己是聯盟的佼佼者。」

這對球迷保羅・亨寧來說更是不可置信，他在六年前就組織「自己的公鹿自己救」，希望球迷團結起來拯救公鹿隊。「現在，人們想到密爾瓦基時，首先想到的是揚尼斯，」亨寧說，「他改變了四十年來一直不變的公鹿隊。他是密爾瓦基之子。」

揚尼斯身上有太多密爾瓦基的成分，他非常藍領，從不覺得自己別其他人好。「他對每個人都一樣尊重。」公鹿主場更衣室服務員洛根・米蘭達（Logan Miranda）說。米蘭達在公鹿隊第一年，有次碰到了揚尼斯，那時他正在穿運動鞋，看到米蘭達之後就走過去自我介紹。

「嗨，我是揚尼斯。」他怕米蘭達不知道，「你叫什麼名字？」

「洛根。」

「酷，很高興認識你。」

隔天，揚尼斯從米蘭達身邊走過，「嘿！洛根。」

米蘭達仍然無法忘記揚尼斯記得他的名字。

馬修・史密斯（Matthew Smith）是公鹿隊的忠實球迷，他兩個兒子臥室的牆上都貼著公鹿隊的海報，當時，他不知道公鹿隊為什麼要選揚尼斯，他從來沒有聽說這個來自希臘的小伙子，不過現在？

「他是個百年難得一見的好球員，」史密斯說，「而且在密爾瓦基？你會看到一些非常優秀的好球員，但都在紐約、洛杉磯或芝加哥，密爾瓦基能這麼幸運有這樣的球員？太不可思議了。」

密爾瓦基人真正佩服的是，這不是一夜之間發生的，聯盟中許多年輕的超級巨星，都是在國中時期就被認定了，像是那個賽季之後，第一順位被選中的錫安・威廉森（Zion Williamson），十幾歲起就注定要成為超級巨星；揚尼斯的道路不同，新秀賽季的他，必須想辦法顫抖著完成臥推，還不能因為自己落後太多而氣餒，他不得不和公鹿隊的體能教練蘇基・霍布森（Suki Hobson）一起在重訓室裡，一天花上好幾個小時，才能從一個不會做引體向上的弱雞，轉變成一個需要時，可以一次撞倒三名防守者的壯漢。

這引起許多密爾瓦基人的共鳴，因為他們跟揚尼斯一樣，早上醒來後，努力去做一份不那麼光鮮亮麗的工作，所以密爾瓦基人看到像揚尼斯這樣從頭開始、埋頭苦幹的球員時，他們感到很驕傲，這是一座值得驕傲的城市。

揚尼斯不再是那個年僅十八歲、感激能進入NBA、迷戀冰沙、自助餐、和凱文·杜蘭特的小伙子，他也不再是那個第一次季後賽系列戰對上公牛比賽中，不知道怎麼調適自己暴躁情緒的二十歲球員。

揚尼斯正在成長，成為一個真正的男人。

「我們陪著他一起成長，」公鹿隊老球迷拉傑·舒克拉說，「這很有意義。」

即使對籃球不太了解的人也認同他，他的個性謙虛、有趣，大家喜歡他這個人就跟喜歡球場上那個籃球員的他一樣。「對於公鹿支持者來說，這是一種救贖，」密爾瓦基記者丹·沙佛說，「球迷看著過去那些糟糕的公鹿隊，不但沒有放棄他們，反而堅持下去，最後，終於得到了最有趣、最討人喜歡的巨星，將球隊從黑暗中拯救出來。」「這就是蕭山克*時刻，」沙佛繼續說，「他爬過那條狗屎臭河，最後聞起來像玫瑰般芬香。」

這令人興奮也令人害怕，密爾瓦基正在發生變化，球迷們滿懷期待地進入季後賽，這不是他們習慣的心情：期望能夠贏得總冠軍。不過至少，他們已經很久沒有這樣的感受了。

自球隊成立以來，密爾瓦基不被認為是籃球的城市，他們得不斷證明這裡值得擁有一支球隊，有些球迷還是有一種自我懷疑的感覺，好像是一種防禦機制：保護自己好面對未來的失望，畢竟過去常常受傷。

「公鹿隊再次變得強大時，其實蠻可怕的，」公鹿隊長期支持者安迪·卡本特說，「大家還是會擔心，公鹿隊會搞砸這一切，因為過去的公鹿隊常常這樣。」

＊＊＊

密爾瓦基公鹿在二〇一八到二〇一九年季後賽第一輪中，迅速解決了底特律活塞。

揚尼斯在第一場比賽就很有侵略性，面對布魯斯．布朗（Bruce Brown）上籃得分之後，揚尼斯搥胸大喊著：「我他媽的無人能擋！」系列戰四比〇橫掃，公鹿隊自二〇〇一年以來，首次晉級第二輪。

波士頓塞爾提克是一個強硬不少的對手，揚尼斯面對一個接一個用身體阻擋的防守者，尤其是艾爾．霍福德，每當揚尼斯轉身突破時，都會有人擋在他前面，當他試著轉另一個方向時，其他人也在那邊等著他。

第一戰輸球，九〇比一二〇，感覺不好受。揚尼斯是最後一個換好衣服的人，他獨自坐在置物櫃前，雙腳放在冰桶裡。他很困惑、想不通，跳投為什麼就是不進，也找不到切入禁區的節

＊ 電影《刺激一九九五》（The Shawshank Redemption），又名《蕭山克監獄的救贖》，內容講述一位因冤案入獄的銀行家，在蕭山克監獄中的生活，最後成功逃出，獲得救贖。

奏，他看起來很無助。

薩納西斯隨後打了電話給弟弟，「你要更強勢才行，」薩納西斯告訴他，「必須展現出侵略性，必須正確的傳球。」從哥哥那裡聽到，更難受。不過，公鹿隊沒有驚慌失措，揚尼斯比平時更加積極出聲與隊友溝通，他讓球隊知道：「我們不能輸掉下一場比賽，我們一定要贏。」

揚尼斯成功恢復水準，拿下二十九分和十個籃板，扳成一比一，公鹿隊贏了接下來的三場比賽，以一一六比九一的第五戰勝利，結束了系列戰。揚尼斯在最後一場比賽前說的話引起了球隊的共鳴：「我們很多人可能都是一無所有地開始，現在，我們有機會創造自己的故事。」

挺神奇的，公鹿挺進東區決賽，面對多倫多暴龍，並順利拿下前兩戰。揚尼斯第二場比賽中，用一個兇猛的暴扣展開對決，然後送給馬克．加索（Mark Gasol）一記關鍵的火鍋，看起來，公鹿隊真的有機會贏得總冠軍。

艾力克斯從沒看過哥哥如此專注。「你會看到他的人，但感覺他不像一個人，」艾力克斯說，「從比賽日醒來開始，到比賽結束，他都像機器人一樣沒有表情，好像在說：我準備要屠殺了。」

但是，暴龍在系列戰中扭轉了局面，在二度延長中拿下了第三場比賽，科懷．雷納德防守揚尼斯非常成功，迫使他進行高難度投籃，以及做出錯誤的決定，揚尼斯在雙人或三人包夾中奮戰，無法找到手感。

暴龍隊在第四場比賽中，再度擊敗了公鹿隊，揚尼斯看起來筋疲力盡，一直被犯規拉下，不斷在碰撞後出手，看得出來，對手知道如何把他從油漆區拉出來，並且攻擊他的弱點，有一次罰球，揚尼斯甚至投了一記麵包。

他試著繼續進攻，但公鹿隊在關鍵時刻崩盤，第五場比賽中，其實公鹿維持領先超過三十五分鐘，但第四節失常而輸掉了比賽；第六戰大部分時間裡也是領先，然後再次被超前，暴龍打出一波二十六比三的攻勢，系列戰最後六場結束，四比二，公鹿遭到淘汰。

更糟糕的是，揚尼斯沒有獲得跟之前一樣的上場時間，這讓很多人認為布登霍澤沒有充分利用他——這跟前一任總教練基德的使用方式天差地遠，基德會讓揚尼斯待在場上，打到精疲力盡，好像沒人幫他就無法站起來，所以球迷和媒體多次批評，質疑布登霍澤奇怪的用兵方式。

輸掉系列戰令人失望、難以置信。拚戰了一整個賽季，最後浪費了二比〇的領先優勢，空手而回，揚尼斯非常清楚例行賽和季後賽有多不一樣，如果季後賽表現不理想，那麼再好的記錄也代表不了什麼。

「我認為這是漫長旅程的開始，」揚尼斯賽後表示。

「我們會變得更好，明年捲土重來，我們相信自己、相信今年所創造的一切。」

有些球員在更衣室流下眼淚，有些還沒辦法接受這結果。

「揚尼斯非常想贏，」弗雷澤說，「對他來說，這是一次學習經驗，作為一個領導者，每個人都會指望你。」

「我知道揚尼斯把很多事都扛在自己身上。」

＊ ＊ ＊

揚尼斯兩天沒睡覺，晚上躺在床上完全清醒，不斷思考著、難過著，那是一種揮之不去的痛苦，但他無能為力，只能順其自然，該放下時就會放下。

二比〇。

真的很難從這樣的挫折中繼續前進，你以為已經掌握了什麼，但最終還是沒把握住，機會就這樣消失了。一個六十勝的賽季，你想為走了這麼遠的距離而自豪，但沒想到走了這麼遠，還是不夠遠，到不了終點。

「保持渴望，但絕對不要貪婪。」

揚尼斯非常想念爸爸，也非常想念爸爸說過的話，查爾斯會為他感到驕傲的，會知道此時此刻該說什麼安慰他。

那個星期天，揚尼斯在城市裡四處走走，輸球兩天後，街上還是有很多人穿著公鹿隊的裝備，這讓他很感動。現在真的不一樣了，早期的密爾瓦基，體育用品店主要賣的是芝加哥公牛隊的裝備，公鹿隊的裝備少之又少，當時甚至有些人不好意思說自己是公鹿隊的球迷。

有些球迷那天在街上看到了揚尼斯，報以微笑、沒有打擾他的腳步、他的平靜，在這座城市可以這樣，讓他感到欣慰。

他不由自主地想：「我該怎麼做才能更好？我需要改變什麼？」他開始思考即將到來的夏天，以及他將要努力改進的事，到底他需要變得多好，才能確保以後再也不會有現在這種感覺。

第十四章　MVP

NBA頒獎典禮舉行前一個禮拜，寇司塔斯和薩納西斯飛往密爾瓦基，與揚尼斯和艾力克斯待在一起。兄弟們想在揚尼斯身邊，因為他有可能贏得最有價值球員的獎項。頒獎典禮當天，二〇一九年六月下旬，揚尼斯、兄弟們和薇諾妮卡，乘坐私人飛機前往洛杉磯。

艾力克斯在飛機上不斷問揚尼斯：「如果你贏了MVP怎麼辦？」然後開始談論下個賽季贏得總冠軍的事，雖然前陣子才遭到淘汰，那感覺還是很痛，但當天早上，他們為了晚上的頒獎典禮而興奮著。

他們到達時，一台凱迪拉克已經在等著接機了，趁揚尼斯不注意時，艾力克斯和寇司塔斯在車上對他的經紀人之一薩拉西斯低聲討論著：「拜託，老哥——告訴我們他是不是今年MVP？」薩拉西斯沒什麼反應，因為他真的不知道，他也不想預測然後失望，但艾力克斯一直問：「哥，現在就跟我們說，他贏了還是沒贏？」

「我不知道，」薩拉西斯說，「我們只能拭目以待，有點信心。」

他們穿著醒目的顏色出席典禮：揚尼斯是深色海軍西裝，內襯上印著帕德嫩神廟，這是他向希臘致敬的方式；薩納西斯是亮橘色西裝；穿著淺粉色西裝的是寇司塔斯；深紫色西裝是艾力克斯；瑪麗亞則是身穿優雅的黑色無肩帶連衣裙；薇諾妮卡穿著華麗的紅寶石長褲套裝，搭配金色項鍊，這套是她自己配的，包括妝髮，她都自己搞定，確保在兒子這麼重要的場合能夠很體面地出席。

他們能感覺到，查爾斯也在那裡，陪著大家。

典禮開始時，揚尼斯對兄弟們低聲說：「嘿！如果我贏了，我希望你們和我一起上台。」

艾力克斯嚇到了，直覺反應是不要。

「我不覺得自己可以面對這狀況，我怕會哭出來。」艾力克斯說。

寇司塔斯比較果決，「不，哥，我們不能和你一起上去。」

艾力克斯開始重新考慮：「還是我們可以一起上去？」

最年長的薩納西斯做出了決定，看著揚尼斯說：「這是屬於你的時刻，老弟，你自己去。」

「薩納西斯會太激動，無法說話。」艾力克斯笑著補刀。

其實，兄弟們都很激動，但薩納西斯說出想法後，寇司塔斯和艾力克斯都覺得：「大哥是對的！」揚尼斯應該單獨上去。

「這是終生難忘的時刻，我們希望這個時刻專屬於他，」艾力克斯說，「我們和他在一起沒錯，但這是他必須自己經歷的事，沒有人能代替去做些什麼，所以我們去那裡的時候，都希望他一個人上台領獎。」

揚尼斯保證，如果得獎，他不會哭，兄弟們不相信，但一樣也無法做出保證。

等了又等，最後這一刻終於來了，主席亞當．肖佛宣布：

「二〇一九年NBA最有價值球員的得主是……揚尼斯．阿德托昆波！」

當初揚尼斯被選中時，一些籃球評論家預測過，他應該在發展聯盟或是在歐洲先打幾年；而揚尼斯自己在被選中時，曾說過他會盡一切所能向密爾瓦基證明，這是一個值得的選秀，他是一個值得的人。

他是自一九七三到一九七四年阿卜杜賈霸以來，首位獲得MVP殊榮的公鹿球員。肖弗將獎盃遞給他時，揚尼斯深吸了幾口氣，盯著手中的獎盃，沉沉的重量讓不真實的時刻變得非常真實。

「喔，天啊，」揚尼斯說，看著地板。

「哇，我很緊張，好的。」他再深吸了一口氣。

「好，首先，我要感謝上帝，感謝我被賜予這麼出色的天賦——我今天才能站在這裡。」

他停頓了一下，試著平靜一些。

「等一下。」他後退了一步。

「好，好的。」大家感覺到他情緒激動，開始歡呼起來。

揚尼斯開始擦拭眼睛，努力不讓自己眼角留下一滴淚水。「感謝上帝讓我今天可以站在這個令人興奮的位置，我所做的一切，都是通過祂來完成的，我知道自己非常幸運，所以感謝上帝。」他一直看著地板、搖著頭，整個人都在感受當下正在發生的重要時刻。

「我要感謝我的隊友，贏得六十場比賽不能只靠一個人，」他說，同時也感謝他的教練們推動球隊，相信球員，「我要感謝球隊高層、老闆，」他一邊說，情緒一邊累積，越說越哽咽，「謝謝他們在我十八歲，還在希臘的時候相信我……」他再也無法控制，眼淚潰堤而出，他用左手遮住了臉，順勢抹去臉頰上的淚水。

當下揚尼斯意識到，這些年的辛勤付出，父母親為他，為所有的兄弟們做的犧牲，他覺得這一切全都湧上了心頭，百感交集。

他穩住情緒，繼續感謝，感謝密爾瓦基市、感謝希臘、感謝奈及利亞，這些地方造就了他，缺一不可，他回憶起童年凌晨五點，在索普利亞起床看NBA的日子。

「我要感謝我的父親，雖然爸爸不在我身邊，但……」他的聲音慢慢變小了，薇諾妮卡鼓掌，你絕對能感受到他有多難過，他走了這麼長的一段路：從一個小男孩睡在破舊籃球館的角落裡，決心要闖出名堂，直到現在。

「兩年前，我的心中目標是，我將成為聯盟中最好的球員，我將盡一切努力幫助我的球隊獲勝，我將贏得聯盟最有價值球員。每天，我站上球場，都會想起我的父親——這是我的動力，促使我更加努力地打球，就算身體痠痛、就算心裡疲倦，也能繼續前進。」

「我要感謝我了不起的兄弟們，你們知道的——我愛你們！」他一邊說，一邊含淚拍著胸膛。寇司塔斯和艾力克斯摀住眼睛，低下頭，他們也哭了，「你們是我的死忠支持者，你們也是我的榜樣，我尊敬你們，謝謝你們所做的一切。」

「我要感謝我了不起的媽媽，她是我的英雄，」薇諾妮卡擦了擦臉頰上的淚水，「當你還是孩子的時候，你看不到未來，對吧？你的父母為你看到了未來，」揚尼斯繼續說，「她一直在我們身上看到未來、她一直相信我們、她一直在我們身邊；她是這個家庭的地基，妳是我真正的英雄。」

「無論如何，這只是個開始，我的目標是贏得總冠軍，」他說，「我們會盡一切努力實現這個目標。」離開舞台前，他最後看了兄弟們一眼。

艾力克斯一直都知道哥哥揚尼斯很棒——但現在全世界都知道了。「我不知道要說什麼，」艾力克斯說，「那是你的兄弟，和你住在同一個房子裡的人，和你一起訓練的人，現在是世界上最頂尖籃球聯盟中最頂尖的球員。」他停頓了一下，「這太不可思議了。」

寇司塔斯從來沒有比那一刻更想要效仿揚尼斯。「他贏得MVP時，感覺就像我們都贏得了MVP，」寇司塔斯說。「我們真的很感激上帝給予我們的一切。」他看著台上的揚尼斯時，寇司塔斯想起了揚尼斯積極訓練的所有畫面，濕透的衣服和短褲，他和艾力克斯都在那裡，幫揚尼斯抓籃板，一個接一個地傳球給哥哥，希望每球都是完美的空心入網。「當你的兄弟完成他的目標時，你也會有種感覺：這也是我的目標。」寇司塔斯說。

揚尼斯一直想為兄弟們成功，一直想為兄弟們提供，也一直想為兄弟們做個好榜樣。

＊　＊　＊

三天後，他們回到了希臘，準備推出揚尼斯的第一款耐克簽名鞋「希臘怪物一代」（Nike Zoom Freak 1），預計會在下個月首次亮相。揚尼斯成為了第一個在二十四歲時，就擁有專屬耐克簽名鞋的國際球員。

擁有自己的耐克簽名鞋是不可思議的，特別是對索普利亞長大、當時還很感激哥哥薩納西斯分享一雙鞋的揚尼斯來說，幾乎是無法想像的事，早在二〇一三年，他在美國的新秀賽季，公鹿隊工作人員一直遞給他鞋子時，他甚至覺得很不習慣——就像很多人都沒有的時候，他一個人就不能擁有這麼多。

選擇在希臘推出揚尼斯耐克簽名鞋，是向他祖國和家人致敬的一種方式。名為「兄弟們」（All Bros）的怪物一代是海軍藍和橘色版本，鞋底上刻有「我是我父親的傳承」（I Am My

Father's Legacy）；揚尼斯的父母查爾斯和薇諾妮卡，以及他兄弟薩納西斯、寇司塔斯、艾力克斯和法蘭西斯的名字也被刻上；揚尼斯的標誌——GA——加上三十四號和希臘國旗圖像也出現在鞋跟上。一代還有另外一個版本「玫瑰」，由紅色、白色和金色組成，這是查爾斯最喜歡的三種顏色。

揚尼斯對記者滔滔不絕地說，這球鞋真的不只是他的鞋，怪物一代屬於他所有的兄弟，大家幫助他完成設計；他也向薇諾妮卡詢問意見，特別是選擇顏色方面：媽媽最喜歡的顏色組合是黑色和白色。

「這是我們的鞋。」揚尼斯不斷地跟記者介紹這款鞋。

活動地點在雅典知名扎皮翁宮的圓柱中庭，這裡是一八九六年第一屆現代奧林匹克運動會擊劍比賽的場地，數百名當地人前往觀看揚尼斯和他家人以及這雙籃球鞋，揚尼斯許多前希臘國家隊隊友也都來支持，包括尼科斯・席西斯。

「這太棒了！」席西斯說，他和自己兒子們現在就穿著揚尼斯的籃球鞋，「我真的為他感到驕傲。」

每次揚尼斯在活動中被問到MVP的事情時，他都輕描淡寫，強調自己是同一個人。「我永遠不會忘本，永遠記得我來自哪裡，」他那天告訴記者，「成為MVP很棒，但我永遠不會改變。」

當瑪麗亞或家裡的其他人告訴揚尼斯，他有多好、他是世界上最好的球員之一時，他會有點不舒服，「不，我不是。」他說，因為揚尼斯不想放鬆，一秒鐘都不想，他告訴記者，自己目前大概只發揮了百分之六十的潛力，而且要求大家不要再叫他MVP。

怪物一代籃球鞋發表活動的一部分，是帶球迷參觀菲拉里提克斯體育館，球場的一個籃框後面，貼著一張白色的耐克海報，上面印著揚尼斯扣籃的照片，周圍寫著「命運讓你從底部開始，夢想可帶你達到頂峰。」

參觀接近尾聲時，佐葛拉夫的市長瓦希利斯・多達斯（Vassilis Thodas）走到大家前面，宣布這座場館的名稱將改為「阿德托昆波兄弟」（AntetokounBros），以致敬揚尼斯和他的兄弟們。

那天看到揚尼斯的小孩子們都又驚又喜，這個人、這個巨星，他就是從這裡開始的：這個體育館、這些牆壁，當時淋浴會漏水，窗戶還破裂的時候；當時他不得不乘坐好幾次公車才能準時練球的時候；孩子們看到揚尼斯的照片，現在被裱框在入口附近：紅色球衣、身材纖瘦、娃娃臉、不笑、堅定。

孩子們開始練習投籃，活動的小隊長開始教一些孩子如何像揚尼斯一樣施展歐洲步，並示範了一些腳步，結果揚尼斯過來糾正：「你解釋得很糟耶！」揚尼斯開玩笑地說，但也不是那麼開玩笑，因為這是他的招牌動作，所以孩子們需要知道如何正確地使用。

「你教的是一般的歐洲步，」揚尼斯說，「但我的不是這樣。」揚尼斯拿了球，跑到三分線，然後示範他是如何用兩大步衝向籃框，首先是運球的彈跳，再來才是歐洲步法。

青少年的成員開始組成三對三進行小組比賽，賽前揚尼斯告訴球員，每個人都是獨一無二的，不要害怕與眾不同，他身上穿著就是耐克的「怪物」T恤，這是對綽號「希臘怪物」的致敬。「各位，成為一個怪物不是一件壞事。」揚尼斯說，他說話時自帶威嚴，但也包含了真誠，因為他懂、他知道被當成不一樣的人是什麼感覺，被叫奇葩、奇怪、甚至被欺負。

那天，他以獨特的聲音，搭配溫暖、親切、微笑的方式談論怪物……大家都覺得太神奇了。「成為一個怪物會讓你與眾不同，」揚尼斯繼續說，「但不同不代表不好，不同是好的。」

＊＊＊

二〇一九到二〇二〇賽季開始時，球迷對公鹿隊的期望甚至更高，上個賽季贏得了六十場勝利之後，公鹿隊有望爭奪總冠軍，隨著科懷．雷納德轉戰西區加入洛杉磯快艇，東區似乎更加有機會，當然，七六人很強大，不過公鹿已經準備好要戰鬥了。

考量到那年球季結束時，揚尼斯有資格以超級頂薪合約和球團續約，因此公鹿隊獲勝的壓力更大；而且近年來，聯盟內有非常多的交易，像是前一年詹姆斯就從騎士轉到湖人，所以大家都在猜測，揚尼斯會離開密爾瓦基去一個更大的城市，還是忠於自己的大本營。

媒體問到未來計畫時，揚尼斯沒有說太多，他很高興公鹿球團在二〇一九年七月簽下了薩納西斯，兩人終於再次在同一隊打球，這個動作被視為公鹿球團有相當大的誠意想留住揚尼斯，當時艾力克斯是多米尼加的高四學生，兄弟們再次來到同一個城市，真的是美夢成真。

二〇二〇年加盟公鹿隊的前鋒馬文．威廉斯（Marvin Williams）說：「揚尼斯和薩納西斯都帶著高強度和高能量進行比賽，」威廉斯注意到，就算上場時間不多，但薩納西斯一直在訓練中督促揚尼斯，總是在耳邊激勵弟弟，「你可以看得出來，他們真的不認為任何事情是理所當然的，他們準備比賽的態度很不一般。」

揚尼斯看起來比上個球季更大隻、線條更明顯、看起來更有統治力。他在十一月下旬對上猶他爵士的比賽中轟了五十分。令人印象深刻的是，他平均一場比賽可以超過三十分和十三個籃板，但上場時間只有三十分鐘，這是自二〇一三到二〇一四球季以來的最少上場時間，因為布登霍澤喜歡讓他適當休息。

雖然表現好到難以置信，但揚尼斯依舊不希望其他人因為自己是MVP就幫忙做事。公鹿的影像分析師平常會在揚尼斯訓練後，拿一條毛巾擦拭地板，因為他的汗水滴地到處都是，但揚尼斯總是從工作人員手中搶過毛巾，堅持要自己擦地板，揚尼斯認為這沒有必要改變，就跟以前在索普利亞，拖著佐葛拉夫球場地板一樣。

一天下午，揚尼斯跑去看公鹿發展聯盟附屬球隊威斯康辛鹿群的比賽，因為薩納西斯已經與鹿群簽了一份雙向合約。

揚尼斯經過球場附近的走道時，看到一個年輕人在走廊拖地。

「幹得好——我從外面看到你了。」揚尼斯一邊說，一邊比出了拳頭示意。

這個年輕人叫高特・丹恩（Gout Deng），是鹿群隊的練習生，丹恩沒想到揚尼斯會來看比賽，也沒想到他會走過來說話，更沒想到之後他還會再來鼓勵丹恩。

比賽結束後，揚尼斯要走出賽場時，他頓了一下，轉過身，看向丹恩，身上有種力量把他拉向正彎著腰拖地板的丹恩。

「你叫什麼名字？」揚尼斯說。

「高特。」

「你今年多大？」

「十九。」

「喔？真的嗎？我在你這個年紀的時候，十六、七歲，我也常常拖地。」

「不，你在騙人——你開玩笑的。」高特笑了。

「不不不，我是認真的，我年輕時候真的常這樣，因為之前我的日子很艱難，必須去找些工作，想辦法賺錢，這就是我會做的事情，我跟你的處境一樣，所以我剛剛賽前看到你時，我就告訴我哥，我在你身上看到了自己，一個年輕小伙子，拖著地板的小伙子。」

丹恩幾乎講不出話來，心想：「看到了自己？他在我身上看到了什麼？」

丹恩回神過來才說：「這太狂了，很厲害。」然後揚尼斯詢問了他的背景。

丹恩告訴他，他們一家人也是移民，自己出生於埃及開羅，父母是從蘇丹來的，丹恩兩歲時，全家移民到威斯康辛州的奧什科什，在那裡長大，丹恩隨後告訴揚尼斯，自己也有四個兄弟，然後跟母親感情也很好，因為父親常常不在身邊。

他們之間相似的地方蠻驚人的，也都在對方身上看到了自己，丹恩看到了那個自己想成為的超級英雄，揚尼斯則看到了自己過去堅定的樣子。揚尼斯問丹恩，接下來有什麼人生目標。

「我也是一名籃球員，」丹恩告訴揚尼斯，高中時期曾幫助學校獲得了州冠軍，接下來希望可以打大學籃球，然後有一天在NBA上班。

「我曾經跟你一樣，在你所在的地方，看看我現在在哪裡，」揚尼斯說，「這是可以去爭取的，這是可以實現的，只要你付出努力，你可以做任何想做的事情，我相信你。」

以前從來沒有人告訴過丹恩，說他有能力，說他可以完成夢想，當他問揚尼斯是否可以拍照時，他看了一下四周有沒有人可以幫忙照相，揚尼斯笑了，「不不，我要你拍！像自拍一樣！」

丹恩拍照時，兩人都笑了，這是他常常回想的時刻，因為揚尼斯的想法推動了他，讓他知道不能辜負這些期望，丹恩夢想有一天在NBA上班，然後碰到揚尼斯，並告訴揚尼斯他做到了，他成功實現了自己的夢想。

＊＊＊

由於公鹿看起來像是全NBA最好的球隊，以單季七十勝的速度前進，揚尼斯似乎有機會在二〇二〇年實現自己的夢想。密爾瓦基一度連續贏了十八場比賽，一直延續到十二月才輸給獨行俠而終止連勝，那場比賽中揚尼斯還是砍下了四十八分。

但揚尼斯真正宣告自己地位的比賽是對上安東尼．戴維斯、勒布朗．詹姆斯和洛杉磯湖人隊。二〇一九年十二月下旬，湖人作客來到密爾瓦基，這是本賽季最受期待的對決之一，因為兩隊戰績處於聯盟領先地位。

有一次進攻，戴維斯離揚尼斯太遠了，所以揚尼斯別無選擇，只能出手投三分，而他投進了。

揚尼斯回防時眨了眨眼，隨即湖人隊喊了暫停，接下來他做了讓大家都很意外的動作：他舉起雙手放在頭上，比了一個圓圈，好像準備要戴上一個看不見的王冠。他在加冕自己為王，他不想辜負自己的奈及利亞名：阿德（Ade）。

「現在王冠在我頭上。」他應該是走向隊友時，對著公鹿隊板凳席說的，這是一個令人驚訝的時刻——不只是因為勒布朗的綽號是詹姆斯國王，而是揚尼斯終於明白了自己的力量，自己的價值，他讓每個人都知道他是聯盟中最好的球員。

「終於感覺到，密爾瓦基達到了或超越了像湖人這種巨大市場的球隊，自從阿卜杜賈霸離開後——對我和其他許多球迷來說是一輩子——就再也沒有這種感覺了，」提．溫迪許（Ti Windisch）說，他是報導公鹿隊播客節目的共同主持人，「這說法不只是虛張聲勢，而是公鹿隊真的讓球迷們振作起來，讓球迷更有底氣，畢竟大多數人都不太相信密爾瓦基這座城市的球隊會成為世界冠軍。」

短短三十二分鐘內豪取三十四分，包括五顆三分球、十一個籃板、七次助攻、一次抄截和一次阻攻，公鹿隊取得勝利後，揚尼斯在接受媒體採訪時情緒依舊有些亢奮，因為他知道那個不是為他打造的王冠有多重要，從來就沒有任何人看好，一個來自他出身地方的球員，可以成為NBA的王者。

「我不應該在這裡，」揚尼斯那天晚上說，「我不是選秀第一順位的狀元，AD是、勒布朗是，我不是，但我和球隊都會繼續努力，證明我們屬於這裡。」

之後，揚尼斯找了薩納西斯和寇司塔斯，寇司塔斯現在是湖人發展聯盟球隊的一員了，他們一起拍照留念，感激三兄弟都在NBA的戰場上，但同時揚尼斯考慮到艾力克斯是下一個挑戰的人，「看到自己兄弟們做得很好，都被球隊選中，感覺應該挺難的，我知道艾力克斯看到三個哥哥被選中時一定會有壓力，他會想：那我呢？接下來會發生什麼事情呢？他很想要有所表現。」

揚尼斯提醒弟弟不用擔心，因為艾力克斯有天賦，一定可以做到哥哥們所做到的事。雖然艾力克斯還看不到，但揚尼斯告訴弟弟，他也看不到自己的潛力，是教練引導他，把他放在對的位置而成功的。「他們看到屬於我的未來可能性，並且幫助了我，」揚尼斯常常告訴艾力克斯，「所以我會幫助你，讓你看到自己可能的未來。」

揚尼斯會替艾力克斯想，如何處理周遭一切的關注，以及艾力克斯會不會去質疑自己：「如果我不如哥哥們那麼好，那我應該放棄嗎？」然後，一個安心的想法出現在揚尼斯的腦海中：這永遠不會發生。「這不是艾力克斯，」揚尼斯說，「艾力克斯有什麼想法時，他會去做，他會非常堅定，非常固執，我們全家人都有這種決心繼續前進。」所以揚尼斯會時常提醒艾力克斯。

「一年後，你將成為一個完全不同的球員，你會變得更強。」

「是啊，但怎麼做到？」艾力克斯問。

「老弟，你信任我嗎？」揚尼斯說，「我經歷過這些，我過去跟你現在一樣，我懂得你的感受，只要你努力，只要你付出，相信自己，你就會變得更棒。」

艾力克斯現在就想要成功，但他無法讓時間走快點。「艾力克斯有這種『好，來啊！』的心態，就是我的哥哥們已經做到了，我也一定要做到，」寇司塔斯說，「但在他這個年紀，艾力克斯的球比我們所有人都打得好。」

哥哥們告訴他要保持信心，現在薩納西斯也在密爾瓦基，比賽中兩位哥哥會給弟弟建議，揚尼斯和薩納西斯會在中場休息時，把艾力克斯拉到一邊，用希臘語跟他說需要改進的地方。「年輕的時候你不懂，因為這輩子從來沒有工作過，」揚尼斯說，「而我正在想辦法讓艾力克斯成為一名職業球員，就像我對寇司塔斯所做的一樣，進入發展聯盟之前，寇司塔斯不知道什麼是職業球員，你必須確保你有水果，你有水，然後照顧好你的身體，我生涯第一年跟第二年都不知道這些。」

和揚尼斯一樣，艾力克斯擁有出色的運動能力和全方位的技巧，他可以像後衛一樣控球，喜歡投三分，「就整體天賦而言，遠遠領先其他人，」多米尼加高中籃球教練吉姆．戈斯說，「偶爾會有球星的跡象。」

如果他認真，如果他不懷疑自己、不懷疑計劃，應該沒太大問題，但這很複雜，因為艾力克斯又想靠自己成長，又想成為哥哥們的綜合體，夢想是他的，夢想也是他們的。「我的最終目標不是比揚尼斯更強，」艾力克斯說，「我的最終目標是成為最強的自己，只是碰巧覺得，最強的自己可能會超越我哥哥現在所達成的，但我也不認為，現在的揚尼斯是最強的揚尼斯。」

所以艾力克斯留在訓練場，幾乎沒有休息。「我必須告訴他：『艾力克斯，回家吧，回家吃飯吧。』」薇諾妮卡說。

但艾力克斯不想，他想和揚尼斯一起，當他不和揚尼斯在一起時，艾力克斯會在家裡的地下室，那是他的位子，坐在那思考、坐在那玩電動遊戲機、坐在那看到哥哥們送來好幾件鑲框球衣，想著到底什麼時候他才能在這面牆上也佔有一席之地。

薩納西斯的希臘明星賽球衣；寇司塔斯的獨行俠球衣；揚尼斯的NBA明星賽球衣、他在三月份攻下生涯新高五十二分火燒七六人時所穿的球衣、還有他第一件希臘國家隊球衣，藍白相間，揚尼斯讓所有的兄弟都在上面簽了字，這件可能是揚尼斯最有意義的球衣，而旁邊也展示了一些球員朋友的簽名球衣，像是德克．諾威斯基、德維恩．韋德和文斯．卡特（Vince Carter）的。

艾力克斯覺得自己的高中球衣不值得釘在牆上，他在等他的NBA球衣。

「那是我的位置。」他指著一塊空白處。

他確定自己會在那面牆上。

他不確定自己會在那面牆上。

「我經常懷疑自己。」艾力克斯說。

也就是說，他只是一個十七歲的普通孩子。

但他就不只是一個十七歲的普通孩子。

揚尼斯會提醒弟弟，還有很長的路要走。如果艾力克斯信任他、相信他，就能完成揚尼斯所擁有的一切。揚尼斯一直都在，薩納西斯和寇司塔斯也一直都在，但艾力克斯和揚尼斯有著最獨特的關係，不只是因為他們的比賽方式接近，他們的思考方式也很相似，揚尼斯比較敢開口，艾力克斯比較害羞，但他們站上球場時，兄弟倆都認為自己是最有主宰力的。

揚尼斯常被大家討論的是，會不會他在基因上是無敵的，像是一個怪物。

但這些人忘了他在第四節後期拚戰到燒完油箱最後一滴油的意志力，這和他的臂展和垂直起跳無關。這就是為什麼他試著教艾力克斯不要陷入自己的想法，艾力克斯有時會想「也許這不適合我。」並且感到有壓力，儘管艾力克斯說自己沒有壓力。

「我無法想像自己去經歷他必須經歷的事情，」艾力克斯隊友兼好友賈馬里．馬吉說，「外界的聲音太多了，他無法真正做自己，就像，他就是他自己，但如果沒有人把他和揚尼斯做比較的話，他就沒辦法成為他自己。」

「他只是個孩子。」

但他已經不是孩子了。兄弟倆失去父親後，時間過得很快，但又不斷倒帶，艾力克斯和揚尼斯都不停地重複他們父親的話，好像是為了讓爸爸的記憶活著、讓爸爸的精神活著。

艾力克斯沒有時間去擔心達不到期望或是達不到揚尼斯的高度，所以他一直在努力，一直在說「當我被選中時」而不是「如果我被選中的話」。

有時，他充滿了不確定的感覺。他花了太多時間和揚尼斯在一起，到處參加比賽，過著成年人的生活，從一個州到另一個州，從一個國家到另一個國家，導致他沒有花時間在學業上，他的成績受到影響，分數太低而可能沒資格獲得一級獎學金，這也是為什麼艾力克斯只有兩個大學錄取通知書。

揚尼斯會一直和多米尼加教練戈斯檢查艾力克斯，然後會就發現的問題來討論：艾力克斯上學遲到了，我們需要讓他重回正軌；艾力克斯有兩場大比賽——他的功課做完了嗎？擔心一直存在著。

紅毯星光大道為了艾力克斯而鋪，但揚尼斯卻沒有。艾力克斯在路上受到很多關注，從一年級、二年級、到三年級，學生都穿著他和揚尼斯的球衣，等待著他的簽名，好像他已經成為球星，已經到達揚尼斯的水準了。目前看起來，似乎海外聯賽是最好的選擇，磨練完之後再瞄準美國NBA。

艾力克斯到南達科他州參加比賽，打得非常掙扎，他覺得自己打了生涯中最糟糕的三場比賽。「我要做的第一件事，就是打電話給我哥。」艾力克斯說。

「是啊，我打得不太好，我不知道這是否適合我。」艾力克斯說。

「你有很認真打嗎？」揚尼斯問。

「有。」

「你有盡全力去比賽嗎？」

「有的，我就是打得不好。」

「怎麼會呢？如果你很認真地打，而且做了你認為可以做到的所有事，那你就打得很好啊！

你不可能每次出手都進，但你可以全力去打並且成為領導者，這些是你可以確保自己在每場比賽中都做到的事，每場比賽你都可以百分之百地發揮。」

揚尼斯話很簡短，掛了電話，他們只聊了一分鐘，但他給了艾力克斯足夠的內容去消化、去思考，這是幫助艾力克斯成長的唯一方式，成為靠自己的男人：他自己必須決定，是否願意付出一切來達成目標。

＊＊＊

公鹿隊在賽季發揮出最好戰力時，他們被悲痛打斷了。科比·布萊恩和他十三歲的女兒吉吉，在二〇二〇年一月二十六號，還有吉吉的隊友、隊友家人和教練，一共七人在直升機墜毀意外中喪生，一場難以形容的悲劇。

揚尼斯從小就觀察科比，穿著科比籃球鞋，模仿科比的扣籃，他NBA第一個大三元是對上科比的時候達成的，他的筆記本上寫滿了科比的建議，是科比挑戰揚尼斯，讓他贏得MVP的。

揚尼斯很受傷，聽到這個噩耗心都碎了，他暫時關閉了自己的IG和推特帳號。當記者問科比的死對他有什麼影響時，他講不出話來、忍住眼淚，「每個人都以自己的方式來面對。」他說。他想隱瞞自己的痛苦，就像父親去世時那樣。

他想到從科比身上學到的所有東西：如何努力練習，如何無所畏懼，如何不在乎別人怎麼說，如何做好自己的工作並面帶微笑，如何犧牲家庭時間來成就籃球。

他一開始以為，科比去世的那天，去練球會讓他好過一點，就像查爾斯去世後，他去籃球場一樣，但最後還是被擊垮了。過了一陣子，他才慢慢跟記者分享。

「到頭來，」揚尼斯說，「自己想想，這一切值得嗎？打了二十年籃球，然後就走了。承受了這麼多的壓力，這麼多媒體，這麼多的一切，真的值得嗎？」

「對我來說，」揚尼斯說，「這絕對值得。」

思念揮之不去，揚尼斯的兄弟們也是，因為他們知道科比對揚尼斯有多重要。

「一開始我想，科比？那個科比？」艾力克斯說，「科比絕對不會發生事情的。」這讓艾力克斯想起薩納西斯的一句話：「『沒有人是無敵的。』」

科比的死讓寇司塔斯更懂得珍惜一切。「你不能把生活視為理所當然，」寇司塔斯說，「每次來到這裡，你都會得到一個機會，你必須全力以赴去把握。」

隨著賽季的進行，薩納西斯把這一點銘記在心。在公鹿隊大比分領先之後，他大部分都在垃圾時間上場，但他拚勁十足，好像這是生命中最重要的幾分鐘，的確也是。

薩納西斯繼續努力，想辦法贏得旁人對自己的尊重，在經歷過一次又一次的失望，當揚尼斯在美國已經成功時，他重新回到了海外，現在他們可以一起打球？這些過程是任何人都無法奪走的寶貴經驗。

「我所經歷的一切，我都感到很高興，」薩納西斯說，「重點是，無關你努力了多少，這不只是努力再努力，關鍵實際上是耐心。我一直在學習，我爸爸這樣教我的：要有耐心，因為成長空間非常大，只要在困難中堅持下去。」

二〇二〇年二月，揚尼斯和薩納西斯在對上丹佛金塊比賽中同時先發，這對兄弟倆來說都很特別，薩納西斯想起了薇諾妮卡和查爾斯第一次來看他們比賽的情景，那還是小孩子的時候。「我看到爸媽為我們歡呼。」薩納西斯露出燦爛的笑容，還再三補充說：「那場我們贏了。」

幾個星期後，薩納西斯、揚尼斯和寇司塔斯，三位哥哥都去看艾力克斯在多米尼加的比賽，那是高四之夜*（senior night），也是兄弟們第一次現場同時觀看艾力克斯的比賽（寇司塔斯從洛杉磯飛來，給另外三人一個驚喜）。

艾力克斯一直看著台上的兄弟們，他們都穿著黑色帽T，背面印有白色字母「阿德托昆波三四」。他們帶著多米尼加球隊的綠色和白色氣球，戴著黑帽子的薇諾妮卡也在老位置：觀眾席的左上角。

艾力克斯想表演一下，在等待跑籃熱身時，他擺出了一副很潮的動作跟表情，但沒有太誇張，就像小弟試著吸引他的大哥目光一樣。「你可以在艾力克斯身上看到光芒。」教練戈斯說。

比賽開始前，揚尼斯兄弟們還遞給艾力克斯鮮花和氣球。

哨音響起，艾力克斯看起來很有主宰力，他抓籃板球，然後一個人運球從後場推進到前場，朝著籃框硬切後上籃得分，揚尼斯站起來為他鼓掌。隨著比賽進行，兄弟們的聲音更加響亮，他們用希臘語喊叫，特別是薩納西斯：「快回防啊！」揚尼斯用希臘語叫著：「擋人！擋人！」警告艾力克斯即將有對手來阻擋，感覺他很想跳進場內去保護弟弟不要被敵人卡掉。

當艾力克斯完成一次犯規進算時，他會用揚尼斯用過很多次的生氣表情用力吼叫，而揚尼斯會興奮地從座位上跳起來，走到觀眾席底部靠近球場的位置，也用力吼叫回應著，「好球！」「我的兄弟們都說，他們為我感到驕傲，」艾力克斯說，「他們認為我處理壓力的能力比任何人都好，哥哥們這樣說對我來說意義重大。」

艾力克斯回憶起那一刻時，他把當年發生的其他時刻放在一起：「揚尼斯成為MVP、高四之夜、以及我侄子出生——這些都是我生命中最美好的時刻。」

是的，他的侄子——揚尼斯的第一個兒子——在那個月出生，揚尼斯宣布瑪麗亞於二〇二〇年二月十號生下了里安·查爾斯·阿德托昆波（Liam Charles Antetokounmpo）。

揚尼斯很高興，現在他是一個父親了，他一直想要一個兒子，這個兒子來的正是時候。揚尼

＊ 美國高中運動（大部份是籃球或美式足球）中，球隊在學年度例行賽最後一次主場的比賽。

斯依然會想念父親，而他已經準備好擁有一個自己的家庭。

他的兒子和他一樣，已經展現出個性了，「我侄子從父母那裡遺傳到最好的基因。」艾力克斯笑著說，並回想里安已經有多少成年人的舉止了。「他就像一個在小人體內的大人，他帶來一個成年人會帶來的同樣火花、同樣能量，同樣的正面能量。」

兄弟們猜想里安以後會不會打籃球，當然也有很多人問他們：如果里安不喜歡籃球，家人會不高興嗎？

「我們家人之間的愛，在籃球出現之前就已經存在了，」艾力克斯說，「我們不知道他想追求什麼，可能長大後他會說：『我想做我父親和叔叔伯伯們做的事。』或者他會說：『我對不同的東西比較感興趣。』不論他最後選擇了什麼，我們一定全力支持。」

多米尼加助理教練德文．傑克森（DeVon Jackson）記得，當時自己兒子開始打籃球的時候，他和揚尼斯就父母親的角度聊過，當時揚尼斯問傑克森，他的兒子是如何開始接觸籃球的，還有第一次練習時，他兒子的反應如何。

「無論你做什麼，」揚尼斯建議傑克森，「你給他一顆籃球，但在那之後，不要去做任何其他的事情，不要試圖指導他，這就是我父親所做的：他給了我一顆籃球，但沒有試圖教我、影響我，他沒有把我送去訓練營，是我自己開始愛上籃球的。」

第十五章 家

二〇二〇年二月下旬，公鹿主場對上雷霆，比賽幾個小時前，揚尼斯走到球場上，開始在籃框附近練習近距離投籃，一如往常，他是第一個出來熱身的。

卡里姆．阿卜杜賈霸來欣賞比賽，出現在球場邊，密爾瓦基球迷用熱烈的掌聲迎接他，他笑了笑，坐到自己的座位上。

看著這兩個男人，一起出現在公鹿主場費舍廣場，真的會令人起雞皮疙瘩，因為幾個月後，揚尼斯必須決定，是簽下超級頂薪合約續留，還是離開密爾瓦基。

像阿卜杜賈霸那樣離開這座城市。

這兩個人截然不同，不只是比賽風格，行為舉止也大相徑庭，阿卜杜賈霸始終與球迷保持距離，他想去大城市，想要明亮的燈光。

揚尼斯對球迷比較熱情和友善，也似乎沒有被大城市的魅力影響，他喜歡密爾瓦基的平靜、安寧。

儘管兩名球員風格迥異，但他們對這座城市都代表著相似的東西：希望。

但一些公鹿隊球迷沒有讓自己抱有希望，無法完全愛他們的英雄而不害怕英雄離開。「五十年後，我們還是在等待那個冠軍，」五十二歲的密爾瓦基人丹・施諾爾（Dan Schnoll）說，他的家人在一九七〇年代和一九八〇年代擁有季票，「我們永遠都無法通過那個難關。」

密爾瓦基球迷的心態就是如此，充滿希望的擔憂，但無論如何都要相信、都要愛這支公鹿隊。

一次又一次的選秀失敗、八號種子之後的八號種子。不過，揚尼斯的出現，公鹿再次成為NBA例行賽最佳戰績的球隊時，球迷意識到密爾瓦基已經走了多遠，甚至開始相信歷史可能不會重演，英雄可能會留下來。

＊＊＊

雷霆隊球員上場時，公鹿隊的賓客服務員阿肖克・赫蒙（Ashok Hermon）在新聞區附近的欄杆上徘徊。「揚尼斯對我們來說就是一切，」赫蒙說，「我祈求著，保持手指交叉地禱告著，希望他會留下來。」赫蒙很緊張，不知道會發生什麼：「我無法控制，也無法做些什麼。」

前面幾排中間坐著開爾文・羅賓森（Kelvin Robinson）和莎朗達・羅賓森（Sharonda Robinson），他們一輩子都在關注公鹿隊。

「我有種感覺，揚尼斯不是會讓我們一直等待的那種人。」開爾文說。

莎朗達更加慎重，在不太確定的情況下，她選擇專注於感恩，「我很感激揚尼斯在這裡，」她彷彿是壓力太大而不敢猜測，「他這段旅程令人肯定。」

馬修・史密斯和他的孩子們站在球場遠端，他公開表達，也是許多球迷的擔憂：「我擔心他會離開，」史密斯說。「希望老闆跟球團能夠拿出足夠的誠意，提出揚尼斯應得的薪水和條件，把他留在這裡，因為他的價值不只是財務上的，他是這城市所有孩子仰望的偶像。」

長期粉絲安迪・卡本特（Andy Carpenter）為最壞的情況做好了準備。

「我希望揚尼斯得到最好的，就像孩子一樣，他可能會愛上別人——但我只希望他快樂，」卡本特說。「他應該獲得想要的一切，甚至更多，我已經做好準備了，你知道的。」他停了下來，「我還是會繼續支持公鹿隊。」

不過當天晚上，公鹿球迷可以先沉浸在喜悅當中，享受比賽。他們看著揚尼斯在球場殺進殺出，輕鬆寫意地扣籃；他們看著薩納西斯替補上場，掩護後上籃得分。

比茲・馬基（Biz Markie）的《只是一個朋友》這首歌中有段歌詞寫得非常好，「喔，寶貝，你，你得到了我需要的！」

比賽順利進行的暫停期間，公鹿隊領先三十分，他們搖擺、微笑、大叫、做著夢。

＊　＊　＊

突然，夢被打斷了，一切暫停了。

隨著新冠肺炎大流行，感染了全世界數百萬人，全世界都關機了。那場公鹿雷霆比賽後大約兩個星期，NBA宣布暫時中止球季，三月十一號，猶他爵士隊中鋒魯迪・戈貝爾（Rudy Gobert）檢測呈現陽性。

揚尼斯捐給費舍廣場工作人員一共十萬美金，幫助他們維持生計。他在隔離期間和兒子里安一起玩，彈彈吉他，找到四處投籃和在家訓練的方法，但這畢竟不一樣，沒有籃球，揚尼斯感到迷茫，公鹿原本看起來像是總冠軍大熱門，但一度打出的士氣消失，再加上球季賽程的不確定，這一切都不再重要了。

警察於二〇二〇年五月殺害了四十六歲的黑人男子喬治・弗洛伊德（George Floyd），而二十六歲的黑人婦女布倫娜・泰勒（Breonna Taylor），二〇二〇年三月在家中睡覺時被殺。這些殺戮引發了全世界對警察暴行和種族主義的抗議。

揚尼斯和幾位公鹿隊友，包括薩納西斯、史特林・布朗、唐特・迪文森佐（Donte DiVincenzo）、布魯克．羅培茲和法蘭克．梅森三世（Frank Mason III），以及瑪麗亞和里安，都加入了密爾瓦基的抗議活動，他們穿著「我無法呼吸」的衣服，指的是另一名被警察殺害的黑人艾瑞克．加納（Eric Garner）。

揚尼斯為抗議者帶來水和零食，告訴人群，「這是我們的城市，各位，我們想要改變，我們要正義。」

「為了公平和正義，」揚尼斯說，「我希望我的孩子在密爾瓦基長大，不要害怕走在街上，我希望密爾瓦基市政府知道我在這裡。」

後來，在二〇二一年初，揚尼斯更加明確地說：「我的孩子將在美國長大，我的孩子是黑人。我無法想像我的孩子去經歷在電視上看到的一切。」

「揚尼斯想表達的是：『這離我有多近，這個國家正在發生的種族不公平現象也影響了我。』這創造了許多人的連結感，某些人也有這種經歷，也有這種恐懼，」威斯康辛州議會第七十六選區代表，同時也是公鹿忠實球迷法蘭西斯卡．洪（Francesca Hong）表示。「他正在吸收眾人的集體恐懼，然後想辦法轉變成美好的事物，給這座城市帶來一些希望。這些話能引起更多人的共鳴，超出了我的想像。」洪說。

前NBA球員、現為賽事球評的克里斯．韋伯（Chris Webber）和快艇隊總教練達克．瑞佛斯（Doc Rivers）在鏡頭前說出他們的心聲，描述了黑人生活在美國的感覺，被警察不斷監視、虐待、剝奪權利、甚至殺害。

「我們是被殺的人，我們是被槍擊的人，我們就是那些，只能生活在某些特定社區的人，」瑞佛斯說，「令人驚訝的是，我們一直熱愛著這個國家，但這個國家卻不愛我們，真的、真的好難過。」

運動員網站（The Athletic）的馬克斯·湯普森二世（Marcus Thompson II）寫著：「那些我們投入感情支持、名利雙收的運動明星，也無法擺脫憤怒；不聽、不看、漠不關心，基本上就是產生憤怒的意識形態，這一切都來自於人類的挫敗感和憤怒感，但卻完全沒有被重視。」

球員們爭論著是否應該繼續這個球季，確定後才可以集中所有力量，去抗議警察的暴行和倡導種族正義，特別是考慮到球員為的是大部分白人觀眾表演，而這些白人並沒有在自己手中的暴力國家面對同樣被施暴的情況。

「為什麼要那麼熱心地去幫助最舒服的美國人更安心入睡呢？」《紐約客》的文森·康寧漢（Vinson Cunningham）寫下這個標題，「為什麼在生活不正常的情況下表現得好像生活很正常？」

揚尼斯在抗議活動中發表言論後不久，雅典家鄉的一幅他的壁畫被畫上納粹標誌，希臘發生了些變化，但整體來說沒有太大改變。二〇二〇年十月結束的審判中，金色黎明被判經營犯罪組織罪名成立，該審判一共持續了五年多，共有六十九名被告和一百二十名控方證人。

雖然這是一個歷史性的結果，但新納粹主義依然獲得某些民眾支持，而且新的團體也已經形成，例如希臘解決方案（Greek Solution）。希臘的種族主義與衝突事件還是繼續發生。

大約一萬六千五百名尋求庇護者，被困在希臘的愛琴海群島，生活在骯髒的環境中，人權觀察組織以「被遺忘的緊急情況」給予報導。

這些移民等待了數月、數年，等待文件，等待救贖，更糟糕的是，歐盟邊境機構（Frontex）掩蓋了希臘政府將移民送去土耳其的非法違規行為。然後，在二〇二〇年十一月，位於希臘萊斯博斯島，歐洲最大的難民營莫里亞，被一群憤怒的居民縱火焚燒，導致一萬兩千人無家可歸。

＊＊＊

NBA將在七月下旬回歸，球隊駐點在奧蘭多迪士尼世界附近的「泡泡」當中。很奇怪，觀眾席沒有球迷，住在離競爭對手這麼近的地方，揚尼斯很不習慣，他說，在複雜且困難的情勢下，這將是一個最難拿下的NBA總冠軍。

揚尼斯盡最大努力鍛煉，保持身體狀況，如果沒有固定的訓練，那就太費力傷神了。雖然球員居住的飯店非常小，但他沒有抱怨，因為他記得在希臘長大的公寓比這裡小太多了。

隨著季後賽展開，公鹿隊第一輪與魔術隊的系列戰，打得非常掙扎，輸掉了第一場比賽，他們在接下來的兩場比賽中逆轉獲勝，取得三比一領先，但很快，球員的注意力就轉移了。

警察在距離密爾瓦基約四十英里的威斯康辛州基諾沙市，在雅各・布雷克（Jacob Blake）的孩子們面前，朝布雷克背後開了七次槍。在老將喬治・希爾（George Hill）的帶領下，公鹿隊在第五場比賽中拒絕走出更衣室和魔術隊比賽。

密爾瓦基的野貓罷工*是NBA球員抗議警察暴行的一個分水嶺。公鹿隊激發了其他球隊，球員們開始思考自己的抗議形式：休斯頓火箭和奧克拉荷馬雷霆、洛杉磯湖人和波特蘭拓荒者也都沒有上場；WNBA球員長期以來，一直站在爭取種族正義的最前端，球員們身穿白色T恤，正面印有布雷克的名字，背面印有七個彈孔，這是布雷克被槍擊的次數。

這導致了美國職業棒球大聯盟（MLB）和美國職業足球大聯盟（MLS）以及由大阪直美領導的女子網球協會組織，都加入了抗議活動。

ESPN的霍華德・布萊恩（Howard Bryant）公開表示：「黑人男女運動員不只是為了娛樂民眾而存在，尤其是白人民眾，他們常常自認為致力於解救黑人、減少痛苦。從工作的角度去看，是的，球員提供了娛樂，從人權的角度去看，什麼都沒有。」「這個國家在黑人身上累積的歧視是真實的，因此付出真實的代價，」布萊恩說，「痛苦是真實的、責任是真實的。」

最終，密爾瓦基決定上場，他們解決了魔術，然後進入第二輪對上邁阿密熱火。

吉米・巴特勒似乎無人能擋，而熱火的防守也相當針對揚尼斯，讓他盡可能以跳投來結束進攻，這成功暴露了揚尼斯不穩定的投籃，他缺乏信心，不只是跳投，罰球命中率也可憐的低。

輸掉系列賽前兩場後，公鹿隊再次跌倒，第三戰又輸給熱火，揚尼斯還在比賽中一次灌籃後扭傷了腳踝，他咬牙苦撐繼續打，但也只打了三十五分鐘。賽後記者們對布登霍澤的換人調度大肆討論，質疑為什麼不多讓明星球員上場，而揚尼斯只是聳了聳肩，告訴記者，「是的，我可以多打一點。」

因為腳踝受傷，揚尼斯缺席了第四戰大部分的比賽，在更衣室觀看剩下的比賽之前，他攻下了十九分。隊友們在延長賽取勝，讓公鹿這個賽季得以續命，但揚尼斯第五場比賽無法上場，公鹿隊系列戰一比四被淘汰出局。這令人失望，特別是對一支在例行賽再次表現出色，卻在季後賽提前崩潰的球隊。

揚尼斯，年僅二十五歲，贏得了年度最佳防守球員——以及連續兩年獲得MVP獎項，加入了史提芬・柯瑞、勒布朗・詹姆斯、史提夫・奈許、提姆・鄧肯（Tim Duncan）、麥可・喬丹、魔術・強森、賴瑞・博德、摩西・馬龍（Moses Malone）、威爾特・張伯倫（Wilt Chamberlain）、比爾・羅素（Bill Russell）和阿卜杜賈霸，成為背靠背，連續兩個球季蟬聯MVP的球員。

---

* 指那些沒有工會領導的、勞動者自發的、無組織的罷工。

奇沃拓司咖啡館老闆錫卡斯打電話給揚尼斯祝賀他，「這是一個特別的時刻。」錫卡斯知道揚尼斯還在為輸球而痛苦，還在為公鹿隊的糟糕表現而低落，還在為自己的弱點充分暴露而難受。但賽季已經結束，現在全國籃球迷討論的焦點，都是他的超級合約的最大決定，揚尼斯告訴記者，只要每個人都為同一個目標而戰，成為總冠軍，他想不到不能在密爾瓦基再待十五年的理由。

但合約沒簽妥，他的未來依然不確定，關於哪些球隊會吸引他的謠言四起，尤其是邁阿密熱火和金州勇士，然而，揚尼斯沒有談論這個話題，他淡化了自己背靠背的最有價值球員獎，不斷地重申他想贏得總冠軍。

「不要叫我MVP，」他在二〇二〇年九月前往希臘時告訴記者，「在我成為冠軍之前，不要叫我兩屆MVP。」

＊＊＊

病毒持續大流行期間，沒有人知道NBA新球季何時會開始，揚尼斯盡可能長時間地和家人一起留在雅典。

早上六點鐘，他和兄弟們在機場讓寇司塔斯大吃一驚，寇司塔斯和二〇二〇年總冠軍湖人隊一起贏得了一枚戒指後立即飛抵機場，揚尼斯和薩納西斯帶了氣球來迎接他、慶祝他、恭喜他。

這也是揚尼斯第一次將九個月大的里安帶到希臘，作為父親回來，對揚尼斯來說是不同的感受，他看著小里安凝視著同樣的街道，同樣的風景，他長大的地方。不過，里安會以不同的方式成長：他不用為了錢在城裡唱聖誕頌歌；他永遠不必在禮拜天，穿上最好的衣服來說服房東他和他家人有能力賺錢付房租；他永遠不會知道在沒吃飯的時候對教練和隊友撒謊，說他已經吃飽了是什麼感覺。

揚尼斯為里安感到開心，那麼可愛的手勢，那麼小的身體，卻已經看起來像個大人了，他坐也坐不住，揚尼斯想讓他聽懂的第一句話是「坐下」，因為里安到處爬，總是在移動，總是好奇。

揚尼斯把一些公鹿隊的教練帶到了希臘，包括賈許．歐潘漢莫，並在帕那辛奈科斯的主場進行訓練，帕那辛奈科斯是七年前沒有簽他的強隊。一次訓練中，揚尼斯在運球訓練之間練習罰球：如果他罰球不中，他的教練要被罰跑。揚尼斯討厭這樣——其他人要為他的過失而受苦。他加大了賭注：如果他沒投進，在旁邊看球的瑪麗亞和里安也必須跑，這給了他不同程度的挑戰，不同程度的責任制。

但最重要的是，他想和他愛的人共度時光。他去瑞典看望老朋友兼隊友安椎安．寇尼亞，他當時住在那裡，打著籃球，追逐著自己的夢想。揚尼斯幫助寇尼亞續簽了他的簽證，待了兩天以確保他朋友的申請被提交。

那感覺好像時光倒流，他們哪都沒去，還是兩個小孩子，在索普利亞的街道四處走走，想找個避難所，找個不在家的藉口。對於寇尼亞，這個兒時的好朋友來說，雖然發生了不少變化，但揚尼斯依舊是小揚尼斯。

那個時候，揚尼斯告訴希臘當地電視台，「我想當從菲拉里提克斯開始的揚尼斯，而不是NBA的MVP。」但他無法回頭，只能前進，他想完全專注於籃球，可是也不能逃避超級頂薪的問題。他告訴記者，這是他一生中最大的決定之一，目前先專注於自己的比賽，其他的交給經紀人處理。

媒體非常想知道他的決定，體育電視和廣播主播球評們，不斷地美化那些更性感的潛在大市場給揚尼斯聽，還向聽眾保證，沒有任何內線消息的情況下，他們認為揚尼斯更適合金州這樣的地方：一片混亂、馬不停蹄。

公鹿隊球迷處在懸崖邊緣了，心情夾雜在緊張、否認、肯定之間。

沒有人真正知道發生了什麼。公鹿隊在交易國王隊球星博格丹．博格達諾維奇（Bogdan Bogdanović）時失敗了，違反了聯盟的交易規則。球隊的確設法找來了才華洋溢的控球後衛朱．哈勒戴（Jrue Holiday），這一舉動給揚尼斯留下了深刻印象，並表明球團致力於改善上個球季乏善可陳的後場陣容。

公鹿隊樂觀地認為揚尼斯會留下，但博格達諾維奇的失誤令人尷尬，揚尼斯希望博格達諾維奇加入公鹿隊，他和薩納西斯都保持著不斷的溝通，因為自從在馬德里世界盃上與交過手之後，揚尼斯就很欣賞這名後衛。

續約簽署的最後期限是十二月二十一號，而揚尼斯持續和公鹿管理階層進行談判，一直到那天為止。

季後賽結束之後，他與公鹿隊老闆之一拉斯里吃了三個小時的午餐，討論了球員、教練和自由市場，揚尼斯同時展示了其他隊球星傳給他的網羅訊息。沒多久，拉斯里和另一位老闆伊登斯再次與揚尼斯會面，並強調他們和揚尼斯一樣，全心致力於贏得總冠軍，公鹿隊相信揚尼斯想繼續留在密爾瓦基，但球團必須證明他們和揚尼斯一樣，有決心獲勝。

二〇二〇到二〇二一賽季第一場熱身賽之前，揚尼斯的隊友們送給他十九支筆，當作他二十六歲的生日禮物，非常聰明地表達：「簽署延長合約，我們十九個人都希望你留在這裡。」

但是，沒有人清楚地知道揚尼斯會轉到哪個方向去。某一天他似乎全力以赴，隔一天他反而開始猶豫，提出了新的問題。對於許多密爾瓦基人來說，他們知道可能發生的痛苦，現實就是：揚尼斯也許真的會離開。

「這是一座堅持希望的城市，」ESPN的邁倫．梅卡夫說，「有一種熟悉的感覺就是『每個人都會離開』，如果有人要離開，那肯定是聯盟中最有天賦的球員。」

＊＊＊

布登霍澤看到他兒子發了這條推文時，他正從車庫停車場裡出來。直到十二月十五號下午，布登霍澤看了推文才知道揚尼斯的決定：

「這是我的家，這是我的城市。我很幸運能夠在接下來的五年裡，繼續成為密爾瓦基公鹿隊的一員。讓我們好好運用這些年，這場秀還在繼續表演，讓我們開始吧！」

跟在文字後面的是一個心形表情符號，然後再一個祈禱之手的表情符號，還有兩張他並排穿著公鹿隊制服的照片：一張微笑，另一張低頭看著他手中的籃球。

揚尼斯簽下了一份價值二點二八億美金的合約，這是NBA歷史上最大數字的合約。

他本來可以召開新聞發布會的，他本來可以在國家電視台上宣布這一消息，他本來可以在網路軟體上面直播，但那不是他，他保持低調，就算當時他是NBA——所有體育運動中——最偉大的故事。

他想在密爾瓦基撫養里安和他未來的孩子。

薇諾妮卡也想留下來。

家。

這個城市當初迎接了一個骨瘦如柴的孩子，不會說太多英語，沒有一件冬衣，他和家人視訊時在螢幕上發抖。

家。

這個城市有公鹿隊的工作人員讓他感到安心，每個家庭成員也都有一把訓練場的鑰匙。

家。

他一生都在尋找一個真正的家：一個晚上可以睡覺的地方；一個讓他感到安全、自在的地方；一個他不用怕希臘警察敲門，把父母帶走的地方；一個他不必擔心靠自己在美國成功的地方。他想弄清楚如何才能回報公鹿隊，當初球團願意給他機會並選了他，當初球團拚了命為他父母爭取簽證飛來美國，因為這些，他可以叫密爾瓦基，家。

當密爾瓦基人看到揚尼斯使用這個詞——家——對他們來說代表著某種內心深刻的感受，這段時間，他們已經習慣其他城市的球迷告訴他們保持安靜，要感謝揚尼斯這樣有天賦的球員願意考慮留在密爾瓦基這樣的地方。

「沒有人想去密爾瓦基的球隊。」這是他們在揚尼斯之前常聽到的。

然後這個來自另一個國家，可愛、兇猛的七尺長人走過來談論密爾瓦基有多棒，他是如何不介意寒冷，他沒有嘲笑他們的藍領工作以及他們的生活方式。

「揚尼斯的決定中有個認知就是，小蝦米，可以這麼說，戰勝了大鯨魚。」公鹿隊的老球迷寇古齊威茲說。「這是屬於我們這座城市的。」

揚尼斯在這座城市看到了自己，在他身上，他們也看到了自己。

「這位全球超級巨星，一百萬人中才有一個的球員，他選擇了我們，」二十三歲的密爾瓦基本地人和公鹿隊球迷艾力克斯・蘭森（Alex Lanson）說。「在揚尼斯之前，我們一直在尋找救世主。我們只是想找一個人，帶密爾瓦基重返榮耀，一次又一次，失望再失望，最後，這就是我們要找的人。」

潔米・沙勞爾（Jamie Sarauer）和喬爾・沙勞爾（Joel Sarauer）這兩位公鹿隊的老球迷，看到揚尼斯的推文時都哭了，他們倆在布萊德利中心相遇，在布萊德利中心約第一次會，在布拉德利中心感受到家的溫暖，而且她的座位比他還好？他們買季票，沒有錯過任何一場比賽。

他們的狗在新冠病毒大流行期間死了，朋友說他們很快就會得到一隻新的，他們正在考慮用布萊德利這個名字，以紀念他們在一起的地方。

揚尼斯決定留在密爾瓦基，對他們來說是一份天上掉下來的大禮。「這真的讓你很想哭，」潔米說，「因為我們值得一位世代球星。公鹿隊的球迷們，振作起來！雖然我們總是覺得不公平，雖然我們總是狠狠地被修理，到現在都是。」

「這真的不是最漂亮的州，」潔米說，「但我永遠不想離開密爾瓦基，永遠不會。」

* * *

簽下超級頂薪合約後，揚尼斯的思緒像往常一樣，又回到了父親的身上。

揚尼斯相信，如果查爾斯現在能看到他，一定會跳舞，也一定會為所有兄弟們感到驕傲，包括場上的表現、場外的成就。而且他知道，即使父親人無法在現場看他跟球團續約，他的精神也會陪伴著揚尼斯。

現在，他更有動力去取勝，也更有壓力，密爾瓦基還有五年，不能浪費揚尼斯的巔峰時期，或許接下來的幾十年裡，他們沒有比揚尼斯更好的機會了，每一秒都很重要。

同時，揚尼斯還有另一個目標：讓所有的兄弟都進入NBA。

「如果我爸爸能看到，那他可能會哭，」寇司塔斯說，「我們真的很少談論這目標，但這是我們共同擁有並期待許久的夢想。」

接下來是艾力克斯，他目前在歐洲聯賽，為西班牙南部一支競爭力不錯的球隊穆西亞打球。美國這裡，至少在球季期間，里安已經取代艾力克斯，成為揚尼斯在訓練場的好夥伴。小里安看著爸爸訓練、看著爸爸督促自己，他在球場旁格格地笑，專心地看著爸爸的汗水滑落。

這裡就是家。

入魂 14

希臘怪物揚尼斯

永不放棄的MVP

Giannis : the improbable rise of an NBA MVP

作者　米琳・費德（Mirin Fader）
譯者　楊正磊

堡壘文化有限公司
總編輯　簡欣彥
副總編輯　簡伯儒
責任編輯　簡伯儒
行銷企劃　曾羽彤、游佳霓、黃怡婷
封面設計　萬勝安
內頁構成　李秀菊

出版　堡壘文化有限公司
發行　遠足文化事業股份有限公司（讀書共和國出版集團）
地址　231新北市新店區民權路108-2號9樓
電話　02-22181417　傳真　02-22188057
Email　service@bookrep.com.tw
郵撥帳號　19504465 遠足文化事業股份有限公司
客服專線　0800-221-029
網址　http://www.bookrep.com.tw
法律顧問　華洋法律事務所　蘇文生律師
印製　韋懋實業有限公司
初版1刷　2022年4月
初版3.6刷　2024年1月
定價　新臺幣580元
ISBN　978-626-7092-21-7

國家圖書館出版品預行編目（CIP）資料

希臘怪物揚尼斯：永不放棄的MVP／米琳・費德（Mirin Fader）著；楊正磊譯.
-- 初版. -- 新北市：堡壘文化有限公司, 2022.04
面；　公分. --（入魂；14）
譯自：Giannis : the improbable rise of an NBA MVP.
ISBN 978-626-7092-21-7（平裝）

1.CST: 阿德托昆波(Antetokounmpo, Giannis)　2.CST: 運動員　3.CST: 職業籃球
4.CST: 傳記　5.CST: 希臘

784.958　　111003743